マンゴーの木を探して

貨物屋のフィリピン激戦地慰霊紀行

大場　正行

まえがき

旅のきっかけは、古くからの友人（Hさん）の叔父さんが、フィリピンのルソン島北部にあるマンカヤンというところで戦死され、私にその地についてHさんが尋ねたことであった。

学生だった叔父さんは、１９４３年（昭和18）10月の「学徒出陣」で召集を受け、同年12月に、第19師団歩兵第76連隊に入隊し、戦況が悪化した翌年12月からフィリピンに拠点を置く第14方面軍の隷下に移り、同月27日にルソン島に上陸（リンガエン湾、アゴオ近くから）。

上陸後はアゴオ地区を警備。その後は米比軍と交戦しながら山岳地帯へ転進し、１９４５年（昭和20）７月１日にマンカヤンで戦死されている。それは終戦の一月半前であった。

Hさんの母親（叔父さんの姉）は、戦後もずっと戦死した弟さんのことを想っておられ、Hさんは母親からそのことを何度も聞かされていた。そのため彼は、マンカヤンについて特別の思いを抱いており、私がルソン島で仕事をしていることで、何らかの情報が得られないものかと、マンカヤンについて尋ねたのである。

２０１５年5月からフィリピン・ルソン島にある物流会社の経営を任され、それから現地に駐在していた私は、２０１７年の春ごろから常駐するのを止め、年に数回ほど日本とフィリピンを行ったりきたりしていた。

そのような状況のなかで日本にいた私は、２０１７年5月20日、Hさんと久し振りに都内の喫茶店で会うことになり、その時にマンカヤンという地名を聞いたのだが、私はその地について何の知識もなく、聞けば避暑地として有名なバギオよりさらに北とのことであった。

彼の話のようすから、できればその地を訪ねたい思いが感じられたので、まずはその地について調べてみることにした。

自宅に戻り、すぐに会社のローカル社員数人にメールで尋ねてみたところ、ほとんどがその地名について知らないか、知っていてもその名前くらいであった。そこで、秘書に何でもいいからこの地についての情報を得るように指示した。彼女はネットを駆使し、マンカヤンの歴史と町の現状が書かれた情報を送ってくれた。

その後はHさんと諸情報の交換を行い、私自身もその地について関心を持つようになり、二人してその地に行ってみようと提案したが、Hさんは体調の都合で今は行けないとのことであった。

それではと私が斥候《せっこう》役として、その地へ行ってみようかと思い始め、フィリピン戦に関する何冊かの本を読み、少しの知識を得ながら出かけたのが旅の始まりであった。

Hさんへ渡す旅の記録をまとめているうちに、自身がフィリピンでの仕事に延べ10年余りも関わり、またこの歳になっても、フィリピンでどのような戦いがあったのか、ほとんど知らないでいた自身に気づいた。こうして私は、これではいけない、もっと調べてきちんと理解しなければと思うようになってしまった。というのも、任された物流会社での役目を数年で終え、若い頃に憧れていた〝バックパッカー〟での一人旅を60代後半までには始める予定であった。しかし、人生は思い通りに行かないのが常のようで、未だその役目が続いてしまっており、その歳もとうに過ぎてしまい、〝憧れの旅〟は体力と気力の両面から諦めなければならなくなってしまっている。

このようなわけで、自身の意図せぬ旅が続いてしまった。そしてその旅の記録を記しているうちに、このことをフィリピンに関係する多くの日本人に伝えなければと思い始めた。こうして働いていることもあり、少しではあるがお金と時間に余裕がでてきた歳にもなった自分の役目のような気にもなってきた。

この本は、旧日本将兵の慰霊をした旅の記録を綴ったものであるが、多くの人に興味を持って読んでもらえるように、現在のフィリピンの情勢と旅先の歴史も含めて書いてみた。さらに、その地への興味を持ちそこに出かけてみようとする人のために、そこへの行き方も意識して書いたつもりである。

ただ、フィリピンでの戦闘の流れについて言えば、それを時系列的に書いたものではなく、私が実際に旅した順番で書いているので、その理解には少しの難点があるかもしれないが、そのギャップをできるだけ縮めるように努力して書いているつもりでもある。

目次

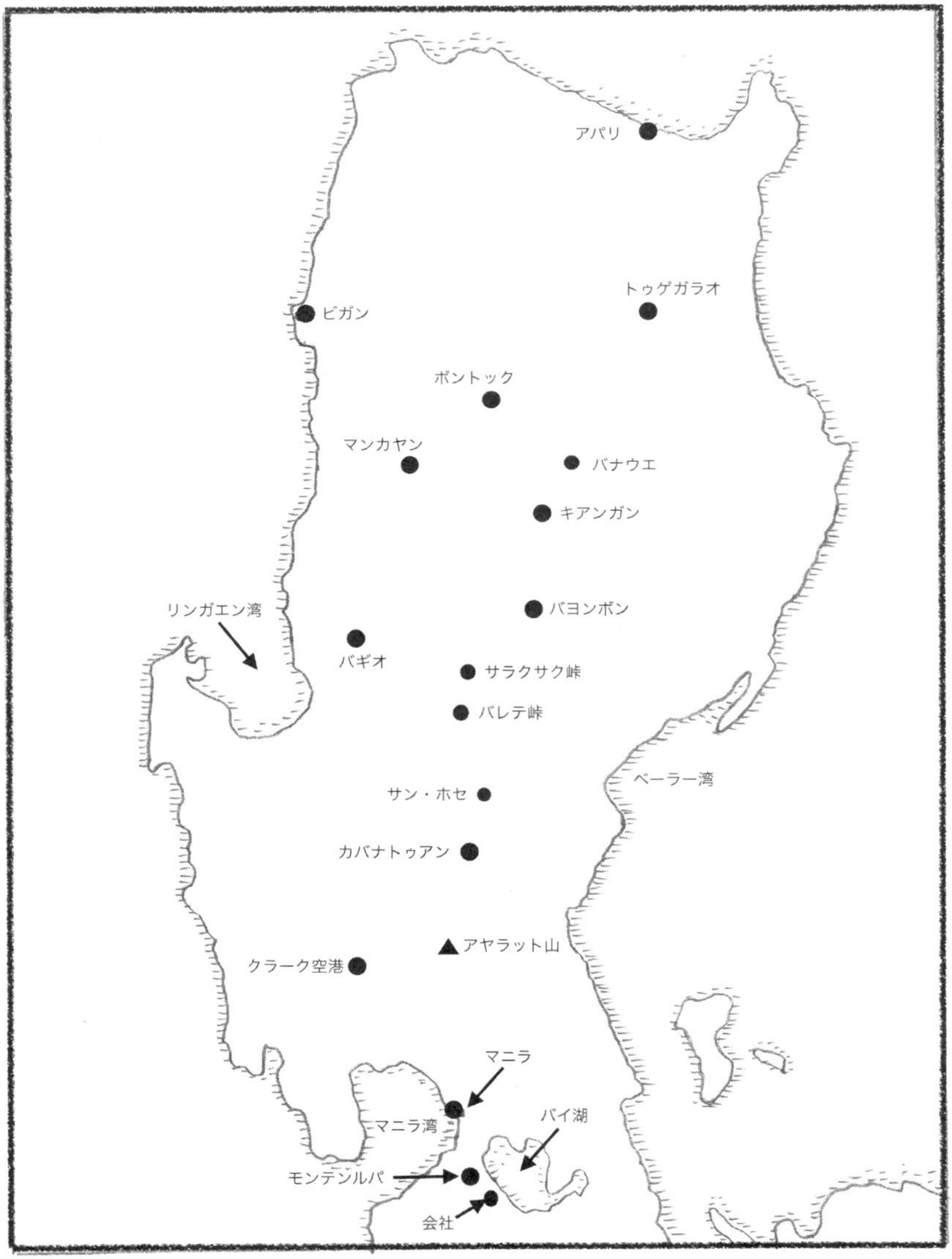
アパリ
トゥゲガラオ
ビガン
ボントック
マンカヤン
バナウエ
キアンガン
リンガエン湾
バヨンボン
バギオ
サラクサク峠
バレテ峠
ベーラー湾
サン・ホセ
カバナトゥアン
アヤラット山
クラーク空港
マニラ
バイ湖
マニラ湾
モンテンルパ
会社

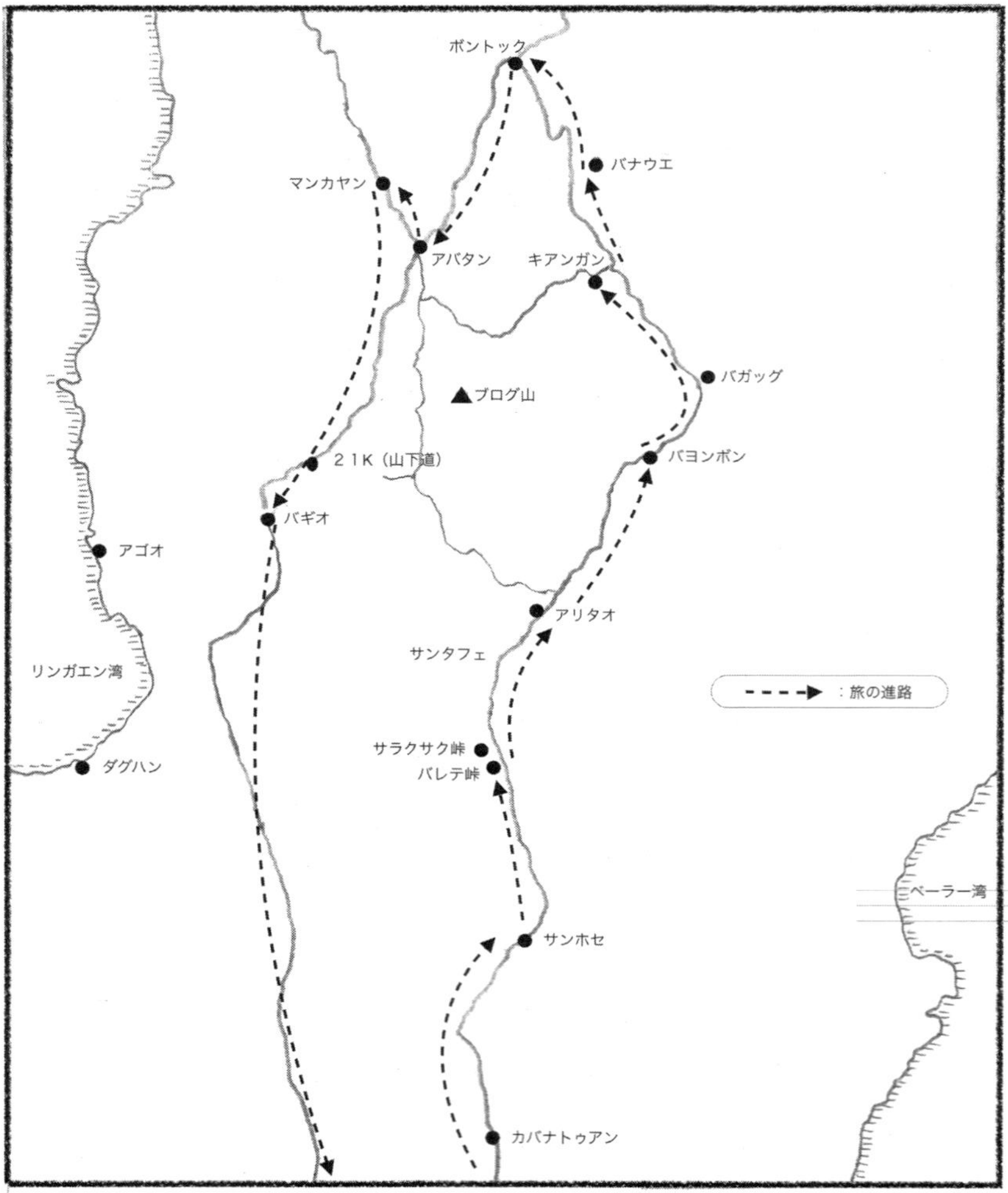
ボントック
バナウエ
マンカヤン
アバタン
キアンガン
バガッグ
ブログ山
21K（山下道）
バヨンボン
バギオ
アゴオ
アリタオ
サンタフェ
リンガエン湾
：旅の進路
サラクサク峠
バレテ峠
ダグハン
ベーラー湾
サンホセ
カバナトゥアン

第一章　マンカヤンへの旅

旅の準備が整い、マンカヤンへ出かけたのが２０１８年7月6日（金）である。当日午前6時45分、天気は晴れ、会社の私の運転手（ゴンザレス45歳）が会社近くにある私の定宿に時間通りに迎えにきてくれ、彼を伴っての旅が始まった。

旅の目的を、Hさんの叔父さんが亡くなられたとされるマンカヤンへ行き、その地のどこで亡くなったのかを探ることを第一とした。

それに加え、日本陸軍第14方面軍（以下方面軍と記す）の司令官である山下大将が投降した地のキアンガン（イフガオ州）を訪ねることを第二とし、さらには、キアンガンへの途上にある激戦地、バレテ峠とサラクサク峠を見ることにした。そして旅の終わりを翌々日の8日（日）に定宿に戻るまでとした。

ここからは旅の記録を記し、その途中での事柄に関係する情報も入れて書くことにする。それらの情報は、私が読んだルソン島戦についての数冊の本、自身がフィリピンで見聞きしたこと、そしてネット上で調べたものを参考にし、それらのなかでも不明な点については私の推測と想像で書いたものである。

まずはいつものように、ゴンザレスに安全第一の運転を心がけるよう指示し出発した。

宿屋から10分くらい走り、近くのインターチェンジ（サンタ・ローザ）から南部ルソン高速道路（South Luzon Expressway、以下ＳＬＥＸと記す）に入る。しばらく走ると高架道になり、その辺りから右手に湖

（バイ湖、別称ラグナ湖）がよく見える景色となる。

バイ湖はフィリピン最大の湖であり、その湖畔にはスペイン人の入植前から人口の集中が見られたと、あるフィリピンの史料に書かれているので、昔から自然豊かな土地だったのであろう。

湖の正式な名前は「ラグナ・デ・バイ」であり、ラグナとはスペイン語のラゴ（湖）が語源とされ、バイにある湖という意味になる。大きさの割に水深は浅く、平均すると3メートル弱とされている。

湖の北西にあるパッシグ川からマニラ首都圏の中心地を通りマニラ湾に流出し、乾季には湾から海水が逆流するので、汽水湖（海水と淡水の混合した低塩分の湖）となっている。ティラピア（フィリピンの大衆魚）をはじめとする養殖漁業が盛んで、岸辺近くには大型の生簀のようなものがSLEXからよく見える。

戦中当時の記録によれば、湖畔周辺は一面の椰子林であったことが書かれており、湖からの潮風の影響で、椰子が育つ環境だったようだ。

私の会社もあるこの地域は「ラグナ州」で、そこはマニラの南東に位置し、湖の岸辺を南西部から南部、東部にかけ湾曲して横たわる。（地図参照）

車は順調に進むが通勤時間帯でもあり、7時を過ぎた辺りから渋滞となり始め、左手にモンテンルパの街中に立つ高層ビルディングを見ながら車はノロノロと進む。

モンテンルパには新興の高級住宅街があり、レストランや大型ショッピングモールも増えだし、出勤時間帯のこの辺りのSLEX出入り口付近は混雑している。

昭和30年前後の流行り歌を知る日本人でモンテンルパと言えば、渡辺はま子が歌った〝ああ、モンテンルパの夜は更けて〟の刑務所がある地名であることがすぐに思い浮かぶはずである。

一昨年私はその刑務所に、日本からきた友人2人と共に出かけたことがあるので、その時のようすを少し書くことにする。

観光ガイドブックにあった写真を頼りに辿り着いた。正面の入り口は立派な建物で、そこに「ビューロー・オブ・コレクション」と大きく表示してあった。それは矯正局（司法省管轄）であり、一般的にはニュー・ビリビット刑務所と呼ばれている。

ニューとあるので、旧はどこにあったのかを調べたところ、マニラ市内のビリビットであった。建設は1936年に始まり、開戦の前年である1940年に旧ビリビッドから移転している。

ちょうど職員の帰宅時間であったようで、帰ろうとする職員らしき人に色々と尋ねてみたところ、国内最大の刑務所（現役）であった。その中には2万人を超える犯罪者が収容されているとのことでもあった。玄関ホールには配置模型があり、大きな刑務所であることが理解できた。

その職員さんは近くに日本人墓地があると言い、われわれがそれに興味を示したところ、そこまでの道は危ないので、自分がオートバイで先導してあげるというので喜んでお願いした。

墓地は数分走ったところにあった。入り口にはフェンスがあり、そこは錠がされていた。先導してくれた彼は親切にも、そこから墓の担当の人に電話してくれ、数分待ったら墓守らしき人がきて、われわれを墓地の中に案内してくれた。

中のようすから、日本の宗教団体がこの墓地の維持管理に関わっているようでもあるせいか、なかなか立派な墓地であった。われわれ3人は一緒になって敷地内にあった観音様の前で拝んだ。

その近くには新聞記事などが掲示されている、ガラスの引き戸と小さな屋根が付いた掲示板のようなものがあり、その中には山下奉文大将と本間雅晴中将の写真と記事（英文）があったが、その内容は小さすぎて理解できなかった。その時のわれわれには、両将軍がどのような経緯で、ここモンテンルパに関係しているかの知識がなかったせいもあっただろう。

山下大将と本間中将については、この紀行文のなかでの主役的な存在になるので、彼らについての詳しいことは、後の章で何度も触れることになる。

われわれは、オートバイで先導してくれた彼と墓守に対し、お礼の印として少しばかりのお金を渡しここを去ったのを思い出す。

〝ああ、モンテンルパの夜は更けて〟のことを書いたので、この歌について少し触れたい。

旧日本軍将兵の一部がマニラでの裁判で戦争犯罪者（死刑囚を含む１０５人）の判決を受け、ここの刑務所に収監されていた死刑囚の数人が日本のことを想い作詞・作曲したものである。それが渡辺はま子に渡り、その経緯を知り感動した彼女が想いを込めて一生懸命歌い、日本で大ヒットになった（１９５２年9月）。はま子はフィリピンに行き、そこの刑務所で歌って受刑者の慰問を行い、受刑者全員が涙を流し一緒に歌った。その感動のシーンが後に映画にもなっている。私は薬師丸ひろ子が渡辺はま子役をする映画でそのことを知った。

はま子はそれだけでなく、当時国交がなかったフィリピン政府への恩赦の嘆願にも関与している。嘆願については何人かの日本人（画家の加納莞蕾など）も活動しており、結果的に当時のフィリピン大統領（エルピディオ・キリノ）を動かし、１９５３年に恩赦となり全員が日本へ帰ることができた。

戦時中に多くの民間人が日本軍から殺され、その当時においても日本に対してほとんどのフィリピン人は強い憎しみを持っていた。キリノ自身の家族（妻子4人）や親戚もマニラ市街戦で日本軍に殺害されていたなかで、当時、米国の病院で療養中だったキリノは、病院のベッドでマイクを持ち「もう赦そう（日本人を）。希望に満ちた未来を描こうじゃないか！」とフィリピン国民に呼びかけ、特赦令を出している。キリノがこのような恩赦を行ったことは、「赦（ゆる）し難きを赦す」ことと「憎しみの連鎖を断ち切る」であり、そのことに当時の多くの日本人は感激した。

「目には目を」では平和はなし得ないという、一国のトップがこのような崇高な精神を示し、それを国民が受け入れることができれば、連続した戦争は起こらない。

しかし、世界の現実はそうでないことからすると、キリノが成したことは奇跡と言ってもよいのかもしれない。

こうしたことが、今日のフィリピンと日本の関係に繋がっていることを、とりわけフィリピンにかかわる日本人は、決して忘れてはならないであろう。

さて話を戻そう。ＳＬＥＸからマニラ首都圏以北を走る北部ルソン高速道路（North Luzon Expressway、以下ＮＬＥＸと記す）に繋がる高速道路の完成までは道半ばであり、通常は途中からマニラ首都圏を通る環状道路（エドゥサ通り）を通ることになる。この日は通常日であることから通勤時間帯であり、少し遠回りにはなるがエドゥサ通りの手前の環状線に入り進んだ。

左手にフィリピンの英雄墓地が見え、その先には高層ビルディング群があるタギッグ区をさらに進むとやはり左手に韓国大使館が見える。その奥周辺がフォート・ボニファシオと呼ばれるビジネス街であり近代的な高層ビルが立ち並ぶ。その一画にマニラ・アメリカン・墓地記念園があるが、そこには後年行くことになるので、後の章で詳しく書くことにする。

そこからしばらくするとマニラ首都圏の一部をなすケソン市に入る。午前8時15分、有名な大学校が多くある地区に入る。ゴンザレスが言うには、お金持ちの子供が通っている学校があり、運転手付で通う学生もいるのだそうだが、彼の言い方からして「何と贅沢なのだろうか」と言いたげであった。そうかもしれないが、親にしてみれば安全面での考慮なのかもしれない。ゴンザレスは運転しながら、いろいろな現地情報を私に提供してくれ、おかげで退屈することはない。

さらに進むと左手にフィリピン大学が見えてきた。フィリピンを代表する国立大学であり、高いステータスを持つ学校である。

8時30分、ケソン市はアカシアの木が多いのだそうで、この辺の街路樹も全てアカシアであり、とても心地よく走りながら、コモンウエルズ・ハイウエイに入る。マニラ首都圏で一番大きなハイウエイだそうだが高速自動車道ではなく、制限速度は時速60キロだ。

コモンウエルズとは、米国統治からフィリピンが完全独立するまでの独立準備政府であり、米国連邦内の自治領政府でもある。

フィリピンは1936年にコモンウエルズとなり、10年後の1946年に完全独立が約束され、そのことを記念してできあがったハイウエイのように思える。

そのハイウエイを外れ一般道を進むと、モスリムが多く（90％とか）住むバランガイ（最小行政区）に入る。この周辺は〝シャブ〟の取引で有名なのだとゴンザレスは言う。

覚醒剤といえば、現大統領（ロドリゴ・ドゥテルテ）が麻薬撲滅のための方策を強硬に実施しており、先週と先々週のニュースでは、某二つの市の市長が狙撃され亡くなったことを、宿屋の新聞で読み知った。ゴンザレスが言うには、それら市長の名前は、ドゥテルテ大統領のリスト（要抹殺の）にあるのだそうだが、昨今の同大統領の行動を新聞紙上で見る限り、冗談ではなさそうである。

午前9時、NLEXに入りスムーズに走れるようになった。ここからはいよいよ目的地がある北に向かうので気持ちが昂ぶる。

9時35分、NLEXを降り一般道路を走る。この辺りはルソン島の穀倉地帯であるパンパンガ州だ。10時15分、サンタ・アナという小さな町に入るが道が狭いので混んでいる。一般道の街中に入るとたいてい直ぐに渋滞するが、その一番の原因はジプニー（乗合タクシーで庶民の足）とトライシクル（サイドカーのついたバイクでやはり庶民の足）の多さである。

そこを抜けるとアラヤット山（標高1026メートル）が左手に大きく見える。周りには他の山がなく、お椀型でもあり、周辺のどこからもほとんど同じ形に見える。

山の周辺には新人民軍（ニューパワー・オブ・アーミー、以下NPAと記す）が隠れ棲み、反政府運動を行っているとゴンザレスは言う。

NPAは1963年にフィリピン共産党の軍事組織として結成されているが、戦前から共産軍として活動していた。戦時中は後述するフクバラハップ（以下フク団と記す）と対日本軍の共闘があったが、基本的にはフク団とは敵対し続けていた。

アラヤット山はパンパンガ州にある。パンパンガの人々には、スペイン統治時代から支配者に対して従順であることを〝潔し〟としない気質があり、米国の統治時代（１９０１年統治開始）には、１９１０年に至るまで米軍と最も長く戦い続けたし、１９３０年代には米国の資本主義に最初に反抗している。

そしてフク団は日本軍侵攻後の１９４２年、パンパンガ、タルラック、そしてヌエバ・エシア各州の貧農を主な構成員として、愛国運動・抗日運動を目的に誕生し、アラヤット山の麓でゲリラ活動を始めている。

フクバラハップとはタガログ語での〝抗日人民軍〟を意味し、その略称である。日本軍は戦中彼らにたいへん苦しめられ、その反動もあり、そしてゲリラとの見きわめができず、多くのフィリピン一般人を殺害してしまっている。

戦時中は日本軍と戦う米軍とも共闘したが、戦後の米国は米軍によるフィリピンの解放と称し、そして米国の権益を確保するためにフク団を弾圧した。彼らの活動の中には農地改革運動も統合しており、それを米国は共産主義的性格として恐れ、そのような方法をとったのである。

農地改革活動については、現在でもフィリピンの大きな問題になっているが、その問題の根本的な解決には至っていない。

１９５１年2月から4月までの間に、フク団は、米国の後ろ盾があったと思われるラモン・マグサイサイ（後のマグサイサイ賞はこの人を記念したもの）の指揮による政府軍の攻撃を受け弱体化した。マグサイサイはこの功績によって評判をあげ、１９５３年の選挙で大統領に当選した。

それ以降のフク団は衰退の一途をたどり、従来の活動拠点であったルソン島中部を追われ小さな村での活動を余儀なくされた。

ＮＰＡとフク団は違う組織にしても、戦時中には抗日ゲリラとして活動していた面では同じである。ルソン島中部にあるアラヤット山麓を彼らの隠れ家としていたのは、この辺りの住民が持つ古くからの反骨精神と地理的条件から必然的にそのようになったのであろう。

さて、旅の途中に戻ることにする。

この状況が続けば目的地まではかなりの時間を要するが、ある程度は予想できていたので、余裕を持って2泊の旅を組んでいる。

12時7分、サンタ・ローザの街の手前で昼飯とした。道路沿いにあるローカルの食堂に入り、私にとっては胃に優しいロミー（卵とその他が混じったトロッとしたスープにウドン入り）を食べ、ゴンザレスは豚肉炒めにライスとした。

12時40分、昼食を終え出発。少し走りカバナトゥアンの市街地を通過しサント・ドミンゴに入る。午後2時48分、サン・ホセの町を抜けると山道になり周りは森林だ。この地を境に北はカガヤン・バレー地方へ続く山地、南はマニラ付近まで続く広漠たる平野となる。日本軍の作戦上からも扇の要のようなところであり、日本軍が北部へ転進する際には物資の搬入口でもあった。

山道は勾配が続き、車のエンジン音は少し強くなってきた。大型トラックが多く、ドライバーが何か作業していた。よく見ると、ブレーキで発する熱が出ているところに、水をかけて冷やしていたのだ。下り坂が続くなかでブレーキを踏む回数が多かったことと、年数の古いトラックであることが原因なのかもしれない。ここでは幸い、川が近くにあるためか水は豊富なようであった。

バレテ峠

午後3時40分、最初の目的地であるバレテ峠に到着。この峠は日本軍と米比軍との激戦地として有名なところであり、ここに日本軍は陣地を構え米比軍を迎え撃った。

道端にちょっとした駐車スペースがあり、そこから歩いて数分登ったところに十字形（写真参照）の碑と由来が記された碑があった。その前に立つと胸に迫る何かを感じる。持参したペットボトルの水を碑にかけて合掌。

ここは見晴らしが良く敵が攻めてくるようすも見えただろうし、ここに陣地をおいた理由がわかる。

慰霊碑には次のように記されていた。

碑の由来

この地は、昭和46年日本政府派遣の戦没者遺骨収集団が、この地域の戦没英霊のご遺骨を荼毘に附し、

残灰を埋葬した所である
この十字形追悼之碑は、日比親善慰霊会が住民の協力に感謝し、サンタフェ町に公民館を寄贈した事に対し、当時の町長、トム・チェンガイ氏が日比親善と永遠の平和を願って土地を提供し建てたものである
日比親善慰霊会

またその近くには英文の慰霊碑があり、次の内容の碑文があった。

追悼の記憶
ここバレテ周辺の野原と丘において、1945年1月からの半年間、日本軍の鐡兵団、撃兵団、泉兵団、そして米比軍は、多くの血で地面を染めながら、思いもよらないほどの激しい戦いが繰り広げられた。双方側から、1万7千人以上の兵士がここでの戦いで亡くなった。

ルソン島の北を支配することは、これからの戦闘の流れにおいてたいへん重要であった。

私たちはこの記念碑をここに捧げます。また、戦いで斃れた勇敢な兵士と、世界中に永続的な平和を願います。このメモリアルは、家族と仲間の兵士によって設立されました。

1984年3月

慰霊碑の「追悼の記憶」にある、〝1945年1月からの半年間〟のルソン島の日本軍、そして米比軍の状

況について次に書く。それにより、私のこれからの旅の記録に理解が深まると思うからである。

後の章（「レイテ島へ」）で詳しく書くが、レイテ島での戦い（日本軍は〝レイテ決戦〟と位置づけた）を終えた米軍はルソン島へと向かい、リンガエン湾から上陸し始めたのが1945年1月9日の朝である。

方面軍司令官の山下大将は「レイテ決戦」に当初から懐疑的で、その決戦に反対を唱えており、彼の赴任時に陸軍上層部と決めていた、ルソン島北部（山岳地帯）での持久作戦を展開すべきだと主張した。しかし、台湾沖航空戦（1944年10月12〜16日）の戦果報告（後に誤報と判明）により、米艦隊に大打撃を与えたと判断し、その勢いで「レイテ決戦」を決めた大本営の方針は変わらなかった。それにより、ルソン島北部での当初計画（持久作戦）はどこかに行ってしまい、山下の主張は叶わないものとなった。

「レイテ決戦」の戦況は悪化を辿り、勝ち目はないと判断された頃（1944年11月下旬〜12月と思われる）、レイテ島での決戦にこだわり続けていた大本営は、その決戦方針を放棄した。

レイテ決戦で兵力と物資などを消耗しきっていた方面軍司令官の山下は、圧倒的な火力をもち、制空権も握っている米軍にルソン島でさらなる決戦を挑むことは無意味と判断し、第二の首都とされていたバギオ（マニラから北へ直線距離で約250キロの都市）に司令部を移した（後退した）。

それは当初計画である山岳地帯での持久戦体制に近いものであったのかもしれないが、〝時すでに遅し〟であると山下は思ったに違いない。しかし、米軍の日本本土への上陸を少しでも遅らせるため、そして少しでも多くの米軍兵を自分らに向けさせるためにそうしたのである。

バギオへの後退と共に、マニラ周辺に備蓄してあった軍需物資（含む食糧）を山岳地帯（マウンテンプロビンス州とカガヤンバレー地域）へ徐々に移動させた。レイテ戦の敗北を見越していたと思われる山下は、もっと早めにそれらを移動させていた可能性がある。

軍需物資の移動に加え、将兵と軍属の山岳地帯への転進と同時に、マニラに在住していた一般邦人（約3千人とも）へも移動を促した。その総数20万とか25万人ともされている。米軍の上陸が日々近づくにつれ、そのような移動に拍車がかかったのは間違いないであろう。

このような山下の判断により、マニラでの市街戦を回避（一般市民を巻き添えすることを避けた）する方向を示したにもかかわらず、マニラにいた海軍第31根拠地隊、そして陸軍所属の第4航空軍は、リンガエン湾から上陸してマニラに向かった米軍と戦ったのが〝マニラ市街戦〟である。

1944年12月18日に大本営陸軍部で作戦指導会議があり、そこで「地上の陸海軍部隊を尚武司令官（方面軍司令官）の指揮下に入れる」となった。つまり、フィリピンにいる陸海航空を一本化し、それを方面軍司令官の山下大将の指揮下におくということであった。というのも、それまでは方面軍司令官は、第4航空軍司令官（富永恭次）、海軍根拠地隊司令官（岩淵三次）と同じ立場にあって、南方軍総司令官寺内寿一元帥の隷下にあった。この一本化により山下にとっては、これで作戦がやりやすくなったと理解して良いであろう。その観点から先の方向を示したと思われるが、彼ら（富永と岩淵）は山下のその方向には同意しなかったのである。その理由を調べると、それぞれに複雑な感情面があったようにみえる。

マニラ市街戦は1945年2月3日から3月3日まで続き、結果は米軍が勝った。追い詰められた日本軍はある種の自暴自棄に陥って残虐非道の行為へと繋がって行き、ゲリラとの区別がつかぬまま多数の市民を殺害してしまった。

その行為に触れるのはあまりに悍《おぞ》ましいが敢えて書く。市街戦最中の2月13日、海軍根拠地隊司令官の岩淵は、日本軍が掌握しているところに残っている民間人を全員殺すよう指示し、その二日後には詳細な指示をつけくわえた。それは、殺される民間人を建物に集め、そこに火を放つか爆破すればよいとし、そうすれば死体を処分する「めんどうな作業」を軽くすることができる、と。

その岩淵と主要幕僚たちはどうなったかと言えば、農商務省ビルの野戦司令部で、2月26日の夜明け前に自決したとされている。

一方の米軍の攻撃は無差別的な砲撃も加わり、美しかったマニラは壊滅状態となった。両軍のそのような戦闘により、10万人を超えるマニラ市民が巻き添えで亡くなっている。先に書いたキリノ大統領の家族が亡くなったのはこの市街戦である。

マニラでの市街戦を終えた米軍は、彼らの捕虜となった日本軍属への尋問から得た情報により、バギオにある日本軍（方面軍）司令部の正確な位置を特定し、そこへ3月15日には、低空飛行の空爆で400トンもの爆弾が投下された。これにより、その司令部は跡形もなくなってしまった。

その後の4月26日には、バギオに米軍が進攻してきたことで、バギオにいた日本軍はさらに北へ後退し、その向かう先はボントック方面（マウンテン州）であり、また穀倉地帯であるバヨンボン方面（カガヤンバレー地方）であった。

米軍がリンガエン湾から上陸した当時の日本軍は、湾の海岸線の町にゲリラによって見張られて封じ込められたわずかな兵力だけを残し、湾沿いでの正面交戦を避け、リンガエン湾に面した形で布陣して敵の進撃にそなえていた。

その陣容は、第19師団（通称号：虎兵団）、第23師団（通称号：旭兵団）、独立第58旅団（通称号：盟兵

団）、そして旭兵団の後方に戦車機甲第2師団（通称号：撃兵団）を控えさせた。

碑文（追悼の記憶）にあった第26師団（通称号：泉兵団）の主流はレイテ島での戦いでほぼ壊滅しているので、ルソン島に残った部隊（独立歩兵第11連隊）と思われる。

当時の師団（独立して戦闘を行う際の基本単位）の兵力は1万5千～2万で、旅団は概ね5千人であり、各師団がどのように配置されていたかの詳しい記録を私は目にしていない。山下の作戦計画である山岳地帯での持久戦からして、バギオ周辺とそこから北へのボントック方面、そしてカガヤンバレー地方への玄関口となる、サン・ホセ周辺を要衝としての配置だったのではと思われる。それはつまり、米比軍のルソン島北部（山岳地帯）への進攻ルートを、そこで食い止める布陣であったのだろう。

バレテ峠、そしてこれから向かうサラクサク峠での戦いは、以上のような背景で、山岳地帯へ後退する日本軍を米比軍が追う途上で起きた戦闘であった。

リンガエン湾から上陸後の米軍は、ダグラス・マッカーサー将軍の命じた「マニラに行け、迂回しようと、直進しようと、マニラだ！」に従いその主流はマニラに向かったが、一部の部隊は米軍捕虜が収容されていたカバナトゥアンに向かった。その救出作戦を1月31日に終えた後は、北上してサン・ホセに布陣していた撃兵団と交戦（2月5日以降）した。熾烈な攻防戦が数時間にわたって展開されたが、米軍は航空機を伴っており、さらに撃兵団の戦車を圧倒的に勝る戦車を持っており、撃兵団は大きな打撃を受けて後退し、米軍はさらに北上してバレテ峠に向かった。

カバナトゥアンでの救出作戦を終えた米比軍の一部は東海岸（ベーラー湾）へ向かい、そこを確保した。これにより、西岸のリンガエン湾から、東岸のベーラー湾まで横断され、ルソン島の日本軍は完全に南北に分断されてしまった。

そのようななかで、バレテ峠に布陣していた鐵兵団、そしてそれを援護する撃兵団は、下（南側）から迫りくる米比軍に対して地形的には優位だったと判断されるが、サン・ホセと同様に米軍には航空機による爆撃と圧倒的に勝る戦車があった。

鐵兵団は斜面全体に蛸壺を掘り、迫りくる米比軍に反撃を加え、奪われた陣地は、夜間の斬り込みで奪回し、それは文字通りの肉弾戦で抵抗した。

撃兵団は穴を掘って自分たちの戦車を隠し、敵の戦車の通過を待って体当たりする戦法をとった。同じ戦車でも能力に格段の差があり、まともに戦えなかったにしても、その間の日本軍の防戦は凄まじいものだったと伝えられている。

先の碑文に「１９４５年1月からの半年間」とあるので、それからすれば米比軍の一部は、サン・ホセでの交戦の前にも、バレテ峠を攻めていたと考えられ、６月にようやくこのバレテ峠を完全突破したのであろう。

生き残った日本軍将兵は、そこでの決戦を避けてさらに北上し、ひたすら退却と持久に徹した。それは、一人でも多くの敵兵をルソン島にはりつけにしておくためであった。山下は全将兵に対して玉砕をきびしく禁じ、何があっても生き残るように命じていたのである。

山下については次章でも書くが、これから書くことが理解されやすくするために、次に少し触れることにする。

山下大将マニラ着任のころ

日本軍は負け戦が続き、開戦当初の占領地域はだんだんと狭まり、日本は絶対に守るべしとした領土・地点を定めたが、それも破られた後の１９４４年10月、米軍が日本本土に向かう途中にフィリピンを攻撃するという情報が伝わった。

日本陸軍はフィリピンを守る第14軍を第14方面軍へと格上げし、14軍司令官であった黒田重徳中将を予備役に降格した。山下奉文大将がその第14方面軍司令官として着任したのが１９４４年10月６日であった。それはつまり、黒田では戦えないとし、山下を重用したということになろう。

フィリピンは１９４１年12月の日本軍の進攻以来、南方への兵員資材輸送の中継基地にすぎず、まともな飛行場もなければ沿岸防衛施設も全くできていなかった。黒田中将は第14軍３代目（初代は本間雅晴中将）の司令官で、日本の言わば〝軍事政権〟により成立されたフィリピン独立（１９４３年10月）以来、日本軍の傀儡といわれたその独立新政府との政策調整に重点をおいていた。

黒田はフィリピン人の妾を持ち、ホセ・ラウエル大統領（当時）、マニュエル・ロハス（戦後の初代大統領）、エルピディオ・キリノ（ロハスの後の大統領）などのフィリピン側要人とゴルフばかりしている、と非難されるような文治型の軍人であった。

山下のマニラ着任の頃は、マッカーサー率いる米軍がフィリピンへ迫っており、10月20日にはレイテ島上陸、そして同月24日から26日までの「レイテ沖海戦」を経て、同年12月にレイテ島での戦いを終えた米軍は、いよいよルソン島へ上陸するであろうとされていた。

サラクサク峠へ

さて、また旅の途上であるバレテ峠からの道に戻るとする。

午後4時30分、次の目的地であるサラクサク峠に向かう。そこはバレテ峠から少し北にあるところでやはり激戦地であった。ある記録によれば、そこでの天王山は１９４５年3月頃とあるので、バレテ峠での戦闘が始まって2か月くらいであり、バレテ峠での戦いが未だ終えてなかった状態でも、米比軍はサラクサク峠に突入したことになる。

車は引き続きの山道を数キロ走り、イザベルという村に入った辺りで近くにいた住民に道を尋ねたところ、すぐ近くの道から入り、十数キロ先にサラクサク峠があることがわかった。

その道に入り進んだが、数キロ走ったところで雨足が強くなってきた。そこは深い密林であり、道のいたるところで地滑りが起きており、走っていて危険を感じ、やむなく後退を決め先の幹線道路に引き返すことにした。

バヨンボンへ

午後5時15分、サンタフェの町を抜けるとアリタオ周辺であり、そこは広い盆地のようであった。たくさんのマンゴーの木がその周辺を囲む森の中に見える。

アリタオには当時日本軍の野戦病院があったが、病院とは名ばかりで、竹林やマンゴーの木の下に急造された掛小屋であり、スコールを避けるだけの天井がある簡単なものであった。バレテ峠やサラクサク峠などで戦った負傷兵が収容されていたのであろう。

方面軍の参謀として、山下と共にする機会が多かった栗原賀久が書いた文献（『運命の山下兵団』元参謀陸軍少佐栗原賀久著）によると、山下大将一行は、バギオからこの地アリタオを通り北上したとあり、明日のわれわれの目的地の一つであるキアンガンへは、山下の通った道を辿ることになる。

この章の後半の「山下道、21K地点」で書くが、バギオからアリタオへの山下の一行が通ったルートは、ほぼ東西に走る原住民が使っていた道を日本軍が改修したものであった。

時刻は既に5時も過ぎており、今宵の宿を見つけなければならないが、事前にある程度の見当をつけていたバヨンボンの街へ向かう。

しばらく走ると左手に川（マガット川）があるが、川幅が広い割に水量が少ない。季節は既に雨季に入っているのに、今のところは雨量が少ないのかもしれないが、一度雨量が増加するとこのような川幅を必要とするのであろう。

やがて川沿いの道はその川を渡る橋へと続き、さらに走るとバヨンボンの町へと入った。

マガット川は国内最長であるカガヤン川の支流で、その川はルソン島の重要な農業地帯であるカガヤン・バレー地方を流れ、ルソン島北端のパブヤン海峡に流入する。

午後6時過ぎ、バヨンボンの市街地に入る手前で給油をした。

先の『運命の山下兵団』によれば、バヨンボン付近には兵站部隊の主力があったとあるので、マニラからあるいはバギオからの軍需物資（含む食糧）はこの地に集約・保管されたと考えられる。

バレテ峠とサラクサク峠での戦いを続けながらも米比軍がこの地に進攻してきたのは、6月中旬のようである。それまでは、多くの日本軍将兵、軍属、在留邦人が留まっていたが、米比軍が迫りくるなかで、バヨンボンに留まっていた彼ら彼女らはさらに北上することになり、その先がキアンガンであった。

バヨンボンの宿屋

見当をつけていた宿屋は会社の社員がネットで調べたもので、私はその中の一つの写真（宿屋の看板）を持っていたが、すぐにそことは決めずにいた。

街中に入ってすぐに、ゴンザレスはトライシクルの運転手に適当な宿屋を尋ね、そしてそこへ向かった。ゴンザレスは優秀な運転手である。観光バスの運転手、そしてレンタカーの運転手と経験豊富であり、そのような仕事柄もあって道を良く知っているし、マニラ首都圏の道の殆どは自分の頭に入っていると自負している。

わが社のトラックドライバーが急に休んでその代わりがいない時などは、彼がピンチヒッターとして大型トラックを運転するので、会社にとってはなかなか重宝である。

しかし、人というのは一長一短を持つのが普通であり、若い社員に対して稀にバカにしたものの言い方をするようだ。当然ながら他の社員から顰蹙《ひんしゅく》を買う時がある。

一時は彼を解雇しようとの動きが社内で持ち上がったが、私は彼をかばいそれを撤回させた。彼は会社にとっても私にとっても大事な運転手だ。

社内ルールの遵守はもちろん大切だが、それを最重要視したくはない。当社は小さな会社であり、形よりも実質的に何が重要かを見て、そして自身を信じて判断するようにしている。

その彼が宿屋について気にする点は、駐車場の有無とその安全性であった。トライシクルの運転手に教えてもらったところに向かっている途中で、持参していた写真と同じ看板に気付いた。そこの奥には駐車場らしきスペースが見えたので、ここにしようと決め駐車場に入った。その中にはセキュリティー・ガードもいた。

車から降りて宿屋のカウンターに向かう。ここでは料金面があるので私が交渉しなければならない。宿泊料は事前入手していた通りの一部屋（シングルベッド）１０００ペソ（当時の換算で2千円強）だった。しかしツインベッドの一部屋しか空いてなく、ゴンザレスに「俺と一緒でいいか」と尋ねたところ、ボスがよかったらいいとのことであったのでそれにした。その部屋の料金は１３００ペソで朝食なしだが、お湯の出るシャワーとエアコンは付いていた。

二人で一つの部屋に泊まるのは初めてだが、彼は私の運転手になってかなり経ち、また会社近くのローカル食堂で色々な話をし、互いの気心が通じているので、気を遣うことなく安心して休めるので余計な心配はない。

二人して部屋の中にカバンを入れてすぐに食事に向かったが、その宿屋の1階に食堂があったのでそこに入った。見知らぬ街を歩きながら飯屋を探すのはちょっとしたスリルがあり、旅の楽しさでもあるが、フィリピンの地方では気の利いた食堂を探すのは無理な事情も知っていたので、躊躇なくそこにした。

その1階の食堂の客は学生風の男女数名と家族連れだったので、それほど高い料金ではないことはすぐに判断できた。日本食のメニューもあり、〝スープ付きすき焼き〟というのが目につき、それに加えて野菜炒めも頼んだ。

今日はもう運転はしないでいいゴンザレスにもビールを勧めた。ほどなく注文したものが運ばれ、いつものように二人で分け合って食べた。

〝スープ付きすき焼き〟は日本のすき焼きのようなものに、だし汁が沢山入っているもので、味はまあまあであった。ゴンザレスは美味しいと言って食べたので、それではと同じものを追加で頼んだ。私はビールを何本か飲むので、それでお腹一杯になり、ご飯は頼まないが彼はいつも頼む。しかし今日は食べなくても良いと言う。体調を万全にしておこうという感じに窺えた。

明日は早いので早々に食事を終えて部屋に戻り、私はシャワーを浴びるが、ゴンザレスは翌朝にする。フィリピン人は朝にシャワー、それも冷たい水で浴びるのが一般的である。

翌日は二人とも5時前に起床し、ゴンザレスは予定通りシャワーを浴び、その後すぐに出発した。

キアンガンへ

午前5時40分、宿屋から数分走るとマクドナルドが見えたので、そこで朝食をとることにした。マクドナルドは、安全・清潔・安いと揃っているので、どこの町に行っても気楽に入れる。

朝食を終えて少し走ると、バガバッグの町があり、そこを通過してしばらく進み、ラムット川を渡った。私にはこの川の記憶は殆どないくらいであったが、雨季の出水となると物凄い奔流《ほんりゅう》と化してしまうらしい。

「運命の山下兵団」によれば、バレテ峠を突破した後の米比軍の進攻は速く、それにより日本軍は混乱状態でキアンガンへと後退した。キアンガンへ向かう道は、迷走する兵、車、そして一般邦人などで大混乱を極め、とりわけ痛ましかったのは、白衣の傷病兵と、幼い子供達を背負い、手をひいて歩いている女たちの姿であり、そのようすは惨めな敗戦難民であったという。

そのような状態でキアンガンに向かう途中のラムット川で悲惨なことが起こった。渡河中に鉄砲水が出て、多くの人が橋共々濁流に呑まれて流されてしまい、越すにこされぬ人たちは群がり、追いかけてきた米比軍に徹底的にやられてしまった。とりわけ悲惨だったのは、着のみ着のままの邦人、とくに婦女子たちであったという。

われわれの車はラムット川を渡り終え、キアンガンに向けて山また山の道をひたすら進み、第二の目的地であるキアンガンに着いた。そこは小さく静かな村であった。

日本軍はここを〝桜町〟と呼んだ。この町に着くまでも多くの人が亡くなっているが、キアンガン周辺では数万人の日本将兵、軍属、一般邦人、そして高砂義勇隊の台湾人（日本人として召集された）が、戦闘、餓え、病気で亡くなっている。

作家の今日出海《こんひでみ》は、陸軍の報道班員に徴用され、その当時に山下がいる方面軍と共にしており、「キアンガンに着く以前に、兵隊たちがすでにとても兵隊と呼べないような存在になっていた」と記している。

多くの人が亡くなった原因として関係する書籍から窺えるのは、食糧の不足による餓死である。それでは食糧不足の理由は何であったのだろうかと考えると、第一にあげられるのは、先述したようなルソン島での持久作戦から、途中でレイテ島での決戦と変わってしまったことである。そこに兵力と物資を注力し消耗したことで、ルソン島での持久作戦の準備が大幅にくるってしまったことにある。

それに加え、制空権と制海権が米軍側にわたっており、山下の着任時にはマニラ港にいた日本軍の艦船（含む徴用船）は沈没させられ、港湾地区にあった物資倉庫も被害に遭っており、山岳地帯への物資補給はとても望める状態でなかった。

これは山下自身が言っていたことだが「黒田君はマニラでいったい何をしていたのだろうか……」と批判していたように、予想される敵の上陸に向けての、兵站の事前準備が満足にされていなかったことである。

それはつまり、黒田のみならず、陸軍上層部は兵站を軽視していたことにあるのではないだろうか。

ある情報によれば「陸軍大学の軍事教育が兵站を考えずに作戦（戦闘）だけを重視した」とある。

兵站とは作戦軍の後方支援部隊であり、連絡・交通（車両とその修理など）、軍需物資の確保、食糧の補給などのフロントライン（前線）の必要とするものが、常に用意されている状態である。それがいつでもその前線部隊へ供給できる状態でもあり、同時にその必要なものを迅速且つ正確に届けることを総合的に考えて展開することである。いわば裏方ではあるが簡単ではない。だからこそ、高等教育で理論的かつ科学的に教えるべきだと考える。兵站が滞れば戦闘を続けることはできないのである。

山下の言うような状況と背景があり、銃弾の不足によりまともに戦えないこともそうであるが、食糧事情については日に日に悪化して行き、その結果として、栄養失調、マラリヤの発症、赤痢などが増えて死に繋がったのだろうと想像される。そのようななかで、一般邦人の母と子供のかわいそうな姿を想うと胸が痛む。

街中に入ったわれわれは、セントラル小学校を目指した。その小学校のすぐ手前に〝山下大将降伏資料館〟があることを事前に調べて知っていた。

小学校はすぐに見つかったが、その手前にあることになっている資料館の入り口がわからない。仕方なくそのまま小学校の前を通って進み、道を歩く年配の男性にゴンザレスが尋ねた。

その男性は「少し登って右に曲がれば良い」と、何とタガログ語でも、またフィリピン人の英語でない、それは米国人のアクセントの英語であったが、典型的な欧米人の顔ではないので、フィリピン戦線で戦った米兵の子孫かと思ってしまうが、どうであろうか……。

そのことはさて置き、彼が言った通り進むと閉まったままの鉄のゲートがあった。

午前7時30分。そこにはセキュリティーガードいて朝8時からだと言うが、われわれの車は中に入れてもらえた。

そのガードマンは私が日本人だと知ると、私の顔を驚くようにまじまじと見た。彼のその目は日本人への憎悪ではないとわかったが、このように人から見られたのは生まれて初めてである。

そこは結構な大きさの記念公園であった。中に進むと記念塔らしきものが目についた。敷地の奥にはミュージアムがあり、このミュージアムのオープンが8時だったのだ。ゴンザレスが道を尋ねた男性は、われわれが探していた場所を、この記念公園だと思ったのかもしれない。

私はずっと我慢していたトイレに真っすぐに向かった。そこには大きなポリタンクが備えてあり、中には水と柄杓もあった。このような場所では便器の水タンクは機能しない場合が多く、また近くにある水道も出ないことが多く、トイレに行く時はいつも心配するが、水が入ったこのようなポリタンクがあるとほっとする。用を終え、公園内の探索をしながら先の記念塔に向かったところ、それは戦争記念碑であり、その前には英文で記された、次の内容の碑文があった。

フェルディナンド・マルコス大統領の指示により、このシュラインはフィリピン観光局によって、イフガオ州政府とキアンガン市政府の協力を得て建てられた。

この歴史的なスポットで、第2次世界大戦中に於ける、外国の侵略者に対するフィリピン人の輝かしい抵抗のクライマックスとなったことを、私たちと外国の訪問者に思い出させるために建てられた。

この地で、日本帝国陸軍第14方面軍の山下奉文将軍および彼の部下が、1945年にフィリピン・アメリカ連合軍を代表とする人たちに降伏した。このことは、日本統治時代のフィリピンの最終解放を意味した。

1973年4月19日　イフガオ州知事

ここキアンガンでは、山下大将が投降した9月2日は「勝利と解放の日」として祝われ、10年に一度大規模な式典が開催されていることを、以前どこかの報道で知っていたが、おそらくこの記念公園で、その式典が催されるのかもしれない。ここにはそのための広さが十分にある。

フィリピンは戦争当事国ではなく、自国としての戦勝とか敗戦はないのではと私は考えるが、米軍に味方したフィリピン人、そして日本軍に味方して戦ったフィリピン人もいた。

そのどちらが多かったかと言えば、それは圧倒的に米軍に味方して日本軍と戦ったフィリピン人であることは確かであり、多くのフィリピン人は実質的に日本との戦争のなかにいたという意識は彼らのなかにある。そのような意味からも、やはり「勝利と解放」となるのであろう。

それゆえに、多くのフィリピン人にとっての山下大将の投降は、これでやっと戦争が終わったのだという気持ちを強くもったのであろう。

なお、これまで米比軍と書いてきたが、フィリピンの当時は実質的な米国の統治下にあり、フィリピン軍として体を成しているものはない。１９４１年7月にマッカーサーがフィリピン人の兵を募って米国極東陸軍（ＵＳＡＦＦＥ：フィリピン防衛のために設置された駐留米陸軍及びフィリピン陸軍の合同部隊）に組み入れたものであり、フィリピンが参戦していることを意味するものではない。

われわれ日本人（日本国）の戦争の終わりの日は、8月15日と一般的に認識されている。

１９４５年（昭和20）8月14日に日本政府がポツダム宣言（連合国の米英中3か国が連名で日本へ発した降伏要求の最終宣言）の受託を決定した。それは無条件降伏を受け入れたことであり、翌15日に天皇が降伏の詔書を、放送を通じて国民に発表したことは広く知られており、その日が終戦記念日とされている。

しかし、アジア・太平洋戦争を含む第2次世界大戦の終結は、日本が降伏調印した１９４５年9月2日とするのが世界の主流であり、その降伏調印式は東京湾上の米軍戦艦ミズーリ号の甲板で行われた。

以前私は妻とハワイ旅行をした際に、パール・ハーバーにあるミズーリ号を見に行ったことがある。その甲板には、降伏証書と立会者の署名証書があり、その署名日には「サインド・オブ・トーキョー・ベイ・セコンド・デイ・オブ・セプテンバー、１９４５」とあった。

米国はこの日（2日）を「対日戦勝記念日」とし、ロシアは翌3日を「第2次世界大戦終結記念日」、そして中国も3日を「抗日戦争勝利記念日」としている。

このように日本における〝終戦の日〟については、連合国とずれがあるが、日本は国民統合の共通体験として玉音放送が重視されているのかもしれない。

日本政府がポツダム宣言を受け入れたことで、戦争は終わったと米軍は理解したのであろう、その日以降はフィリピンでの大きな戦闘はなかったようだが、中国の一部では15日以降も続いていた。私の知人のお父さんは、8月20日に中国北東部で戦死されている。

それはつまり、日本が正式に降伏を受け入れたことにより、実質的な戦争が終わり、8月16日には大本営が陸海軍に停戦を命じ、各地の日本軍はその命令に従っていたにも関わらず、中国は戦闘を続けたことになる。このような例はソ連（当時）にも言える。

8月16日に大本営が陸海軍に停戦を命じたと書いたが、その直前（14か15日）には梅津美治郎参謀総長（陸軍の軍令を管轄する参謀本部のトップ）と阿南惟幾陸軍大臣（陸軍の軍政を管轄する陸軍省のトップ）との連名で、停戦命令を在外軍に発信していた。

その際と思われるが、方面軍司令部（キアンガンの山奥にいた）には、米軍との交渉は現地毎に行うよう命令があった。しかし、調印式（降伏の）については指示がなかったようである。

一方のフィリピンにいる米軍はというと、日本政府がポツダム宣言を受け入れるであろうことを米本国から連絡を受けており、その辺りから日本軍への攻撃を停止したようである。それまでのキアンガン周辺では戦闘員、非戦闘員の区別なく連日爆撃が続いていた。

『運命の山下兵団』によれば、日本がポツダム宣言を受け入れた日の後の米軍（キアンガンにいる部隊）から、山下がいる司令部に対して、調印式のため、9月2日までに米軍キャンプ（バギオにある）へ出頭するよう指示があったという。

そのようななかで、山下は参謀たちを集めて会議を持ったところ、参謀長（武藤章中将方面軍参謀長）以下の意見では、性急に調印をして東京の降伏条件と食い違いがあってはならないので、いま暫く待ってみようということになり、一同の多くがそれに同調したという。

それに対して山下は、「事ここに至っては、いたずらに米軍の感情を害し、そのために一般の待遇を悪化せしむるようなことがあっては、隷下将兵に相済まぬ。世間の非難は、山下自身が負えばよいことだ。わしが一人で反対するようだが、諸士も快く納得してもらいたい。現在の将兵の状況を見ても、1日も早く食糧を与えてもらい、薬を与えてもらって、一人でも多くの将兵を、救いたいのである。わしの下山（司令部がある山奥から米軍のいるキアンガンまでの）が1日遅れれば、何百名何千名という瀕死の病兵がそのために死んで行くのだ。どうか快く山下をやってもらいたい」と、山下は目をしばたたいて言ったので、さすがに参謀たちも強く反対ができなかったという。

キアンガンからさらに山深く進んだ渓谷周辺には将兵、そして一般邦人が潜んでおり、そのなかに司令部（そこを大和基地と呼んでいた）があった。そこまでの狭い道には、行き倒れの兵が百メートルくらいの間隔で倒れており、その中にはまだ生きているものも少なくなかった。すでに亡くなり腐敗した兵の顔面いっぱいに白い蛆《うじ》が這いまわっていた。

彼らが潜んだ先には食糧がほとんどなく、とりわけアシン川流域で自活した邦人の状況は悲惨で、栄養失調、マラリヤ、悪疫などで次々と倒れ、乳飲児の埋葬箇所を離れない憔悴した母親、息を引きとった母の遺骸にすがりつく女の子の姿があった。

マニラ、そしてバギオ在住の邦人（多くはそれなりの裕福な生活をしていた）は、日本軍が自分らを守ってくれ、彼らについて行けば大丈夫だ、と思っていたであろうし、軍もそのように伝えていたのでもあろう。しかし、兵隊たちが生きるのが精一杯で、とてもそのような邦人の食糧を工面するどころではなく、将兵が食べるのを優先していた記録が諸書籍の中にある。

時刻は8時になったので例のミュージアムに向かった。そこには戦争関係の資料があるのだと思っていたらそうではなく、イフガオ民族（山岳農耕民の少数民族）の歴史資料館であり、この地域はイゴロット族（マレー系民族の総称で、ここイフガオやこれから向かうことになったボントック族もこれに属する）が棲むところであった。

次に山下の資料館を探しに向かった。あらためて小学校のまわりをよく見ると、それらしきものがあったが、思いのほか小さな建物であった（写真参照）。そこへの門もあったが、閉められていたので、近くの人にゴンザレスが尋ねたところ、小学校の出入り口から入れるという。

今日は土曜日で、小学校の門も一見閉められている風であったが、少し隙間があり、そこから遠慮しながら入って建物に向かった。午前8時20分。

資料館の前には英文で、次の内容の碑文があった。

山下奉文の降伏

１９４５年９月２日の朝この場所で、山下奉文将軍が彼の部下と共に、米国第６軍の部隊に降伏した。

最終降伏式は、翌日、バギオの高等弁務官事務所で行われた。

これによると、山下の降伏日は１９４５年（昭和20）９月２日の朝となっているので、米軍から指示された９月２日までにバギオの米軍キャンプに着けるように、ここキアンガンには朝としたのであろう。キアンガンからの山下はバギオの米軍キャンプ（キャンプ・ジョン・ヘイで、高等弁務官事務所はそこにあったと思われる）へ移送され、翌日の３日にそこで正式な降伏署名式を行った。

降伏署名式には、シンガポールで山下大将に降伏したパーシバル中将（英軍）、そしてコレヒドールで本間中将に降伏したウエインライト中将（米軍）も立ち会っている。

降伏して捕虜となった両将軍は、中国満州で捕虜生活を終戦までおくり、１９４５年（昭和20）９月２日の戦艦ミズーリ号での日本の降伏調印式に立ち会っている。そこでマッカーサーの署名後の第１ペンをウェインライト将軍、そして第２ペンをパーシバル将軍が受け取っている。ついで、その翌日に行われたバギオにもはるばる来ている。

両将軍のバギオでの立ち会いは、マッカーサー自身が呼んだと、彼の著書（マッカーサー大戦回顧録）から窺えるが、それは両将軍に対する気持ち（屈辱を味わい、さぞや悔しかったであろうこと）を斟酌してのことだったのかもしれない。しかしそれは別の見方をすると、マッカーサー自身がコレヒドールからオーストラリアに向けて逃走したことへの負い目の裏返しであるのかもしれないし、彼独自の〝演出〟だったようにも思える。

バギオでの降伏署名式に、両将軍の列席を知った時の山下は「死のうかと考えた」と後日部下に語っている。

話を山下の資料館に戻すが、入り口には錠がかかっており中には入れなかった。入り口近くには張り紙があり、中を見たい人は、ツーリズムデスクに電話して欲しい旨の内容であったと記憶している。ある書籍にその中のようすが記載されているので次にその一部を引用する。

「木枠のガラス・ケースの中には、日本兵の鉄砲や、飯盒などが並べてある。壁に写真が貼ってあり、色あせた白黒写真の中で、米兵にまじって、山下と武藤が立っていた。山中を降りてきた山下は、かなり痩せている。……」

私はその建物に向かって敬礼をし、そこを去った。そして、小学校の大きな校舎と広い校庭を眺めながら出口に向かった。

この地での武装解除について、ある資料に次のような記録がある。

「１９４５年9月14日、米兵は山から出てくる日本兵を一列に並ばせて、兵器を取り上げる。小銃はレバーを引き抜いて、すぐ下の谷に放り込み、銃身は積み重ね、帯剣やその他の武器は小刀に至るまで取り上げる。何人かの米兵はチュウインガムをかみながら、次々に武装解除を行い、終わった兵士は三列に並ばされて、百人位まとめると一か所に連れて行き、レーション（米軍の戦闘糧食）が二箱ずつ渡される」

この武装解除が14日だったことからすると、山下の投降日から2週間近く経っている。多くの将兵が潜んでいた場所は、〝大和基地〟とかの1箇所に固まっていたわけではなく、将兵のそれぞれが仲間単位で、彼らが決めた場所に潜んでいたようであり、そのために投降の周知が遅れたのかもしれない。

その武装解除の場所は、先のメモリアル公園のところかと思ったのだが、小学校の広い校庭を見ていると、ここだったのかもしれないとも思えた。

一般邦人はと言うと、武装解除に合わせて兵隊たちと同じ行動はしておらず、彼ら彼女らが終戦を知って投降し、潜んでいた山や渓谷などから降りてきたのは9月下旬であったという。このことからすれば、日本軍はとても一般邦人にまで気を遣う余裕がなかったと思われる。投降途上のある村の住民からは、人殺しと罵られ、投石を受けながら進んで行った記録がある。

マンカヤンへの途中のボントック

次は最終目的地であるマンカヤンに向かうことになるが、それには二つのルートがある。一つはキアンガンから西方へ進んでブギアスに向かい、そこから北上しマンカヤンに行く道。もう一つはキアンガンから北上してボントックまで行き、そこで折り返しの形で今度は南下し、アバタンの付近から再び北上してマンカヤンへと向かう道がある。

その二つのルートをグーグルマップで見る限りは、北へ向かう道は西へ進むものと比べると遥かに遠回りになる。しかし私は、その遠回りを行くことにしていた。

関係する書籍から窺える山下がマニラ着任時に考えていた持久戦計画は、カガヤンバレー地方の南端にある河谷周辺（バガバッグ、バヨンボンなど）で農業を行い、そこで収穫された穀物を持久戦の拠点となるバギオまで運んで長期戦に構える、としていたように思われる。それはいわば、自給自足の体制を構築しようとするものであり、その輸送ルートが大型トラックの走行が可能とされたボントック経由ではなかったかと私には思えたのである。

しかし、先述した「山下道」が開発されたことにより、ボントック経由の輸送は没となった経緯があった。その「山下道」に興味があったが、今でも未舗装であることの情報がネット上にあったことにより、ボントック経由の道を通ってみることにしたのである。

キアンガンを出て北上するとすぐに、ライステラス（棚田）が見られるとゴンザレスは言う。彼もこの地は初めてなのだが、その棚田は有名であり知っていた。8時40分。

そこ（バナウエ）の棚田はユネスコの世界文化遺産に登録され「コルディリエーラの棚田群」として知られており、これを見ないで過ぎるわけには行かないので向かった。

バナウエはイフガオ族が暮らす土地であり、スペインによる植民地化以前は、棚田をはじめとする洗練された農業生産法はフィリピンの中で最も繁栄していたとされ、一説には紀元前からイフガオ族が神へのささげものとして造ったとされている。また、その美しい姿から「天国への階段」と称されている。

ここの棚田について、『運命の山下兵団』に次のように書かれている。

「キアンガンの棚田は有名である。このあたりの山という山は、すべてその横腹を小刻みに割られて階段式の水田が作られてあった。実におびただしい数である。話には聞いていたが、見るのは初めてであった。山峡に幾重にも畳々と重なり合った水田には、早稲が黄白く露に濡れていた。思えばこの棚田のお陰で、その後、数か月の日本軍の生命がつづいたのである」

日本将兵は食糧を求めて周辺をさまよったのだろうし、この棚田の稲を刈り取り、それを持ち帰って食いつないだのであろう。それはイフガオ族から奪い取ったのか、無断で持ち去ったのか、はたまたお願いしていただいたのかはわからないが、もしかしたら、通訳として従軍していた浜本正勝が作った、イゴロット語の簡便な会話ノートを参考にして交渉したのかもしれない。

浜本は山下がいる司令部（バギオ当時）にいた時に、バギオ近郊のイゴロット族たちと親交を結んでおり、その時に作ったもので、それがガリ版刷りで将兵に配られ、彼らの命綱になったようである。イゴロット族とイフガオ族は近くの高地に住む民族で言葉も似ていたのではと思われる。

浜本は戦前、米国のハーバード大学を卒業後、日本ゼネラル・モータースの幹部社員であった。戦中、東條英機首相の通訳、そしてフィリピン大統領（ホセ・ラウレル）の特別補佐官をしていた人物である（『マッカーサーが探した男』香取俊介著より）。

いずれにせよ、日本人としては彼らイフガオ族にお礼を言わなければと考える。私はこの地に再び来る機会はないだろうが、そのことは忘れないでいようと思う。

キアンガンを出て北上し、ライステラスがよく見える小さな部落の中心と思われるところへ着いた。そこは密集地帯であり、３、４階建の家屋がひしめき建っており、そこには沢山の人がいて多くは外国からの観光客のようであった。私もその類であり、なぜ旅行者がこのようなところに来るのかがすぐに理解できた。広くもないところに、高めの建物が密集し、その背景には棚田の風景が広がっており、そこに自身がいることは何だか不思議な、そしてちょっとした感動を覚えるのであった。

私はもう少しその余韻を味わうために、暫くそこにいたくなったが、この旅の最終目的地であるマンカヤンに行き、そしてバギオで宿を探そうと考えていた私には、残念ながらその余裕はなかった。時刻は午前９時40分。

棚田の見物を終えて北上し間もなくすると、右手に山側の崖が立ち上がっており、左手には渓谷が続いている景色となった。大雑把な地図上から言えば、一般邦人が潜み、そして多くが亡くなったアシン川流域はこの辺りから近いのかもしれない。だとしたら、この周辺にはいまだ多くの遺骨が眠っているのであろうか……。

車は快調に進んだが、走っても走っても対向車に出会わないのはどうしてだろうか、いくら僻地の山道だとはいえ、これは何か変だ。

ゴンザレスもだんだんと不安顔になる。先に書いたように、この道は大型トラックの走れる戦前からあったものだが、数年前に拡張工事をしたように見える。そのせいか道自体は新しいのだが、走っていると地滑りの後があちこちに見られる。右手の崖が崩れ落ち、左の路肩があちこちで陥没している。まれに直径１メートルを超える石が行く手に落ちている。それらを避けながらゴンザレスは進む。不安が増すばかりの私は戻ろうかとも考えたが、そのまま進んだ。

暫く走ると詰まった。トラック3台が工事中の場所で開通を待っていたのだ。対向車に出会わなかった理由はここにあった。

ゴンザレスは車を降りて、工事の人に開通迄の時間を尋ねたところ数分だったので、われわれも待つ事にした。その工事状況をよく見ると、大きな崖崩れのところでブルドーザーが改修作業をしており、その作業の合間を見て一般車両を通行させているのであった。

10分くらい待ったところで開通し、その工事中の道をゆっくりと50メーターくらい進んで抜け出し、そこからは順調な走行となったが、対向車はあるものの非常に少ない。ここは危ない道なのだ。だから地元の人はあまり利用しないのであろう。

不安に怯えながらわれわれの車はなおも進むと、棚田がまた見えた（写真参照）。この辺には先のバナウエの棚田だけでなく、いたるところにそれらがあるように思える。

この日から1年半も経った２０２０年1月18日の新

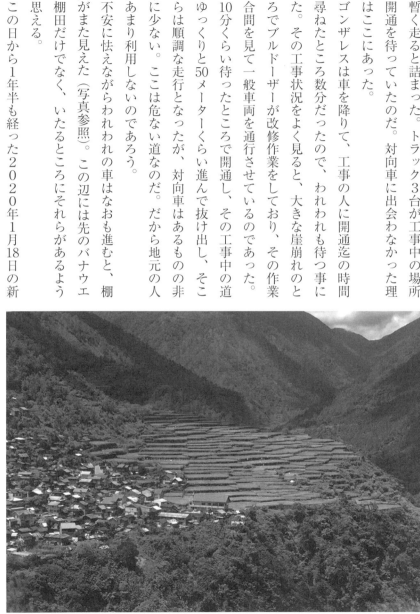

聞（マニラの）に、この地域（マウンテンプロビンス州ボントック町タルビン）で起きた事故の記事があった。それによれば、イフガオ州フンドゥアン町立病院の救急車が谷に転落し、運転手を含む2人が死亡し、同乗者3人が重軽傷を負った、とあった。グーグルマップで調べてみると、そこは私が危険だと思った周辺であった。地元の救急車両でもこのような事故があるところである。

われわれの車はそのような危険な山の斜面にある道路を走り続けると、やがて下り坂になり、ようやく山間から抜けたところ辺りで、渓谷の川が大きく見え出して視界が広がってきた。さらに進むと町に入った。そこはボントックであった。

ボントックの街

ボントックは山岳地帯であるマウンテン州の州都であり、ルソン島北部を走る山脈の中央部に位置する。そこから北へ向かうとカリンガ州、南下するとバギオ、そして今来た道のバナウエ方向であり、いわば交通の要衝である。

キリスト教徒が多数派を占めるフィリピンの州の中では唯一、カトリックよりもプロテスタント系の信者が多い地域である。

スペイン人がフィリピンを統治する手段として彼らの宗教（カトリック）を広めたことはよく知られている。その当初はルソン島やビサヤ諸島の低地で布教し、バラバラだったそれらの地域を、カトリックという一つの宗教で統一を成し遂げた面があり、それが現在のフィリピン人のカトリック信仰の多さである。

しかし、ミンダナオ島のイスラム教徒やルソン島などの山岳地帯の伝統信仰を守った人たちは、スペイン人のそのような布教を拒んだ。もしかしたら、この地にプロテスタント系信者が多いのは、そのような歴史と関係があるのかもしれない。

すでに書いたが、リンガエン湾に沿って日本軍の兵団が配置された。そのなかで、独立第58旅団（通称号：盟兵団）がバギオからボントックに沿う地区に布陣していた記録がある。

後述するが、マニラからバギオに司令部を移した山下に、日本の実質的な傀儡であるフィリピン政府（ホセ・ラウレル政権）の要人も同行しており、米比軍の進攻がバギオまで迫りくると判断した山下は、ボントックに要人の住まいを準備させていた。

しかし、米軍の勢いを後ろ盾にしたゲリラの活動は激しくなり、盟兵団の必死の守備にもかかわらず、バギオ・ボントック道路は至る所で破壊され、2月中旬にはボントックそのものもゲリラに占領されてしまった。その上に米軍機の爆撃を受けて、3分の2以上の建物が焼失してしまった。

そのようなこともあり、結果的にはフィリピン政府要人のボントックへの移転は実現せず、ラウレル大統領家族、そして他の数名の要人家族らは日本への脱出となっている。

午前11時15分、ボントックの街中の中心と思われるところを通過した。その街並みは、木造建ての4、5階が普通で、独自の雰囲気を持っていた。

右手の山側にはそのような建物の間に幅の狭い坂道があり、その坂道にいくつか露店が出ており、そこを登ると何か今まで見たことがない世界が待っていると思わせるようなものを、通過した数秒の間ではあったが感じた。

そのような雰囲気に私は少し興奮を覚え、先のバナウエと同じように、ここに暫くいてみたいと思ったが、やはり時間もなく通過だけとなった。

車がしばらく走っても、私は〝坂の上の何か〟が気になったままであった。そこには特別に何かあるわけではないのだろうが、行ってみたくなる坂道であった。

それから1年以上も経ったころでもその気持ちが続いており、なぜそれほどまでにしてそこに向かいたいのか自身でもわからないが、機会を見ていくことに決め、それを実行したのが翌年（2019）の11月1日（金）であった。

坂の上の何かを探しに

ここからは、その日（2019年11月1日）にボントックに出かけたことを書く。

フィリピンでは11月1日から3連休となり、その間を利用しての2泊3日の旅とした。前回（昨年）はボントックからの帰り道だったが、今回はそこを目的地とした旅である。好奇心だけの、それも自身でもそこへ行く理由がよくわからないままの気持ちで、ゴンザレスに長旅を付き合わせることにためらいを感じたが、当のゴンザレスは行く気満々で、長距離走に向けた車両点検をしている姿を見て、私はそれについての心配をせずに向かった。

1日の朝5時に出発し、ボントックの街中に着いたのは日が暮れ始めたころの午後5時半であった。会社近くの定宿を出てからの走行距離は448キロ、途中の小休憩と道路工事での遠回りはあったが12時間半の長旅であった。

ゴンザレスが運転し、私はいつものように後席でのんびりと周りの景色を眺めているだけだが、途中の悪路のせいもあってか、私の胃は痛くなっており疲労困憊のドライブであった。もちろんゴンザレスはそれ以上に疲れているはずだが、そのような素振りは曖《おくび》にも出さないところにはいつも感心する。

すぐに宿屋探しを始めた。まずは、事前に秘書に調べさせておいた宿屋をゴンザレスが一人でチェック。このころのゴンザレスは、さすがに私の好みそうな宿屋がわかってきており、またこの街での宿屋は高級なものがないようでもあり、値段を気にすることなく彼自身で見当をつけられるようであった。

チェックした2番目の宿屋が良いとのことでそこに決めた。一部屋900ペソで二部屋をとった。

部屋の中に各自のカバンを置き夕食に出かけることにし、宿屋の女の子に美味いところを尋ねると隣の店だと言う。疲れていた私は、マッサージ店も尋ねたところ、今の時間帯では閉まっているかもしれないので、自分の夫が自転車で行って調べてくれるという。

彼女はまだ20代半ばであろうか、その夫もそのくらいの歳であった。彼らは地元の人ではなく、私の会社があるラグナ州の隣のバタンガス州の出身で、夫婦でこの宿屋の管理を任されており、住まいもこの宿屋の中にあるようであった。

好奇心の強いゴンザレスは細々と尋ねているようで、彼女が学卒だと知ったゴンザレスは、「自分のボス（私のこと）はラグナ州にある会社の社長なので、故郷に戻りたければ一度アプライしてみたらどうか」などと言っていた。

もちろん私は、そのようなことには反応しないことにしている。ややこしくなるからだ。

そうこうしているうちに夫が戻ってきたが、マッサージ店は既に閉まっていたとのことであった。彼の感じから他の店はなさそうだったので、マッサージは諦めることにした。それにしてもまだ6時前なのに……という思いもあるが、宿屋付近のようすから、夜の賑わいはなさそうな街であることは感じとれた。

食堂も同様に選択肢があまりないと感じたので、勧められた隣のお店に行った。町の食堂という感じの店で、あまり愛想の良くないおばさんが仕切っていた。料理は事前に用意されたものが大皿にのせられ、そこから客が好きなものを選ぶという、フィリピンでは普通のスタイルである。

それらの中からいくつか選び、ビールも注文した。これからは運転の必要もないので、ゴンザレスにも勧めた。飲んで食べているうちに私の胃の具合はすっかりよくなってしまった。

翌朝（11月2日）午前4時半に起床。窓から外をのぞくと霧がかかっており、まるで雲の中にいるようであった。そのような景色のなかから、私の知っている教会の鐘の音と違うものが聞こえてきた。気になったので部屋の近くのベランダに出てその音の方向を見ると、薄くなった霧の向こうに、ドーム型屋根の建物が見えた。それはどこかの国の仏教寺院のようにも感じられ、そこから鐘の音が聞こえてきているようであった。

プロテスタント系信者の理由があるのかもしれないが、高地で暮らす民族の伝統信仰の影響がそのような鐘の音と建物に出ているのかもしれないと思った。

昨夜はぐっすりと寝ることができ、胃の調子も悪くなく、早朝の散歩に出かけることにして外に出たら、ゴンザレスはすでに車の点検を行っていた。

その作業が終わるのを少し待って、散歩を兼ねての街のようすを窺うこととして、彼と一緒に出かけることにした。

５時55分。肌寒く15℃くらいであろうか。早朝のせいか街のメインストリートは静かであった。歩くほとんどの人が厚手のジャンパーを着ている。独自の雰囲気がある家並みの中を歩き続け、今回の旅の一番の目的である例の坂道に向かった。着いてすぐに坂道を登らずに、右手にあった建物に入ったところ、そこには市場があり、これからそれぞれのお店が開かれるようであった。その建物の中に階段があったので、そこを登ったところに、屋台風の小さな食堂が数軒並んでいた。そのうちの一つに〝ロミー（先に紹介したウドン入りスープ）〟を食べさせる店があり、そこで朝食にすることにし、すぐ近くに用意されているテーブルで落ち着くことにした。お店（カウンターの中）の中には若い男女がいて、私の顔が珍しいのか遠慮なく見る。私はフィリピンでよく使う、目と眉毛を上下させての〝微笑み返し〟で彼らに応えてやったら皆に笑顔がこぼれた。

お腹も落ち着いたので、例の坂道を登った。何かを期待することなど一切思わずに登った。坂の上にはちょっとした公園があり、そこにホセ・リサールの顕彰碑（立像）があった。

フィリピンで英雄の代表格にあげられるのがホセ・リサールである。医師、作家、そして学者の彼は、ペンの力で独立の啓蒙活動をした革命家であり、１８９６年12月30日に銃殺刑（享年35歳）となった。

リサールは、教育こそがフィリピン人を奴隷状態から救うものとし、１８８７年啓蒙書籍を出版。彼の著作は大反響を起こし、当時フィリピンで起こっていた啓蒙運動の発展を助け、独立革命を目指すボニファシオ、アギナルドらの活動に大きな影響を与えた。

リサールの像は国の随所にあるので、それは私の感じた〝坂の上の何か〟ではない。そのまま周辺を歩き続け、街の全体の地形が眺められるところに出てみると、この町には平らなところがほとんどない。メインストリートから派生している道は全て坂であり、それに沿って建物が密集しているようすは、私の想像以上である。

しばらく歩き続けたところ、ミュージアムがある門の前に出た。その門の前には4人の男性が、何をすることなく座っているが、ここを管理する人たちではないと近くにいた別の人が教えてくれた。それでは彼らは何をしているのだろうかとゴンザレスに問えば、フィリピンスタイルだと言う。その意味がはっきりしないが、ああそうかと、私はうなずいた。

先の近くにいた人が言うには、このミュージアムは、先住民のイフガオ族に関するもので、その開館は午前8時からだという。その5分前に着いたわれわれはそこで待つことにしたが、しばらく経っても門は開かない。

8時20分、どこからか男の人が来て門を開けてくれ、敷地内に入ったところ、そこには小規模な小学校があったが、今日は土曜日で児童の姿はなく閑散としていた。

その学校の隣にミュージアムらしき建物があったが、そこはまだ開いていなかった。

そこの前でしばらく待っていると、シスター（修道女）がやってきた。われわれを見た彼女は、〝ソーリー、ソーリー〟と言い、教会でのミサの関係で遅れてしまったのだと謝るのであった。

入場料は二人分で140ペソであった。彼女が受付から案内役まで担当しているようで、入場券を発行している間にも、このミュージアム設立とイフガオ族の歴史を説明してくれた。

そこで私は、日本軍が〝頂いた棚田の稲〟のことを思い出し、そうだ、ここで彼ら（イフガオ族）にお礼をしようと決め、このミュージアムへの少しばかりの寄付金を彼女に申し出た。旧日本軍が棚田の稲を〝頂いた〟ことへのお礼であることは、もちろん言わない。

そうしたら、ミュージアムのオーナーに報告しなければならないので、私の連絡先を書いてくれという。いつも私の財布に入っている程度の額なので躊躇したが、仕方がないので日本の住所で記帳した。

そこでまた思った、ひょっとしたら、1年半前に気になった坂道の先にあったものは、このミュージアムで、そしてイフガオ族へのお礼をすることだったのかと……。ただ、それだと寄付額が少ないので、そのように解釈するには気が引けてしまうが、金額の多寡ではない、要は気持ちだと自分に言い聞かせて納得させた。

9時20分、一通りミュージアムの中とその敷地内を見終わり、ボントックの街を後にした。

ボントック通過の続きへ

さてここで時間を1年半前に戻し、今回の旅の続きである、ボントックを通過した辺りから続けることにする。

市街地を過ぎた辺りから道の危険度が緩んだので少し気が楽になった。この辺で今後の時間経過を予想し、宿泊地を決めなければならない頃であった。マンカヤンがどの程度の大きさの町なのかわからないし、明日はラグナへ戻るので、今夜の宿屋は探すことの心配のない、そしてまたラグナまで5時間もあれば行けるバギオにすることを考えていた私は、ゴンザレスにそのことを提案した。

問題はここからマンカヤン、そしてそこからバギオまでどれくらいの時間がかかるかである。今迄走ってきたスピード感、そしてグーグルマップを利用しながら、その時間を二人で予想した。

道路の危険度を考えると、走行は明るいうちに終えなければならないことは必須であり、バギオまで着けるか少しの不安があったが、マンカヤンを外すわけには行かない。この旅の一番の目的はその地に行く事だと、改めてゴンザレスに伝え、多少急げば可能であると判断し旅を急いだ。

変わらずの山道が続き、いたるところが工事中であり、スムースに進まないので気が焦るが、グーグルマップで現在地を知ることができ、ある程度の見通しはついた。

車はサガダ、そしてサバンガンを通過。その進行方向の右側にはマウント・デタ（標高2310メートル）の山があるはずだが、今走っている道の右手すぐに山が立ち上がっており、その先にある山を見ることはできない。

グーグルマップでは、そのマウント・デタの向こう側（西側）にマンカヤンの町がある。

そのまま南下し続けると、アバタンの町に入り、少し経ったところの交差点で北上してマンカヤンに向かう。その途上の道路標識に「マンカヤン・アバタン道」とあり、いよいよマンカヤンが近いと感じる。やはり山道が続く。

マンカヤンへ到着

午後1時35分、ついにマンカヤンに入った。まもなくすると鉱山の建物らしきものが見えた。ここの事業場に友人の叔父さんが関係していたのではと思いつつも通り過ぎて街中に入る。

鉱山の町だから、それなりの大きさがあると思っていたが、そこの中心街は小さなものであった。

この旅の出発前に、会社の秘書からマンカヤンについての情報を得たことをすでに書いたが、その中にこの鉱山の始まりを説明するものがあった。それによると、フィリピンでの米西戦争後の１９００年1月、米国人のあるグループがマンカヤンに入って豊富な鉱石を見つけ、その後にベンチャー企業を立ち上げ成功を収めたという記録があった。

日本は資源が元々乏しく、それに加えて日中戦争の長期化により、日本の国力は急速に低下していた。戦争継続のためには資源（重要国防資源）の確保が急務であり、そのために南方の国々を占領し、そこで資源を確保することが戦争を始める時の方針であった。フィリピンでは銅がその〝重要国防資源〟と指定されていた。

ルソン島への侵攻後の１９４２年、その銅を確保するため、その米系鉱山企業を直ちに支配し、そこに日本のＭ鉱業会社が事業開設し「Ｍマンカヤン銅鉱山」と改称した。

採掘のためにフィリピン人労働者が強制的に徴用されたが、過酷な労働条件と、日本人現場監督の暴力に、対日感情は悪化し、逃亡する労働者が絶えなかった。そこで柵を設けて外出を禁止したが、かえって逃亡者が増えていった。

その背後にはフィリピン・ゲリラがいて、鉱山労働者への脅しがあった。「お前たち、日本軍に協力していたら最後にひどい目にあうぞ！　命のあるうちに逃亡し、早くわれわれの陣地にこい！」と。

このようにして労働者が減った上、ゲリラが鉱石輸送のための道路や鉄道を襲撃、生産は次第に低下していったなかでの１９４５年には、ここの設備を利用して手榴弾や爆弾を急造していた。しかし、敗色が濃厚となった頃には、この地も危なくなり、そこからの爆弾の搬出に日本軍は苦労した。

友人の叔父さんがこの地で戦死されたことだけで、どこでどのようにして亡くなられたかについての情報を全く持ち合わせていない私は、日本軍がこの鉱山の守備についていただろうし、叔父さんはそれに関わっていたのではと想定し、その事業場を探すことにしていた。

そして事前にネットで調べた、街中にある「マンカヤン退役軍人の記念マーカー」に行けば、当時の何かがわかるかもしれないと考えていた。そうしたわけで、その記念マーカーの写真を持参していた私は、ゴンザレスから写真の場所を街の人に聞いてもらったところ、そこは近くのバスケットコートの中の一隅にあった。

写真では立派な記念塔のようだったが、実物は貧相なものであり、これが写真と同一のものかと疑うほどだった。それに、残念ながらそこでは何の手掛かりも得ることはできなかった。

気を取り直して周りを見渡したところ、すぐ近くにポリス・ステーションがあったので、そこで尋ねることにした。入り口には3名の若手警官がマシンガン持って構えていた。

私はその内の1人に尋ねてみた。「私は日本からきたのだが、友人の叔父さんが第二次世界大戦中にこの地で亡くなったと聞いている。そしてその亡くなった理由は不明だが、私が考えるには、その叔父さんは鉱山事業場を日本兵としてガードしており、米国兵とフィリピン兵の連合がそこを襲い、その戦いの中で戦死したのではと想像している。ついてはその工場に行ってみたいのだが、どこであろうかわかれば教えて欲しい」と。彼はすぐさま「状況は理解した」と言い、その事業場は先ほどわれわれが通ったところだと言う。

彼に礼を言い、すぐにそこに向かったが、私が想像で言ったようなストーリーを彼が肯定したということではないことは私にはわかる。時代は70年以上も経っているのであり、彼らのような年代では、この地で戦闘があったことさえも知らないのではないだろうか。

われわれは直ぐに先ほど通った事業場風の建物に向かった。そこは現役の工場であった。何のアポイントもとっていない私は、もちろん中に入ることはできない。友人の名代として、この門の前で日本式に拝みたかったが、近くには工場関係者風の数人がたむろしており、そのような行為は憚られたので、心の中で拝むだけとした。

これでこの旅のミッションは終了した。後は来た道を戻り、アバタンの交差点で右折し南下し続け、バギオに暗くならないうちに着くことである。

山道は続き、そして雨が降り出した。同時に霧でもあるので雲の中にいるようであり、周りの景色は全く見えないが、われわれは今、山々の脊梁《せきりょう》の道を走っていることだけは感じることができた。

アトックの辺りだったと記憶しているが、霧の晴れ間から見えるライス・テラスならぬベジタブル・テラスの広大さは絶景であった。グーグルマップでは左手奥にはプログ山（標高２９２２メートル、ルソン島で最高峰）が見えるはずなので晴れ間から探したが、この天気ではそれは叶わなかった。

そのうちに、目一杯のキャベツを積んだ小型トラックやバンがわれわれを追い越した。

ゴンザレスが言うには、この周辺で採れた野菜は、このような車でマニラ首都圏の野菜市場に運ぶのだそうで、この地（ベンゲット州）は「フィリピンのサラダボール」と呼ばれていると言う。そうであれば、この道はマニラ首都圏への野菜の供給道であり、重要な位置付けとなるが、広大な供給地があるのに比べ、その輸送道については貧弱であり、大型トラックでの輸送には無理がある。このような背梁の道での道路拡張は難しいのかもしれない。

それらの小型トラックやバンのナンバープレートの色から判断して、輸送業者ではなく自家用車だ。それを運転する彼らはこの道を日常的に使うのだろうから、山道とカーブが続くこの道でも結構なスピードで走っている。一個のキャベツも、もう積めない状態であるにもかかわらず、急ぐのであろうか、対向車のギリギリのタイミングを見て追い越しをかける。

ゴンザレスもその状況に慣れてきたようであり、われわれも急がなければならない事情なので、対向車とのギリギリのタイミングを見て追い越しをかけ続ける。私はゴンザレスの運転に絶対の信頼をおいており、さほど心配はしない。

今はこのように生鮮野菜を運ぶのに不可欠な道であるが、その元は、先のマンカヤン鉱山への車両のアクセス道路として、１９３２年に開放されたと、秘書が得た情報にあった。

バギオ到着

ゴンザレスの頑張りの甲斐あってか、バギオの街に暗くなる手前で入ることができた。

次にホテルを探すことになるが、ゴンザレスは帰りの道を考慮し、マニラ方面に近いところに見当をつけていた。その辺に達したあたりで、適当なホテルが見え、雨も降っていたのでそこで良かろうと決めた。ホテルの受付カウンターに行き「男二人、2部屋」と伝えたところ、シングルベッドルームは空いてなく、1部屋の2ベッドとなった。料金は1200ペソ（朝食なしの2人分）であった。フィリピン有数の保養地にあるホテルで、この安さで泊まれることに少し驚いた。フィリピンの一般人の収入を考えれば、探せばこのような値段のホテルは多くあるのであろう。

部屋にはエアコンの設置はあるが、その料金では使用できず、300ペソを追加することで使えるようになるとのことであったが、ここバギオは高原都市とよばれるように涼しいので、設置されている扇風機があるだけで良かった。

ラグナへ帰る

翌朝5時40分出発。日曜日の早朝であったせいか、車はスムースに進み、やがて周りは明るくなり、山の斜面に多くの家々が建っているのが見える。

1898年の米西戦争の後、米国がフィリピンを支配してからは、避暑目的としてバギオにフィリピン総督の別邸を置いた。その影響から、米国人やフィリピン人の金持ちも同様の目的で住み始めたが、マニラからこの地に向かう当時の道路事情は悪く、簡単に行き来できる状況ではなかった。

そこでバギオ高地への道路開削工事に着手したのが1901年で、1905年3月に開通となった。その道路がフィリピン在住の日本人に知られている「ベンゲット道」だが、グーグルマップ上では「ケノン道」となっている。

その工事は簡単ではなかった。とりわけ山に入ってからの岩盤は硬い理由もあり工事は難航した。フィリピン人、アメリカ人、そして他の国の人たちも使って工事の継続を試みたようだが、着手した当時は失敗が続いていた。そこで米総督府は、米国西海岸やハワイに移民として渡った日本人の勤勉性を思い出し、日本人を募ったのだそうである。

20世紀初頭は、フィリピンは日本人の出稼ぎ先であったこともあり、そこに日本人移民労働者が集まり、その中には〝つわもの〟もいたとされているが、さすがの彼らも諦める寸前まで行ったようである。しかし、ここは日本人の意地として頑張り通し、多大な犠牲を払って完成に大きく貢献したとされている。

その工事には、延べ人数で3万人に近い労働者が世界46か国から集められ、日本人は全体の2割程度を占めたという。

その工事に従事した日本人の中には、完成後も帰国せずにミンダナオ島に渡り、そこで麻の栽培（マニラ麻の原料アバカを植える）を事業化して成功者とみなされるようになった者も少なくない。また一部の人はバギオ近辺やその後背地に残って日本野菜を作り、子孫は今でもそれらの地域に住んでいる。

しかし、戦後の彼らの状況は悲惨であった。フィリピン国内での反日感情の高まりから、ミンダナオ島の山間部に、そしてバギオのさらなる後背地に逃れ、貧しい生活のなかで、出自を隠しながら生きてきた歴史がある。

われわれを追い越した、あのキャベツを目一杯積んだ運転手も日本人の子孫だったのだろうか……。

われわれが今走っているこの道（ケノン道路・ベンゲット道路）の一部は、日本人が大きく貢献したものだが、ゴンザレスはその事は知らないであろう。疲れがたまっていた私は、そのことを説明するのは面倒になっており何も語らない。そんな車内の中、ゴンザレスはスピードを出し下って行く。

山道を下り終え、しばらくすると高速道路に入り、その途中で給油し、そこで軽い朝食にした。午前8時40分。マニラまでの道のりは快適だった。雨あがりのきれいな虹が見えた。辺りは一面の田んぼであり、田植えの真最中であった。午前10時40分。ラグナの定宿に無事帰還できた。

この旅から1年半後（2019年11月1日）に、ボントックの街を見に行ったことをすでに書いたが、この時の往路の途上で「山下道」の位置を確認し、復路ではバギオにある山下がキアンガンから移送された先の米軍キャンプ跡地を見に行ったので、その時のことを次に書く。

山下道（21K地点）

ネットで得た情報によれば、バギオから北へ向かう道の途上にトールゲートがあり、そこから15キロの辺りに「山下道」への右に入る（21K地点）道があることになっていた。そしてその周辺の写真と「山下道」を示しているようなマーカーの写真の掲載があったので、それらの写真を事前にゴンザレスに渡していた。

トールゲートを過ぎてしばらく走ったところ辺りから、私は進行方向右側の道端だけを見て、そのマーカらしきものを見つけることに集中していた。と言うのも、前回のボントックからバギオに向かう途中で「山下道」のことを知っていた私は、後席に座りながらそのようなマーカーを探したのだが、その時は見つけることができなかったからである。

その時は事前に写真を用意してなく、ゴンザレスには「山下道」のことは伝えていなかったこともあった。今回は私がマーカーを見つける前に、ゴンザレスが易々とその写真の地点を見つけることができた。そこは何の特徴もない普通の民家が数軒ある程度で、彼が簡単にそこを見つけたことは私にとって不思議であった。ゴンザレスに「どうして民家の写真がここだとわかったのか」と尋ねると、それは自分の得意な分野だというのであった。

私は写真の家と目の前の家を見比べても確信を持てないでいたので、車を降りてその道を少し歩くと、すぐにマーカーがあった。マーカーは幹線道の道端ではなく、少し入ったところにあったので、私は前回それを見つけられなかったのだ。
未舗装で赤茶色のその道の先を見ていると、往時のことが浮かんでくるような気がし、この道がそうかと感動を覚え、さらに歩きながら進んでみた。
バギオからの後退時に多くの日本軍車両が通った道であり、私も試しに通ってみたい気持ちがあったが、オフロード用の4輪駆動車でない限り、さらに進むことは危険があると判断されるような道（写真参照）であった。

グーグルマップでその先を見ると、アンブクラオ、カヤパ、ピンキアンを経て、南北に走る幹線道があるアリタオ周辺に出る。その距離はおおよそ100キロである。アリタオからの幹線道を北へ進むとバヨンボンに出る。

バギオとバヨンボンを結ぶ道が開発されたことを先に書いたが、この「山下道」はバヨンボンからバギオへの穀物供給輸送に計画された道であった。しかし、その目的を果たすことなく、逆にバギオからバヨンボンへ、そしてそこからさらに北の山岳地帯へ後退するための道となってしまったのである。

先にフィリピン政府要人のボントックへの移転は実現しなかったこと、そして結果的に日本への脱出となったことを書いたが、1945年3月22日の夜、バギオの司令部にいた方面軍参謀長の武藤章中将は、山下の代理として要人一行を途中まで見送っている。その際にこの「山下道」を自動車で行けるところまで行っている。武藤参謀長の見送りはその辺までだったと思われる。

要人らのその後は歩いてバヨンボンへ向かう道まで行き、そこからは日本軍が手配した車で北へ向かい、トゥゲガラオ（カガヤン州）の飛行場まで行っている。

ホセ・ラウレル大統領の著書（『戦争回顧録』）によると、バギオから出てからトゥゲガラオに着くまで7日7晩を要したとなっており、「それは悲惨で、危険に満ちた冒険旅行は人間の想像を絶するものであった」と記している。そのトゥゲガラオの飛行場には、多くの日本軍将校が、数少なくなっていた台湾行き航空機への搭乗を待っていたという。

日本の敗戦が見えてきた頃であり、一部の将校は彼らの特権を利用してわれ先に日本（台湾経由）への逃避を始めていたのである。その特権を使う理由は、〝自分ら将校は優等であり、日本での戦後復興を担うのは優等な人間でなければならない。だから将校が優先して日本へ行くのだ〟という、全く酷い理屈があった。

そのようななかでも、要人一行は搭乗できて台湾に着くことができ、そこに逗留し、その後は上海を経て日本へ入っている。

その一行は、大統領夫人から乳飲児までの7人の家族と議長（ベニグノ・アキノ・シニアでニノイ・アキノの父）の他、フィリピン人4人と、村田大使以下の外務省の役人4、5人であった。

要人らがこの道を通った後の、そして米比軍がバギオに進攻してバギオの日本軍が完全に落ちてしまう前の1945年4月16日夜10時、山下大将を中心とした自動車隊がバギオを出発し、翌日に21Kに到着した。米軍の飛行機が飛ぶ空の下での昼の行軍は不可能であることから、そこで待機しなければならなかった。自動車隊の車両に草の葉をかぶせて偽装した。この頃は、先に書いたバレテ峠とサラクサク峠での攻防戦の最中であり、その方向から山下がいる自動車隊に砲弾の音が聞こえてきたと『運命の山下兵団』にあった。

先に「台湾沖航空戦」での戦果誤報に触れたが、歴史に〝もしもはない〟を承知で書けば、もしそのような誤報がなければ「レイテ決戦」はなかっただろうし、山下は当初から計画していた、ルソン島北部山岳地帯での持久戦体制を早めにとっていたはずである。それは、バギオに地下要塞を築いて日本軍の強固な拠点にし、食糧の調達は後背地の棚田群から野菜を、そして「山下道」を使ってカガヤンバレーの穀倉地帯から穀物をバギオに運ぶ長期戦体制の構築だったかもしれない。

結果的に日本軍が負けるにしても、このようなルソン島北部山岳地帯での持久戦を当初から始めることができ、レイテ島での地元住民、そしてマニラ市街戦を含むルソン島での多くの住民の犠牲は防げただろうし、

100万人を超えるフィリピン人の死亡は大幅に少なかったはずである。

キャンプ・ジョン・ヘイ

復路はボントックからバギオを目指し、バギオの街に入ってからは真っ直ぐキャンプ・ジョン・ヘイに向かった。

バギオは鉱山で栄えた盆地の都市であり、山の斜面を利用して多くの建物があるところは、なかなかの風情がある。また高地でもあることから、避暑地として名高く、とりわけ週末には多くの観光客がマニラ方面から訪れる。

月の平均気温は1月には12・3℃まで下がり、フィリピンが夏を迎える4月の平均気温も25・8℃と涼しい高原の都市で、米植民地時代から「フィリピンの夏の首都」と呼ばれてきた。

バギオは戦前から北ルソン第一の都会で、在留邦人の多い美しい都市であった。1941年の日本軍の侵攻後は、マニラはもちろんバギオにも多くの邦人が移り住んだのではと思われる。

米比軍のバギオ進攻が迫った頃、バギオにいた多くの邦人は永年開拓し、住みなれた自分の家を放棄して、軍と共にさらなる北の山岳方面に逃れた。「虜囚の辱めを受けるな」への忠節心が、一般邦人にもあったからとも思われるが、半ば強制的に軍に連れて行かれた可能性が高い。それは、女、子供、老人に至るまでであり、結果は多くの一般邦人が悲惨な最期を迎えている。

司令部をマニラからバギオに移したころだと思われるが、そこには日本陸軍の第74兵站病院があり、看護婦も多数勤務していた。

バギオの街にはこじんまりしたきれいなデパートがあって、みやげものなどいろいろ売っており、看護婦たちはそこへよく買い物に行って経営者の家族と親しくしていた。

その兵站病院は市街地にあったと思われるが、その場所とは別に、バギオの近くにフィリピン第一の金山（ビックイッチ）があり、そこの坑道の中に病室を作っていた。その金山は戦争で廃坑になっていたが、バギオへの米軍の空襲が激しくなった1945年1月に、そこを病室として利用したものであった。しかしそこは、電灯もカンテラもない真暗闇の数百メートルも続く坑道であり、その中に担架で運ばれた患者を詰め込んだ。そこは正に生き地獄であった。

当時この坑道病室に勤務したKさんという看護婦が話した記録によれば、1945年4月までこの〝暗黒病院〟は続いたそうで、重症患者には何の手当てもすることはできなかったそうである。しかし、別の記録によれば、そこにいた病人から見た看護婦たちは、まさに地獄にいた天使だったそうである。

その4月には、看護婦たちはリュックを背負い、その中に配給された米をつめ込んだ靴下、そして缶詰5個を入れ、北の山岳地帯に逃げていったそうである。坑道の患者はそのままにして、棄てられたままであったという。


さて、話をキャンプ・ジョン・ヘイへの道に戻すと、そこへ至る周辺にはリゾート地を感じさせる松林があり、そのまま続く道の先にはアミューズメントパーク風のところがあった。

車を駐車場に止めて辺りを散策したところ、そこは大きな公園のように感じられ、その中にはホテル、レストラン、ショッピングセンターなどの施設があった。

そこでは多くの人がさまざまに楽しんでおり、私が想像していたキャンプ跡地とは大きく違っていたが、キャンプがあった往時を思わせる建物がいくつかあった。

そのキャンプ・ジョン・ヘイは、米国の植民地時代に米軍が建設した基地で、日本軍が司令部をマニラからバギオに移した時には、ここを司令部として使っていたのではないかと思われる。

戦後もだいぶたった1991年に、この地はフィリピンに返却されている。

われわれは、降伏文書への署名式があったとされる「高等弁務官事務所」を探しながら散策し続けたところ、それらしいところに出た。というのもそこにガードマンがいて、その先には何やら重厚感のある施設が見えたからだ。私はそのガードに山下の降伏場所のことを聞いてみたところ、ここがそうだと言う。しかしそこは今、米国大使館の施設になっているようで、われわれ一般人は入れない。

彼の顔を注意深く見ると、欧米系であったので「貴方はアメリカ人か？」といささか不躾ながら尋ねてみた。この歳になると、このような質問は許されると私は勝手に思っている。

彼はそれを否定したが、逆に「山下トレジャー（財宝）がどこにあるかあなたは知っているか？」と問われてしまった。この辺はフィリピンジョークだ。

山下大将は、ジェネラル・ヤマシタとして、フィリピンでは知れ渡っているが、山下が当地で有名な理由は「山下財宝」絡みである。そのありかを未だに探し続けている人がいるし、日本軍が使っていた洞窟から黄金の仏陀像とか亀の像が発見されたとかの色々な話がある。フィリピン人はそのような話をとても好むようである。しかし、実際の山下像については、あまり知られていないのが実情である。

先のガードマンは「ここがそうだ」と言っていたものの、彼が降伏調印式のことをどこまで知っていたかについては疑問を持った。そこを去った後に、いま一度周りの建物を見渡しながら歩いた。そのなかで、山下が拘留されていたのではと感じられた建物があった。それは往時のまま残されている建物のようであり、何らかの説明書きがないものかと周りを探したが、そのようなものはなかった。しかし私には、山下に関わるところだと感じられた。（写真参照）

すでに書いたことだが、山下はキアンガンからここのキャンプに移送され、9月3日にここで降伏文書への署名を行っている。その後はバギオからモンテンルパのニュービリビット刑務所（当時は捕虜収容所として使われていた）に移送されるが、何日かはここに留め置かれたのではと私には思われるし、そうだとしたら写真の建物がそれに見合っているように思えたのである。

第二章　二人のハリマオ

旅の本題から外れるが少し寄り道するつもりで、この章では〝ハリマオ〟と呼ばれた二人のことを紹介したい。

二人共に開戦当時の日本軍の南方作戦の一つである「マレー作戦」で活躍した人物であり、その一人が山下奉文である。山下は1千キロに渡るマレー半島での進軍を指揮し、難攻不落と言われた英軍シンガポール要塞の陥落を果たした。そのことから、山下は英雄将軍視されるようになり、地元民からは「マレーの虎」つまり、ハリマオ（マレー語で虎のことをハリマンというが、ハリマンから訛ったもの）と呼ばれて敵から恐れられ、同時に畏敬の念も抱かれた。

もう一方は、谷豊（たに・ゆたか）である。豊についての詳しいことは後述するが、私のような年代で〝ハリマオ〟と言えば、男女問わずその多くは、少年期にテレビで観た〝快傑ハリマオ〟のことがすぐさま思い浮かぶことであろう。その主人公であるハリマオは谷豊ではないが、そのモデル（またはヒント）となっている。

次に両名の「マレー作戦」での活躍の内容について、まずは山下から書くことにする。

開戦

1941年12月2日午後、「Xデー（作戦開始日）を12月8日とす」という意味の暗号電報が発信された。「ヒノデハヤマガタトス」が大本営陸軍部から、そして海軍は「ニイタカヤマノボレ」がその電報であった。

12月8日（ハワイは7日）の日本時間午前2時40分、日本海軍連合艦隊の空母から飛び立った航空隊はハワイの真珠湾に停泊する米艦隊を攻撃し、米戦艦4隻を撃沈させて敵基地航空部隊をほぼ全滅させた。そしてこの時、在米日本大使館員の不手際で宣戦布告が攻撃後になってしまったことは、広く世に知られている。日本は米国との国力の差を認識しており、連合艦隊司令長官の山本五十六海軍大将は奇襲攻撃をとったのである。

その頃のフィリピンにおいては、台湾の航空基地から日本陸軍機307機、そして海軍機444機の計751機が出撃し、クラーク基地他の米航空部隊を壊滅させている。これにより、クラーク飛行場を拠点とする、米極東航空軍は開戦第一日でその兵力の過半を失い、航空作戦の大勢はすでに決していた。

一方、海軍によるハワイ真珠湾攻撃とほぼ同時に、マレー半島に上陸（英国領マレーのコタ・バル）し、そこから英国統治下のシンガポールにある英軍要塞の攻略に向けて進軍したのが、山下奉文司令官（当時中将）率いる陸軍第25軍である。

日本が米国と英国に対して同時に開戦したのは、オランダ領インドネシアの石油を奪うためであり、そのためにはシンガポールの英国軍を撃破しなければならなかった。

フィリピンはその資源地帯から日本に至る輸送ルートの要にあたり、極東における米国の重要拠点であるフィリピンを押さえることは、日本にとって戦略上不可欠であった。

そのような理由から真珠湾の米艦隊は、日本にとって「目の上のたんこぶ」であったわけである。

さてそこで、山下奉文が英雄視された「マレー作戦」とはどのようなものであったかである。まずはその作戦の目的だが、先述した理由により、シンガポールを陥落させることにあった。そこには東南アジアにおける大英帝国の牙城シンガポール要塞があり、日本軍が南方作戦を進める上で、ここは絶対に落とさなければならなかった。

要塞攻撃に向けての進軍ルートは、タイ南部とマレー北部から上陸し、マレー半島を抜けて同半島の南端にあるジョホール・バルに出て、そこからシンガポールを攻撃するものであった。

英軍は敵の攻撃は海からと想定し、南の洋上に向けて堅固な要塞化が完了していたが、ジョホール方面は手薄であった。その理由は、敵が南タイ側から上陸し、酷暑の中を1千キロ以上も、しかも昼なお暗いジャングルを進軍することは、彼らの常識では不可能だろうと判断したためではないかと、当時第25軍の参謀であった辻政信（中佐）は伝えている。言い換えれば、マレー半島を南下することはそれほど大変なことであり、そのことを踏まえての、用意周到な作戦が必要であったことを意味する。

マレー作戦開始

南シナ海北部に位置する島（海南島）の南端にある港に日本軍の船団が待機していた。その港内には、陸軍第25軍の山下奉文司令官を乗せた旗艦「龍城」を中心として、最新型の輸送船18隻がすべて予定通りの配置に並んでいた。そばには海軍の護衛艦も複数待機していた。

「ヒノデハヤマガタトス」が示すX日である1941年12月8日、「マレー作戦」は英領マレーのコタ・バル（マレー半島の北東部でタイに近い）で、山下の率いる第25軍の第一次上陸作戦によって開始された。その上陸成功は02時15分、真珠湾攻撃に先立つこと1時間余であった。

コタ・バルには北部マレーでもっとも整備された飛行場があり、それを占拠して制空権を掌握することは、以後の日本軍の作戦進捗を左右する重要な意味合いをもっていた。

上陸時の波は高く、船艇は絶えず2メートル程の上下運動をしており、上陸用小型船艇への移乗の際には溺死者も出た。やっとの思いで接岸すれば正面と側面から英軍守備隊の迎撃を受け、日本軍の戦列は乱れて苛烈を極める戦いとなった。

しかし、陸軍航空隊の支援により、8日夕刻にはコタ・バル全域を占領することができた。この陸軍航空隊がマレー戦域の英軍航空戦力を撃破して制空権を先取し、のちに南方戦線で勇名を馳せた、加藤健夫少佐率いる「加藤隼戦闘隊」である。

上陸部隊は地雷や鉄条網を除去しつつ、橋頭堡を確保、多くの死傷者を出しながらも進撃しての9日、海岸から約2キロ内陸の飛行場を占領した。

マレー作戦を実行するため、タイ国をも通過する必要のあった日本軍は、同日（8日）にタイ国側の南部海岸（パッタニー、ターベなど）にも上陸した。タイは友好国とはいえ、自国に何の許可もなく他国の軍が上陸するわけで、当然のことながらこの上陸地でタイ警察の反撃にあったが、午前11時40分頃にタイ警察は降伏した。

日本としては、事前に作戦の目的を告げ、同国からの協力をつけておく必要があったが、親英的な勢力が強かったタイ国内では、それが英米蘭に漏れる可能性があった。そのため、その交渉を作戦開始の直前とし、当日（8日）の零時に同国の政府首脳にタイ国領土を通過したいこと、敵意はないので抵抗しないで欲しい旨を申し入れた。

しかし、タイ首相から進駐許可に関する応答がないため、同日午前3時30分、南方軍（陸軍の総軍の一つ）は第15軍に進撃開始を命じた。その後タイ政府との交渉は進み、8日の正午頃、日本軍によるタイ領内通過を許可する協定が成立し、同日午後3時ごろ正式に調印となった。なお、タイでの上陸を果たした後の第15軍はビルマ方面を担当した。

日本軍（第25軍）は正面作戦の傍ら、これを迂回して原始のジャングルを切り開き、湿地帯を渡り、英軍の側面・背面に突破口を作る戦術をとった。

当時第25軍の参謀であった辻政信（中佐）は、著書『シンガポール―運命の転機―』のなかで、ジャングル戦のようすを次のように詳しく書いている。

「胸まで沈む大湿地のジャングルを切り開きながら前進する速度は、1日僅か2千米が山々であった。胸から上は縦横に生え茂った蔦や葛に絡まれ、足腰には無数の大蛭が吸い付き、人を恐れない毒蛇は至るところに鎌首をもたげて襲いかかる。昼は風が全く通らない焦熱の地獄であり、夜は濡れた身体に急激な冷気を覚える。苦しい夜が開けると一歩、一歩、血の滲むような跋渉と伐開が続く。激しい空腹を感ずるが飯を炊くことはできない。生米を一粒ずつ噛みしめながら、敵陣地の背後に迫ってゆくのである」

このような状況でもマレー作戦の山下の指揮は、ドイツの新戦術を踏まえつつ、独創的であった。航空機からの援護の下、戦車や自転車を活用して進撃を速め、敵陣の後背部を襲う作戦は、ドイツ駐在経験を持つ山下ならではの発想であった。

結果、１９４２年２月、シンガポール要塞を陥落させ、日本軍の勝利となったが、その時の戦況からいえば、まさにギリギリのところでの勝利であった。

イエスかノーか

敵国英軍が降伏するに当たって、英軍の司令官であるパーシバル中将と山下司令官との会談（降伏交渉）が行われたが、その時に山下が言ったとされる「イエスかノーか！？」の発言が、マスコミを通して世界の話題になった。

この歴史的な会談を迎えるにあたっての山下は、前夜から興奮気味であり、敵将の尊厳を守った会談にしたいと考え、その当日に臨んでいた。

会談冒頭のパーシバルは、日本軍との停戦を結ぶために、ここにやってきた云々と、はっきりしないことを長々と話し始め、それに怒った山下が発したものとされている。

これについて山下は、世間に伝わっているその当時のニュアンスを否定しており、そのことを、マニラからバギオに司令部が移された当時に語っている。それは、司令部があった塹壕でのことで、同盟通信社（当時存在した）の支局長らを招いて夕食を催した時の話である。そのようすが先の『運命の山下兵団』に書かれており、それは同席した栗原賀久参謀の回想からであり、それを次に紹介する。

「わたしは通訳の言葉に対して、イエスかノウか、結論だけ聞けばいい、という意味を、その時の通訳に言ったので、決して、パーシバル中将に言ったのではなかったのです。ところが、わたしが直接パーシバル中将に、イエスかノウか返答を詰めよったように新聞、ラジオで宣伝されてしまった。前夜来、わたしは、精一杯の温情をもって、美しい会見にしようと思っていたのに、そんな気持ちは無残にも壊され、その上、勝利に思い上がった傲慢な態度であったごとく宣伝されてしまったことが、今でもわたしは目覚めの悪い思いでいるのです。どうか諸君も、何かの機会には、この本当のことを伝えていただきたい」

著名な作家である司馬遼太郎が、１９８４年（昭和59）８月に高知県安芸市で行った講演のなかで、日本語の中では土佐弁がいちばん明晰さを持っていることを強調した後に、山下・パーシバルの会談について、次のように語ったという。（未公開講演録愛蔵版5司馬遼太郎が語る日本、週刊朝日より）

「第二次世界大戦のとき、シンガポールが陥落しました。英国の将軍はパーシバルという中将でしたが、彼が山下奉文という日本側の将軍と会見した。パーシバルは降伏するのかしないのか態度をはっきりさせなかった。対する山下奉文は土佐の人であります。

『降伏するのかしないのか、イエスかノーか、はっきりしろ』こう迫ったのですが、それが新聞に出まして、当時は評判が悪かった。明治のときの日露戦争で、乃木希典は旅順の司令官だったステッセルと会見しています。このときステッセルに対して、武士道をもって遇した。それに比べて、イエスかノーかと迫るのは武士の情けを知らないではないかと、そういう意味の新聞の批評が出ていました。

それを子供のときに読んでいて覚えていますが、これは間違った見方ですね。山下奉文は土佐人であり、イエスかノーかをはっきりしろと言った。この局面においては、山下奉文のほうが正しいのです。言語というものは、そもそもイエスかノーかをはっきりさせるものです。あいまいなことをごじゃごじゃと言うべきものでは本来ありません。しかも戦いのさなかのことです。シンガポールの司令官であるパーシバル中将がやってきて、降伏するのかしないのか、ぐじゃぐじゃと言うのは本来おかしい。おまけに、山下奉文には事情がありました。実を言うと、イエスかノーかをはっきりさせなければ、自分の方の兵力が尽きようとしているわけですから、そういうふうに言わなければいけなかったのです」

山下の生まれ育った土地での講演であり、また司馬が高知県の名誉県民だったこともあり、山下の肩をもった面があるものと想像できるが、どうであろうか。

日本軍の勝利

そのような、山下にとっては不名誉なことがあるにしても、パーシバルは降伏して日本軍は勝利したのである。その結果山下は、日本で国民的な英雄となり、その功績は東南アジア諸国に大きな影響を与えた。つまりそれは、同じ肌の色をした日本人が、支配層であった白人（英国）をやっつけたのだと、その驚きは大きかった。そして同時に自分たちにも勇気があればできるのではないかと自信を付けたのである。

すでに書いたが、このようなことから、山下は英雄将軍視されるようになり、地元民からは「マレーの虎」つまり、ハリマオと呼ばれたのである。

華僑粛清事件

それは、シンガポール陥落後に起きたことであり、日本軍が中国系住民多数を掃討作戦により殺害したとされる事件である。定かではないが、リー・クワンユー（後のシンガポール初代首相）は、その粛清（虐殺）は数千人だったとする伝えがある。

粛清の発案者は、山下ではなく辻政信ら参謀たちであるとする説が強いが、それでも司令官として裁可したのであれば、その責任はまぬがれないとされ、マニラ裁判での山下の死刑判決の理由にはこの事件が影響している。なお、辻政信については後の章で詳しく書く。

匪賊の頭目となった豊

次に谷豊のことについて書く。冒頭で触れたように、私の少年時代は『快傑ハリマオ』というテレビ番組が大人気であった。多くの少年たちがその主人公であるハリマオの姿を真似し、頭にターバンのつもりの風呂敷を被り、大人用のサングラスをかけ、そしておもちゃのピストルを持ち遊んだ。

そのハリマオは当時の少年たちにとって、スーパーヒーローであった。私に少しの正義感があるとすれば、それはこの快傑ハリマオに大きく影響されたのではと今でも思うくらいである。

快傑ハリマオのことはこれくらいにして、これから記す、実在の人物である谷豊の活躍の内容は、『マレーの虎　ハリマオ伝説―著者中野不二男―』と『ハリマオ　マレーの虎、60年の真実―著者山本節―』の２冊の本から得た情報を基に、私の個人的なハリマオに対する思いを入れたものである。


谷豊の両親は一歳の彼を連れて、１９１２年（明治45）５月に、住んでいた九州からシンガポールを経由してフィリピンに渡ろうとしたが、その途中の船上で母親（トミ）が産気づき（お腹に長女のミチエ）、マレー半島の東海岸に留まることとなった。父親の浦吉は海外での仕事が性に合っていたようで、若くして単身米国に渡って理髪業をしていたこともあり、その地の中国人街に居を構えて理髪業とクリーニング業を始めた。

家業は順調だったようで、やがて長女の他に次女（ユキノ）、次男（繁樹）、そして末っ子の静子が生まれ、長男の豊はそこで理髪業を手伝いながら成長していった。

父親の浦吉には子育てへの独自の思いがあり、豊は日本の学校に通うためと日本で兵役検査を受けるため、そして日本で仕事をするなどの目的で何度かマレーを離れている。

そんな中、豊が日本に滞在中の１９３３年11月６日、満洲事変に絡んだある事件に怒った華僑の暴漢たちが、谷家（理髪店）があった中国人街を襲った。その時、暴徒の中の一人がその理髪店を襲い、２階で風邪をひいて寝ていた8歳の末っ子（静子）が殺害（首を掻き切られた）されてしまった。当地の警察（英人官憲）に通報したが、彼らは誠意をもって調査しないばかりか、侮辱の限りを谷家族に尽くした。

犯人は広西生まれの支那人で、満洲事変によって過激化した排日思想に煽られての凶行であったとされている。

豊の親戚は日本にいる彼にはそのことを知らせなかった。豊の気性を知っており、それを知ったら、すぐにマレーに行き何をするかわからなかったからであった。

豊がその事件を知ったのは、母親が日本に帰った1934年である。そのことを母親から知らされた豊は激怒し、皆が止めるのも聞かず、日本刀を下げて単身マレーに渡った。それは1934年後半のことらしい。

マレーで育った豊には、日本語がよくわからなかったこともあるが、日本よりマレーが肌に合っていたようで、早くマレーに戻りたい気持ちがあったようだ。しかし、妹の静子が殺されたのが一番の理由であったのは間違いないようだ。

〝今に思い知らすぞ〟と復讐の鬼となった豊は、その胆力と頭によって強盗団を組織し、匪賊の頭目となって周辺を荒らし回った。一時は3千人もの部下を率いていたが、領民からは奪わず、常に英国人と華僑を襲撃した。豊は少年のころから親分肌で義侠心が強く、それは谷家の血筋だったようだ。

人々は豊を〝ハリマオ〟と呼んだ。それは、彼に喝采をおくる貧しいマレー人たち、あるいはその襲撃に怯えた富裕な華僑系の人たちであった。

マレー官憲の追及が始まるのを知った豊は、1941年2月に少数の子分を連れ、彼の縄張りとしていたマレー北部コタ・バルからタイ国の南部海岸（ナラーティワート、パッタニーなど）に逃れた。

豊が越えたマレーとタイの当時の国境は、法的な国の境はあるにしても、その周辺で暮らす人々は、昔から互いに物々交換などで行き来があったと思われ、〝国境〟への意識はあまりなかったのではと思われる

そうであれば、マレーとタイの移動は容易だったのであろう。とりわけ、タイの深南部はイスラム教圏で人々はマレー語を話し、マレーへの帰属意識が強い。

今でもそうだが、深南部4県（ヤラー、パッタニー、ナタティワート、ソンクラー）は分離独立運動が続き、イスラム武装勢力が関係すると思われる銃器、爆発物を使用したテロが絶えないところであり、当時もタイ政府の管理は難しいところであったはずだ。このような状況下で、この両国を股にかけ、豊は跳梁跋扈《ちょうりょうばっこ》していたのであろう。

タイ側のナラーティワートにいた豊は、そこからやはりタイ側のバンブー（パタニーの東12キロ）に移動した。ここで彼はチェ・ミノという15歳年上の女性と結婚し、1941年12月8日の日本軍上陸までの1年半ほど家庭生活を送っている。

その結婚の成り行きは、豊が仲間と押し入り強盗などを働いている中で、何度かその地の牢屋に入っていた頃、そこで彼を見染めたチェ・ミノが父親に頼んで彼を釈放してもらった事があった。そのためこの女性と半ば強引に結婚させられてしまったようだ。

そうしたわけもあってか、豊はチェ・ミノと住んでいた家の近くで、ジョという別の若い女性とも一緒に暮らし始めてもいる。豊かは小柄だが、色白でたいそう美男子であった。彼の残された写真からもそれは容易に理解できる。

そのようにして家庭的な生活をしてはいたが、相変わらず盗賊活動を続け、何度か捕まり投獄されていた。

しかし、奪ったお金はみんなにバラまき、決して人を殺すことはなかった。

開戦前の頃の豊

日本陸軍のマレー作戦を含む南方作戦計画は、開戦前から始まっていた。豊がタイで匪賊としての活動を続け、そして捕まり投獄されていた時期だと思われるが、タイ・バンコクの日本大使館駐在武官であった田村浩大佐に豊の噂が入った。大佐は、豊は使えると見て「ハリマオ工作」を練り上げ、特務部隊・秘密工作機関（藤原機関、別称F機関）の神本利夫に豊との接触を命じた。

田村大佐は日本陸軍のなかで南方、とりわけタイとマレーの事情に明るい第一人者であった。

先述のような状況で、豊が牢屋に入っていた頃、田村の命令を受けた神本は豊を助け出し、日本の情勢が風雲急の時局であることを告げ、日本軍に協力するよう説得した。それを聞いた豊の血は、日本人としての誇りが蘇ったようであった。神本から日本の一大事を聞かされるや、地の利に通じた自分なら何かの役に立てると興奮決起したに違いない。

藤原機関は南方総軍の藤原岩市少佐（のち中佐）参謀を長として編成されたもので、神本は軍人ではないが、藤原機関長と共に〝アジアの解放〟の理想を持ち、とりわけ英国植民地主義と戦っていた。そのようなことに、豊の心が動いたのかもしれない。やがて豊は先の藤原機関の一員となり活動することになる。

当初は妹殺害に対する復讐心に駆られて始めた盗賊行為であり、いくら義侠心を貫いたとしても、やっていることは所詮盗賊であることに変わりはなかった。だから後に改心したのだろうし、日本にいる母親に対しても、自分も日本国のために役立っているので安心させたい、そしてほめてもらいたいという思いもあったのではないだろうか。

タイからマレーを経てシンガポールに至るマレー縦貫鉄道は、マレー半島の大動脈であり、その確保は日本軍の兵站輸送に不可欠であった。それゆえにこの特務部隊（藤原機関）は、日本軍がタイ南部とマレー北部海岸へ上陸して南下を進めた場合、マレーにいる英軍はシンガポールへ向けて逃げる過程で、多くの橋梁とともに、鉄道の破壊も計画するであろうと見ていた。

このようななかで日本軍は進軍し、特務部隊の一員となった豊は数人の子分を連れ、日本将兵とは別行動で進んで行った。

この時の彼の姿を、先述した2冊の本から想像してみると、任務を果たすため、臨機応変に身なりを変えていた可能性がある。匪賊時代の豊は警察から逃れるため、よく変装をしていたからであり、またそれを好んだようにも思えるからである。

そのような豊たちは、日本軍がやがて通過する地で、食糧の備蓄活動、後方撹乱、そして英軍による橋梁の破壊防止など、神出鬼没の活躍を続けた。それは、日本軍のマレー半島での奇襲作戦のための移動に大きく貢献した。

その活動の中で、豊が橋梁を守った話が幾つかあるが、その中のイポーでの鉄道を守った時のことがある。豊はその確保活動を行うと同時に、英軍に従っていたマレー青年民兵に戦場放棄を説き薦めたという。

畠山清行著『続秘録中野学校』によれば、それは次のようなことであったらしい。

英軍はこの鉄道を、マレー青年の民兵組織に守備をさせ、日本軍の接近次第、数か所を爆破して不通にする計画であった。豊は神本と二人、英軍指揮官の留守をねらい、マレー青年の宿舎に進入して「俺はハリマオだ。日本軍は英人を敵とするが、マレー人やインド人は敵としないから、早く銃をすてて家へ帰れ！」と叫んだ。続いて神本が「俺は日本軍の参謀だ。この一帯は、今夜日本軍が包囲することになっている。今のうちなら、目をつぶって逃してやる。早く武器を捨てて、妻子のもとに帰れ！」と叫ぶと、彼らは我先に逃散した。

指揮官の英軍将校が帰ってきた時には、マレー人は一人もおらず、ハリマオの銃口がその将校の胸をねらっていた。私にとってのこのシーンは、快傑ハリマオを彷彿とさせるものである。

しかしさしもの豊も、不眠不休の奮闘によってか、途中マラリアに冒され、ジョホールバルに辿り着いた時に倒れた。当時の抗マラリアの薬にはキニーネがあり、日本軍英軍ともにこれを使用していたが、豊はそれを断り、マレーの民間医療で使われていた、犀の角を削って飲む民族医療薬を服用していた。豊はマレー人らしくありたいという強い思いがあったのであろうか。

藤原機関の神本たちと豊の子分たちは、豊が倒れてからはずっと看病をし続けた。藤原も何度か豊を見舞い勇気づけた。しかしその甲斐もなく、シンガポールのタントクセン病院で1942年3月17日、30年の生涯を閉じた。

豊がここまで頑張ることができたのは、彼を慕ってついてきた子分の存在は無論であるが、神本と藤原という逸材の存在も大きかった。豊には荒っぽい面があるが、心優しくナイーブな面もあった。神本はこのことをよく理解し、豊に色々なことを教え指導したこともあり、互いに強い信頼関係ができていた。そして藤原も両者を理解し、そして彼らを信頼していた。

豊は随分と前に回教徒となっており、ムハンマド・アリー・ビン・アブドラーというイスラム名を与えられている。イスラム教の葬儀においては、決して異教徒の参列は許されてないという。豊は「ぼくが死んだらここにいる仲間（子分）にまかせてほしい。日本の偉い人にもきてもらったら困る。回教のやり方で、この者たちにやってもらう」と死ぬ前に藤原機関員に伝えている。それゆえ、豊がどこに埋葬されているのかは不明のままである。

豊がハリマオと呼ばれた由縁は義賊的なイメージからだったにしても、彼の活躍と名前が日本の中で後世に残る理由は無論のこと義賊としてではない。彼が日本軍の下で働いてからの先述のような活躍もあるが、秘密裏に特務活動をしていた彼の具体的な行動は、その立場上よくわかっていないところが多々ある。

ハリマオの豊を日本で最も有名にしたのは、豊によく同行していた神本が藤原に彼の功績を詳しく伝え、藤原が陸軍省の記者クラブに招かれた時に、ハリマオ（豊）の数奇をきわめた半生と、戦争前後における彼の英雄的活動を語り、大新聞が一斉に四分の一頁にも及ぶスペースを割いて、これを報じたことによるのが大きい。

それにより、世の中はハリマオ一辺倒になり、当時の日本人から大きな共感・共鳴を得た。しかしその後は、尾ヒレがついたハリマオのイメージが一人歩きして拡散していった感がある。時は戦況華々しく、国民の戦意高揚の目的もあったのか、またそれを踏まえた大衆の好みに迎合した、さまざまなメディアのアレンジが進み、ハリマオは神話的伝説となっていったのである。

１９４２年（昭和17）４月、藤原は福岡に行き、豊の母トミら遺族との対面を行い、豊の活躍と立派な最期を知らせている。その後トミは談話で「でかしたぞ豊」と一言でもほめてやりたかったと述べている。この母の一言で、豊は報われたのではないだろうか。

山下と豊は共にハリマオと呼ばれた。二人に直接の繋がりはないが、同じ時代に生き、同じマレー半島で活躍した。豊の方は、日本軍の下で働く前に、すでにハリマオと呼ばれていた。彼がいた土地の人々が、彼を義賊とみなし、そのように呼んだのだろうし、ハリマオという呼称はこの地では以前からあったようでもあり、地元民が持っているハリマオというイメージが豊の行動に重なったのであろう。このハリマオの名は今なお義賊の代名詞として、コタ・バル、そしてタイ国南部のナラーティワート県周辺で、伝説的に語られているという。

それでは義賊でもない山下が、ハリマオと呼ばれたのは何故であろうか。豊が持つイメージとは全く違うが、何か共通するものがあるのではないかと考える。

山下は大男であり、見るからに強そうでもある。そして実際にも彼が率いた第25軍は強かった。それはまるで、密林から突然出てきて強襲する、まさにマレーの虎のようであった。しかし、マレーとシンガポールの地元民がみた山下は、単なる強い虎のイメージだけでなく、小さな島国からきて、自分たちと同じ肌の色をしているのに、当時の列強国（宗主国）と果敢に戦う姿であった。そのような彼の活躍を見て、祖国を解放してくれるような義の人、つまり彼らが持つ義賊（ハリマオ）のイメージに重なったのではないだろうか。

シンガポール陥落は現地の人たちだけでなく、英米蘭など白人社会の、有色民族への見方を大きく変えた。それは言わば、世界を変えた戦闘結果であった。このような意味からも、ハリマオの名と共に、山下は英雄視されたのであろう。

誤解を恐れずに書けば、白人社会の多く、とりわけ上層階級の彼らは、日本人などの有色人種を彼らより劣等な民族であると考えていたが、それがこの戦闘で覆されてしまったのである。

日本軍がシンガポールに近づいた頃、ウインストン・チャーチル（当時英国首相）はシンガポールにいた英軍司令官に次のように命令している。

シンガポールの市街を砦と化し、死ぬまで戦うこと。降伏などは問題外である。ことここに至っては、部隊を救うとか一般住民のことを考えるとかいう必要は全くない。あらゆる犠牲をかえりみずに、最後まで戦うことあるのみである。司令官と高級指揮官も、兵と共に死ぬべきだ。大英帝国とイギリス陸軍の名誉がかかっているのだ。ジャップに負けるなどあってはならぬことだ。

第三章　二人の将軍

帝国陸軍大将山下奉文と同軍中将本間雅晴は、先の章（「第一章マンカヤンへ」のモンテンルパ）のところで少し触れ、山下については前章（「二人のハリマオ」）でも紹介した。両将軍は今後の章でも何度か登場し、かつこの紀行文の主役的存在になるので、ここで彼らの出自と主な軍歴、そしてフィリピン戦から最期までを辿ることにする。

この紀行文のなかでの旅は、実際にそこに行った年月日の順で書いており、フィリピン戦での順を追ったものにはなっていない。そのため、読者にとっては戦いの流れがわかりづらいと思われる。そこでこの章では、主役的両将軍のことを時系列で紹介することにする。そうすることで後の章に書かれる内容が理解しやすくなるのではと思っている。

なお、両将軍の辿るなかでの、場所などに関係する歴史も合わせて紹介することにする。

山下大将

1885年（明治18）11月8日、父佐吉、母由宇の次男として、母親の実家がある高知県香北町白川で生まれ、3歳までそこで過ごした。

佐吉は、師範学校を出て同県の杉村（現大豊町）の教師となったが、医者になるため長崎で学んでいたので、由宇は実家に寄寓していた。

佐吉が医師の資格を得た後は、故郷である大豊町に開業医となり移り住んだ。母由宇は、体重約20貫（75キロ）といわれた巨女だったそうで、豪胆だったともいう。

極貧に近い山村で育ってはいるが、父の医師という職業からして、それほど貧しくはなかっただろう。しかし、そのような山村出の男子が出世するには、勉強して陸軍大学校を出て、軍人になることが当時の常であった。

陸軍大学校（陸大）卒業は、出世の必須要件となり、陸大さえ出ていれば、よほど大きなミスがないかぎり少将になれるとされていた。

この頃の陸大を目指すのは、士官学校卒業者の中でも特に優秀な者たちばかりで、毎年、2000〜3000人が受験に応募し、その中から選抜された約600名が一次試験に臨み、そこからさらに60人程度の精鋭が選ばれるという狭き門であり、その卒業生が軍中央を構成するメンバーになっていた。

山下はその通りに陸大を優等で卒業（第28期）し、エリートコースの道を進んだ。さらに、巨体である母親の血筋を受け継いだ山下は、その体躯が出世を有利にし、陸軍大臣候補と評されたほどであった。軍隊では陸海軍を問わず、大きいことが偉くなる条件のようなものがあった。

そのような体躯の側面では、風貌とは異なり、細心、緻密であり、ユーモアのセンスも持っていた。

陸大卒業後の山下は参謀本部付となり、スイスとドイツに駐在、第一次世界大戦のヨーロッパを目前にし、帰国後は陸大教官を経て、オーストリア公使館付武官となり、その帰国後は歩兵第三連隊長になる。そこで、

2・26事件（1936年2月26日の皇道派青年将校によるクーデター未遂）の首謀者となる安藤輝三（大尉）ら皇道派の若手将校と知り合った。

少将になっていた山下には人望があり人気もあった。そして広い見識があった。その彼は、陸軍エリートが集う統制派に与せず、皇道派の青年将校たちに同情した。

皇道派と統制派というのは陸軍の中での言わば〝派閥〟のようなものであり、その区別はわかりにくいのでここでは書かないが、善し悪しの問題ではない。

2・26事件の結末は、天皇の裁断で重刑が下ったが、天皇の後の口述では、その判断には大いに迷ったという記録がある。

山下は、2・26事件直前まで安藤大尉以下の首謀者たちと連絡を取り、天皇の裁断後も青年将校たちに有利な解決策を模索し、青年将校の減刑を願い出ていた節がある。その結果、天皇の震怒を買った。天皇は青年将校の動きに与した山下を避け、東條英機（陸大卒第27期）が引き立てられた結果となり、その頃から山下と東條の確執が始まったようである。

事件が鎮圧された後の山下は、聴取は受けたものの、特段の処罰は受けなかったが、以後、半ば追放の身となり、中国大陸を転々とし日本の土を踏むことはできないでいた。

1940年（昭和15）、山下は東條の後任として、陸軍航空総監兼陸軍航空本部長に任命され、ようやく帰国を許されるが、すぐに第二次大戦中のドイツに、軍事調査団長として派遣される。彼はこの時期にドイツの戦法を学んでいる。

その頃には英米との戦雲が近づき、軍中央は山下が必要となり、1941年11月に第25軍司令官に任じられ、その翌月の開戦時には、マレー作戦軍司令官として指揮した。このことは前章（「二人のハリマオ」）で書いた。

マレー作戦での戦勝後の山下は、満州の第1方面軍司令官に転じられたが、それはいわば干されたようなものであり、故国に凱旋することは許されなかった。それは、天皇の山下への見方が影響していたと思われるが、時の権力者であった東條英機からも疎まれていた影響があったのかもしれない。

山下がシンガポールから満州に移った頃（1942年7月）には、ミッドウエー海戦（1942年6月のミッドウエー島付近での海戦）を転機に日本軍の戦局が悪化し続け、米軍の進撃は日本の〝絶対国防圏〟にまで達しようとしていた。

絶対国防圏とは、1943年9月30日の閣議と御前会議で決定されたもので、劣勢に立たされた日本が本土防衛上及び戦争継続のために必要不可欠である領土・地点を定め、その防衛を命じたものである。

しかしすでに制空権と制海権を失っており、マリアナ沖海戦とサイパンの戦いをはじめとするマリアナ・パラオ諸島での戦いで大敗を喫してマリアナ諸島を失ったことにより、攻撃のための布陣を組むことはできなくなっていた。

こうして日本軍は防戦一方となり、絶対国防圏が破られたことによって、敗戦はほぼ時間の問題となった。

1944年7月18日、東條英機はその責任を取り内閣総理大臣を辞職し、小磯国昭内閣へと変わった。

1944年7月24日、大本営は「捷号《しょうごう》作戦」を決定した。その内容は、絶対国防圏を縮小し、米軍のフィリピン諸島への攻撃の場合が「捷1号」とし、台湾南西諸島が「捷2号」とされた。参考までに記せば3号が日本本土で、4号がアリューシャン列島方面であった。なお、〝捷〟には〝勝〟と言う意味があり、それは

〝絶対死守〟でもあった。

フィリピン諸島への場合を1号としたのは、フィリピンを失うと南方資源ルートは遮断され、日本の敗戦は必至となるので、フィリピンでの決戦が国運を左右するものであった。加えて大本営は米軍の進撃方向を、フィリピン諸島のどこかと判断していたからでもあった。

1944年9月、すでに大将（1943年2月昇進）になっていた山下は、フィリピン防衛のため再編成された第14方面軍（第14軍からの拡大・格上げ）の司令官として大命を拝し、フィリピンへ就くことになった。

その頃はすでに、敵将マッカーサーがフィリピンに向かっており、その地が激戦地になることは明白だったことにより、山下は重要な戦線に戻されたと言える。

1944年9月28日、山下は満州から立川飛行場に到着し、陸軍本部で作戦会議に出席し、そして今度は天皇への拝謁ができ、10月5日9時に埼玉県所沢飛行場を発った。

経由地である台北に一泊し、翌6日9時に台北を飛び立ち、屏東県（台湾本島の最南端）を経由し、同6日の夕刻、マニラ郊外のニールソン飛行場に山下の一行を乗せた飛行機が着陸した。

マニラ国際空港の初めはニールソン飛行場

〝ニールソン飛行場〟今はないその飛行場は、高層ビル群が整然と並ぶ、フィリピン最大のビジネス街があるマカティのほぼ中心にあった。

今のマカティを知る人は、そのことに驚くと思うので、ここで少し寄り道をし、その飛行場の歴史について触れることにする。

飛行場のターミナルビルは、今のマカティの通り名である、パセオ・デ・ロハス、アヤラ・アベニュー、そしてマカティ・アベニューの三つに挟まれている、アヤラ・トライアングル・ガーデン（三角庭園）にあった。

その三角庭園の中に、当時の管制塔を残したと思われるものが、〝ニールソン・タワー〟である。（写真参照、マニラ・インターナショナル・エアー・ターミナルの表示と後方にシャングリラホテルが見える。人物は著者）

写真の建物（ターミナル・ビル＝ニールソン・タワー）に表示しているように、そこはマニラ国際空港であった。当時の滑走路は2本あり、その跡が今のパセオ・デ・ロハス通り、そしてアヤラ・アベニュー通りとなっている。

空港は1937年7月に開港し、当時としてはアジア最大かつ最も設備の整った空港であった。

空港があったその土地は、アヤラ家が所有する〝アシェンダ・サンペドロ・マカティ（サン・ペドロ・マカティ大農園）〟であり、そこから42ヘクタールの土地を借りて飛行場が建設されたもので、そのアシェンダ（大農園）は、現在のマカティの街のほとんどを占めていた。

当時の政権（マニュエル・ケソン大統領）が国の経済発展のために空港が必要だとし、インフラ事業を奨励していたことが背景にあり、外国人（フィリピンに住む英国人）のビジネスマンであり航空愛好家でもあった、ローリー・ルーベン・ニールソンが空港建設のために立ち上がった。

彼はマニラに拠点を置く他の外国人資本家に呼びかけてプロジェクト・チームを作り、彼らが政府に〝ターン・キー方式（一括請負方式とも）〟で空港を建設する提案をし、それを先のアヤラ家の人が知り（話に乗り）、土地の貸与となり完成したものだとされている。

このようにしてでき上がった〝ニールソン空港〟は、米極東航空学校の拠点となり、民間の航空サービスも導入され、マニラと他の地域との間の運行、そして後にはフィリピンと世界との間の主要なゲートウエイになった。つまり国際空港へ変化して行った。

１９４１年、日本の領土拡大政策の動きを予測し、フィリピン当局はその対応策として、この空港に極東空軍本部を置き、その年の10月には民間航空会社の飛行は中止され、米空軍が使用することになった。

１９４１年12月の日本軍の侵攻に伴い、この空港は日本軍により占領され、戦後の１９４６年に再開されるまで、民間の航空サービスは停止されたままであった。

１９４８年には、現在のヴィラモール空軍基地（旧米空軍基地）に接する場所に移転し、この時にマニラ国際空港へと名前が変わったと思われる。これによりマカティでの空港機能は終わり、その周辺は再開発され、現在のビジネス街に変貌を遂げて行く。

空軍基地に接したところに移った後のマニラ国際空港は、今のニノイ・アキノ国際空港となって行く。マニラ国際空港からニノイ・アキノ国際空港に名称が変わったのは、1983年8月21日に起こった、ベニグノ（愛称、ニノイ）・アキノ・ジュニア暗殺事件に端を発している。

それは、ニノイが3年間亡命していた（させられていたとも）米国（ボストン）から中華航空機でマニラ空港に到着し、多くの支援者や知人、そして同機内の乗客（含む多くの取材陣）らに見守られる中、国軍兵士3人（4人とも）に連行される形で、当該機からタラップで降りる際に、何者かによって射殺されるという、世界に衝撃が走った暗殺事件である。

私は当時オランダ勤務（以前いた会社の）で、この事件報道を地元のテレビで知り、驚きをもってそれを見ていたことを覚えている。この事件の真相と背景には複雑な面が多くあり、私はそれについて詳しく書くことはできない。

この暗殺事件を機に、国内にくすぶっていた反マルコス（当時大統領のフェルディナンド・マルコス）の機運を爆発させることになり、マルコス一家がハワイに亡命する1986年2月のアキノ（コラソン・アキノ、愛称、コリー）政変（ピープルパワー革命・エドゥサ革命）に繋がった。

そのニノイを記念して、空港名が1987年8月に改称されたものである。

先にヴィラモール空軍基地のことに触れたが、米空軍基地の時代はニコルス飛行場と呼ばれ、戦前は米極東空軍が使っていた。そこはマニラの南方、マニラ首都圏のパサイとパラニャーケにまたがる位置である。

1942年に日本軍が占領、同年12月からは日本海軍が使用していた。

マニラに入ってからの山下とその立場

さて、山下の一行が着陸したところに話を戻そう。ニールソン飛行場では軍司令部の部員一同が出迎えた。「マレーの虎」といわれた新司令官の着任に、全将兵の心は新しい光明に満たされ、この司令官の下に、大東亜戦争（太平洋戦争）の最後の戦史を綴らんとする喜びであったという。

着陸後に向かった先は「桜兵営」と称していたところであった。当時の方面軍の司令部がどこにあったのかの記録を私は目にしていないが、１９４１年12月の日本軍の侵攻、そして翌年１月２日のマニラ占領により、それまで米軍のフォート・ウイルアム・マッキンリー（現フォート・ボニファシオ）基地があった場所を利用して司令部を置いていたのではと思われる。「桜兵営」はその司令部敷地にある米軍が使っていた兵営だったのではとも思われる。

フィリピンにおける日本軍は、陸軍、海軍、航空軍、それに軍属を合わせて40数万人であった。この内、山下の指揮下にある部隊は約23万で、直接指揮できるのは、ルソン島に配備された約13万人にすぎなかった。しかも、当時の指揮系統は統一を欠いていた。陸軍と海軍とは完全に独立していたし、同じ陸軍の中でも最高司令官（南方軍総司令官で方面軍の上層軍）として寺内寿一元帥がマニラにおり、第14方面軍の司令官は、第４航空軍（陸軍所属の航空軍）司令官や、第３船舶司令官（レイテ決戦遂行に最も重要な輸送を担当した）と肩を並べて、寺内元帥の隷下にあった。

第14方面軍司令官である山下は、全フィリピン防衛の任務を課せられていたにもかかわらず、航空や船舶部隊を指揮することはできなかったのである。

着任前の山下は陸軍本部との作戦会議で、ルソン島で戦う戦略を確認していた。しかし、着任後にはフィリピン周辺での制空権も制海権も失っている状況を自身で見聞きし、温めていた戦略を変更した。それは正面きっての戦闘をさけ、航空機の攻撃を受けにくい、ルソン島北部の山岳地帯に強固な陣地を構築し、米軍に持久戦を強要し、彼らの兵力を消耗させる方針とした。それにより、敵の台湾、沖縄への進撃を遅らせることができる、というのが山下の判断であった。しかしそれも、さらに変更しなければならなくなった。それはレイテ島での決戦であり、その決戦については後の章で詳しく書くとして、レイテ決戦後は、先の章（「マンカヤンへの旅」）で書いた内容であり終戦となって行く。

裁判にかけられた山下

終戦後の山下は、モンテンルパにある捕虜収容所（現ニュービリビット刑務所）に入れられ、マニラでの裁判（マニラ米軍事法廷、略して「マニラ法廷」、正しくは「米軍事委員会」でBC級戦犯に対する軍事裁判）となり、１９４５年（昭和20）10月29日に審議が開始された。

法廷ではシンガポールの華僑虐殺事件（華僑粛清）、マニラ大虐殺等の責任を問われ、同年12月７日に死刑判決が下った。

その判決後、米陸軍の法務将校からなる山下の弁護団は、判決を不服としてフィリピン最高裁、米国連邦最高裁判所に死刑執行の差し止めと人身保護令の発出を求める請願書を出したが、米最高裁は６対２の投票数で請願を却下した。

刑の執行は軍服の着用も許されず、囚人服のままで行われることになった。山下の判決の後も、ほとんどの将校の刑執行が囚人服で絞首刑という、軍人の名誉を重んじない死刑の方法であった。ただし、同じくマニラの軍事裁判で死刑判決が下った本間雅晴の場合は、略式軍服の着用が認められ、名誉を重んじての銃殺刑であった。

本間中将

１８８７年（明治20年）11月27日、父賢吉の長男として、新潟県佐渡郡畑野（現、佐渡市畑野）に生まれる。佐渡中学を経て陸軍士官学校に進んだ。１９０７年、士官学校を恩賜（歩兵科２位）で卒業した。１９１５年には陸軍大学校（27期）を恩賜（３位）で卒業した。

年齢で言えば山下が本間より２歳年上だが、陸軍大学校の卒業は山下（28期）より本間が１期早い。

本間の体躯は、５尺８寸（１７８㎝）の長身で、一時期の体重は90キロもあり、武将として申し分のない外見に恵まれてはいた。しかし、佐渡の老人たちの語る幼い頃の本間は泣き虫、気が弱い、やさしい、喧嘩をしないなどであり、戦闘的な人間ではなかった。中学時代から歌の作詞などを多く残しており、文学好きの優しい人物であったという。

陸軍士官学校で本間と机を並べた舞伝男（まい・でんお）は本間のことを、「情に富すぎるほど富んだ男だった」と言っており、また「稀なほど純粋な人柄で、時によっては、自己の利害を全く無視して直言をする強さがあった」と伝えているし、本間はどちらかといえば、〝武〟より〝文〟の方面に進むべき人物であったようだ。

学業の方はというと、周囲も驚くほどの勉強家であり、とりわけ英語には熱心であったようで、本間の英語については、後に〝陸軍きっての英語使い〟といわれている。

陸大卒業後の1918年には、武官として英国駐在を経験しており、英語の堪能さを発揮して国際感覚を十分に身につけたと思われる。

バターンでの戦いの本間

後の章（「バターン半島へ」）で詳しく書くことになる、米軍が籠ったバターン半島での戦いでは最終的には勝ったものの、戦闘が長引きすぎたこと、そしてその原因は〝無能で決断力に欠け、敵に優しすぎる〟との理由で、軍部中央から予備役にされてしまっている。

バターンでの戦闘中の本間は、陸軍参謀長の杉山元から、司令官を降ろすと何度も脅かされて大きなストレスを受け、彼の出世と軍人としての名誉は危機に瀕していた。

当初の計画では2月までにフィリピンを占領するはずだったが、バターン陥落となったのが4月9日で、その陥落後も持ち堪えていたコレヒドール島が落ちたのは、それから一月ほど経った5月7日である。

最初から作戦計画に無理があったという事実に目をつぶり、杉山は言い訳無用と、すべての責任を本間に押しつけたのである。

当時の本間が置かれた状況はそのようなものであり、また、〝死の行進〟と呼ばれた行進当時の本間は、コレヒドール島を落とすのに没頭していたはずであり、その行進にはさほど注意を払うことはなかったであろうとも思われる。

予備役にされ日本にいた本間に逮捕状が出た（戦後の１９４５年）とき、東京の自宅から郷里の佐渡に行っており、逮捕のニュースをラジオで聴いていなかった本間は知らないでいた。

そのニュースの翌朝、新潟県知事差し回しの自動車に乗せられ、そこで初めて自身の罪状を知り驚いたという。その罪状容疑は〝死の行進〟での虐殺であった。本間はその時に初めてその言葉を知ったともいう。

軍事法廷での本間のこと

フィリピンの軍事法廷からの召喚を受け、本間は日本からフィリピンへと向かい、マニラでの裁判にかけられた。本間の人となりをよく知った弁護人団は熱心に彼の弁護を行っており、同時に本間の妻（富士子さん）に、マニラにきて本間の優良さを述べて欲しいと依頼している。

富士子さんは、連合国軍最高司令官総司令部（ＧＨＱ）の最高司令官として東京にたいたマッカーサー元帥（レイテ島上陸から約2か月後の12月に元帥）の許可を得てマニラに出かけ、軍事法廷での証人台に立ち、本間のことを次のように語っている。

「本間には実戦の経験は極めて乏しく、主に外地におりました関係上、思想的にも睨まれていましたし、本間頼むに足らずと、本間をけん制するような幕僚をつけたのですよ。本間の軍が動いたのは本間の直接の意思で動いたのではなく、いちいち大本営の命令で動いていたのです。幕僚の方は本間の命令を待たず、直接、大本営と電報で連絡して行動していたそうです」と、そしてこうも述べている。

「今なお本間雅晴の妻たることを誇りとします。私に娘が1人ございます。娘がいつか結婚するときには夫のような立派な人をみつけてあげたいと心から望んでおります。本間雅晴とはそのような人でございます」

この証言は、満廷を感動せしめ、何人の証言よりも強かったという。

審理終結に際して主席検事は本間中将に対する戦争法規違反事項を列挙した後、「本間中将は日本が当然厳守すべき戦争法規のすべての条項に違反した。被告自身もこれに対する道義上の責任を自認しており、私はあらゆる意味において被告に責任ありと認め、死刑を求刑する」と論じ述べた。

弁護人団長は、われわれ弁護人団は彼の弁護に携わったことを誇りに感ずるものである。もし彼の生命が絶たれることがあれば、世界が平和のために一身を捧げた人物を失うことになるであろう。〝死の行進〟における俘虜の虐待は決して本間中将の罪ではない。これは警備兵個々の責任であると述べた。

本間は宣言に先立ち、「裁判の間、軍法委員会各位が丁重なる扱いを与えられたことを深く感謝する」と謝意を表して、判決を待った。

裁判長のドノバン少将は、厳かに「秘密投票の三分の二以上の決定に基づき、小銃をもって銃殺せられるべきことを宣告する」と裁判宣言を行って公判を閉じた。

１９４６年4月3日、文人将軍はフィリピンのロス・バニョスで銃殺刑に処された。このことは後の章（「第12章マンゴーの木を探して」）で書く。

マッカーサーの影があったマニラ裁判

マニラ法廷とも呼ばれるマニラ米軍事法廷での両将軍の判決結果には、多くの批判が今でもある。形としてはきちんとした法廷で行われ、そして弁護人の陳述もなされているものの、この裁判は両将軍の死刑を前提とした、一つの形式に過ぎなかったと言ってもいいものであった。そしてその影にはマッカーサーがおり、彼の意志が大きく働いていたものと思える。

マッカーサーのその意志の理由は、自身の復讐心からであろう。それは、本間中将率いる第14軍のリンガエン湾からの上陸と進撃により、自分がコレヒドール島から逃げ出さねばならなかった負い目である。それは、人一倍プライドの高い彼にとっては大きな屈辱であった。さらには、日本人のことを黄色い、文化レベルの低い国民と考えており、そのような国が自分達を負かすなど、決してあってはならないと思っていたのであろう。それ故に、その指導者は絶対に死刑にすると当初から考えていたのでもあろう。

加えて言えば、フィリピン人に対して自身の発した「アイ・シャル・リターン」、それはつまり〝日本軍が貴方たちフィリピン人に与えた損害に対して、私が必ず報復してやる〟ということである。その実践の手始めがレイテ島上陸での「アイ・ハブ・リターン」という、〝約束通り私は戻ってきた〟である。その後は日本軍を負かし続け、その報復を成し遂げたことでもあり、その最終章が「マニラ軍事法廷」での〝フィナーレ〟であった。

山下は起訴から判決まで90日、本間は56日の非常に速い裁判であった。山下のその判決は１９４５年12月7日であり、米国初代大統領ジョージ・ワシントンの誕生日である2月22日（フィリピンは時差で23日）に執行された。本間の同判決は2月11日、刑の執行は4月3日であった。それらの日にちには強い含みが感じられる。

山下の12月7日は対米英宣戦布告の日で、真珠湾攻撃の日（日本時間8日未明）である。その攻撃により「リメンバー・パールハーバー！」となり、米国民が対日本への戦意発揚になった日でもある。

本間の2月11日は旧紀元節で、4月3日は旧神武天皇祭、そして本間の指揮する〝バターン総攻撃〟の日である。このようなことをする、あるいはできるのはただ一人、それは、連合国軍最高司令官のダグラス・マッカーサーしか考えられない。

私がこの紀行文を書くにあたって、マッカーサーに関する何冊かの書籍と資料を読んだ中で、彼の性格が見えてくるものがある。それは自身で筋書きを立て、そしてそれを芝居がかった方法で実践するのを好むことであり、それは言わばナルシスト（自己陶酔者）である。しかしそれにしても、「死刑」という非常に重い判決や執行の日を、そこまでもストーリー化することには驚きを覚えるが、別の見方をすれば、そのような日だからこそ、何かのパワーにすがるために、その日程にしたのかもしれない。

私はマッカーサーのことをやや揶揄する物言いをしているが、それは彼の特異な一面であり、彼を悪く言っているものではない。戦後、連合国軍最高司令官として日本の占領に君臨したマッカーサーは、日本の復興に大きく貢献している。とりわけ、食糧難への対応（占領軍当局によれば、数百万の日本国民が飢餓から救われたとされている）は、それに感謝する日本国中の人々の大きな好感を得た。その後も、日本国民の恒久の利益のために多くの改革を進めて行った。それは後にマッカーサーが神格化され、〝マッカーサー神話〟とも言われたように、当時の日本国民の多くがマッカーサーに対して畏敬の念と感謝を持っていた。私の母もそのようであった。

マニラでの裁判のようなＢＣ級戦犯（通例の戦争犯罪と人道に対する罪）に対する軍事裁判は、他国でもあり、処罰された日本国籍の軍人・軍属の数は、日本政府のまとめによると、起訴されたのは約５７００人に上り、うち４千人以上が死刑や無期・有期刑に処されたとある。

山下は〝絞首刑〟第１号であり、本間は〝銃殺刑〟第１号とし、両将軍には「指揮官としての責任」を問うとして、あらゆる罪科が被せられたのである。

なお、Ａ級戦犯は東京裁判で、「平和に対する罪」で訴追された東條英機元首相ら戦争指導者を指している。

第四章　カリラヤへ

マンカヤンの旅から戻ってからは日本へ帰り、旅の記録をまとめる作業に取りかかった。できたその記録を友人のHさんに送ったところ、私がマンカヤンの旅に出かけている間に、彼が靖国神社に足を運んで得た叔父さんの情報を送ってくれた。

第1章（「マンカヤンへの旅」）で叔父さんのアゴオでの上陸からマンカヤンまでのことを書いたが、靖国神社で得たものには、上陸地であるアゴオからマンカヤンでの戦死まで詳しいことが書かれていた。

それによると、1945年の1月7日から3月3日まで、アゴオから北東方向（ブルコス、ガリマノ、マカバト、パラライ付近）へ進軍しながらの戦闘。3月4日から4月30日、ブキヤス、カバリ、バクン付近の戦闘。5月1日から7月1日、タクボ、マンカヤン付近での戦闘。7月1日マンカヤンに於いて戦死（戦病死）となっていた。

従い叔父さんは、私が想像したマンカヤンの鉱山事業場を守ってのフィリピン・ゲリラとの戦いでの戦死ではなかった。そのようなこともあってか、Hさんは〝上陸したアゴオ〟への関心を強く示され、それではと、私はアゴオ行きを計画することにした。

マンカヤンへの旅を終えて間もなく、そしてHさんに送る旅の記録をまとめている最中に、マニラ日本人会とフィリピン日本人商工会議所の事務局から、２０１８年8月15日にカリラヤというところにある慰霊園で、「日本人戦没者慰霊祭」が開催されることが会員である私に連絡があった。

これも何かの縁か導きであると感じ、慰霊祭に参列すべく、この日に合わせて日本からフィリピン行きの予定を組んだ。

カリラヤは私にとって初めて聞く地名であり、先ずはその所在地を調べたところ、当社と同じラグナ州にあるが、そこは反対側の東側に位置し、隣のケソン州に近いところであった。

ゴンザレスによれば、会社から車で約2時間を要するところであった。マニラやマカティからでは、3時間近くであろうか。

ルソン島での慰霊祭への参列は今回が初めてだが、私がフィリピン・セブ島で勤務していた6年余りの間は、セブ市街からすぐの山の中腹にある「セブ観音像」の前で、毎年開催される日本人戦没者慰霊祭には必ず参列していた。

グーグルマップでカリラヤへの道順をチェックしたところ、当社のある場所とカリラヤのほぼ中間地点にロス・バニョスがあることがわかった。

ロス・バニョスには、この地で終焉を迎えた山下奉文大将と本間雅晴中将の刑場跡地がある。そこに両将軍の慰霊碑があることをネット情報で得ていた私は、近いうちに慰霊に行かなければと考えていた。そのようなわけで、カリラヤでの慰霊祭を終えた後は、その地に向かう予定を組んだ。

8月15日の当日は定宿を朝7時に出発した。運転手はいつものようにゴンザレスだ。ＳＬＥＸに入り数キロ走り南下した後は、カランバの出口から一般道でロス・バニョス向かった。

ロス・バニョスの街中が近づくと、左右の通り沿いにびっしりと並ぶ小さな店には、子供用の浮き輪と玩具が多少の道ほこりをかぶった状態でたくさん並べられている。

これらを眺めていると、幼い頃にタイヤチューブの浮き輪を持ったまま、父から自転車の後ろに乗せられ、海水浴に連れて行ってもらったシーンがよみがえり、少しノスタルジアにかられてしまう。

それらを見ながら走るとＳＰＡの看板が所々に見えはじめる。そこは温泉保養施設で、その中にはスイミングプールや滑り台などがあるようだ。

ロス・バニョスは温泉が湧き出す土地なので、このような施設があり、多くのファミリー（一族・同族が集まる）や企業の小旅行などで利用されている。

企業の小旅行（アウティングと呼んでいる）は会社の規模などで違うが、大なり小なり年に一度は行っているところが多い。その旅行は日本の社内旅行的な要素があるが、少し違うのはチーム・ビルディングなどの研修目的でもあり、そのために総務・人事の担当者が事前に準備して、彼ら彼女らがそれを仕切り活躍するのである。

当社も小規模ながらそのアウティングを毎年行っており、私も何度か参加したことがあるが、そこでいつも感心するのは、従業員の皆が仕切り役の言うことを聞き、そして楽しみながら行うのである。決して白けてやっているようすを私は見たことがない。

話を戻そう、通勤通学の時間帯のせいか道は混んでおり、ここら辺りの道路事情をよく知っているゴンザレスは、途中から小道にそれた。ローカル的な味わいのある居住区の中を進むと、海が！？　……いや大きな湖が見えた。それはまるで海のようであった。

それは、ＳＬＥＸから見るこのバイ湖の感じと全く違うので驚きであった。ＳＬＥＸからのそれは単に大きな湖であり、私にはその一帯が干潟の感じで広さの割には雄大さが感じられないでいた。そして湖水は溜まり水ではと私には思われ、近くに行って眺めてやろうという気があまり起きなかった。しかし、ここからの眺めはその印象と全く違う。時間に余裕があれば車から降りて暫く眺めたいほどであった。

岸辺には漁をしていると思われる小舟がところどころに見える。さらに生簀のようなものもある。ゴンザレスはフィッシュポンドだという。さらに進むと、今度は道端で小さな台の上に少しばかりの小魚を並べて売っている女性がいる。その中には少し大きめの魚もある。それはフィリピンの国魚であるバゴス（ミルクフィッシュ）であった。

このようなとれたての魚を買うのはこの辺の人たちであろうかと、その販売規模から感じられた。先の小舟で漁をし、そしてフィッシュポンドに移して活かしておき、そこから出したものを日々売っているのであろうか。

〝シンプルライフ〟とゴンザレスは独り言のようにいった。どうも彼はそれに憧れを持っているような物言いでもあった。私は以前彼の家を訪ねたことがある。そこはカランバの街中にあり、賑やかな大通りから５分ほど歩いたところだった。その辺りの数軒は彼の先祖からのファミリーが住んでおり、そのような敷地の中を通り彼の家に着いた。小さな家であった。中には奥さんがおられ、そこでサリサリストア（食料品、日用品など多様な商品を扱う雑貨店）の店番をしていた。その小さな家の一角でお店をやっているのであった。

家の中には階段があったものの、2階はまだできていないので、今のところは1階だけである。早く2階の工事に取りかかりたいようすであったが、予算の都合でこのままの状態が続いているようだった。

1階の一部をサリサリストアのスペースで使っているので、残りはたいへん狭い。そこで中学生の娘さんと家族3人が暮らしている。2階ができれば娘さんの部屋もできるので、そのためにもゴンザレスは一生懸命働き、稼いだお金は奥さんに全部渡しているとゴンザレスは私に言ったことがあった。もっとも、会社からは銀行振り込みなので、そのお金をおろせる銀行カードは奥さんが管理しているようであり、彼の副収入のことを言っていたのかもしれない。

家の裏には小規模な畑があり、彼自身で育てているバナナの木や野菜があった。その先を少し下りると川があった。この川がくせもので台風などでの大雨の際は氾濫し、バナナの木や野菜をさらって行くのだそうだ。

ドゥテルテ大統領の「ビルド・ビルド・ビルド（1に建設、2に建設、3にも建設）」政策の一環かもしれないが、昨年からこの地域も川の堤防工事が少しずつ進んでいるようであり、いずれ洪水がおきてもバナナの木は持って行かれないで済むようになるであろう。

川まで下る途中に木で拵えられたちょっとしたやぐらがあった。そこからは見晴らしが良く、そこで私だけがビールを飲みながら、途中で買ったチキンバーベキューを二人で食べたことがある。彼はそこを気に入っており、野菜を育てながらゆったりと過ごせる暮らしを望んでいるようであった。

また話を戻そう。湖を後にして時刻は8時少し前、幹線道に戻りしばらく進み慰霊園の駐車場に着いた。時刻は8時56分、ゴンザレスの読み通りのほぼ2時間であった。

ゴンザレスはここで留守番をし、私だけが参列者と思われる他の人達の流れに合わせて進んだ。少し山道になっており、静寂とした道を進むと大きな日本庭園へと繋がっていた。その庭園を抜けてさらに進むと慰霊祭が執り行われる場所が見えて、その奥に石碑が見えた。

石碑は遺骨箱を模《かたど》ったものであった。その石碑がある後ろの壁は畳をイメージしたデザインであることを後で知った。せめて畳の上で安らかに眠ってほしいとの思いが込められているという。

フィリピンでは、将兵、軍属、そして民間邦人を含む51万8千人の日本人が命を落とし、111万人のフィリピン人が、この戦争の影響により亡くなっている。

この慰霊園（カリラヤ日本人戦没者慰霊園）は、フィリピン政府が用地を無償提供し、日本政府が建設費を出して1972年（昭和47）に開設され、翌73年に「比島戦没者乃碑」が建立された。それ以来、この地で8月15日の終戦記念日に日本人戦没者慰霊祭が行われている。

厚生労働省の情報によると、当時のマルコス大統領をはじめ、同国政府の協力を得て1973年3月28日に竣工し、日本政府（厚生労働省）によって建てられた海外慰霊碑としては最初のものとなっており、面積は約3千6百平米（他、参道約5千平米）となっている。

維持管理は、厚生労働省がフィリピン電力公社に委託して慰霊碑の掃除、敷地内の除草、周辺植栽の伐採、巡回などがされている。3年後の1976年には、社団法人フィリピン戦没日本人慰霊苑建設委員会（会長：岸信介元総理）が慰霊碑周辺に12ヘクタールの広大な日本庭園を造園し、フィリピン政府に寄贈している。

この当時のことをもう少し書くと、1965年にフェルディナンド・マルコスが大統領（在任期間20年余り）に就任し、1967年には日本企業のフィリピン国内活動を承認した。そして投資誘致法を制定させ、日本の主要総合商社に営業許可を与え、最初の比日合弁企業も設立された。

同年には、佐藤栄作首相（当時）がフィリピンを公式訪問し、翌68年には最初の円借款が比日友好道路の建設のために供与されている。

当時のことを知る日本人のある人の話では、戒厳令を敷く前のマルコスは実に優秀な人で、1にマルコス、2にマルコス、3にマルコスというほどの人気だったという。

大統領就任当初からみられたように、経済政策面でのマルコスは、多くの日本人を招いてビジネスをしてもらおうという計画を持っていたこともあり、「比島戦没者乃碑」建立の動き（日本政府への後押し）に繋がったのではと思われる。

戦後損害の償い、そして経済協力も絡めての「日比賠償協定」は1956年5月に調印され（当時の大統領はラモン・マグサイサイ）、既に10年以上経ったこの頃は、日本の企業が少しずつフィリピンへの投資を始めたころであっただろうし、それに弾みをつけようとマルコスは考えたのではないかとも思われる。

当時のビジネス経営に携わる日本人には、先の大戦中に兵役に就いていた人達が少なからずいた。そのため彼らの中には、フィリピンに来ること自体を恐れたり、そこでビジネスをすることに躊躇していた状況があった。

そこでマルコスは、そのような心配を日本人から取り除くために、この地（ケソン州カリラヤ）にフィリピン戦線で亡くなった日本人の記念碑建立に許可を与えたのだろう。マルコスのそのような動きだけでなく、その建立には日比の友好関係を願う、多くの人たちの努力もあり成就したのでもあろう。戒厳令下の1973年3月28日に行われた竣工式には、マルコス大統領や岸元首相が臨席している。

２０１６年1月29日には、天皇皇后両陛下が国交正常化60周年の記念で当地を訪問された際に、マニラからヘリコプターでカリラヤに来られ、「比島戦没者乃碑」に供花されている。

両陛下は皇太子夫妻時代の１９６２年11月、天皇の名代としてフィリピンを訪問された折、フィリピンには当時はまだこのような碑がなく、２０１６年のカリラヤでの慰霊は、両陛下にとって悲願のご追悼となったと言えるのではないだろうか。また、当時のフィリピンのメディアは総じて好意的に報じたと言われている。とりわけ、皇太子夫妻の優しい人柄をこぞって取り上げ、それを知った多くのフィリピン人は、日本へ持つ嫌悪感を和らげたとも言われている。

２０１８年の、天皇85歳の誕生日にあたっては、サイパン、パラオとともにフィリピン・カリラヤを訪問できたことは、「忘れられません」とし、「皇后と私の訪問を温かく受け入れてくれた各国に感謝します」と語っておられる。

戦後の対日感情は非常に悪く、フィリピン社会に日本人を敵視するムードは色濃く流れており、石を投げつけられたり、唾をかけられた日本人もいた、とフィリピン在留の長い日本人先輩諸氏から聞いたことがある。

このような例にもあるように、フィリピンはアジアの中でも、戦後長らく最も反日感情が強い国の一つとして日本では理解されてきた。そこまでの理由はどのようなものがあるのかと考えてみたので、次にそれを述べてみる。

日本軍侵攻直後のころは日本将兵にある程度の余裕があったようだし、フィリピンの一般市民にも彼らを受け入れていた面があったが、いつの頃からか、日本軍将兵のそれは徐々に変わって行った。その変貌ぶりをフィリピン人の多くが目にし、肌で感じたのは、街で見る（会う）日本軍将兵であり、彼らにとっての毎日のささいな侮辱行為が、フィリピン人の日本軍に対する印象を決定づけさせた。

歩哨兵らに対して深々と頭を下げないと、顔面に〝びんた〟をくらったり、尻に足蹴りを受けたりという行為が日常的にあった。その中でも〝びんた〟が与えた影響は大きく、その〝びんた〟はとどまることを知らなかった。

日本将兵のそのような行為は、フィリピン人への叱責、脅し、そして気合を入れるためであった。それは日本兵の間では、ごく当たり前の〝教育・指導〟という名を借りた悪しき体質と慣習であった。

〝びんた〟は、身体への痛みは無論だが、それ以上に人の心を傷つけるものである。それは日本人とかフィリピン人とかに限らず共通していえるものでもあろうが、それをそのような慣習も何もないフィリピン人へ行ったのである。その〝びんた〟1発が、フィリピン人の最も大切な礼儀作法を侵したのである。

フィリピン人を最も侮辱する行為の一つは、顔を叩くことであり、もし叩いたら、死ぬまでフィリピン人に憎まれるだろう、と語る人がいる。

死と殺戮に満ちた戦争において、〝びんた〟など些細なことと日本軍将兵は思ったのかもしれないが、そうではなかった。フィリピン人のプライドが煮えくり返り、必ず復讐してやるという、彼らの強い思いはいや増すばかりであったろう。

このような彼らの強い復讐心こそが、多くのフィリピン住民を敵に回し、ゲリラ活動を活発にさせて、戦争の結果を一層悲惨なものにしたのでもある。

〝びんた〟について加えて言えば、日本兵でもそれをやられた方は、その無意味で卑劣な暴力行為を許せないとする人はいただろうし、やった人間に対して復讐心はあったはずである。実際、終戦の8月15日以降は、やられた人間はそのような機会を狙っていたし、やった方の上官は恐れていた面があったことを諸文献で読んだことがある。

〝できた人間〟であれば、他人からされた嫌なことを他の人にはしないのであろうが、悲しいかな、普通の人間はその行為を真似し、自分より立場の弱い人間に同じことをするようである。その結果として、その悪しき慣行が悪びれもせず、横行したのではないだろうか。

当時の日本には〝大東亜共栄圏構想〟というものがあり、それは、欧米帝国主義国の植民地支配下にあったアジア諸国を解放して、日本を盟主とした共存共栄のアジア経済圏をつくろうという立派な旗印でもあった。

しかしそれはある面で、いわば〝日本人至上主義〟のような勘違いの価値観を起こさせる可能性が秘められていたように思われる。

当時の日本軍全体の中にそのような価値観の風潮があったとは思えないが、軍の上層部には、そのような勘違いをする者がいたのではないだろうか。そうした軍の風潮が、一般将兵の蛮行が助長される一因にもなったのではないだろうか。

もちろん、日本将兵はそのような蛮行を繰り返す人たちだけではない。中にはこころ優しく、フィリピン人、フィリピン地元社会に貢献した人もいたことはいくつかの記録にある。

その一例としてあげられるのが、山添勇夫（やまぞえ・いさお）大尉の逸話である。彼は、レイテ島のドゥラグ（後の章で紹介する）に1942年8月から駐留して、日本陸軍の守備隊長をしていた。地元民に親切で、比日の親睦を深めるためラジオ体操などスポーツを奨励し、住民が食料不足に陥らないよう野菜作りを教え、子供たちが学校へ通う機会も積極的に与えた。抗日ゲリラとの戦闘では住民が巻き添えにならないように、町の中心から離れた場所で闘おうとゲリラ側と交渉もした。

山添は1943年4月22日にゲリラとの銃撃戦で亡くなったが、その際にドゥラグの教会は町の喪を示すために一日中鐘を鳴らしたという。

戦後は住民が山添大尉の功績を称えるために小さな慰霊碑を建立し、1985年には亡くなった場所に「山添神社」が建てられている。

私がこの情報（フィリピンの邦字新聞から）を知ったのはつい最近で、2018年12月の私のドゥラグへの旅の時には、その「山添神社」のことについては全く知らずにいた。もし知っていれば間違いなくそこを訪ねたはずである。なぜなら、慰霊の旅のほとんどは辛く重い中で、そのような日本人（日本兵）がいたことを知ることは一つの光明であり、私の心は救われるからである。

山添のような逸話は、他にもたくさんあったに違いないと私は思っている。

日本軍の敗戦が色濃くなった頃、つまり山下大将がフィリピンへ着任した1944年10月には、開戦当初あったフィリピン人に対する思いやりのようなものがすっかりなくなっていた。それに代わって、日本兵は自暴自棄に陥ったことであり、その影響を受け多くのフィリピン人の犠牲者が出た。

日本兵がそのようになった転機は、米軍の再上陸にあったようで、それからの日本兵はフィリピン人への蛮行・虐殺が多くなったと言われている。

会社があるラグナ州に隣接するバタンガス州リパの中でもいくつかの蛮行・虐殺の話が地元で伝えられている。私はそのようなことが実際にあったのかと信じられなく、その内の一つに行ったことがある。

そこには大きな石碑があり、当時そのようなことがあったと想像できる内容が記されてはいるものの、あからさまな日本軍の虐殺行為は記されていなかったのには、何か安堵したような気持ちであった。それはフィリピンの日本に対する配慮があるのかもしれないが、われわれ日本人としては知っておくべきだろうし、忘れてはならないことでもあろう。

今まで述べてきたような理由で、日本軍は多くのフィリピン人を敵にまわしてしまったのであり、その結果として、フィリピン人は強い反日感情を持つようになったと考える。

戦後の日本は、フィリピンで起こしたことへの反省に立ち、そしてフィリピン人の心情を推し量り、日本の新規進出企業は秩序ある進出を心がけた。労働者に対して給料やボーナスの制度をはっきり示し、勤労意欲をも促進させた。

古くから進出している欧米資本の企業や中国企業の中には、安い労働力を目当てに好き勝手に商売する不逞の輩も見られたが、日本企業は違っていた。フィリピンに対する日本人の細やかな心配りが感じられた、と当時を知る日本人から聞いたことがある。

またある情報によれば、フィリピンの反日感情が強かったのは、少なくとも１９６０年代までであり、その後は徐々に和らいでいったという。今ではそれが親日に変わっていることは周知の通りであり、それには先のような天皇の行動もあるが、日比政府の努力、心ある日本企業の進出、そして関係する民間団体などのたゆまぬ努力があったことは間違いないであろう。

さて話を戻そう。慰霊祭は定刻の9時半から始まった。参列者はざっと見て2百名は優に超えているであろうか。先の納骨箱型の慰霊碑を中心にして左右に沢山の生花が寄贈者の名前を付けて飾られていた。私は後方の空いている椅子に座り、他の人たちのようすをうかがった。

私はこの機会に、アゴオのあるリンガエン湾方面に詳しい人を探し、日本軍上陸時の情報を知る手がかりが得られないものかと考えていた。

式典はマニラ日本人会会長の追悼の辞で始まり、ドゥテルテ大統領のメッセージを日本大使館公使兼領事が代読され、その他フィリピン日本人商工会議所など数団体の代表の追悼の辞、そして最後に羽田大使が閉会の挨拶を行なった。その間には私が知るIさんの辞もあった。

Iさんは、当地に50余年の長きにわたり住まわれており、80歳を超えているが、今でも現役で仕事をされており、ある団体の名誉会長をされてもいる。２０１４年には、アバカパルプを完成させた事業などの功績で「旭日双光章」を叙勲されている方でもある。

先述したように、かつて、上皇様が皇太子時代に、美智子さまとご一緒に、マニラにお立ち寄りになられた（１９６２年）。その際にIさんは、学習院卒業ということもあったようで、皇太子さまに謁見する機会を得ている。そのIさんは以前、当社の役員をされていたことがあるので存じ上げていた。

式典が終わり、私は直ぐにIさんのところに向かい日頃のご無沙汰をお詫びし、私の今回の目的（リンガエン湾行き）を話したところ、その場でSさんを紹介していただいた。Sさんはマニラ会の幹部をされており、在留は30年を超えるとのことであった。Sさんは暫く振りの人への挨拶で忙しそうであったので、後日あらためて連絡しあうことにし、互いの名刺交換だけとなった。

式典は時間通りに終わり、われわれは予定通りに山下奉文大将、そして本間雅晴中将の終焉の地に向かった。

山下大将終焉の地へ

そこは今朝通過した町ロス・バニョスにある。まずは、ネット上で情報があった山下大将の刑場跡に向かった。今朝ほど通った幹線道路から左に逸れ、しばらく走り山の方向へ向かい、近所の人たちにその地について尋ねるが、ほとんどの人は知らなかった。

ゴンザレスにとってこの地は地元なのだが、その地へは初めてである。彼は生まれも育ちもカランバ（ロス・バニョスの隣）で、子供のころにこの辺りの川まできて水遊びをしていたという。彼によると、昔のこの辺り一帯は森林地帯で、民家は少なかったようだ。今は道路側には民家がそれなりに並んでいる。

フィリピン大学ロスバニョス校に近いとの情報があったので、その学校の敷地の中でも何人かに尋ねたが、明確な場所の情報を得るまでには至らなかった。それでもめげずに探し続け、その辺りにたどり着いているはずなのだが、事前に調べていた「山下通り」の標識が見えない。ネットの情報では、ＪＡＭＢＯＲＥＥ　ＲＯＡＤを通り、ＹＡＭＡＳＨＩＴＡ　ＳＴを入るとあったが、なかなかそのＹＡＭＡＳＨＩＴＡ　ＳＴ（山下通り）が見つからない。

ここではないかと思われる通り周辺を2度ほど往復しているうちに、やっと「山下通り」の標識が見つかった。

そこは先の幹線道路から外れた山道（ジャンボリー・ロード）を400メートルくらい進むと、右手にピンク色に塗られた民家があり、その手前に小さな通りがある。そこを入る右角に「山下通り」と書かれた小さな標識がある。その標識が木の葉っぱに隠れていたので、すぐに見つけられなかったのだ。

ゴンザレスは車をその小さな通りに進めた。この山下通りは本当に狭くて、民家も建ち並んでいるので余裕がない。車で入ったらユーターンはできないので、そのままバックで戻るしか方法がないようだった。

その道を30メートル進むと突き当たり、そこを直角に左折し、さらにゆっくりと慎重に80メートルほど進むと、左側にちょっとしたフェンスがあり、そこの管理者（ケアーテーカー）の連絡先電話番号が表示されていた。ここが山下大将の終焉の地であった。

フェンスの入り口は開いており、私は恐る恐る中に入った。敷地の中には管理人風のフィリピン人がいたので話しかけてみたところ、やはり彼がここのケアーテーカーであった。

中は手入れがされている風であった。私はこの場所を事前に何ら想像していなかったが、何だか意外なところの感じをもった。

敷地の広さを自分なりに目測したところ、奥行き12メートル、幅25メートルの300平米ぐらいであろうか。

そのほぼ中心には、慰霊碑を収めたコンクリート建てのお堂があった。そこには日本人の家族連れがいて、線香を手向けているところであった。

黒い服を着ていたので、先のカリラヤでの慰霊祭に参列された日本人が、私と同じようにその帰りしなに寄ったのであろうかと想像できた。私は軽く会釈をしながらそこに進んだ。

お堂の中の石碑の正面には、「将軍　山下奉文終焉之地　鎌倉鶴岡八幡宮○宮司　白井○○謹書」、右側の面には、「辞世　まてしばし勲のこしてゆきし友　あとなしたいて我もゆきなむ　１９４６年2月23日ここに眠る　62才」とあった。

山下大将の数点ある辞世の句の一つである。

裏の面には「１９７０年11月23日建之　山下将軍を偲ぶ会　発起人５名とその協賛者名」が刻まれている。

私はその碑を拝んだ。そしてさらに、その慰霊碑のすぐ近くに、「日本国陸軍大将　山下奉文　此處に眠る瀬島龍三謹書」の碑がある。

瀬島龍三氏についてはご存知の方も多いと思うが、戦時中は参謀本部にいた参謀であり、戦後はシベリアで抑留生活を送っている。帰国後は、伊藤忠商事に勤務し、同社の会長にまでなった人物である。経済界だけでなく、中曽根康弘元首相の顧問（参謀）など多くの要職につき、政治経済界に大きな影響力を持ち「昭和の名参謀」と世間で呼ばれた。

山崎豊子の小説『不毛地帯』の主人公のモデル、あるいは小説のヒントとなったのは瀬島さんであろう。

石原莞爾

少し話が飛んでしまうが、当時の軍事指導者のなかに石原莞爾（イシワラ・カンジ）という人がいる。1931年の満洲事変を主導する一方で、日中戦争の拡大に反対した陸軍幹部である。現役最後の位は中将であった。

彼は山形県の鶴岡市出身である。日本陸軍のなかでもっとも軍事学に精通しており、また相当な頭の切れる人であった。それが故に、頭の構造が違う東條英機とは強い確執があったことにより、軍の実権（首相・陸軍大臣）を握った東條は石原を外した（予備役にした）。

しかし、石原はその後も自身の考え（日本の在り方）を世間に発信し続けていたが、体調を崩し、故郷の鶴岡に帰った。そして同県北部の吹浦村・西山牧場（現遊佐町吹浦西浜）というところに移住し、そこを拠点として活動を続けた。その拠点とは塾のようなもので、全国から彼を慕って集まった若者たちに彼の考えを伝え、そして畑を作って一緒に農耕していた。

私は以前、司馬遼太郎の小説『峠』を読んだことがあるが、その中に、越後長岡藩家老の河合継之助が、備中松山（岡山県高梁市）の山田方谷の塾の門人としてもらうために訪ねる場面がある。方谷は屋敷を持たず、渓谷に家をたて、開墾に従事していた。そこは開墾屋敷であり、塾でもあった。

河合継之助が山田方谷の開墾屋敷（塾）を訪ねるあたりの場面は、石原のそのような拠点での活動と重なる。

私はこの遊佐町で生まれ育ったが、つい数年前までは石原について全く知らなかった。一昨年に実家へ行った時に、母親に石原莞爾のことを尋ねたことがあったが、よくは知らず「吹浦に偉い軍人さんが住んでいたという話は聞いたことがある」ということであった。

翌日、その場所を探しに出かけた。その辺りをよく知っているはずの私でも、近所の人たちに聞きながら、迷い迷いやっと着いた。そこは、地元では有名な道の駅である「フラット」の近くであった。

酒田から国道7号線を北上すると、そのフラットから300メートル余りであろうか、そこの左手に看板がある。ただ、その辺りは車だけが通るところなのでスピードも上がっており、余程注意して見ていないとその看板を見逃してしまう。

その看板がある細い道を登った先には、やや広めの敷地があり、そこには小型の古墳のようなものがあった。そこに近づいてみると石原の墓所であり、たいへん立派なものであった。

敷地の中には小さな無人の建物（記帳所）があり、そこには石原についての多くの資料がおかれていた。

戦後、帰還した旧将兵の中には、これからの日本の行末を考え、そして石原のような人に教えを乞うために、この地に遠くから通ってきた若者が多くいたに違いない。

私が昔お世話になった会社の重役さんは、その中の一人であったかもしれないと、その重役さんに近い人から後で聞いたことがある。そしてその重役さんは、瀬島龍三とも長きにわたってお付き合いがあったそうである。

このような動きを私たちの多くは知らないが、戦後、六百万人を超える引揚者が、アジア太平洋の各地から帰還でき、日本再建の原動力となった事実がある。

話を山下大将の慰霊碑に戻そう。この敷地内にマンゴーの木があり、山下はその木に吊るされて死刑になったという話を何かで読んだことがある。また、フィリピン人で、私と同年代の知人（知識人）からもそのように言われたことがある。その木のありかを確認しようと事前に考えていたのだが、そのことをすっかり忘れていた。

私は先の管理人に本間雅晴中将の刑場がここから近いのではと尋ねたところ、彼は指をさしてすぐそこだと言うが、その行き方がよく理解できない。ゴンザレスがいれば良かったのだが、車を止めた場所はたいへん狭いところだったので、彼は車のソバでその番をしている。

私がまごついているのが見えてか、先の家族の中の女性が話に入ってきて、彼女らもそこに行くというのである。話しているうちに、やはりカリラヤでの慰霊祭の帰りで寄ったとのことであった。彼女は随分と前に本間雅晴中将の刑場に行ったことがあり、そこに辿り着ける自信があまりないが、記憶を辿って行くと言うので私もついて行くことにした。

本間雅晴中将終焉の地へ

ゴンザレスの待っている車に戻り、後をついて行ったところ、先のピンク色の民家からジャンボリー・ロードを150メートルほど上がったところに狭い駐車スペースがあり、彼女らの車はそこに駐車していたので、われわれもそこにとめた。

その駐車スペースの先にはフェンスがあり錠がかかっていた。暫くしたら、近くに住まいがあるらしく、中年の女性が現れ解錠し中へ入れてくれた。その女性との話は全て先の家族がやってくれたので、私とゴンザレスは彼女らの後を追った。15分ぐらい下ったであろうか、畑のようなそうでないようなところの、道なき道をひたすらついて行った。私は蛇が出てくるのではと、はらはらしながら進んだ。すると、少し開けたところに出て、そこには直径5メートルほどの円形ステージがあり、そこには二つの碑文があった。手前にあるものには、英文で次の内容が記されていた。

「ここは、本間将軍が1946年4月3日に、全人類の間に普遍的な平和と同胞愛が確立されることを願って指揮責任を負い、最高の犠牲を払って悲劇的な死を遂げた場所です」

そのすぐ奥には、本間中将の娘さん（尚子）が寄せたものがあった。

「父の魂よ　この地にて　とこしえに　安らかにねむりたまえ　尚子」

われわれはその円形の縁にろうそくを立て、そして線香を手向けて拝んだ。

帰り道を登り終え、通り近くに出ると、先の女性が待っていたので話を聞いた。昔はこの辺りはフィリピン大学の敷地だったが、それが民間に払い下げられて、今は自分が所有しているのだそうであった。

おそらく終戦当時、山下大将の刑場も含んだこの辺一帯は、フィリピン大学、つまり国の土地であったろうし、その後の国の財政難で一部が民間に払い下げられたのではないか、と私は勝手に思った。

彼女との話を終えたところで、見たところ70代の男性が寄ってきて、私たちに見せたい写真があると言う。それは恰幅の良い、そして威風堂々と、にこやかに部下を伴って歩いている本間雅晴中将のスナップ写真であった。

その写真の背景のビルの感じから、おそらくそこはマニラの市街地であり、1942年5月6日のコレヒドール島陥落後に、マニラへの入場を果たした時ではないかと私には思われた。

もしそうであれば、その時のマニラのようすが書籍『物語マニラの歴史―ニック・ホアキン著―宮本靖介監訳、橋本信彦、澤田公伸訳』に描かれているので、そこから引用してみる。


「東洋のジブラルタルは悲しいかな、マッチ棒のようにもろかったことが明らかとなった。1942年5月6日正午、要塞島（コレヒドール）は白旗を掲げた。3日後、本間は「バターンとコレヒドールの勝者」としてマニラ市内への入場式を行った。通りには喝采を送る市民が並び、家々の窓には旗がひらめいた。市内への凱旋を冷ややかな歓声で迎えたフィリピン人は……（中略）。同じ月の一週間後、別の全く異なった一団が市内に入ってきた。バターンとコレヒドールの戦闘で捕虜になったアメリカ軍兵士が日本兵の監視の下、マニラの通りを、列をなして行進させられたのである。アメリカ人たちは無言のまま、静まり返った道を歩いていた。……この兵士たちは神に祝福され、無敵だったはずの、『私たちを決して失望させることがない』アメリカ人であった。しかし今や、力強い巨人たちがちっぽけな日本の兵士どもに集められ手荒く扱われているのだ。フィリピン人はアメリカを無邪気に信じていた気持ちを踏みにじられ、その心の痛手から決して回復することはなかった」

ニック・ホアキン氏の描写は日本軍への風刺的な見方をし、同時に米軍への失望が強調されている感があるが、ここでの二つの光景については別の見方がフィリピン人の一方にはある。それは、これらの光景はフィリピン人にとって信じられないくらいに驚きであったと同時に、フィリピン人が民族主義に目覚めた重大な瞬間であったかもしれないという。言い換えれば、自分達も白人を打ち負かすことができるのだということに気がついた時であったともしている。

70代の彼はその写真についてわれわれに何か説明することはなく、日本人が来ると、このように出てくるのであろう。もちろん私たちは、少しばかりのお金を差し出し、そして写真を見せてくれたお礼を言いそこを後にした。

後日グーグルマップで見たところ、山下大将と本間中将の碑は近く、その当時は同じ敷地内であったと思われる。それが、民間への払い下げにより、直線的に行き来することができなくなり、前述しているような遠回りとなっているのではとも思っている。

また、後でわかったことだが、この地は山下のケアーテーカーが言った通り、本当にすぐのところであったのだが、それについては後の章で書く。

先述した〝マンゴーの木〟の所在が気になったこともあり、この両将軍の刑場跡地へは後日何度も足を運ぶことになるが、その事も後の章で書く。

第五章　バターン半島へ

前の章でアゴオ行きの計画を書いた。２０１８年10月8日（月）、フィリピンに向けて羽田空港を発ち、その週は会社で仕事をし、週末に出かけることにした。

今回の旅の最終地はアゴオとするが、その途上で「バターン死の行進」といわれているところの出発点であるマリヴェレスに寄ること、その後は、１９４１年12月に本間雅晴中将を司令官としての、第14軍が上陸したリンガエン湾周辺にも立ち寄ることにした。

リンガエン湾周辺は、３年後の１９４５年1月には米軍の巻き返しにより、マッカーサーが率いる米軍が上陸したところでもある。

日程は一泊二日の予定を組んだが、宿泊先を事前に決めないのはいつもの通りである。途中で行先の気が変わる場合や、道路事情などで計画が立てづらいし、宿屋の予約を事前にすると、進み方に遅れが出た場合にストレスがかかってしまうからである。

10月13日（土）、ゴンザレスが運転する車が、朝6時に私の定宿に迎えにきた。一般道を数分走ってＳＬＥＸ、環状線、そしてＮＬＥＸに入るのはいつもの通りである。

ＳＬＥＸを降り、環状線（エドゥサ通り）に入りしばらく経つと渋滞により車のスピードが落ちるのもいつもの事であり、そうなるとゴンザレスは私に話しかけ、この日はマニラのスクワッター（不法定住者）の状況を教えてくれた。

彼らは首都圏近郊も含め未だ多くいるが、もろもろの問題を発生させるので、国として彼らの生活支援を行い、そのような問題が発生しないよう取り組んでいる。その支援のなかで、政府が郊外に家を建て、彼らに住んでもらうというのがあるが、しばらく経つとその家を売って（4万～5万ペソとか）、スクワッターとして都心部に戻ってくるのだそうだ。

たとえ家を与えられても、郊外の見知らぬところでは生活の基盤が保てないのであろうか、それとも、一時的にせよ現金を持つ魅力につられるのであろうか、彼らと直接話をしたことがない私にはわからないが、ゴンザレスにはわかるようであった。

郊外を車で走行していると、ブロックにセメントを塗っただけの、それこそマッチ箱のような長屋風の建物を見る時がある。そこには誰も住んでいないようだし、最初から使われていなかったのではとも思われる。もしかしたら、ゴンザレスの言う政府が用意した住居がそれで、結果的にこのような廃墟になったものかもしれない。

本題に戻そう、やがて車はＮＬＥＸに入って走り続け、途上のパーキングエリアにあるファストフード店で朝食を済ませ、〝バターン死の行進〟の途中の街であるサン・フェルナンドの出口を降りた。時刻は午前8時53分、トリップメーターをリセットにした。

死の行進の起点であるマリヴェレスからこのサン・フェルナンドの街までは徒歩での行進であり、この高速道出口は街中ではないが、おおよそでもその距離を測っておきたかった。

一般道の幹線をしばらく走り、バランガに入ったと思われるところでの走行キロ表示は55キロであり、それまではずっと平坦な道であった。

〝死の行進〟に関係する資料の多くが、マリヴェレスからサン・フェルナンドの駅まではおおよそ100キロと記されているので、そうであればこの辺がその半分といえよう。

第14軍の司令部

バランガには米比軍が籠るバターン半島の攻略のための、本間雅晴司令官（中将で当時54歳）率いる第14軍（以後14軍と記す）の司令部があった。ここに置いた理由は、バターン半島に籠った米比軍の第一防衛戦（1月7日から同25日）を日本軍は突破したが、第二防衛戦（1月26日から4月3日）の守りが堅かったので先に進めず、まずはこの地に陣取ったのではと思われる。

私は後年そこに出かけたことがあるが、その司令部はバランガ小学校に隣接し、現在では〝バターン第二次世界大戦博物館〟となっている。

そこには私の他に入場者はだれもいなく、そこの館長らしき女性が私に声をかけてくれ、色々の案内と説明をしてくれた。

その博物館のすぐ近くには、バターン戦での米比軍側が降伏するにあたっての会談模様が実物大で再現されており、会談場所は正にこの場所（地点）だったと言う。

そこにはテーブルを囲む3人の米軍側代表、そして日本軍側代表の2人が、それぞれ深刻な顔で座っていた。それらの人物が座っている椅子の背面には銘板があり、エドワード・P・キング将軍がその三人の真ん中に座っていた（写真参照）。本間はその日本側代表にはいなかった。後述するある理由から、当時の本間はマニラにいたと思われる。

帰り際、彼女は私に「拷問跡を見る？」と、少しためらいながら問いかけてきた。私は少し驚きながらも彼女について行くと、敷地内に日本軍がフィリピン人に行ったとされる〝拷問部屋〟があった。またそのすぐ近くには大きなマンゴーの木があり、拷問の結果により、この木に吊るされて亡くなったフィリピン人がいたと言う。

ゴンザレスからの質問

また話を戻すと、その後はなだらかな登り道が続きマリヴェレスへ向かう一本道を走った。ここで私はゴンザレスに、バターン半島での戦いの背景とその結末を次のように語った。

開戦である1941年12月8日、日本軍の航空部隊がクラーク米軍航空基地への爆撃を行い壊滅状態にした。その同じ月には、日本軍の陸軍部隊がリンガエン湾から上陸し、マニラに侵攻して陥落させた。しかし米軍の主力は既にバターン半島に移っており、気づいた日本軍はその後を追ったが、米軍のバターン半島とコレヒドール島での守りは固く、バターンが落ちたのは4月9日である。バターン半島にいた米比軍の数万とされる将兵が、捕虜収容所とされたキャンプ・オドネルまで移動をさせられたのが、貴方も知っている〝バターン死の行進〟と呼ばれるものである。そしてコレヒドール島が落ちたのは、それから一月も経った5月7日であった、と。

そこでゴンザレスが尋ねてきた「どうして戦争が始まったのか？」と、「それは良い質問だ」と私は言ったものの、彼の質問に対してどのように説明したら良いか少し困ってしまった。

正直、私自身もそれについての返答には自信がないながらも、大まかな流れはこうであると、知っている限りのことを運転しながらの彼に次のように語った。

日本では侍の時代が終わり、19世紀後半の明治という時代から、日本を欧米列強の侵略から守るため、国の方針を軍事力の強化と経済の発展へと大きく舵をとった。そのためにも資源の乏しい日本は、近隣諸国を植民地化して行った。とりわけ、日本の何倍もの広さで資源が多くあり、大きな可能性を秘めていた満州には軍人だけでなく、たくさんの民間人が大きな希望を持って渡り住んだ。しかし日本はそれだけで終わらず、ソ連からの防御のために満洲に駐留していた日本軍（関東軍）の暴走などにより、中国内部にも侵攻した。その頃の中国は毛沢東率いる中国共産党の動きが活発化し始めており、国として大きな変化が起こり始めていた。蒋介石率いる中国国民党、毛沢東率いる中国共産党、そして侵攻を始めた日本軍とのいわば三つ巴の戦いとなり、それは終わりの見えないものとなってしまった。

そのような中、蒋介石は世界列強への協力（日本への攻撃）を求める動きをした。日本の中国侵攻を注視していた欧米列強が中国に介入し始め、その結果、国際連盟総会での中国の統治権承認となり、それに不満をつのらせた日本は国際連盟から脱退してしまった。

その後は、米国、英国、そしてオランダが日本への経済制裁を行った結果として、日本は石油や鉄屑などの輸入ができなくなってしまった。

このことは日本の国内産業への影響だけでなく、とりわけ石油を多量に消費する軍艦などの軍事力に大きな影響を与え、日本は自力でインドネシアなどの南方へ進出して石油を確保しなければならなくなった。このことが最大の理由で、その周辺国を植民地として統治する欧米列強国を撃退しなければならなかった。

とりわけフィリピンについては、南シナ海を抜け、台湾とルソン島の間にあるバシー海峡を通るシーレーン（海上交通路）上にあり、日本が石油を安定的に運ぶためには、フィリピンに駐留する米軍の管轄する基地を叩いておかなければならなかった。

そのようなわけで、日本はフィリピンに戦争を仕掛けたのではなく、当時の実質的な統治国である米国に対して行なったのである。と、私にとっては精一杯の返答をした。

ゴンザレスはと言うと、この頃の彼は自国での戦争について興味を持ちはじめており、そのような事情もあったせいかよく納得がいったというようすではあった。しかし、互いに得意でもない英語でのコミュニケーションであり、私の説明の半分くらいでもわかってもらえれば良しとした。彼がおおよそでも知ることは、これから彼と共にする、日本軍が辿った道を通る私にとって大切なことであるし、それは彼にとっても有意義な旅になるはずでもあろう。

大東亜共栄圏構想

話は複雑になるので、ゴンザレスには敢えて言わなかったが、日本の開戦についてもっと言えば、アジアの国々を欧米列国から解放し共に栄えるという〝大東亜共栄圏構想〟が日本にはあった。それに、アジア諸民族の解放を目的とする戦いが正義であるかのようにも謳われてもいた。しかしこれは戦後、東南アジア侵攻を意図した単なる旗印、または詭弁であると戦勝国から責められた。しかし、このような考え方（アジアは一つ）は戦前から日本にあった。それは決して旗印だけではなかったはずであり、実際にそのような言わば正義感を持って戦った将兵は少なからずいたのである。

先の章（「二人のハリマオ」）で書いた、特務部隊（F機関）の藤原岩市と神本利男はその典型的なものであり、ハリマオの谷豊は、彼らのそのような志に感銘を受け、彼らと行動を共にしたのであろう。しかし、このような考え方は、白人優位主義を持つ欧米列国にとってはまことに都合が悪いことであり、その主導的立場にある日本を叩かなければならなかった背景もある。

日本の正式な呼称である〝大東亜戦争〟がGHQにより〝太平洋戦争〟と呼ばされたのもそのような理由からであろう。これは日本が敗戦国となった所以である。

戦後は東南アジアの多くの国が、同じような肌の色をした日本人が白人の強国へ挑む姿を目の当たりにし、自分らもやれるという勇気と自信を得、そしてそれらの国の独立に繋がっていることは間違いのないことである。そのような観点からすれば、日本は勝者であったのではともいえなくもないが、それをいうにはあまりにもその代償が大きすぎた。

マウント・サマット・クロス

さて、そうこうしているうちに、右手前方に少し高めの山（サマット山）が見え出し、さらに行くとその山の頂上に大きな十字架が見えてきた。それは〝マウント・サマット・クロス〟と呼ばれるものである。2年前（2016年10月）にコレヒドール島に行った際の帰りに、私はこの山に登ったことがある。途中までは車で行けるが、頂上手前辺りから徒歩で10数分かけて登った。

その途中に幾つかの機銃砲台があり、その銃口は北に向いていた。つまりそれは、北のサン・フェルナンド方面から進軍する日本軍を迎え撃つことであり、その砲台周辺からは半島の左右の海と半島中央部を含む全方向がよく見えた。守りとしては絶好の場所であり、この山に強固な陣を敷いていれば、日本軍の攻撃は難しかっただろうと理解できた。

この山のすぐ下辺りに半島を横切る道路があり、米比軍はこの道路上に第二防衛線を張っていたと思われる。後述する日本軍の〝第2次バターン攻撃（総攻撃）〟はその防衛線を突破することであった。なお、その道の西端がバガックの町であり、そこは〝バターン死の行進〟のもう一方の出発点でもある。私はそのバガックの町の出発点にも後年出かけたことがあるが、その時のことは割愛する。

サマット山頂上の大きな十字架がある一帯は記念公園になっており、その中に国立霊廟と資料館があった。そこには多くの写真とその説明書きが展示されていて、当時の戦いの陣営も模型であった。

さて話は戻り、その十字架がハッキリと見え出したころから山道が続き、左手には海が見える場面もある。ただ、その左手は石油コンビナート基地、化学品工場などが多く見られ、海辺で観光するような雰囲気はない。

目的地である「バターン死の行進」のスタートと言われるマリヴェレスの街が近くなると、ジグザクの急な山道になった。

マリヴェレスの記念碑

山を下ると街の中に入った。私はスマホでグーグルマップを見ながらゴンザレスを誘導し、死の行進の出発点とされるマーカー付近に着いた。
そこには記念碑が数点見え、そのすぐ近くにはゴンザレスと共に普段よく利用するファーストフード店があり、そこで食事をするわけでもなかったが、ゴンザレスは車を停め私は降りた。時刻は11時5分。この地点のトリップメーターは97キロであった。つまり、サン・フェルナンドで高速道路を降りてからの距離となる。
記念碑があったところには石造りのマーカー（マイルストーン：写真参照）があり、〝ゼロ地点〟とあった。マイルストーンは小さな公園の中にあり、その公園のほぼ中央に大きな碑文（英文）があった。

以下は私の和訳である。

「戦争時のフィリピン人、そしてアメリカ人捕虜の死の行進

マリヴェレスとバガックからタルラック州キャパスのキャンプ・オドネルまで

１９４２年４月９日のバターンの陥落後すぐに、アメリカ軍・フィリピン軍は捕虜として戦場から日本軍によって移送させられた。

バターンの戦いを生き延びた７０００人を超えるフィリピン人とアメリカの軍隊の試練を、この移送において「死の行進」として歴史が物語っている。

その死の行進は、バターンの２つの地点から始まった。４月10日にマリヴェレスから、４月11日にはバガックから。短い休息と少しの水が与えられたカブカーベン、リマイ、オリオン、ピラール、バランガを経由し、フィリピン人とアメリカの軍隊は日夜、強い日差しと冷たい夜空の下で行進した。

バランガからの捕虜は１００名から２００名のグループに編成され、アバカイ、サマール、およびオラーニを通って行進し、アメリカ人はフィリピン人から分離され、別々に行進させられた。行進は、ヘルモサを通り北に進み、ラヤンのジャンクションに向かい、そこからグアグアのルバオを経由してパンパンガに向かい、バコロールとサン・フェルナンドにある国営開発会社の敷地内で捕虜たちは休憩し、そこでわずかな食べ物が配られた。

戦闘により既に疲労困憊となっていた捕虜たちは、この行進で極度の緊張を強いられた。

多くの人は病気で、そのほとんどは発熱状態だったが、敵は行進の遅れている人たちに残忍だったので、ほとんど休むことができなかった。そして数千人が道に迷った。

道路沿いの町の人々は、自らの命の危険を顧みず、行進者たちに少しの食べ物や飲み物をそっと与えた。サン・フェルナンドでは、捕虜たちが貨車にきつく詰め込まれ、たくさんの捕虜が窒息により死んでしまい、死の行進は、死の貨車への乗車となったのである。

キャパスに生きて到着できた人たちは、収容所であるキャンプ・オドネルまでの、最も苦しい6キロを歩かなければならなかった。これは第2次世界大戦中で、最も密集した地獄の収容所の一つとされる場所への最後の道のりであった」


碑文にある〝バガック〟とは、マリヴェレスとは別の、もう一方の出発点とされている町であり、そこはバタアン半島の西側に位置することは先に触れた通りである。

後日、マリヴェレスを起点として、この碑文に記載されている町の名前の位置をグーグルマップで調べてみたところ、歩行での行進の終点となるサン・フェルナンドの駅があった場所までを目測してみた大よその距離は100キロメートルであった。

もちろん当時の道は今の整備された道路とは違っていたであろうが、バターン半島の東側海岸を通る以外にない当時の事情を鑑みれば距離的にはそれほど違いはないと判断するし、この行進に関係しての他の資料でも、約100キロメートルとなっている。

この碑文の冒頭にある〝死の行進〟については、日本軍がとった残虐非道な行為として、フィリピンはもちろん多くの国の人に知られている。

それは、この半島に立てこもり日本軍との戦闘の結果、捕虜となった米比軍の将兵、そして彼らと共にした軍属とフィリピン民間人らを無慈悲に移動させたこと。捕虜は、食糧不足に起因する病気やこの半島に多くあるマラリヤ感染などで病人状態であったにも関わらず、炎天下のなかで休みや食糧もろくに与えずに、サン・フェルナンド駅までの100キロを強制的に歩かせたこと。その結果多くの捕虜が亡くなったことである。

さらには、サン・フェルナンド駅からの移動では貨車を使い、その中に男女構わずギュウギュウに詰めて乗り込ませたことにより、その移動中に多くの捕虜が亡くなったこと。そして貨車から降りてからも捕虜収容所のあるキャンプ・オドネルまで歩かされたこと。その結果として大勢の人が亡くなったと知られていることである。

先の碑文からは、日本軍のとったこのような行為をそれほどに感じとることはできないが、そのように伝えられているのがこの〝死の行進〟であり、英語では〝デス・マーチ〟なのである。

マリヴェレスの街からの出発日とされる4月10日の前日（4月9日）は「勇者の日」とされ、フィリピンでは祭日となっており、先のサマット山の国立霊廟前で、政府関係者等が参列しての記念式典が毎年行われている。そのことをテレビ放映などで報じられているので、今でも多くのフィリピン人に知られている。

しかし、実際それはどのようなものであったか、そしてその背景には何があったのかについてとなると、フィリピン人でも果たしてどのくらいの人が知っているかには疑問が残る。

そして加害者の立場となる日本人はとなると、極一部の人たちだけであろうと感じる。

そういう私自身も、その〝デス・マーチ〟とか〝バターン死の行進〟という言葉だけは知っていたが、その内容についてはほとんど知識がなかった。

そのようなわけで少しばかりの関係本を読み調べ、ある程度の知識を持って、その辿った道の現場に行くことを計画したのである。

今回この地にきた目的はそのようなことであり、もう一方の出発地であるバガック、そして向かった先である捕虜収容所のキャンプ・オドネルも次の機会を作って訪ねる予定であるが、先ずはここマリヴェレスの出発地に立ち、当時の何かを感じとることである。


時刻は11時25分、先の記念公園を一通り見終わってちょうどお腹も空いてきた。いつもであれば駐車したところのファストフードとなるのだが、海辺でもあり景色の良い食堂があればと思ったところ、すぐ近くに海辺に面したレストランがあった。

外側からは壁があり中のようすが全く見えず、少しの不安を持ちながら入ったが、そこはなかなかの景色が楽しめるところで、ここにしたのは正解であった。そして日本食もあるようで、私はラーメンにしたが、ゴンザレスはフィリピン料理にした。

おそらくこの地を訪ねる日本人旅行者が多いのであろう、ラーメンの他にもいくつかの日本食メニューがあったと記憶している。

ここマリヴェレスはバターン半島の南端にある町で、船でマニラ湾へ入った辺りの左側に見える。われわれが今いるレストランは、そのマニラ湾の中のさらに中にあるマリヴェレス湾のほぼ中央の海辺にある。私はビールを飲みながらラーメンを待ち、マリヴェレス湾の青い空と海の景色を楽しんだ。その湾のすぐ先にはコレヒドール島（面積は9平方キロと小さい）の頭側（島はオタマジャクシの形）が良く見える。ここからの距離はおおよそ8キロメートルであろうか。

コレヒドール島は昔からの要塞である。地図を見ると良くわかるが、マニラ湾入り口の中央よりもバターン半島近くにあり、砲台を設置すれば、敵の船が入ってきた時の攻撃には、まことに都合の良い位置となっており、言わば天然の要塞でもある。

コレヒドールには税関機能があったかもしれない

話は大きく遡るが、1570年5月に兵力を持ったスペイン入植者たち（レガスピ遠征隊の先遣隊として）がマニラ湾に入り、中国や日本、そして東南アジアと交易するマニラ港の規模や豊かさをその目で見て圧倒されている。

その後のスペイン兵たちは現地人を騙し、その結果として争いが起こった。これを契機に、スペイン兵たちはマニラ近郊のトンドにあったムスリム居住区（当時のルソン島はムスリムが多かった）とマニラの街に進軍し、そこに住む部族の兵士たちと戦闘が始まった。

重武装のスペイン兵は部族の兵を破り、その一帯を制圧した。こうしてマニラはスペインによって征服されている。このように、策略（罠）と発達した火器を巧みに使用し、フィリピン先住民は植民地化されたのである。

マニラに限らず、この時代のインドや東南アジアなどの他の港でも、人種、宗教が違う人々が平和に豊かな共存共栄の関係で交易を行っていたようであり、当時のヨーロッパは相対的に貧しかったのである。しかし、ヨーロッパ人が発達した火器を持ったことにより、豊かなアジアを侵略したといえよう。

後のフィリピンの初代総督となるミゲル・ロペス・デ・レガスピ提督とその軍隊は、その頃にセブ島（かつてマゼラン隊の拠点があった）におり、先遣隊のマニラでの活躍を聞き、翌年の1571年にマニラに入っている。

その後のレガスピは、地元の部族の有力者達と平和条約を結び、マニラ市評議会を結成することで合意し、これにより1571年7月24日、レガスピは実質的な恒久的入植地をマニラに成立させている。

そして城壁都市〝イントラムロス〟（都市としてのマニラの始まりとされている）建設を指示し、彼はこの街がフィリピン諸島の首都であり、西太平洋におけるスペイン政府の恒久的な領土になったと宣言した。

1572年には〝マニラ・ガレオン貿易〟が始まる。それはマニラと、やはりスペインの占領地であったヌエバ・エスパーニャ（新スペインの意味で今のメキシコ）間の貿易である。それは、ガレオン船による太平洋航路での、マニラとアカプルコ間の行き来であり、メキシコの独立戦争（1810年）まで続いた。つまり、238年も続いたのである。

ガレオン貿易によりマニラ湾にはより多くの中国船（ジャンク）が入るようになり、マニラの街とガレオン船を守るためとして、コレヒドール島が使われたのではないだろうか。マニラ湾の入り口に位置するこの島は、防衛基地としての絶好の地である。

さらにそこでは防衛のためだけでなく、ガレオン貿易での船舶への税関検査や課税機能もあったと思われる。

コレヒドールという名前の由来を調べてみると、スペインに未だ帰順しない地域をコレヒミエント（軍管区）とし、そこにコレヒドールと呼ばれる軍事長官を置いて、そこの統治にあたっていた、とある文献にあった。

それから推測すれば、先の防衛と税関機能のために軍事長官のような立場の人が、コレヒドール島でその統治にあたっていたのではと思われる。因みに、コレヒドールとはスペイン語のコレヒーに由来し「修正する」という意味があり、ドールは人である。

さらに話は飛躍して、時代はスペインから米国統治に変わるが、１８９８年4月から始まった米海軍とスペイン軍の戦闘（米西戦争）の結果は米海軍の勝利となった。それは、スペイン統治開始から途中に、オランダと英国の一時的な占領があったものの、３２８年続いたスペイン統治の終わりであった。それにより、コレヒドール島も米国の管理下となった。

それからは、米軍がこの島を軍事上の要衝とするため、大量のコンクリートを使用して巨大な大砲を設置し、鉄壁の海上要塞としている。

コレヒドール島へ

それから43年余り経った１９４１年12月、日本軍のルソン島上陸により、当時のフィリピン政府（コモンウエルズ政府：ケソン大統領）は、その場所をマニラからこのコレヒドール島に一時的に移している。しかし、ケソン大統領の米国への逃避により、その政府は米国での亡命政府となった。

このように、コレヒドールは歴史的にも重要な島であり、私はこの島に、２０１６年の10月に行ったことがある。

マニラからフェリーボートが出ていることは知っていたが、バターン半島での死の行進の道、そしてサマット山にある資料館も見たかったので、いつものようにゴンザレスに運転してもらい、まずはバターン半島に向かった。ゴンザレスもコレヒドール島に行くのは初めてのせいか少々興奮気味であった。

われわれはコレヒドール島に近いと思われる海辺へと進んだところ、船着場の看板らしきものがあり、そこから少し進むと海辺に出たが、そこにはバンカーボート（両側に竹のフロートがついた小舟）数隻が浜辺に乗り上げられていた。私はここがどこであったのか記録していなかったが、位置関係から言って、後述するリマイ（マリヴェレスの手前）だったのかもしれない。

近くには制服を着たコースト・ガードと思われる数人がテントの中にいた。そこには記帳用のノートがあり、それは乗船記録簿のようであった。

バンカーボートに乗って行くのには少しの躊躇があったが、以前セブ島に住んでいた時に何度もこのような船で小さな島めぐりをした経験もあり、また海は凪いでいたこともあり、先の記録簿に記帳して乗船した。

もちろん船は貸切りである。行きは30分位かかったと記憶しているが船は順調に進んだ。

しかし、帰りは風が出てきて波が高くなり大変であった。それは1時間以上かかったであろうか。後日、知人でツアーガイドをしているSさんへそのことを話したところ、そのような行き方は極めて危険であり、日本人の旅行者には絶対に勧めないということであった。経験者の私には、それは納得できた。

コレヒドール島での周遊観光

バンカーボートが着いたところは港であった。そこにはマニラからと思われるフェリーボートが一隻停泊していた。港の近くからはツアーバスが出ていたので、それに乗り名所旧跡を回った。

当時の私は、マッカーサーがこの島から逃げて〝アイ・シャル・リターン〟と言ったことぐらいしか知らず、またこの島についての情報を何も調べもせずにきたので、このツアーバスは都合が良かった。従い、次に記す詳しい情報は後日調べたものである。

まずバスが向かった先は、島の西側（オタマジャクシの尾の部分）にあるマリンタ・トンネルだった。日本軍の攻撃が始まってからは、ここに米比軍の司令部が置かれ、米国極東陸軍司令官のダグラス・マッカーサー、そしてケソン大統領以下の閣僚がいたので、ここが事実上の政府機能を果たしていたことになる。

コレヒドールの陥落後は、このトンネルから多くの米兵が出てきた。

しかし、その3年後の１９４５年2月には、今度は米比軍がこの島を奪還し、このトンネルにいた多くの日本兵は自爆している。

その自爆場所は、基幹トンネルの側面から奥に出ているトンネルが数十本あり、そのどこかの場所のようであるが、戦後もその場所の発掘はされていないようである。従い、このトンネルの側面奥には日本兵の遺骨が未だ眠っていることになる。

次に向かったのはマリンタ・トンネルからさらに西側にある日本平和庭園で、そこには大きな観音像と「コレヒドール島戦没者慰霊の碑」と書かれた背丈ほどのものに次の説明文があった。

「1942年5月5日　第4師団歩兵第61連隊及び配属部隊はこの島の尾部に上陸した。熾烈な戦闘により比・米・日軍の多くの兵士が斃れた。戦士の掟に従って戦いこの島に骨を埋めた若人達の霊を慰め、世界の国々の平和と友好を祈願して、この碑を建つ。

1991年5月5日　和歌山歩兵第61連隊戦友会」

その61連隊について調べたところ、明治42年に大阪から和歌山県に移転となっており、昭和12年からは満州や中国に転進し、その後の昭和17年（1942）2月にはフィリピンに転進してバターン半島とコレヒドール島で戦っている。つまり、本間中将率いる第14軍の隷下に入り、バターン半島への応援で転進し、バターン陥落後にはコレヒドール島攻略のために、島の尾部（東側）から上陸して戦闘になったと思われるが、その辺りについては後述する。

これら観音像や慰霊碑のすぐ近くにはマニラ湾に向けての砲台が数台あった。それらの砲台は現役ではと思えるほどに整備・保存されていた。

私はそこからマニラ湾を眺めた。その日は良く晴れており、きれいな青い空と海、そしてマニラ湾の彼方には、そう高くはない山々が見え、その辺りには大型の船も見えた。

そしてこの私が眺めている場所からすぐ先には小さな島が見え、グーグルマップで調べたところ、カバッロ島であった。

日本平和庭園を見終わった後は、太平洋戦争記念館に行ったところ、そこで一枚の気になった写真をスマホで撮った。それは日本軍の墓地を撮ったもので、英文の説明書きがあった。後日その写真を拡大して観察し、その英文も訳してみた。

その写真には5メートルほどの高さの供養塔（木製）があり、その手前に立て看板があり、それに「ジャパニーズ・ミリタリー・セメタリー」と大きく表示があった。その下にも何か書かれているようだが字が薄くて判読できない。またその看板の左隣には、米兵と思われる男性が一人立ってポーズをとっている。さらにそれらの先には、白い柵のようなものがあり、その先には墓標ではないかと思われるものがたくさん見える。

そして、その英文説明書きはというと、次のような内容であった。

日本の墓地コレヒドール

だれであるか特定できない一人の米兵が、米国の３０４５番目の陸軍物資補給墓場会社（上手い和訳ができない）によって設立された日本軍墓地の前に立っている。日本人は習慣的に死者を火葬したので、この墓地は太平洋戦争中の全体で唯一の日本人墓地であった。その後の40年間で、ジャングルは成長しこの地域一帯を覆った。１９８５年2月、バターン半島戦線に就いていた退役軍人のゾエス・スキナーがこの場所を発見した。彼は、オレゴン州ポートランドのガレージセールでこの写真を見つけ、その場所を特定するために向かい、この墓地の発見となった。写真の背景には、カバッロ島がはっきりと映っている。1986年、フィリピン政府の許可を得て遺骨が発掘され日本に返還された。現在、この地域は日本庭園となっている。

この説明をもう少しわかりやすく、そして私の想像を入れて書くと、この墓地は戦後直ぐに、米陸軍物資補給墓場会社なるものが、ここで戦死した日本兵のために造成した（米陸軍が作ってくれた）もので、特定できない米兵とは、コレヒドール島に当時駐留していた兵士で、その彼が墓地の前で記念の写真を撮ったものではと思われる。

それから何年か何十年も経った頃、ゾエス・スキナーさんという人が、米国・ポートランドのガレージセールでたまたまこの写真を見つけ、彼はその写真にある場所を探しにこの地に向かい、その墓地の発見となったのが1985年2月のことのようである。

つまり、ゾエス・スキナーさんがガレージセールでその写真を見つけていなかったら、そしてまた、彼の行動力がなかったら、その墓地はそのまま密林の中に埋まっていたかもしれないのである。そしてまた、遺骨も日本の遺族のもとに戻っていなかったのかもしれないということにもなる。

写真をさらに良く見てみると、たしかに私がマニラ湾を望むすぐ先に見た小さな島（カバッロ島）の形と同じものが、墓地と思われる後方にあった。しかし、その島の見える角度がかなり違う。私が庭園から見た島はどちらかというと下方に見えたが、その写真の島は墓地と同じレベルに見える。ということは、実際の墓地は庭園の下（ほぼ海側）にあったのではと考えられるが、どっちにしてもそれは大した違いではないであろう。

このように書いていると頭が少し混乱してくるので、念のために整理すると、先の和歌山県の鎮魂の碑は、日本軍も多くの犠牲者を出したものの、日本軍が勝った戦である。つまり、日本兵の犠牲者の遺骨は、日本軍により、和歌山県などの日本の遺族に戻っているはずであり、一方の墓地については、同じ場所での3年後の日本軍の負け戦である。従い、当時の日本軍は、米比軍のコレヒドール島上陸後での戦闘による犠牲者を葬る余裕はなかったであろう。そのため米軍が葬ったのではと思える。

墓地発見者のゾエス・スキナーさんのことをネットで調べてみたところ、驚くべきことがわかった。それは〝バターン・コメモラティブ・リサーチ・プロジェクト〟という名でウエブ・サイト上にあった。このサイトは2000年に入って米国の学生たちが立ち上げたようであり、バターンに関する情報を集めてウエブで公開しており、ゾエス・スキナーさんについてもその中にあった。

彼は1923年7月にポートランド・オレゴンで生まれ、1940年に米国陸軍の兵役に就いている。翌年には彼の所属する部隊（戦車大隊）はフィリピンに向けて米国を出発し、マニラ港に同年の9月26日に到着している。

この年の7月には、退役していたマッカーサーが現役復帰し、米国極東陸軍司令官に就任しているので、時期から言って、フィリピンの防衛を強化するために本国から補強された部隊ではと考えられる。

マニラ到着後は、クラーク・フィールド近くと思われる駐屯地で従事していたようであり、その後の12月8日に日本軍が攻撃を開始したので、以降は日本軍との戦闘のためリンガエン付近や後述するカルンピット橋付近での守りなどを経て、バターン半島及びコレヒドール島で日本軍と戦っている。

バターンまたはコレヒドールの陥落後に、先述した〝死の行進〟を経て、キャンプ・オドネル収容所に入れられていたが、そこからいくつかの捕虜収容所を経て最終的にはビリビット収容所に入れられている。

それらの収容所では地獄のような生活経験をしており、それは、彼が日本軍から解放される１９４５年２月ごろまで続いたと思われる。

そうだとすれば、日本軍との戦闘やその後の扱い、とりわけ捕虜生活での日本軍からの扱いは、筆舌に尽くせないほどのものであったはずであり、日本軍（日本人）に対する憎しみは、計り知れないものがあったろうと想像できる。

彼が米国に戻ったのは１９４５年3月で、２００７年8月17日に、ワイオミング州リバートンで亡くなっている（享年84歳）。

先の写真の説明文によれば、その日本兵の墓地を発見したのは１９８５年の2月となっているので、当時は62歳であったことになる。決して若くはない年代でありながら、彼をそこに向かわせた思いとはいったいどのようなものであったのだろうか……。


記念館の後は、この島の東側（オタマジャクシの頭の部分）にあるローマ遺跡のように見えた大きな建物跡を道路沿いから見た。そこは、ミドルサイド・バラックという名の、当時の米軍の宿舎であった。建物前の説明書きには、１９４１年12月29日に日本の爆弾によって破壊されたとあった。

この月日から言えば、本間率いる第14軍がリンガエン湾上陸後（12月23日）ではあるが、マニラ陥落以前であり、14軍のバターン半島とコレヒドール島への本格的な攻撃はまだ始まってない時期である。とすると、考えられるのは、日本海軍艦隊がマニラ湾に侵入し、艦砲射撃により破壊されたということなのだろうか。だとすると、難攻不落と呼ばれたこの要塞の兵舎にしては、意外に簡単にやられたように思ってしまうがどうであろうか。

私にはそれは、バターン陥落日である4月9日後からコレヒドールの陥落日である5月7日の間なのではと思われる。しかし私が読んだ関係書籍の中には、日本海軍の戦闘状況は何故かないのでよくわからない。

この建物跡は、遺跡と見間違えたほどに肋骨だけであるが、その周りも含めて大切に整備、そして保管されている。この島全体にあるこのような旧跡や資料館などは全て整備・保管されている。名勝地であるここを訪れる観光客への配慮なのだろうし、同時にそれはやはり、過去の戦禍を後世の人々に伝えるためであろう。私にはその強い意志が感じられた。

そこからさらに進むと、大変大きな大砲があった。先ほど日本庭園で見た砲台のものとは比較にならない大きさである。そのすぐ近くには大砲との関係から推察できる頑丈な作りの弾薬庫があり、そこと大砲との間に線路があったので、これで弾薬を運んでいたのであろう。やはりすぐ近くには説明書があり、この砲台はバッテリー・ウエイという名前であった。バッテリーとは砲台の意味で、ウエイは１９００年にフィリピンで従事した砲兵隊の軍人の名前からきていた。１９０４年に工事が始められ、１９１４年に完成したとあった。

そこにあった大砲は３６５度回転し、全方向に向けて攻撃できるようになっている。そしてやはりきれいに整備・保存されていて、先ほどと同様に現役ではと思ってしまうほどである。

後日調べてみると、大砲の数は４門であった。その口径は12インチ（３０５ミリ）であり、バターンの高地に侵入した敵に対して使用するためにも作られているとある。

３０５ミリ、つまり30・5センチの口径がどのような威力かというと、当時の最大級の大砲を持った戦艦大和のそれは46センチで、最大射程距離は42キロメートルとなっている。この３０５ミリがどれほどの射程距離かを私は知らないが、バターン半島奥、そしてマニラ湾周辺をカバーできることは間違いないであろう。

グーグルマップで島の西側（オタマジャクシの頭部分）をよく見てみると、バッテリー何々とされているものが他に13カ所ある。それらの規模はわからないが、この小さな島にこれだけの数の砲台があることには驚く。

先に米西戦争の後に米軍が大量のコンクリートを使用して巨大な大砲を設置したと書いたが、これら砲台はその当時にできたものかもしれない。

マリンタトンネルといい、このような砲台といい、コレヒドール島が要塞とよばれる所以なのかもしれない。

このように後日調べて色々と書いてはいるが、この島を訪ねた当時の私は何の知識もなく、ただ呑気に景色を楽しみながら見学しているだけであった。

バスツアーが終わりに近づき、港の近くにあったマッカーサーの大きな立像を見た。その台座には〝アイ・シャル・リターン〟と彫られてあった。

海辺のレストランを後にして

さて、話をマリヴェレスのレストランに戻そう。青い海の景色を見ながら、そして本間中将もこの辺りからコレヒドール島への攻撃を見守っていたのではないかと、思い浮かべながら食べたラーメンの味に満足してレストランを後にした。

先の駐車場に戻り、車は来た道を戻った。それは死の行進と同じ道を走ることになり、その途上の道路沿いには高さ50センチほどのマイルストーン（石造りの距離標識でこの場合はキロ表示）があった。

山道を上り、すぐにカブカーベン、そしてリマイに入る。カブカーベンは、コレヒドール陥落時に本間とジョナサン・ウエインライト将軍の会談があった場所であり、その辺りについては後述する。リマイは先の「コレヒドール島戦没者慰霊の碑」にあった歩兵第61連隊の本部がその海岸にあった。

暫く走り続けると、この道は大型トラックの走行が多く、ダンプトラックやタンクローリーも多い。ここの沿岸周辺には工場が多いので、このような大型トラックが多いのであろう。

今この道を快適な車で走っていての感想からいえば、オニギリ数個と水、そして相応の格好（身支度）をした元気な人であれば、１００キロの距離はそれほどの苦がなく歩けると思える。私が10年若ければ、そして少しの無理をすれば3、４日で歩く自信がある。

しかし当時の状況は、病人状態の人が多くいて、そしてわずかな食糧と水を与えられた程度であるとすれば、私の前提とは全く違ってくる。しかしそれにしても〝死の行進〟と言われるほどの道のりだったのだろうか、そして日本兵の虐殺的な行為が本当にあったのだろうかと、この道を走っていると疑問を感じてしまう。

〝死の行進〟イコール100キロと思われている感じがあるが、その100キロの起点はマリヴェレスからであり、米比軍の投降者は近くの山々からさみだれ式に出てきたと思われる。また、それらの山々は先述した〝第二防衛線〟手前だとも思われるので、そうすると捕虜として行進させられた距離はかなり短くなる。仮にマリヴェレスの起点から第二防衛線までの距離を35キロとすれば、そこからサン・フェルナンド駅までは65キロとなる。この私の計算からいえば、サン・フェルナンド駅までの捕虜の行進は65～100キロとなる。

〝死の行進〟という言葉に疑問をもって

そのようなこともあり、この旅を終え日本へ戻った私は、改めてこの〝行進〟のことを日米で出版された関係書籍、サマット山にあった資料館、そしてバターン半島東海岸沿いにある町（バランガ）のミュージアム（バターン第二次世界大戦博物館）で見た資料を含めて読み調べてみた。

そこで、その〝行進〟に関係する前後のことを私の想像も含め、何があったのかを時系列に書いてみることにする。それにより、〝バターン死の行進〟と言われるものは、どのようなものであったかが見えてくると思われるからである。

まずは犠牲者の数から書き始めると、先の碑文によれば、〝バターンの戦いを生き延びた7万人を超える米比軍の試練〟と記されている。つまり7万人を超える捕虜とされているが、他の書籍によれば、米比軍の内の6万5千人以上がフィリピン兵で、1万2千人が米兵となっており、それに約2万のフィリピン人難民が加わっていたとある。合算すれば10万人規模の捕虜が投降したことになるが、実際のところは定かでない。

そのような数の中で、1千2百人の米兵と1万6千人のフィリピン人が亡くなったとされているが、この数についてもまちまちの情報がある。

また別の資料によれば、この半島での守りで、米軍が1個師団、比軍が5個師団とあるので、1師団を1万数千人の兵員数だとし、仮に1師団の平均を1万3千とすれば7万8千となり、先述した数（フィリピン兵6万5千と米兵1万2千で計7万7千）に近くなる。

そして、起点のマリヴェレスから終点の収容所（キャンプ・オドネル）までにかかった日数についても、信頼できる出所からの明確なものはないが、普通の兵士であれば1週間の道のりだったのが、3週間以上もかかったという情報がある。また、行進時には、米軍人、フィリピン軍人、そして彼らについてきた一般市民の3つの集団にわかれていたという情報もある。

日本軍のクラーク基地攻撃後のマッカーサー

1941年12月8日、日本軍の航空攻撃がクラーク基地へ始まったことはすでに書いた。その数時間以内に、バギオの米軍基地（キャンプ・ジョン・ヘイ）とサンバレスのイバ飛行場に爆弾の雨が降った。またその2日以内には、マニラ・パラニャーケのニコルス飛行場とカビテの海軍基地も爆弾により破壊された。これにより、米国極東空軍はもはやフィリピンを守ることができなくなっていた。

そのような日本軍の攻撃開始後の2日間、フィリピン防衛を指揮していたダグラス・マッカーサーは、ちょっとした焦燥感に陥っていた。誰の目にも触れず、マニラホテルのスイートルームに篭ったまま、考え事をする時はいつもそうしていたように、部屋の中を歩き回っていたのかもしれない。その彼は4日後の12日、ケソン大統領へバターン半島への撤退の可能性を示唆した。

その頃の彼の日本軍への抗戦は、日本軍が上陸すると予測されたリンガエン湾の海岸線で迎え撃つ計画であり、本間が率いる第14軍がリンガエン湾に上陸（12月23日）するまでの10日間、彼はその作戦計画を変えないでいた。

しかしその後は、気の進まぬようすながらも、〝オレンジ計画〟という防衛戦略を披露した。

その計画とは、今後起こり得る日本との戦争に対処するための、米国陸軍および海軍合同委員会の戦争計画が1920年代に考案されたなかで〝ウオー・プラン・オレンジ3〟があり、日本の侵略に対してマニラ周辺の陸地と海域を守ることであった。

そのための守備基地がバターン半島の高台とコレヒドール島に設置されることになっており、そこには十分な量の弾薬、食糧、医薬品を保管することになっていた。

しかし日本軍が進攻した当時の物資保管量は十分ではなく、そのことをマッカーサーは知っていたのだろうし、そのことによりその計画に対して積極的ではなかったように思える。

そういったこともあり、当初の彼の考えは多分、日本軍の上陸地で戦える（守れる）と踏んでいたのであろう。しかし、その後の〝マレー作戦〟などの日本軍の進撃情報を知って、これは侮れないと考え、別案であったバターン半島での籠城作戦（ウオー・プラン・オレンジ3、オレンジ計画）に変えたように思われる。

バターン半島は昔から戦闘場所の要衝であり、守りには適した場所であった。ルソン島の西側沿いにあるサンバレス山脈が連なるバターン半島には、ナティブ山、サマット山、そしてマリヴェレス山があり、これらの山々が狭い半島での防御をしやすくしている。米西戦争の時も、スペイン軍がバターン半島にたてこもり、米軍をさんざん悩ませている。

しかしそのオレンジ計画は、追いつめられた守備隊が食糧と軍事物資の補給を外部から受けられるという条件付きであり、米海軍が太平洋を越えて助けに来てくれるまで、陸軍は守備基地があるバターン半島で持ち堪えればよいというものであった。

だがその海軍（太平洋艦隊）はパール・ハーバーで事実上壊滅しており来られるはずがなかった。つまり、日本の封鎖網を突破する軍艦がなければ、マニラ湾入口のバターン半島、そしてその半島のすぐ東側にある小島のコレヒドールという強固な要塞に物資を届けることはほぼ不可能であった。ほぼと書いたのは、米国にとってヨーロッパ戦線の優先順位が高く、ルーズベルト大統領は遠く離れた二つの前線に戦力を注ぐよりも、ヨーロッパに物資を集中することにしていたからであり、その変更がなければ来られないという理由にある。

日本軍のリンガエン湾からの上陸

１９４１年12月23日、本間雅晴（中将）司令官率いる第14軍が、ルソン島・リンガエン湾から上陸した。14軍のルソン島上陸はリンガエン湾だけではなく、同島最北のアパリから、そして南東側のラモン湾など複数の上陸地があり、マニラを挟み撃ちする形で進軍したのである。

このような作戦のなかで、リンガエン湾上陸後の14軍主力はマニラに向かった。大本営が14軍に課した作戦目標が「敵の首都占領」であり、つまりマニラを占領することであった。

同時期に始まった、山下奉文司令官率いる第25軍がシンガポール攻略で作戦目的を完遂するのと同じように、14軍の目的もマニラ攻略で終わっていた。当時の日本軍には〝首都を押さえれば勝ちだ〟という発想があったようだ。

しかしマニラに向けて進軍していた頃はすでに、マッカーサーは12月26日、マニラを「非武装都市」にすると宣言し、米比軍の主力はバターン半島に向かっていたのである。

＊ 非武装都市宣言＝無防備都市宣言とは、組織的降伏の一種であり、戦争もしくは紛争において、都市に軍事力が存在していない開放地域（オープン・シティ）であると宣言し、敵による軍事作戦時の損害を避ける目的で行われる。

つまり、リンガエン湾から上陸した日本軍の主力は南下してマニラを目指し、一方の南部ルソンとマニラにいた米比軍主力は北上し、バターン半島に集結する計画でいたのである。

先述したようにマッカーサーには迷いが見られたものの〝オレンジ計画〟で防戦することにした結果ではあるが、その決定はやや遅すぎたのではと、後にマッカーサーは米国内で批判されている。つまりそれは、もっと早めに〝オレンジ計画〟の行動をしていれば、バターン半島での物資保管量が増え、その結果として違う展開になったのではないかというものであり、別の言い方をすれば、兵站に手抜かりがあったと言えよう。

そのような米比軍の余裕のない作戦行動のなかで、重要なカギとなったのが、マニラ北西のパンパンガ川（パンパンガ州）のカルンピット橋を全米比軍が渡りきれるか否かであった。

つまり、日本軍が米軍の計画に気付き、その行動を阻むと、このバターン籠城作戦はできなくなるのである。

米比軍がバターン半島に退避して持久戦をするのではないかという情報を、日本軍が掴んだのは12月25日が最初である。しかし、それをあまり重要視せず、マニラの占領に集中した結果として、米比軍のバターン集結計画阻止への対応は遅れ、敵を難なくバターン半島に集結させてしまったとも言える。

リンガエン湾上陸後の14軍主力はマニラに向け一路邁進し、米比軍の残党とマニラで多少の交戦はあったものの、上陸の12月23日から言えば、10日後の1月2日にマニラを占領した。これにより日本軍にとっては作戦目的の完遂となり、フィリピンはもう済んだという感じが日本軍全体に漂った。

本間自身もまた、マニラ占領を喜んでいた。無類の愛妻家であった本間の1月2日の日誌には「妻よ、子供たちよ、上陸以来10日にして敵の首都を占領した。喜んでくれ。祝ってくれ」と書かれている。『いっさい夢にござ候―本間雅晴中将伝―角田房子著書』より。

結果としてそれは、彼にとっての束の間の喜びであった。本当の苦労はそれからであったことを彼は思ってもいなかった。

なお、混同しないように書くが、マニラ市街戦で壊滅的な状態となったマニラはこの時の戦闘ではなく、後のマッカーサーが戻ってからの市街戦でのことである。つまり、ほぼ3年後に戻ってきた米軍が、マニラの守備にいた日本軍への攻撃をした時のものであり、その戦いは一月も続き、10万人ものフィリピン人犠牲者が出たことは先の章（「マンカヤンへの旅」）で書いた通りである。

14軍がマニラを占領した頃の米比軍は、既に先のカルンピット橋を渡り切っていた。それは1月1日午前5時で、その1時間後にこの橋は米比軍によって爆破された。米比軍はこうして橋を渡ってパンパンガ州のサン・フェルナンド方向へ向かい、その後は南下する形でバターン半島を目指していた。

つまり、日本軍がマニラを占領して喜んでいたその前日には、米比軍の作戦計画のカギであったカルンピット橋を渡りきり、日本軍が追ってこられないようにその橋を爆破していたのである。

ようやく敵のバターン半島作戦計画の重大さに気づいた日本軍は、マニラ方面にいた兵力をバターン半島に移動させるために、カルンピット橋を渡らせなければならなかったが、道路橋、鉄道橋共に破壊されており、川を渡るにはわずかな船で渡るより手がなかった。

この橋のある川（パンパンガ川）は川幅約150メートルの水深が10メートル近く、そのために2日半もかかっている。すぐに橋の復旧作業を行っているが、この橋を重列車が通れるようになったのは2月15日であり、爆破から一月半もかかってしまっていた。

バターン半島での米比軍は防衛線の構築、そしてコレヒドール島での守備体制を推進させたことであろう。このような日本軍の進撃の遅れが後の攻撃に苦戦し、そして長引いた要因の一つ考えられる。

このように長引いていたことにより、本間は大本営から急かされた。そのようすは次の本間の日誌から窺える。

「1月30日、戦況少しも進捗せず、焦燥の日が続く。最高司令官としての責任の重圧に痩せる思いがする。海軍は南に行ってボロ船数隻のみで協力してくれず、飛行機もマレー方面に取られた。かつ師団も抜いて他に転用させられる」とある。

14軍がルソン島上陸作戦を開始した当初の総兵力は、約4万3千であったとされている。しかし、一部兵力をマレー作戦やインドネシア作戦に振り向けられたことで、大幅な兵力の減となっていたはずだが、本間の下に残った兵力数がどのくらいであったのかを私は未だ目にしていない。

そのようななかで、大本営、南方総軍、そして本間も「攻撃か、封鎖か」で迷いに迷った。つまり敵が籠城作戦をとるのであれば、この地を封鎖して食糧のなくなるまで待つ方法もあったわけである。この間、本間は何をしているのだと参謀本部からの叱責があった。さらに天皇陛下もこの状況を憂慮されていることを聞かされた本間は、ご心配をおかけし大変に申し訳のないことであると大泣きしたという。

１９４２年3月11日の夕刻、マッカーサーは妻と共にコレヒドールを脱出してオーストラリアに向かった。それはルーズベルト米国大統領の指示であったという。ルーズベルトとマッカーサーの関係はあまり良好でなかったが、陸軍最高位の将軍であるマッカーサー大将が敵に捕まえられでもしたら、そのニュースが米国に大打撃をもたらすという考えによるものであったとされている。

マッカーサーは、司令官である自分が脱出するなど到底有り得ないと拒んだようであるが、最終的にはその指示に従っている。コレヒドール島からは高速艇、航空機、そして汽車を乗り継ぎアデレードに到着した。「アイ・シャル・リターン」はこの地で記者団に発した言葉である。

なお、コレヒドールの要塞にマッカーサーと一緒にいたフィリピン・コモンウエルズ大統領のケソンは、マッカーサーから促され、家族と共に１９４２年2月20日、他の閣僚と共にコレヒドール島を潜水艦で脱出してオーストラリアに向かい、その後は米国・サンフランシスコに行っている。つまりこの時点でコモンウエルズ政府は米国に移り、亡命政府となったのである。

1942年4月3日、日本軍による第2次バターン攻撃（総攻撃）が開始され、その一週間後の4月9日にバターンはついに陥落した。戦闘中の死傷者の数は、米国人が約600名、フィリピン人が約1500名の戦死、4万6千人が負傷または病人であった。

マッカーサーが逃避した後にバターンを指揮したエドワード・P・キング少将は、さらなる人命損失を避けるため、全ての部隊と兵士に武器を捨てるよう命じ、そして日本軍に降伏した。

この時、キング将軍が兵士に語った言葉がある。「私以外には誰も降伏していません。責めがあるとすれば、それは私の責任です。私はあなたたちに降伏するよう命じました。あなたたちは命令を受けただけで何もしていません」と。

キング少将はさらに、日本軍の総攻撃のことを後に次のように記している。

「日本軍の大規模な攻撃が始まってからの5日間で、米軍の戦闘能力は急激にゼロに落ち込んだ。食糧はすでに半日分しかなく、補給経路が絶たれ、その最後の食事すら当てにならないと補給係将校は報告した。2万4千人もの兵士が、バターン半島南の野戦病院と前線応急救護所に詰めかけていた。もし日本軍に降伏しなければ、バターンは史上最悪の虐殺場として名を残すだろう。また、すでに病院の収容能力は限界に達している。その上病院は日本軍の進軍経路上にあり、軽砲の射程内に入っている。もはや組織的な抵抗など望むべくもない」

日本軍が当初考えていた捕虜移動計画

バターン半島にいる敵陥落の見通しがたった頃だと思われるが、本間は捕虜の移動をどのように実施するかを参謀たちに考えさせており、３月28日にその案が出された。

捕虜の収容先は、バターン半島南端から北に直線距離で約１１０キロ先（道路行程は１４５キロ位）にある、キャンプ・オドネル（フィリピン軍の訓練施設として使用していた）とした。

半島の東海岸の道を通り、サン・フェルナンドの鉄道駅まで行き、そこから汽車で収容所近くのキャパス駅まで行き、そこから収容所に向かう方法。そして、比較的丈夫な捕虜は歩いて収容所まで行く方法であった。それは、決して無理な方法ではないとされ、人道的であるともされた。

１日平均16キロ以内にし、途中に食料と救護所を用意し、病人は数百台の車両で輸送する。さらに２棟の野戦病院が設置され、それぞれ千人が収容可能とされるものであった。

日本軍の歩兵が歩く距離は、１日40、50キロが当たり前であり、この計画には無理がないと見られたのである。

しかし、米比軍の降伏（４月９日）の数日後に、その計画には二つの致命的な欠陥があることが判明した。それは、実際に移動が始まった４月10日の２、３日後にわかったことであり、実際の投降者数の状況を見て感じたのであろう。

その一つ目は、米比軍の投降する捕虜の数を、14軍の将校たちは大幅に低く見積もっていたことである。本間の参謀は包囲攻撃の初期の段階で、投降兵をせいぜい２万５千人程度と見ていたのである。本間はすぐに計画の見直しをさせ、新たに弾き出した人数は約４万となった。

しかし、日本軍にとっては後でわかったことだが、実際には米比軍と共にしているフィリピン民間人を含めると10万人近かった。つまり、計画に関するあらゆる兵站要素である食糧、水、避難所、そして車両の配分などが完全に誤った計算に基づき立てられていたのである。

二つ目は、参謀たちが捕虜の健康状態と体力を、極めて楽観的に捉えていたことである。彼ら参謀の計算では、捕虜の70パーセント以上は収容所まで楽に歩いて行けるとしていたことである。それは、参謀たちは米比軍の食糧事情の乏しさ、そしてマラリヤなどの風土病で多くが病人状態であったことに気づいていなかったことであった。

その当時の本間は、捕虜の移動計画に当初は関与したものの、それどころではなかったはずである。彼にとっては、どうすればあの難攻不落のコレヒドール要塞を短期間で落とせるかが最大の関心事であった。

その一方では、本間にとって捕虜を適切に扱うことは重要事項であり、捕虜をジュネーブ条約に則り、そして帝国陸軍の高潔な理念に従って扱うよう将校たちに命じており、移動計画はスムースに運ぶと考えていた。

それは別の見方をすると、流動的な現実を見ることには欠けていたのかもしれない。また、本間が捕虜に対して同情的だったとしても、実際に捕虜を収容所に移動させる将校や下士官という多くの部下たちに、強い態度でそれを伝えられたかどうかには疑問が残る。

マニラに報道班員として来ていた、作家の今日出海（後の初代文化庁長官）は次のように本間のことを伝えている。先の書籍（『いっさい夢にござ候』）より引用。

「本間さんは開戦当初から、フィリピン人を決して敵として取り扱ってはいけないと訓示されていた。ある日、本間さんは『日本軍の目的は、米国の圧制と搾取から比島を解放することだ』という意味のことを書いた伝単（宣伝ビラ）を見て、非常に不機嫌な顔をされた。そして『いつ米国が比島を搾取したか。比島民はわれわれを軽視するだけだ。われわれは米国よりも善政を施さねばならないところに難しさがあり、諸君の努力が払われねばならぬ点があるのだ』と叱られたことがあった。当時、日本軍の行動は決して侵略ではなく、アジア諸民族の解放を目的とする〝聖戦〟とうたわれていた。そのためには、フィリピンもまた支配者によって痛めつけられていた、という前提が必要なのだが、こうしたご都合主義に本間は妥協も迎合もしなかった。

歴史が示す真実に頬かぶりをし、民衆に向かってヌケヌケと嘘をつくには、本間は余りにも誠実であり、潔癖であった。とかく、〝やさしさと弱さ〟を指摘された男だが、人間としての誇りの高さが、そうした行動を許さなかったのでもあろう。こうした本間が、何かにつけて中央から「融通のきかぬヤツ」といわれ、煙たがられ、敬遠されたのは当然である」

本間の言った「いつ米国が比島を搾取したか……」について深掘りすると、次のことが彼の知識にあったのでは思われる。

エミリオ・アギナルド率いるフィリピン独立軍が米国に騙され、その流れで1899年に始まった米比戦争以降は、フィリピン人の反米感があったと思われるが、その後はスペインが避けてきた学校教育を進め、経済的にも支援を行い最低限の生活は保障されていた。

そのようななかで、徐々にフィリピン人の反米感情は軟化して行き、日本軍が侵攻した1941年までの40年間は、米国の支配下をフィリピン人は謳歌していた感がある。その上、フィリピンの独立も約束されており、そのための政治体制（コモンウエルズ政府）が1935年に始まっていたのである。

勉強家の本間は、このような背景と状況を知っていたであろうし、軍中央から「融通のきかぬヤツ」といわれ云々については次のような話がある。

それはバターン半島での苦戦を強いられていた頃の4月3日、参謀総長の杉山元（元帥で陸軍大将）がバターン攻撃激励のためマニラに到着した時の話で、バターン半島に籠る米比軍への第2次攻撃開始の日でもある。同参謀総長が椰子並木の美しい海岸沿いの遊歩道を通り宿泊先であるマニラ・ホテルに着くころ、杉山は不機嫌に固く口をひきしめていたそうだ。

マニラ湾の西側からは、この日を期して一斉にバターン半島方面に撃ち出された大砲の音が、絶えず遠雷のように響いていた。しかし、着飾ったフィリピンの男女はそれが聞こえないように散歩を楽しんでいたのがその理由だという。杉山の車が近づき、いかめしい軍服姿は一目でわかったはずだが、その男女は談笑を続けながら平然と杉山のようすを眺めていたのだそうだ。

ホテルに入った杉山は軍政（フィリピン攻略後に日本軍が敷いた政治）部長を兼ねる参謀副長・林義秀（少将）に向かって「南方はどこへ行っても帝国軍人に敬意を表するが、マニラはどうしたことだ。本間のやり方が手ぬるい証拠だぞ」と苦々しく言ったと伝えられている。

山下の第25軍が占領したシンガポールでは、ゲリラ掃討と称して数千人の華僑を虐殺したため、現地民は日本軍人に対して強い恐怖を抱き、敬礼なども丁重を極めていた。

だが本間は、新米的なフィリピン人を少しでも日本に親しませるには、まず彼らの喜ぶ生活を与える考えであった。彼のこの方針は最後まで貫かれ、中央からの〝受け〟をいっそう悪くする結果を生んでいた。本間とはこのような人物であり、バターンの捕虜に対して、〝死の行進〟などと呼ばれるようなことを承諾するような司令官では決してない。

キング将軍が考えていた移動手段でのトラック

米国側のある資料によれば、バターンの陥落の前日である8日の午後6時30分に、日本軍が使用できる全ての装備品を破棄する準備を行う命令が出ている。それにより、9日には、使えるものはすべて壊さねばならないと誤解した兵士によって破壊されたトラックがあったものの、まだ多くのトラックは残っていた。キング将軍は降参の条件交渉時に、捕虜の扱いについて「米比軍をバターンから運ぶのに十分なトラックとガソリンを持っている」と日本軍に伝えている。

またキングは後年次のように語っている。

「飲まず食わずに包囲されつづけた部下の体調では、長距離を歩くのはまず無理だろうと見越し、日本軍が捕虜を北に輸送する場合に備え、相当数の米軍車両と十分なガソリンを用意しておいた。敗軍の将が部下を輸送してほしいと勝者に申し出るのは前代未聞のことだったが、何としても本間将軍に提案を受け入れてもらいたかった。日本軍にはそんな大仕事を成し遂げるだけの車両があるとは思えなかったのだ。もしあれば、日本軍はとうにそれを利用していたに違いない。加えて、コレヒドールのウエインライトが降伏を拒んでいるとなれば、バターンの捕虜の移動時にコレヒドールからの攻撃の影響を受ける可能性もあるので、早急な移動のためにはトラックが必要であると考えていた」と。

しかし、米軍車両を使って捕虜を収容所へ運ぶというキングの提案を、日本軍参謀は断じて受け入れようとしなかった。そのトラックのほとんどは日本軍に没収され、バターン半島南部に日本軍の大砲を輸送するのに使用されてしまった。それは、日本軍のコレヒドール島陥落を優先しての判断であったのだろう。

行進の当初

先のファストフード店近くにあった碑文によれば、〝バターン死の行進〟と呼ばれるものは、4月10日にマリヴェレスから始まった。ルソン島の4月は夏の盛りであり、その行進はうだるような暑さの中で始まったのである。

この地に来てわかることだが、半島特有の地形での山々があり、その山はすぐに海へと繋がっていて、平地と呼べるようなところは少ない。そのような中に街と工場群、そして道がある。

捕虜の行進はマリヴェレスから始まり、行く先々の山々から投降し、行進に加わったのではないだろうか。そして武装解除を随時行い、そのなかで隊列を組んだのではと考える。隊列を組まなければ統率ができず、行進に大きく影響が出るからである。米国側のある資料によれば「途中から100人位での分離行進となった」という記録もある。

バターンでの戦闘は日本兵をもまた衰弱させた。自身らも病気にかかり飢えていたにもかかわらず、行進の最初のうちは、日本軍の警護兵（その殆どが若い）は礼儀正しさと自制心を備えていた。

そうしたなかで、日本軍は移動を急ぎ捕虜を急かした。隊列の横で走り回り、あるいは自転車を漕ぎながら、時間に追い立てられるかのように、警護兵は「スピード！　スピード！」と叫んだ。コレヒドール要塞からの砲撃は続いており、日本軍は速やかにその要塞の攻略を進めなければならず、そのためには捕虜の移動をできるだけ早く終えなければならない事情があった。

しかし捕虜たちはそれほど速く歩けなかった。戦闘で負った傷と数々の病の影響が堰を切ったように現れはじめ、速度はさらに落ちた。

近くの山々から投降してくる捕虜の数は際限もなく増え続け、そのほとんどが飢えとマラリヤや赤痢に冒された米比軍将兵、そして彼らと行動を共にしたフィリピン民間人が、子供を抱き、老人を背負い、互いの体を支え合って出てきた。もともとバターン半島はマラリヤの巣窟と呼ばれたところであり、すでに多くの捕虜の状態は最悪だったのである。

その多さと状況に護衛兵は圧倒されたに違いないし、遅々として進まない捕虜の歩みに、彼らは怒りを覚えたことでもあろう。大きな甲高い声で檄を飛ばし、より頻繁に剣をちらつかせて捕虜に命令するようになった。

マリヴェレスからの狭く曲がりくねった山道には車両がひしめき合っていた。捕虜の行進は北に向かい、日本軍はコレヒドール島からの攻撃に備えて南へ進軍していた。

マリヴェレスから20キロほど過ぎた辺りからは、道の混乱はさらに激しさを増した。軍律は崩れて行き警備兵は焦り苛立ち、次第に捕虜のなかにいる病人たちを気に留めなくなり、捕虜のなかの刃向かうものへは銃剣で腹を刺したものもいた。

はじめのうちは整然としていた行進が、こうして統率を維持することが難しくなり、同時に捕虜側も日本兵に対する憎しみが増加し、それが捕虜への更なる虐待に繋がっていったのではと思われる。

移動中の捕虜の食糧については、水はほとんど与えられず、たまに握り飯が配られた。このようななかで病人は路肩に倒れ、腐乱を待つばかりの捕虜の死体が増えていった。なかにはキング将軍が予想したように、コレヒドール島の味方からの砲弾で死んだ捕虜も多くいた。

このような行進中での日本軍は、移動計画が現状から大きくかけ離れていたことに気づいたはずであり、その状況を考慮して車両、食糧、医薬品、野戦病院などを増やし、さらには当初の移動計画時間を増やすなどの見直しが必要だったはずである。

しかし、そのような具体的な見直しはなかった。その理由には、当初計画の命令と決定は最終的なもので、それに口を挟むことは命令を下した上官の知性を侮辱するものだという考えがあったのかもしれない。しかし、見直しができるような状況でなかったのが一番の理由であると思われる。とりわけ食糧と薬品については、日本軍将兵さえまともに与えられていない状況であり、とても7万人を超える捕虜に充分に与えられるはずがなかった。

行進を護衛する兵についても、コレヒドール要塞との交戦は続いていたわけだし、日本軍としてはその攻撃に注力しなければならなかったはずであり、捕虜の移動のための兵員は最小限にされていたであろう。このようななかで、捕虜のために日本軍は何ができたであろうか。加えて日本将兵の持つ精神面での感覚から言えば、145キロメートルの行進などはさほどのキツさではなかったはずだ。当時の日本軍歩兵は、30キログラムの重さの背嚢（はいのう：リュックサック）を担いでの行軍が普通であった。

この時の米比軍捕虜は腰に水筒、あとは飯盒と炊事道具ぐらいの軽装であった。そのような程度では、日本将兵の感覚からすれば、たいしたキツさではないという気持ちがあった。たとえ捕虜の状態が先述したような最悪であったとしても、日本将兵のなかには独自の精神論的な見方で捕虜を扱ったものもいたであろう。

そのような精神論といえば、1941年に東條英樹陸相（当時）の名で下された〝戦陣訓〟（戦時下における将兵の心得）があり、その影響があったのかもしれない。

その戦陣訓の中でよく知られる、「生きて虜囚《りょしゅう》の辱《はずかしめ》を受けず」があり、潔く戦死すれば「英雄」、いかなる理由にせよ捕虜となれば「非国民」呼ばわりされるのが当時の日本全国の空気感であった。

このような教育を受けた日本兵の見方からすれば、捕虜への侮辱的な、そして残虐的な行為が行進の一部にあったとしても不思議ではない。

一方の米軍の捕虜側から言えば、軍人として降参は不名誉なことではあるにせよ、国際法や国際条約により、捕虜を保護する義務が交戦国には課されており、降伏して捕虜となれば保護されることを一兵卒に至るまで熟知していた。それは、国家が説明責任を果たしていたからである。日本軍の場合のそれは希薄だったと言える。

コレヒドール島の要塞

コレヒドール島全体が堅固な要塞となっており、本間は大いにてこずった。日本の参謀本部が想定していたようには落ちなかったのである。オーストラリアから戦闘を指揮していたマッカーサーは、コレヒドールにいるジョナサン・ウエインライト中将に対し、絶対に降伏してはならないと強硬に指示していた。脱出前のマッカーサーはその要塞にいたわけで、戦況判断も踏まえ、いつまで戦闘が可能であるか知っていたはずであるにもかかわらず、このように言い切っているのはどういうことだろうか。

ルーズベルト大統領がヨーロッパ戦線に優先順位をおいていたのを知っていたかどうかはわからないが、いずれ援軍がくるとマッカーサーは思っていて、そのようなことをウエインライトに言ったのであろうか。そうでなければ、あなたたちは死んでもいいから降伏してはならないということになる。

先の章（「二人ハリマオ」）で書いたが、これは英国首相のチャーチルがシンガポールの現地司令官に命令した言葉と同じである。

自国を守るためには絶対に降伏しない、させないということは理解できるにしても、その道が断たれたら降伏するしかないではないか。実際にシンガポールの司令官にしても、キング将軍とウエインライト将軍にしても部下の命を優先して降伏しているのである。しかも、言っている本人たち（チャーチル、マッカーサー）はその現場にはおらず、遠くから言っているのである。

コレヒドール島陥落

端午の節句（5月5日）を期して敢行とされた、コレヒドール攻略の作戦計画があった。それは、砲兵隊の強力な支援の下に、第4師団歩兵第61連隊の左翼隊がコレヒドール島尾部に奇襲をかけ上陸し、そこで地歩を固め、その後に右翼隊（主力）が同島頭部に上陸して一気に攻め落とすというものであった。

この攻略計画を敵から察知されないようにと、マニラ陥落後、日本軍の入場式挙行後もマニラにいた本間は、居てもたってもおられずバターン半島に移り、作戦開始の5月5日、先発隊の歩兵第61連隊が乗船するリマイ（マリヴェレスの手前）へ車を走らせた。

午後5時半、1200人の先発隊が100隻の船艇に乗り終わったころ、リマイ海岸のニッパ小屋に入った本間は、先発隊の指揮をとる佐藤源八大佐の手を固く握って言った。「一人でも二人でも、コレヒドールの尾部に手をかけ、頭部に上陸する主力部隊の攻撃を容易にしてもらいたい。頼む」この〝頼む〟の一語に万感こめた本間と、死を賭して使命を果たす覚悟の佐藤は、〝恩賜の御酒〟を酌み交わした。

先の「コレヒドール島戦没者慰霊の碑」の説明文にある、〝第4師団歩兵第61連隊及び配属部隊はこの島の尾部に上陸した〟は、まさにこの〝酒を酌み交わした〟の場面からの出撃である。小さな島にもかかわらず、これだけ多くの船艇で向かうこと、そして本間の真に迫ったようすなどから、難攻不落とされたコレヒドール要塞がどれほど強固であったかを感じとることができる。

上陸後の戦闘の結果、多くの米比軍、そして日本軍の兵士が戦死した。ある資料によれば、左翼隊の死傷者は約900人だったという。

マッカーサーが3月11日にこの島を離れてからは、米比軍の司令官はウエインライト中将となった。彼は戦後になってからだが、「バターンでは、兵隊の食糧を6分の1にきりつめ、軍馬さえ食ったくらい困っていた。だが、それほど節約しても、4月10日までしかもたなかったし、弾薬も欠乏していた」と自身の手記で語っている。そのような背景もあって、4月9日のバターンの陥落に繋がったのかもしれない。コレヒドール島の米比軍の状況もバターンとほとんど同じであったとすれば、5月5日の日本軍の作戦が始まる以前から米比軍将兵の体力は既に限界に達していたなかでの戦闘であったのでもあろう。

その要塞がやっと落ちたのは、バターン陥落から一月ほど経った5月7日であった。これにより、日本軍に対する米比軍の組織化された抵抗は終了したことになる。

本間はウエインライトにフィリピン全土の米比軍の降伏を要求した。しかしウエインライトは、降伏をマニラ湾にある四つの島にとどめるために、それ以外のルソン島及びビサヤ、ミンダナオの米比軍の指揮権を、ミンダナオ島にいる司令官（シャープ少将）に譲った後であった。

その後ウエインライトは本間の圧迫に屈し、全米比軍の降伏命令を発することになるが、それはシャープ将軍が全将兵に、武器を持って郷里に帰り、抵抗を続けるよう命令した一日後であった。それは、オーストラリアにいるマッカーサーの指令に基づいたものであった。

シャープはウエインライトの命令（降伏の）を聞いても、すぐ前日の命令を取り消す気になれなかった。米統合司令部がマッカーサーの米比軍の指揮権を停止した後、ようやくウエインライトの降伏命令を伝えたが、すでに解散した兵士たちには行き渡らなかった。

この混乱は、〝ジャップ（日本人）〟に降伏するのを潔しとしない多くの米軍将校とフィリピン兵が、武器を持ったまま山野に隠れてゲリラ戦を行うことになって行く。さらにそれは、先の章（「マンカヤンへの旅」）で紹介した〝フクバラハップ〟や〝抗日ゲリラ〟との共闘にも繋がって行った。

酷暑のなかを1千キロ以上も、しかも昼なお暗いジャングルを進軍したマレー作戦でのシンガポール陥落が同年2月15日であるのと比べ、本間率いる第14軍主力が上陸したリンガエン湾東部からマニラ中心までの距離は約250キロメートルである。しかもその道のほとんどは平原（穀倉地帯）でもあることからすれば、5月7日は如何にも遅いと本間は非難された。

しかし作戦当初の目的はマニラの陥落（占領）であり、バターンやコレヒドールではなかったのである。しかもマニラの占領日が1月2日であることから見れば決して遅くはなかった。

問題は参謀本部の課した作戦目標の「敵の首都占領」であり、それをバターン半島に適宜変更できなかったことであった。このように書くと、その適宜変更を司令官の本間ができなかったのだから、それは本間のせいだとする見方もできる。

敵の主力がバターン半島に退避して持久戦を構えるのではないかとの情報を、僅かながらも掴んでいたわけだから、たしかにそのように言えないこともない。

しかし本間は陸軍第14軍の司令官であり、この戦闘には海軍も関わっており、また14軍の上層にあたる南方総軍、そして大本営からの指示もあるという立場であったことを考慮すれば、ことはそのように簡単ではなかったはずである。

陸軍と海軍は連携どころか、対抗意識が強いのはここでの戦闘に限らないし、陸軍内部での派閥抗争もあった。首相と陸軍大臣を兼ね、当時の最高権力者である東條から本間は嫌われていたようでもあってか、バターン半島退避作戦情報に対する14軍の判断と対策は後に、〝南方攻略緒戦唯一のつまずき〟と呼ばれ、バターン半島の苦戦の発端となったと言われた。本間は戦いに勝った将であるにも関わらず、後年の本間の前途がおかしくなったのはここに理由があった。

以上のように私なりの想像も含め縷々書いてきたが、7万人を超えると言う捕虜の移動（行進）のなかでの多くの犠牲は、それを避ける特別な手段がなかったように思え、ある面では仕方がなかったと感じる。その一方では、そもそもの原因は、マッカーサーのとった籠城作戦から派生したものだと考える。米海軍の助けが来る見通しはなく、食糧や医薬品が枯渇し、栄養失調やマラリヤなどの病に冒されたなかで、マッカーサーの脱出後に、バターンの守りを担っていたエドワード・キング少将が断腸の思いで降伏した。しかし、遠くオーストラリアにいたマッカーサーは〝絶対に降伏してはならない〟と、最後まで降伏を許していなかったのである。そのようなことを考えると、マッカーサーにこそ一番の責任があると言えないだろうか。

しかしその事は別にしても、〝死の行進〟の言葉から抱かれるイメージは、日本軍の残虐非道さがあまりにも強調されすぎているように思えてならない。

そこで、なぜそのようにまで言われているかを考えてみたところ、その一つのヒントになるのが、マッカーサー自身の回顧録（『マッカーサー大戦回顧録』）の中にあるのでその部分を抜粋する。

「バターンの『死の行進』と、その生存者が収容所で受けた残虐行為のむごたらしい、胸をえぐるような事実の詳細を私が知ったのは、その後数か月経ってからだった。日本軍から脱出した3人の米兵が、ゲリラ隊に救出され潜水艦でブリスベン（オーストラリア）に輸送されてきた。この兵士たちの報告はショッキングなもので、私はその内容を次のような声明といっしょに報道陣に発表することを命じた。

戦争捕虜に野蛮で残酷な暴虐行為が加えられたことを示す、この疑いの余地のない記録に接して、私は全身にいいようのない嫌悪の念を感じる。これは軍人の名誉をささえる最も神聖な掟を犯す行為であり、日本の軍人の信条にぬぐうべからざる汚点を残すものである。近代の戦争で、名誉ある軍職をこれほど汚した国はかつてない。正義というものをこれほど野蛮にふみにじった者たちに対して、適当な機会に裁きを求めることは、今後の私の聖なる義務だと私は心得ている」

つまり、マッカーサーのこの声明により、マスコミ（報道陣）による、日本軍がとった行動へのイメージができあがり、それをある種のキャッチコピーとしたのが〝バターン死の行進〟となったのではないかと私は感じる。そして、この声明のなかにある〝今後の私の聖なる義務〟というものが、本間中将の死刑判決となったのではないだろうか。

このマッカーサーの声明は、結果的に戦線から逃れたことで、負い目があっての物言いとも思えるが、物事に冷静な彼が、これほどの言い方をするのは何故か疑問が残る。

それはもしかしたら、大本営参謀の辻政信のとった行動が捕虜のなかで知れ渡り、そしてマッカーサーに報告した先の米兵3人にも伝わり、もしくは彼らもその場に立ち会っていたのかもしれない。そこで、辻政信のとった行動とは、どのようなものが考えられるかを次に書いてみる。

辻政信という参謀

辻については、先の章（「二人のハリマオ」）で触れたように、シンガポールでの大虐殺に大きく関わった人物ではないかと思われていると書いた。

バターン半島に立て籠る米比軍への攻撃に苦戦していた14軍は、2月の上旬にバターンへの攻撃を一時中止しており、第2次総攻撃が始まる前の3月下旬、日本にいた辻参謀は班長補佐の瀬島龍三少佐とともに東京を出発してマニラに着き、14軍の総攻撃に協力することになりこの地に来ていた。

辻という人物はある意味、八面六臂、独断専行、そして疾風迅雷の活躍をした人物である。彼は「反骨」「不屈」超人的な気力と体力を持ち、第25軍山下司令官の下に、作戦参謀としてマレー作戦を周到に立案し、そして自らマレー半島のジャングルを進軍したことは、先の「二人のハリマオ」の中でも紹介した。

マレー作戦では日本軍の勝利となり、その結果として、辻の名声を「作戦の神様」へと高めた。しかし、山下の1月3日（シンガポール陥落前で戦闘中）の日記には、「辻中佐第一線より帰り私見を述べ、色々の言ありしと云う。この男、やはり我が意強く、小才に長じ、所謂こすき男にして、国家の大をなすに足らぬ小人なり、使用上注意すべき男也」と、辻への辛辣な批評が書き記されている。辻についての酷評は、他の書籍の中にも色々と書かれている。

彼の名前が注目されてくるのは、１９３７年に始まった日中戦争が泥沼化するなか、１９３９年5月から同年の9月にかけて起きたノモンハン事件である。

ノモンハンとは、日本が実質的に支配していた満州国と、ソ連の衛星国（実質的支配）であったモンゴル人民共和国の間の国境線がある地名（日本軍が呼んだ）であり、事件とは日本とソ連の国境紛争である。それはわずか4か月の戦いで、日本側がおよそ2万、ソ連側は同2万5千の膨大な死傷者を出しており、事件とは名付けられているものの、もはや戦争そのものであった。

死傷者の数だけを比べると、日本が優位であったように見えるが、日本軍が主張する国境線を守れないままに後退し、作戦の目的は達成されることはなかった。

満州国には関東軍が駐留しており、そこに参謀としての辻がいた。ここで彼が持つ特有の本領を発揮して、この事件がそのように大きくなったのは、彼が首謀者的な役割をしたためと見られている。そしてこの戦いは、結果的には何の価値・意味を持つことなく、ただ多くの将兵が亡くなったことで知られており、別の言い方をすると、辻がいなければノモンハン事件は起こり得なかったとさえ言われている。

彼は〝作戦の神様・陸軍きっての秀才〟と語られる一方で、作家で戦史研究家の半藤一利（故人）氏からは〝絶対悪〟とも評されている。

しかし、このように大きな死傷者を出した事件（戦争に）に、辻が一人で対応できたはずはなく、彼を後方から支援していた者が陸軍の中央にいたはずであり、辻一人だけが非難される問題ではないと思う。

さらに辻が登場する場面には、山下司令官率いるシンガポール陥落後の、華僑の大虐殺への大いなる関与の疑いがある。そしてこれも定かではないが、バターンでの行進時に、このようにやれと、戦場の兵士たちに見せたとされる、日本刀での一刀両断での捕虜の殺害である。

さらには悪魔的な恐ろしいことがある。それは、バターン半島の攻撃に参加した連隊長の一人である今井武夫大佐は、米比軍降伏直後のある日、兵団司令部から直通電話を受け、その内容に驚愕する。それは、「米比軍の投降者はまだ正式に捕虜として容認されていないから、各部隊は手許にいる米比軍投降者を一律に射殺すべし」という大本営命令の伝達であった。

戦闘中の命令は、軍人として事の如何を問わずに絶対服従であったが、この命令に対して今井は、人間として従うことはできないとした。またそれは、常識でも普通の正義感では考えられぬこととし、「正規の筆記命令で伝達するように」と応じ、捕虜の殺害は行わなかった。その後に筆記命令が今井のもとに届くことはなかった。今井連隊長の場合は不幸とならずに済んだが、他の連隊ではその偽りの命令により虐殺があった可能性はあるかもしれない。

戦後になり、今井は別の参謀からこの時のことについて情報を得ており、辻が先の命令を口頭で伝達して歩いたものであったと言う。また、某部隊では従軍中の台湾高砂族を指揮して、米比軍将校を殺戮した者がいたともいう。この事についても、辻が関わったであろうと今井は思っている。

ケソン大統領と他の閣僚が米国に移り、亡命政府となったことを書いた。このように言うと、全ての閣僚が亡命したように思われるだろうが、実態はそうではなかった。ケソン大統領に同行する者、そしてフィリピンに残り、たとえ日本軍の支配下であっても、フィリピンの行く末を案じての行動をする者とに分かれていた。

ケソンは閣僚の一人であるホセ・アバット・サントスを自身に同行させることに決めており、サントスはケソンと同じ日にコレヒドールを脱出している。しかし、その後の状勢の変化により、ケソンと共に米国に向かわなかった。サントスはフィリピン残留を決意し、ケソン大統領より、被占領地域の「フィリピン大統領代行」を任命されている。当時彼は20歳の息子と共にセブ島にいて、ビサヤ地方の統治を担っていた。

バターンでの降伏の数日後である4月11日、フィリピン中部のセブ島を占領していた川口清健少将率いる川口支隊（第18師団35旅団）が、当時フィリピンの最高裁判所長官の要職にあり、セブにいたサントス親子を捕らえた。

その後、サントスの人格や彼の持つ高い能力を知った川口は、サントスを日本の軍政に参画させようと、マニラの軍令部に連絡を取った。しかし、軍令部からは「現地において家族とも処刑せよ」との命令が下った。川口は本間軍司令官の意志と観念し、サントスの処刑を下した。だが、サントスと一緒にいた息子は殺さずに保護した。

しかし、その話の実際は、川口は林義秀軍政部長に、その処理について指示を仰いだが、林もこれを処刑すべきか活用すべきか大いに迷っていた。そこへ偶然辻が飛び込んできて林を叱咤激励し、とうとう処刑の決心を固めさせたのであった。

林は軍政部長であるが、14軍参謀副長であり、林と川口は陸軍士官学校の同期であった。その林は、やはり陸軍士官学校の同期で14軍参謀長の和知鷹二少将の反対を押し切って、軍司令官の本間中将の承認を得ずに、サントスの処刑命令を出したのである。

この件について辻の戦後の証言では、サントスという名前さえ知らなかったと、前提となる事実の存在さえ否定している。

なお、サントスの処刑について書けば、ミンダナオ島の南ラオナ州に息子と共に連行され、5月2日に日本軍により銃殺刑に処された。処刑の直前、息子（ペピト）と話すことを許され「ペピトよ泣くな。お前が勇敢であることをここにいる人々に見せてやれ。祖国のために死ぬことは光栄なことだ。誰にでもそんなチャンスがあるわけではない」と語ったという。

当時最高裁判所長官代行で、後に日本の実質的な傀儡政権の大統領となる、ホセ・ラウエル著の『戦争回顧録』によれば、自身で林少将にサントスを救うための懇願を行っている。また、ミンダナオで捕虜になった、マヌエル・ロハス（後の大統領）とサントスを救うため、本間中将と会談しているが、その時にはサントスは既に処刑されていたようであったと、その回顧録の中にある。

サントスの扱いについて、本間に届いていれば絶対に処刑を許すはずはないと私は確信するが、結果的にこのようになってしまった原因はどこにあったのであろうか。そして、参謀本部の中佐に過ぎない辻がここまで強引に行動する、またはできる理由はどこにあったのであろうか……。

それは、当時の陸軍最高権力者であった、杉山元参謀総長（陸軍大臣、参謀総長、教育総監の陸軍三長官を全て経験し元帥までになった）の存在が大きくあったのではと思われる。

すでに触れたが、バターン攻撃激励のため4月3日にマニラに着いた参謀総長の杉山は、日本軍に従順・協力的とは見えないフィリピン人たちを見て、辻らに「本間が手ぬるいからだ」と不満をぶちまけている。翌4日にはバターン半島の付け根にあるオラニの14軍戦闘司令所で、本間から状況報告を聞いていた杉山が、その折に、軍政部長の林に「日本の軍政をやるのに都合の悪い首魁《しゅかい》は殺せ」と指示したという。また、バターンでの米比軍が降伏するやいなや、杉山は一度マニラを離れた辻に電令し、辻はただちにマニラに引き返し、戦後処理にとりかかった。

想像するに、辻は杉山から「本間では手ぬるいから、お前が現地に行って、びしびしやらせろ」というような指示を受けた可能性がある。つまり、本間の存在を無視してでもやれというニュアンスにも捉えられる発言があったのかもしれない。

先の章（「二人の将軍」）で書いたが、マニラの軍事法廷での証人台に立った本間夫人（富士子）が語った「本間には実戦の経験は極めて乏しく、主に外地におりました関係上、思想的にも睨まれていましたし、本間頼むに足らずと、本間をけん制するような幕僚をつけたのですよ……」はこのようなことを知ってのことだったのかもしれない。

このような背景があったからこそ、その気が人一倍強い辻が、拡大解釈をして、悪魔のように暗躍した可能性がある。先述した林への説得についても、辻は杉山の名前を出し、自身の後ろには杉山がいるというようなことを言ったのではとも思える。

陸軍の最高首脳は、このように力と謀略で占領地を支配しようという考えを持っていたのである。これでは一体全体、大東亜共栄圏構想とはどこにあったのであろうかと強い疑問を持たざるを得ないし、その実態は一般的に捉えられているように、やはり旗印だけであったのであろうかと思わざるを得ない。

サントスについて追記すると、彼の肖像が現在のフィリピンの最高額紙幣である1000ペソ札に他の2人と共に採用されている。他の2人とは、軍人（将軍）のビチェンテ・リム、そして女性でフィリピンの市民指導者で、バターンとコレヒドールで捕虜になった軍人たちの命を救うために活動したホセファ・ラーンズ・エスコーダである。フィリピン抗日の英雄とされており、3名とも日本軍により処刑されている。

サントスが日本軍により処刑されたことを知り、千ペソ札を眺めると心が傷むのは私だけだろうか。

辻の話に戻すと、彼はこのような人物なので、戦後のGHQは辻を探したが、彼はバンコクにいて僧侶になって身を隠し、辻政信という人物は死んだことにしていた。変装を繰り返しながらバンコクからラオスを経由し中国に渡り、蒋介石の国民党幹部とのコンタクトを試みている。蒋介石とは彼自身のコネがあり、蒋介石の国民党と組んで巻き返しを狙った節が見える。

その後はタイミング（戦犯指定が解除される日）を見て日本へ帰国し、無事郷里の富山に戻り、自身の著作である『潜行三千里』を出版して当時のベストセラーになっている。

その後の1952年には国会議員となるが、1961年4月に、ベトナム戦争が続く東南アジアに向かった。およそ一月の旅の予定であったようだが、その後、再び祖国の地を踏むことはなかった。辻が最後に訪れたと認識されたところはラオスであり、そこで消息が途絶えている。その後の調査により、その地で亡くなったのではとされている。

辻について書かれている数冊の本から見える彼の姿は、戦闘に勝つためにとる行動は、手段を選ばないことである。自身で考えた戦闘作戦を実行するためには、味方同士の騙し合いなど何とも思っていない。自ら現場に出向き、どのようにしたら良いかを研究し答えを出してすぐに行動するのである。

彼のような作戦参謀の役目とは、実際の戦闘現場で指揮する幹部への指導・提案だと考えるが、最終的な決断は現場の司令官が行う。しかし、彼が取る行動は騙してでも自身の持つ作戦計画を実行するのである。このようなことをされたら戦闘現場の責任者は困ってしまうことは無論であり、結果的に辻は要注意人物となっているが、それでも彼は行動するのである。

また彼は、強い正義感を持ち、階級を無視しても厳しく指摘・叱責する面があり、それに説得力もあったのか大きな抵抗もなく収めている。

辻とはそのような人物であったので、別の見方をすれば、軍部上層部から見れば〝使える人物〟でもあった。戦後の、実践的行動経験による彼の話は故郷の人々に高い人気があったようだし、そのようなことから代議士にもなれたのではないだろうか。

行進の所要日数

〝死の行進〟の日数はどれだけかかったのかというと、先のバターン・コメモラティブ・リサーチ・プロジェクトの中にあった。実際に歩かされた人が述べた記録なのでかなり正確であろう。それによれば、4月10日に行進を開始し、4月13日の午後4時30分にサン・フェルナンド到着となっている。つまり、出発点がマリヴェレスのゼロ起点からであれば、約100キロメートルの距離を4日間ほどかかったことになる。サン・フェルナンドからは貨車に詰め込まれ、キャパス駅到着は14日の午前9時とある。そこから最後の8キロ（6キロではない）を歩いてキャンプ・オドネルとなっている。ということは、5日間かかったことになる。しかし、これはおそらくある程度の体力が残っていた人の一例であり、それ以上かかった、または辿り着けずに死んでしまった人も多くいたのである。

フィリピン側のある資料では、「9日間の死の行進」とあり、そうだとすると、収容所のあるキャンプ・オドネルへの到着は4月19日となる。

マリヴェレスから捕虜全員が一度に行進したわけではなく、近くの山々からさみだれ式に投降してきて行進に加わった者もいただろうし、そうすると、一概に行進にかかった日数は言えないと考える。

先に書いたように、3週間以上もかかったという情報もあるので、そのあたりの日数が適当であるように私には思える。

さてそろそろ本題の旅の続きに戻るとする。時刻は午後1時27分。マリヴェレスのゼロ起点から62キロメートル地点で左の道に入り北に向かう。この辺はヘルモサであり、米国側の資料によれば、ここから先の道が舗装になっていたとあった。つまり、今通ってきた道は〝死の行進〟時には舗装でなかったことになる。

われわれはここから左折してリンガエン湾方向に向かうが、曲がらずに〝死の行進〟と同じルートを辿って、サン・フェルナンド経由でキャパスに向かい、そこからキャンプ・オドネルに行ってみたい気持ちに私はなった。しかし、今回の旅の一番の目的地はアゴオであり、それは次の機会とした。

左折してからの道を少し走ると高速道路であるSCTEX（スービック・クラーク・タルラック・エクスプレス）に入り、そしてさらに北上した。暫く走ると左手前方にサンバレス山脈の山々が見えてくる。

1991年に大噴火を起こしたピナツボ火山はこの山脈にあり、その噴火は、20世紀に陸上で発生した最大の噴火とされている。その当時の火山灰が今でも残っており、この道の両側の平原にはそれがはっきりと見てとれる。その影響であろう、そこに建物はほとんどない。

さらに進むと、料金所があり通行料の支払いがあった（時刻は午後2時22分）。そこにある道路標識によればここでSCTEXは終わり、そのまま今度はTPLEX（タルラック・パンパンガ・ラウニオン・エクスプレス）となった。この辺りはタルラック州で、その先はリンガエンの町があるパンガシナン州、そしてその先がアゴオのあるラ・ウニオン州となる。

交通量はたいへん少なく車は順調に進んだ。先ほどの料金所で支払った額は216ペソ（約480円で80

キロほど走った）だった。通行料金が安くないのが利用されない理由かもしれないが、そもそもこの辺には工業地帯が少ないのだろうから、お金を払っても時間を優先する車両は少ないのかもしれない。

マニラ首都圏以北のバギオ近くまでは、比較的新しい複数の高速道路工事が展開しており、国としてはマニラ以北の地域を今後は発展させようとしているのではと私には感じられる。

タルラック州周辺のあまり有効利用されていないように見える平野（穀倉地帯なのだが）には、多くの潜在的可能性を持っている広い土地がある。

当社があるラグナ州も、つい最近まではそのような広い平野だったようだが、今では工業団地、商業施設、そしてそこで働く人たちの住居などでその多くが占められ、昔からの田んぼやサトウキビ畑は、幹線道路から奥に入らないと見られなくなってしまっている。

現大統領はビルド・ビルド・ビルドを強力に推進しているが、彼だけでなく歴代大統領も高速道路のような大きなプロジェクトは積極的に推進してきているし、ＳＣＴＥＸやＴＰＬＥＸも幾つか前の大統領から取り組まれているはずである。

フィリピンは他の経済力があるアセアン国と比べ、まだまだインフラを進めなければならないことは間違いないことであろう。

さらに走り続け、高速道路を途中で降りて一般道へ入ると、周りの景色がのどかになった。道端の水田のようなところではカラバウ（水牛）が水に入っていた。今日はものすごく暑い。水牛も暑いのであろうか。

第六章　リンガエン湾へ

車は順調に進んだ。この調子なら楽にリンガエンの街に着き、それから今回の旅の最終目的地であるアゴオへ行き、そこで一泊することが可能であると予測した。しかしそのようには行かなかった。幹線道路上にある小規模の街では、トライシクルとジプニーが溢れており、街中は渋滞となっていた。それらの街と街の間の距離が短いと、そのままずっと渋滞が続くのである。このような状況は他の多くの地域においてもそうだろうし、特に午後からが顕著なのではと感じる。

街の中心が混む理由を私なりに分析すると、朝夕は通勤通学、午後からはそれに買い物が加わる。人々の住んでいるところは街の中心だけでなく、むしろそこから離れたところが多い。その場所からの移動はトライシクルが主に利用され、そのためにたくさんのトライシクルが要所要所にたむろしている。それに加え最近では、自家用車が増え出したので渋滞はさらに深刻化しているように感じられる。

トライシクルの後方にはちょっとした荷物を置くスペースがあるので、そこに買い入れたものを置くことができる。このようなトライシクルに乗ることができる人数はというと、ライダーの後ろに1名、または2名が座り、サイドカー前方シートに2名、そして後方シート（ある場合）に2名が座れる。そうすると全部で7人が乗っていることになるが、その場合のライダーはほとんど立っている状態で運転している。

ジプニーはどうなるのだろうか

ここで〝ジプニー〟について書いてみる。その数は多くほとんどが古い。そのため、交通渋滞を引き起こす原因、そして排気ガスによる大気汚染の問題が生じている。その対策として、政府は規制を進めており、車両の年式や排気ガス規制をクリアしないと、商業車としての営業免許更新をできなくする方向を示している。

それは言い換えれば、とかく問題視されるジプニーをフェードアウトさせ、今後は日本で走っているような一般的なバスの仕組みに誘導しているように思える。

しかし、運転手を含む多くの人がこのジプニー関連で生業をたてており、政府のそのような方向に反対を示す運動もある。フィリピンで職を得ることは難しく、とりわけ地方ではそれが顕著である。ジプニーのドライバーやトライシクルのライダーの仕事は、そこでの大きな雇用の受け皿になっている。ほとんどの場合はそれらのオーナーは別にいて、彼らに使用料を払っての商売であり、そのため、できるだけ多くの人を乗せて乗車賃の収受を増やそうとしている。

そのような背景があり、ジプニー関連に従事する人たちのことを考慮してなのであろうが、政府はジプニーの近代化計画を打ち立て、事業への介入と援助を行いながら進めて行く動きがある。

ジプニーという名は米国車両の〝ジープ〟から来ている。ジプニーは終戦後に、米軍が置いて行ったと思われるジープを改造して小型乗合車両として作ったものが最初だとされている。その後もそのような形で受け継がれ、今では原型がジープではなく他の車両となっている。しかし、当初の趣を残した形のものが未だ多くあり、それらには凝った飾りつけが施されている。

その飾りつけには、自動車が登場する前にマニラの街中を走っていた〝カレッサ〟と呼ばれる乗合馬車をイメージさせるものがある。それは、ボディ上にカラフルに塗装されていたり、ボンネットの上に取り付けられた、凛々しさを持つ〝馬の像〟である。

それを眺めていると、昔は〝カレッサ〟だったものが、今はこのようなジプニーであることを皆に伝えているようにも思えるし、そのようなジプニーの姿は芸術的でもある。

私はゴンザレスに連れられて、小規模なジプニーの組立加工場が集まる地域を見たことがある。もしかしたら、それらの家内工業的な工場は、昔はカレッサと呼ばれる馬車の組立加工場で、時代の流れで今はジプニーを作っているのかもしれないし、〝馬の像〟は彼らの矜持の表れなのかもしれない。

そのようなジプニーは、とりわけ外国からの旅行客にとって、フィリピンをイメージさせる代表的な、そしてかわいらしい民衆芸術品と思われている面があるようだ。

私は普段ジプニーやトライシクルを利用することはなく、旅先でたまに興味がてらに乗る程度であるが、旅行気分と好奇心とで乗っていると、なかなか風情のある乗り物である。

ジプニーのターミナル以外での乗り降りは、自分の乗りたいところに立って手を上げて止まらせ、降りたいところが近づくと、座っている近くの天井などを、自身の指の骨部分を使って〝コツコツ〟叩いてその合図とするのである。

近距離を走る古典的な形のジプニーは、乗車椅子が進行方向右左の縦に並んでいる。その一般的な大きさのものであれば乗客数は左右の片側に10の計20名の対面式である。

運転手は自分の車両にあと何人乗れるのかわかっており、満席の場合は手を上げている人を見ても止まらない。少しでも空いていれば乗客同士が気遣って目一杯詰め、嫌な顔など決してしないで協力しあっている。若い女性の仲間同士の場合は、膝の上にも仲間を乗せ、笑いながらそして楽しみながらも大人しく座っている。

乗車賃も乗客同士がリレーのように手渡し送りで運転手に渡すのである。運転手は片方の手の指の隙間に、額面別にした小額紙幣をいっぱい挟んで運転しており、紙幣はそこから抜き、そしてコインは小型のバッグなどから出し、釣り銭をやはりリレー式で渡している。この流れが全くスムースであり、整然と行っている。今の日本に住むわれわれにはちょっと驚く光景であると私は感じている。

トライシクルについても少し書くと、通常のオートバイに1輪のサイドカーを付けて改造したもので、3の意味のトライとバイシクルを掛けた造語である。営業を始めるには地方自治体への届けだけで済むようであり、元手があれば比較的容易に始めることができるようだ。その理由か、職探しに窮すると、オートバイ購入の頭金を工面してトライシクルを始める人が多くいる。そのようなこともあり、トライシクルが街中の混雑の最大の原因になっているのではと私はみている。

この状況の改善は、フィリピン経済の上向きが地方まで広がり、失業率の改善が顕著にならない限り難しいのだろうし、当分は今の状態が続くのであろう。

渋滞の理由を少し長めに書いてしまったが、このような渋滞が予想されることもあり、私は宿屋を事前に決めない。今までもそのようにしてきたし、それで困ったことはない。旅の目的地は一応あるものの、別の発見があった場合は目的地を変更することもあり得るし、その方が気ままで旅らしい感じもする。

渋滞が続いて思うように車が進まないなか、グーグルマップを見てのリンガエンの街への到着時間を予想した結果、今日中のアゴオ行きは諦めることにした。

無理をすれば行けるだろうが、ゴンザレスにとっても初めての道であり、電灯のない夜道を通るのは危険なので、そのことをゴンザレスに伝え、今夜はリンガエンに泊まることに決めた。

リンガエンへ

車はさらに進むと、多くのフィッシュポンド（魚を入れておく池）が左右に見える。周辺を見渡すと、この辺りは湿地帯であることがわかる。位置関係から海岸沿いなのだが、海（リンガエン湾）をはっきりと確認することはできない。

リンガエン湾はルソン島の中部西側に位置するイロコス地方であり、ラ・ウニオン州、そしてパンガシナン州が湾に面している。そのパンガシナン州の州都がリンガエンである。

この地に出かけることにしたのは、日本軍（本間中将率いる第14軍）の上陸、そして3年後のマッカーサー率いる米軍の上陸に関する資料があることを、カリラヤの「日本人戦没者慰霊祭」で知り合ったSさんから教えてもらっていたからである。

午後4時45分、リンガエンの街の中心地と思われる場所に到着。グーグルマップで見ると、「退役軍人記念公園」とか「第二次世界大戦記念碑跡地」という表示が現在地近くにあったが、小道が多すぎてどの道を行けば良いのかわからず、近くにいたおばさんに尋ねた。親切に教えてもらったので、一緒にいた幼い子にキヤラメル1箱をあげた。その子はたいへん喜んでくれた。地方を旅していると、このような場面が結構あるので、日本からのお菓子を持って出かけることにしている。

教えられた道は良く整備されており、その周りは緑がきれいに手入れされている公園であった。

リンガエンの聖堂

すぐに記念公園らしき場所が見つかった。われわれは近くの道端に車を停め、歩いてそこに進んだ。付近をよく見ると大きな、そして立派な建物があり、その建物の前の駐車場には「知事の駐車スペース」とあるところを見ると、パンガシナンの州庁舎のようであった。この辺の道路や周りがきれいに整えられている理由はそこにあったのだろう。

その公園の一隅に「ベテランズ・メモリアル・パーク（退役軍人記念公園）」と大きく表示された記念碑があった。そこには戦時中に使用されていたと思われる戦車、飛行機、そして砲台付きの大型機銃があり、そこからさらに進むと、屋根のかかったギャラリーがあった。

建物の左側からアプローチした私は、その付近に比較的大きな英文の表示板を目にした。そこには次の内容が書かれていた。

「第二次世界大戦で私たちの国を解放しようと戦った人々を称えて　彼らの勇気と英雄的行為は、私たちの最愛の国の幸福・繁栄を大切にしている人たちに感動を与えられんことを」

ここでいう戦った人とは、米軍兵とフィリピン軍兵だろうし、私たちとはフィリピン人であることが理解できる。そして、米軍がフィリピンを解放しに戻ってきたことを伝えているのであろう。

正面に回るとスチール製の英文での表示板があった。それには大きく「リンガエン湾上陸のシュライン」とあり、私はそのシュラインを〝聖堂〟と訳すことにする。その佇まいがそのようであったからである。その表示板にある内容は、１９９４年にフィリピンの国家警察局長が率いるタスクフォースによって建設されたこと、そして、フィリピン共和国のフィデル・ラモス大統領により、１９９５年1月9日に「リンガエン湾ランディング」の50周年を記念して落成式がなされた云々とあった。

ギャラリーの中に入ると、そこにはたくさんの写真とその説明書き、そしてそれらに関する資料の全てがガラスケースの中にあり、説明書から資料は全て英文であった。

私はここを念入りに見て回り、それらの写真などをスマホで撮り、後日じっくりと英文を訳してみた。

ここに展示されている多くの写真の場面を大きく分けると二つあり、一つは１９４１年12月の本間雅晴中将を司令官とした日本軍のリンガエン湾での上陸で、もう一つはほぼ3年後の１９４５年1月のマッカーサーを司令官とした米軍の同湾での上陸である。

しかし、それらの多くは米軍の上陸時の場面であった。フィリピン人にとって重要なのは、無論のこと米軍の上陸時ではあろうが、私にとっては少し寂しい気持ちであったものの、フィリピンではどのように理解されているのかの参考になる資料であった。

フィリピンでの戦いを平易な言い方にすれば、前編と後編に分けることができよう。前編は前章で書いた「バターン半島へ」での本間率いる第14軍の上陸から始まる日本軍の勝ち戦であり、後編は負け戦で、そのようすは第1章の「マンカヤンへの旅」で書いた山下大将の、ルソン島北部（山岳地帯）での持久作戦である。

この点を理解していないと混乱してしまう。

そしてその二つの戦いの大きな入り口となったのが、このリンガエン湾であり、ここに展示されている写真や資料は、その二つの戦いのものであった。

そのような写真・資料のなかでも代表的なものと言えば、本間司令官の上陸時のものであり、そしてマッカーサーの上陸時のものだろうし、まずは本間の写真から書く。

本間の上陸時の写真

写真の説明書きには「本間雅晴中将のリンガエン湾上陸」とあった。写真上での天候は悪くはないようだ。士官はきちんとした軍服だが、他の多くの兵隊は軍帽を被ってはいるが褌姿である。

その写真から読み取れるのは、ランチ（小型艇）から仮作りの桟橋へ上がる本間のために、浅瀬に膝近くまで浸かった褌の兵隊が本間を補助していること。そして本間は、その桟橋に上がるための急拵えの梯子のようなものを登り終え、数歩進んで部下の敬礼に応えている姿であった。

この写真上での海は凪いでいるように見え、沖にはっきりと2隻の大型の輸送船らしきものが見える。本間はその桟橋を、気をつけながら歩いているせいか下向き加減である。その顔の表情ははっきりと掴めないが、機嫌が良いように見える。まずは上陸作戦が成功したわけであり、本間の安堵が顔に出ていても不思議ではない。

そこは港ではなく、上陸のための設備などは全く持たない海辺であり、人も物資も全て兵隊の人力で行うのだろうから、本間の安堵感はこのようなことからも出ているのであろう。その写真の近くには説明書きがあり、その内容を次に記す。

「第二次世界大戦、リンガエン湾は日米軍の戦略的に重要な戦争の舞台であった。１９４１年12月22日、本間雅晴中将の指揮する第14軍が、湾の東部、アゴオ、サンティアゴ、バウアンに上陸した。日本軍は、装備の整っていないアメリカ軍とフィリピン軍の部隊からなる防御側を被害の少ない戦闘で終わらせ、なんとか湾に侵入して占領に成功した。その後の３年間、湾岸は日本の占領下に留まった」

この当時の本間のことをより理解するために、上陸以前の状況を次に書いてみる。

１９４１年12月８日の開戦の状況を先の章の「二人のハリマオ」で書いたが、その日から10日後の18日、本間が乗った帝海丸を中心に、28隻の輸送船団が馬公（台湾西側の島）を出航した。そして、基隆（台湾北部）、高雄（台湾南部）からも他の輸送船団が出航し、計76隻が高雄沖で集合した。

この大輸送船団は９隻の海軍輸送船と共に海と空から友軍に守られ、約４万３千の兵力はフィリピンに向けて南下した。これらの輸送船団はリンガエン湾に向かい、それとは別にルソン島南東部のラモン湾へ向かう船団（約７千の兵力）が奄美大島からも出航している。

同島の北と南に上陸して、その中間に位置する首都マニラを挟み撃ちにする作戦であった。12月22日、帝海丸の本間は初めてフィリピンの陸地を目にし、そして上陸したのがバウアン（リンガエン湾北東）であり、その時のようすが先の写真説明である。上陸後の本間率いる第14軍については、前章の「バターン半島へ」で書いた内容となる。

マッカーサーの上陸

次にマッカーサーの上陸時の写真について書く。彼の親衛隊員を伴い、小型の上陸用船艇から今まさに降りたところのもの、そしてやはり親衛隊を伴い、右方向を向きながら海辺の浅瀬を歩き進んでいる写真であり、その彼の姿は結構きまっている。

マッカーサーは人一倍自身の視覚的イメージにこだわったようで、このリンガエン湾上陸前のレイテ島上陸の際には、従軍報道陣のカメラマンに注文を出し、リハーサル的なことをやっている。それは自身の功績が歴史に残ることを意識してのことだと思われるが、一方ではマスコミを引きつけて自分の味方に取り込む考えがあったのではないだろうか。それによりマスコミは彼の活躍をことさら大きく、そして見栄え良く取り上げ、結果として米国民から英雄視されたのではないだろうかと私には思える。

彼自身の回顧録（『マッカーサー大戦回顧録』）によれば、１９４５年1月9日の夜明け前に、リンガエン湾岸に到着したとあり、その辺りは「わずか3年前に本間将軍の輸送船団が錨を下ろしたのとほぼ同じ場所だった」とも記している。この辺も彼のこだわりの現れであり、似たようなことが他にも多くある。

当時の本間のことをより理解するためにと先述したように、マッカーサーの上陸以前の状況についても次に書いてみる。リンガエン湾のあるルソン島への上陸前にはレイテ島への上陸がある。そのレイテ島については後の章（「レイテ島へ」）で詳しく書くので、ここではレイテ島を発ってからリンガエン湾沖に到着するまでの状況を書くことにする。

日本軍が称する「レイテ決戦」を勝利で終えた米軍は、1945年1月2日にレイテ湾を出発した。その先頭が6日にリンガエン湾沖に達したころでも、最後尾の補給部隊はまだレイテ湾を出ていなかった。それは、レイテ湾からリンガエン湾に至る1000キロ以上の海面を切れ目のない850隻の艦船の群が連なり、スリガオ海峡からスールー海、ビサヤ諸島の西方まで長い船団の列ができたからである。

その時の日本軍は、ネグロス島とセブ島の陸海軍特攻機が1月3日以来、この船団を攻撃していた。それにより、護送空母1隻、掃討駆逐艦2隻が沈没、その他重巡（大型の巡洋艦で1万トン級）ほか多数が損傷を受けた。

1月6日から10日にかけて、ルソン島のクラーク飛行場、エチャゲ（イザベラ州南部）、アパリ（カガヤン州北）にあった日本陸海軍の空軍部隊も出撃した。これは当時ルソン島にあった陸海軍併せて200機が全機特攻となっての攻撃であった。地上にあって作戦を指揮した司令官、参謀を除き、熟練した教官級のパイロットも未熟の練習生も、飛べる飛行機には全部乗って、リンガエン湾にひしめく米艦艇に襲いかかったのである。

一方の米軍は、空母群の艦上機、レイテ島とミンドロ島（ルソン島バタンガス州の南でレイテ戦を終えて一部が上陸していた）にあった全米陸軍機も上空援護に参加した。

米艦隊の第3艦隊（ウイリアム・ハルゼー司令官）は、日本空軍の補給を断つために3日と4日、台湾の航空基地を爆撃、7日と8日には目標をルソン島の各飛行場に切り替えて爆撃した。

結果、1月3日から10日までに特攻機から受けた米軍の損害は大きかった。米軍は日本軍の特攻が有効であると悟らせないために、諸隊にいくら攻撃されても進むことを命じており、損害が大きかったのはこの命令のためであった。

日本軍のリンガエン湾までの攻撃は米艦隊に大きなダメージを与えたものの、こうして特攻だけで終わったが、それは当時の特攻攻撃の威力の凄さであり、その後のさらなる悲惨な特攻攻撃に繋がった理由でもある。

1月9日午前9時30分、米第6軍司令官のウォルター・クルーガー将軍の指揮下にある約6万8千の兵士が、リンガエン湾沿岸（リンガエン、ダグパン、そしてサン・ファビアン地域）に上陸を開始した。しかし、日本軍にはそれを海岸で迎え撃つ兵力の余力はなく、海岸線の町はゲリラによって見張られ封じ込められたわずかな兵力が残っているだけであった。この理由については後述する。

マッカーサー率いる米軍の総兵力は50万以上であった。その、リンガエン湾への攻撃は当時、164の船舶、3千の揚陸艇、そして28万の米兵が参加するという、火力と兵力、航空機と船舶、そして水陸両用艇の数において、第二次世界大戦中最大の作戦の一つであったとされている。

上陸開始後の数日間で20万を超える兵士が上陸し、リンガエン湾西のスアル、同南のリンガエン、ダグパン、そして東のサン・ファビアンに至る20マイル（約32キロ）の海岸堡ができた。それは、以後のマニラ方面への米軍の攻撃を支援するための大きな物資補給基地となった。

リンガエン湾周辺の地域（パンガシナン州、ラ・ユニオン州）、そしてマニラ方向の地域（ヌエバエシハ州）にはゲリラ部隊が存在し、日本軍へのハラスメント、軍事活動の混乱、そして米軍への重要な情報の提供などをしていた。これらのことがマッカーサーが描いていたと思われるゲリラを利用しての戦略に繋がって行ったのである。

そのゲリラからの情報を得ていたマッカーサーは、北部山岳地帯へ向かった山下を追撃する部隊、そしてマニラを攻略する部隊の二つの進軍ルート指示した。しかし、マニラ奪還の優先にこだわったようであり、それを先の第6軍司令官のクルーガー将軍に命じている。「マニラへ行け、迂回しようと、直進しようと、マニラだ！」と。その理由には、収容所（サント・トーマス大学、ビリビット刑務所、そしてロスバニョスと思われる）に収監されている米国の戦時捕虜と民間人被抑留者に対して行われる日本軍による虐殺行為（その恐れは十分にあった）を心配してのものかと考えられる。しかし、マッカーサーにとってのマニラ奪還は、全世界への米国の勝利宣言であり、彼個人としても「アイ・シャル・リターン」のフィナーレであったのであろう。

一枚の気になった絵

「上陸前の壊滅的な海軍爆撃の後」と題しての一枚の挿絵が気になった。その説明書には次のようにあった。

「寄せる波に立っている間、アメリカの国旗を振っているフィリピンのゲリラ。最も集中した侵攻前の砲撃の真っ只中に旗を振っているこの男は、私たちの観測機（米軍機）の1つによって発見された。彼は、日本軍が撤退したので、砲撃なしで上陸できることを私たちの軍隊に伝えようとしていた。これはおそらく、作戦全体の中で最も偉大な英雄的行為の一つであった」

私はこの絵を見た時に、フィリピン人は自分らを助けてくれる米軍を待っていて、戦火の中でのこの行為は米軍への歓迎を表しての、彼の勇敢な行動であろうと思った。

しかし、よく考えてみるとそうではなく、日本兵がいないにもかかわらず、米軍艦隊の砲撃により、沿岸にいる多くのフィリピン人が被害にあっているので、その砲撃を止めるよう必死に訴えている行動なのだと、ずっと後になって気づいた。

たった一人の男の米国旗の旗振りが、なぜこの聖堂で感動的に表現されていたのかが気になっていたのである。

この辺りについてもう少し触れると、米軍の指揮官はフィリピンのゲリラから「浜辺には抵抗兵力はない。繰り返すが抵抗はない！」というメッセージを受け取った。しかし、その前に、その指揮官は海岸を砲撃するようにとの命令をすでに受けており、それについての選択の余地はなかった。その結果として、その砲撃は地元民に甚大な被害をもたらすこととなり、それを伝えるための行動が、彼の勇敢な〝米国旗の旗振り〟だったのである。

上陸時の米軍は壊滅的な砲撃を行うのが常であり、このリンガエン湾での砲撃に限らず、レイテ島上陸作戦、そしてマニラ市街戦にも見てとれる。兵力にものをいわせて徹底的に事前攻撃を実施した後の上陸であり、マニラ市街戦の例で言えば、同様に事前攻撃をしてから市街に入るのである。それは自軍兵士の人命を尊重しての攻撃方法なのであろう。

「海岸線の町はゲリラによって見張られ封じ込められたわずかな兵力が残っているだけ」と先述したように、ゲリラからの〝日本軍はいない〟という情報は、全くいないということではなかった。

先に紹介した文献（『運命の山下兵団』）によれば、「1月9日夜には、船舶工兵隊による漁労隊が夜襲を敢行した。それは爆弾を載せた小舟艇で米艦に肉迫し、自らを爆弾にして突っ込む特別部隊である」とある。

さらには〝挺身斬り込み隊〟というものがいて、彼らは、米軍上陸の9日夜に攻撃を仕掛けて大きな戦果をあげたとある。爆弾がつき果て、もはやこれまでと覚悟した隊の士官は、生き残っている全員に斬り込み敢行を申し渡し、夜に入るのを待って一同白鉢巻に決死の仕度をととのえての斬り込みを行ったとある。このようにところどころでは、日本兵の勇ましい攻撃があったのである。

同様に「海岸線の町はゲリラによって見張られ封じ込められたわずかな兵力……」の理由は、山下はルソン島の山岳地帯（マウンテンプロビンス州とカガヤンバレー地域）で防戦することを選んでいたからであり、それは兵力の早期消耗を避けることであり、その兵力を山岳地帯への食糧と物資を運ぶために注力させる考えでもあった。この辺りについては、第1章（「マンカヤンへの旅」）で書いた通りである。こうして米軍のリンガエン湾での攻撃の頃は、日本軍の主力は北部山岳地帯への転進、他はマニラ、そして各地方拠点での守りについていたのであった。

山下奉文大将の降伏の写真

フィリピン戦の最後編となる日本軍降伏の写真が片隅にあった。それは、フィリピンにおける日本軍の降伏、つまり第14方面軍の司令官である山下奉文大将の降伏である。その地は「マンカヤンへの旅」で書いたように、1945年9月2日のキアンガンである。

山下が写っている3枚の写真があり、そこには次の説明書きがあった。

「日本国自体が降伏した日と同日の1945年9月2日、第14方面軍司令官である山下奉文将軍は、降伏するために、彼の参謀たちを率いてルソンの山から出て来る」

その3枚の写真を、順を追って説明すると、まずは、その一行（参謀たちとの）が下りてくるようすを遠くから撮影したもの、2枚目はさらに近づき、狭いと思われる山道を一列になって下りてくるようすがはっきりとわかるものである。そして最後の1枚はその一行の集合写真であり、それは20数名であろうか。その中には、恰幅の良さからすぐに判別できる山下大将がおり、そのそばには通訳と思われる人物がいる。その状況からは、山下大将が米軍将校に対峙して何か話しているように見える。その通訳は浜本正勝（「マンカヤンへの旅」で触れた）ではと思われるが、やはりガラス越しの写真なので良く判別できない。そこの周りは草木であり、そのような状態を米軍将兵が取り囲んでいるが、その場所は書かれていない。

両軍将兵共に整然としており、それぞれに緊張感が漂う。これを書いている今頭に浮かんだのだが、「マンカヤンへの旅」で書いた、フェルディナンド・マルコス大統領の指示により建てられた、戦争記念塔の前に書かれていた碑文である。

そこには「日本帝国陸軍第14方面軍、山下奉文将軍、および彼の参謀がフィリピン・アメリカ連合軍の代表にここで降伏した」とあったので、この集合写真の場所は、あの記念公園の中であることは間違いないであろう。

さらにその3枚の写真とは別に、次の説明書きがある写真があった（写真参照）。

「ヴィルヘルム・シュティール将軍、ジョナサン・ウェインライト中将、アーサー・パーシバル中将を含むアメリカの将校は、山下奉文将軍による降伏文書の署名を確認し、日本のフィリピン占領は終結した」

この写真の場所は間違いなく、米軍のキャンプ・ジョン・ヘイにある「高等弁務官事務所」の一室であろう。大きなテーブルの写真手前で後ろ姿の日本人2人。それに対面して米軍将軍らが10数名座り、その後ろに米軍将校たちが立って見守っている。日本人2人は、山下大将と武藤中将（参謀長）であることは後ろ姿からでも容易にわかる。

一方の米軍将軍の中には、あのウェインライト中将（コレヒドールでマッカーサーの後を指揮しその後に降伏）とパーシバル中将（シンガポール陥落時に山下に投降）がいる。この両名を立会人として出席させたのはマッカーサーであったことは、先の自身の回顧録から窺える。

この写真から感じられるのは、どちらが勝者なのかと疑問がわくような雰囲気である。

山下と武藤の後ろ姿は、何か淡々と事務的な感じで書類を見ており、一方の側は下を向いて神妙な顔である。特にウェインライトとパーシバルは、山下の真正

面に座っており、何か取調べを受けているような面持ちである。この2人の神妙さは何故であろうか……。

その理由を私なりに想像してみると「マンカヤンへの旅」で書いたように、両将軍は東京湾上の米軍戦艦ミズーリ号の甲板で行われた日本の降伏調印式（9月2日午前中）に参列している。キャンプ・ジョン・ヘイでの山下の降伏署名式は9月3日（12時10分）であり、それからすれば東京湾での調印式立会後に大急ぎでフィリピンに来たことになる。

3年以上もの間捕虜生活をした後であれば、体力的・精神的にかなり衰弱していたはずであり、このような強行とも言える移動は大変だったはずであり、そのような思いで両将軍の写真の姿を見ると、彼らのそのような表情は納得できる。

それに引き換え、山下はどうであろうか。やはり「マンカヤンへの旅」で触れたように、両将軍の列席を知った時の山下は「死のうかと考えた」と後日部下に語っているが、その彼の後ろ姿からではあるが、全くそのようには感じとれない。

バギオでの署名を終えた後はマニラへ、そしてモンテンルパの捕虜収容所に移された当時の写真を数枚見たことがあるが、その全ての写真に悲壮感は全く感じられず、むしろおおらかであった。山下という男はそのような人柄であったのだろうか……。

紙幣の写真

日本軍占領時代の紙幣が他の資料と同様にガラスケースの中に展示されてあった。それらを少額順に書けば、20センタボス、50センタボス、2ペソ、5ペソ、10ペソ、そして20ペソ札であった。これらの紙幣に共通するのは、フィリピンの独立準備政府である、コモンウエルス政府の名の下に、地方（ミンダナオ、ネグロス）の緊急通貨委員会が1942年1月から1944年までに発行した〝緊急紙幣〟であった。

さらに、これらの緊急紙幣の説明に「ゲリラ紙幣」として題され、次の説明書きがあった。

「フィリピン独自のゲリラ紙幣、または緊急時の紙幣は、第二次世界大戦中に、彼らが活動していた自治体や州のゲリラ軍によって印刷された。彼らにとって不利な条件下で作られたもので、当時入手可能なあらゆる素材で印刷された。これらの紙幣の所持は、日本軍による拷問または死によって罰せられた」

つまりこれらの紙幣は、ゲリラ紙幣とされ、日本の軍政は認めておらず、それを所持している者は厳罰に処すということである。

後日、フィリピンのこのような紙幣についてネットで調べてみたところ「南方占領地行政実施要領」というものがあった。それは、日本が開戦直前に、侵攻地占領後の処理方針を指示した文書であった。そのなかから二つあげると、一つは「通貨は勉めて従来の現地通貨を活用流通せしむるを原則とし、已むを得ざる場合にありては外貨標示軍票を使用す」であった。つまり、現地通貨を使用することを原則とし、やむを得ない場合は、現地通貨標示の軍票（軍隊が通貨の代用として使用する手形）を使用することであった。

二つ目は、資源確保や占領軍の〝自活〟（占領軍の食糧等を占領地で調達すること）であり、つまり〝現地調達〟が基本であった。この2点を参考にし、そしてこの聖堂で見たことを踏まえ、当時の状況を私なりに想像してみたのを次に書く。

日本軍の侵攻当初のフィリピンで使われていた通貨はというと、初めの頃はその方向（現地通貨を使用する原則）であったと思われる。つまりそれは、ペソと米ドルであったろう。

日本軍が占領するまでのフィリピンは米国の統治が長く続いていたわけで、戦前の１９３６年に独立準備政府（コモンウエルズ政府）による、ペソ単位での銀行証券が発行されていたとはいえ、庶民の中でも米ドルは日常普通に使われていたはずである。

しかし、日本軍の侵攻後は人口が大きく増加した。当時のフィリピンの人口は約2千万人（２０１４年には1億人に達している）であったところへ、１００万人以上もの軍人・軍属が入ってきたのである。しかもそれらの日本人の食糧などは現地調達が基本となっていた。もともとフィリピンはコメの収穫量は多くなく、食糧事情はよくなかった。必然的に食糧不足による物価の高騰となってしまった。

このような状況に陥った日本軍政は、〝やむを得ざる場合〟としてペソ標示の軍票（大日本帝国政府発行でペソ単位）の乱発をくりかえし、それにより極端なインフレを起こし、それはフィリピン全土に広がって行った。それにより、フィリピン人の生活を苦しめることとなった。そこで、従来のペソ通貨はどうなったのかを考えると、それは軍票との〝等価交換〟ではなく、その通貨は従来通り使えたのであろう。つまり、従来の通貨に加えて軍票が発行されたものと思われる。

しかしこれは、日本の軍政が強く統治できたルソン島の場合であり、他の地域、とりわけ中部と南部は事情が違っていた。それらの地域は、日本軍の侵攻当初から掌握できておらず、またゲリラの活動・抵抗も強くあり、5か月間は米比軍とケソン政権（コモンウエルス政府）の支配下にあった。

そこもルソン島同様に物価高騰となったが、〝軍票〟は使用されず、先の〝緊急紙幣〟が出回り、住民の日常ではこの紙幣が使用され、それが彼らの財産にもなっていた。

コモンウエルス政府の大統領はマニュエル・ケソンであり、先の「バターン半島へ」で書いたように、ケソン大統領と閣僚は米国へ行き、亡命政府でありながらもコモンウエルス政府は一応の機能を果たしていて、このような紙幣（コモンウエルス政府の名の下に）を発行したのであろう。というのが私の想像である。

侵攻後の日本軍は、当時法務長官であったホセ・ラウレルをほぼ強引に大統領にし、傀儡と呼べる政権を作ったが、多くのフィリピン人にとっては、フィリピンの正式な政府と大統領は、コモンウエルス政府でありケソン大統領であった。

そのようななか、「ゲリラ紙幣」の説明書にある、紙幣の所持は日本軍による拷問または死によって罰せられたは、実質的に中南部諸島の人民の財産を奪うことになった。

軍票の発行により激しい物価高騰が起こり、日本の占領の3年間で物価は100倍以上に跳ね上がったようである。

こうして日本軍に対する失望と怨嗟が高まり、未だ〝緊急紙幣〟の通用するゲリラ地区への人口移動が始まったようでもある。つまりそれは、日本軍が禁止したにもかかわらず、緊急紙幣は印刷されたということである。

〝緊急紙幣〟は、米国にいるコモンウエルス政府の名の下に発行されており、この辺りに米国の関与と戦略が窺える。大本営陸軍部から第14方面軍付参謀として派遣されていた堀栄三が著した『大本営参謀の情報戦記』によれば、米軍による経済撹乱はすでに1943年（昭和18年）中頃から現れ出していたという。夜間米軍の潜水艦が海岸に接近浮上して、ゲリラに物資を提供したり、金銭を渡したり、情報の交換をしたりしていたともいう。そのような中で、作為的に米軍がばら撒く紙幣は、単なるゲリラの軍資金ではなく、かなりの偽札が故意に混入されていたらしく、ルソン島は急速に極端なインフレになっていったそうである。

このインフレのせいで、日本軍の物資の現地調達が厳しくなった。朝2ドルというものが昼には4ドルに、次の日は5ドルと跳ね上る始末で、明らかな米軍の市場撹乱を狙う計画的謀略であった、と堀参謀は伝えている。だとすれば、米軍の戦術的な策略も加わり、インフレが助長されていったことになる。

参考までに、当時の物価の例があるので紹介したい。それは、元日本軍兵士が書いた『ルソン島敗戦実記(矢野正美著)』の中にある。著者の矢野さんは軍の炊事係で、1945年1月11日の記録に豚の値段の記載がある。

「1月11日　買い出しに出かけるが住民は軍票の取引を好まない。昨日1頭500ペソで買った豚が今日は8千ペソだという。私の手元には10万ペソの軍票はあるけれど、全く価値を失いつつある。明日のことも考えて、鶏を数羽とパパイヤに茄子、子豚3頭を買い入れる。今日の買い物代3万ペソ、今日から共同炊飯をやめて各自炊飯とする」

1月11日とは1945年のルソン島のことである。この頃は既にマッカーサーがリンガエン湾に上陸し終えた時期であり、いよいよもって日本軍の敗戦が色濃くなってきたことが、一般のフィリピン人にもわかってきた頃であっただろう。それにより、軍票の価値はなくなるであろうと、軍票との取引を避けたのだろうが、すでに物価の高騰は避けられなかったのであろう。それは言い換えれば、米軍の策略が功を奏したことになるのかもしれない。

参考までにこれを書いている現在(2021年)の豚の値段について書くと、代表的なフィリピン料理に「レッチョン・バボイ」という豚の丸焼きがあり、この料理は何かおめでたい行事がある時によく出される。

マニラ首都圏における丸焼き後のおおよその値段ではあるが、子豚（11～13キロ）が7500ペソのようである。

山下財宝とは

物価について書いたので、ここで方面軍が持っていたとされる〝金貨〟について書く。それは当地フィリピンでは有名な「ヤマシタ・トレジャー」であり、それを今でも探し続けている人たちがいることには驚くが、その実態はとなると、多くの人はわかっていないように思える。

先の堀参謀の著書の中に、その〝金貨〟についての記述がある。それによると、戦後山下財宝として賑やかに雑誌に書かれた例の金貨は、黒田軍司令官（中将で山下大将の前任）時代にインフレに対処して準備されたものらしい。そして余談だがとして、このようにも書いている。

「この金貨は昭和19年（1944）2月、戦闘機の護衛する重爆撃機で、東京から台北経由でマニラに輸送され、方面軍のマッキンリー（日本軍の司令部としてマニラ首都圏にある今のボニファシオグローバルシティ周辺にあった）時代は経理部が管理していたものである。その量は、金貨50枚ずつの木箱入り10箱を単位に頑丈な木枠で梱包、それが50梱包あったから、金貨の数は2万5千枚の計算になる。表面に丸福（〇の中に福）の字が刻印されていたので、関係者達は「マル福金貨」と呼んでいた。山下司令部がバギオに移動するとき、金貨の一部は将来の万一を慮って各拠点や守備隊に配分されたので、情報課がバギオに運んだのは残りの約30梱包だったと聞いている。バギオが危なくなってからは、当然さらに北方の山中に移したと推測されるが、自分は1月23日バギオから東京に帰ったので、最終的にどのような処置がとられたかは知らない。この書のためにいろいろ調査してみたが、金貨の最終の輸送に携わった者が全滅しているため、皆目不明であった。なおこのマル福金貨1枚を昭和25年に東京の貴金属店で換金した者があって、当時3万円で引き取られたという。興味のある人のために現在の価格に換算する参考までに述べておこう」

とあり、堀参謀の記載にある「金貨の一部は将来の万一を慮って各拠点や守備隊に配分された」の部分について、それを裏付ける記録があるので、それについても紹介する。

それは『ロスバニオス刑場の流星群・山下奉文・本間雅晴の最期・森田正覚著・佐藤喜徳編』の中にあり、山下兵団（方面軍）の元副官稲垣大尉の話としての記載である。

「あの金貨は、山下軍司令部の軍資金でした。司令部がバギオから脱出してキアンガンに向かう途中、まさかの時の用意にと、閣下（山下大将）が幕僚や司令部内の将校に分け与えられた時計や丸福金貨なのです。それと若干のドル紙幣もお与えになりました。いわば閣下の情けのこもった涙金だったのです。私もここへくるまで肌身離さず7、8枚持っていましたが、入所前（捕虜収容所への）に米軍当局に預けました」

とあるので、この丸福金貨の存在は間違いないことであろう。そこで、その金貨の価値はどれほどだったのかが気になるのは私だけではないと思えるので、その丸福金貨を調べてみると、24Kで直径30・54ミリ、重さ31・22グラムとなっている。

それが今の価額でどうなのかはさておき、このような金貨2万5千枚は、とりわけ山下大将がマニラからバギオへ移って以降の敗走時代は極端なインフレだったことであり、たいへん大きな存在であったことは間違いない。

先述した〝いわば閣下の情けのこもった涙金云々〟のように山下大将が配った記録があるにしても、その全容が記録されたものはないようで、この〝財宝〟と呼べるものがどこへ行ってしまったのかは大いに気になるところである。

この辺の興味心から、戦後に〝山下財宝〟の話題で賑わったのであろうし、そのありかはフィリピンであることはほぼ間違いないだろうし、フィリピンではより一層、この〝ヤマシタ・トレジャー〟が有名になったのは当然かもしれない。そして、その財宝を探し続けている人がいても何ら不思議ではないし、そこには謎がありロマンもある。


お金の話で長くなってしまったが、先の山下たちの3枚の写真の他に、山下の署名がある「インストゥルメント・オブ・サレンダー（降伏文書）」の複製があった。展示してから随分と日が経ったとみえ、その文のほとんどが薄くなっており、またガラス越しでもあり、文の一部がやっと判読できる程度であるが、山下奉文の名前とその署名、そして月日が辛うじてわかった。後で調べてみたのでそれを要約する。

山下奉文がフィリピン駐留大日本帝国陸軍最高司令官として、そして大河内傳七大日本帝国海軍中将がフィリピンにおける大日本帝国海軍最高司令官として署名し、その署名の下に、命令により、そして日本大本営を代表してとある。さらにその下には日時と場所を示す、１９４５年9月3日12時10分、フィリピン諸島ルソン島山岳州バギオのキャンプ・ジョン・ヘイで受領・太平洋側アメリカ陸軍最高司令官宛、とあった。

やはり「マンカヤンへの旅」で書いた、降伏のために山から下りてきた山下がキアンガンにいた米軍に投降し、その後は米軍の車でバギオに移送させられ、バギオの米軍キャンプ（キャンプ・ジョン・ヘイ）での正式降伏署名は、この署名である。

この聖堂での展示物を見終え、歩いてすぐのところのビーチに向かった。そこには広く長い砂浜が見え、たくさんの人がそこでの場所を各様に楽しんでいたが、砂浜に寄せる波は結構強かった。あたりは夕暮れとなり、海に向かって左側からの夕日により、ピンク色にオレンジ色が混ざった夕焼けとなった。それはまことに綺麗な景色であり、なんとも平和な光景でもあった。

73年前の1月9日後の、このリンガエン湾の景色には、米軍艦隊の数えきれないほどの艦船があったことなど今では誰が知ろうか。

私はしばらくの間そこにいる時間を堪能した後、今夜の宿屋を探すことにした。先の州庁舎近くの路上に停めた車に戻り、その辺の近くを走りながら適当なホテルを探し、直ぐに目についたホテルに行ってみたが空室はなかった。そのホテルのフロントで、近くにホテルがあるかと尋ねたところ、すぐ近くにあるという「プレジデント・ホテル」を教えられた。何だか高級そうな名前だが行ってみることにした。

そのホテルの正式名称は、プレジデント・ホテル・キャピタル・パーク（株）が経営するプレジデント・ホテルであった。幸い空き部屋があったので、シングルルームを2部屋とった。朝食付きの1部屋千ペソの計2千ペソで、名前からのイメージよりはずっと安かった。

車の後席にただ座っているだけでも大変疲れてしまったので、部屋に荷物を置き、宿屋の近くにある、歩いて数分のマッサージ店に行った。

ドライバーのゴンザレスの方が私より疲れているはずなので、彼にもマッサージをするように勧めるが、彼はそれを辞退した。彼は私との立場をわきまえているプロとしてのドライバー意識が強く、その判断によるものであろうと考え、彼にはそれ以上のことは言わなかった。

お店の中に入り、ゴンザレスはそこで待ちながら、私のボディーガード役を務めるいつものパターンである。

マッサージの女性は、若い時に日本のフィリピンパブで働いていたと言う。そして子供もいるとか色々と話しかけてきたが、その話に付き合っていたらややこしくなると思ったのと、疲れも溜まっていたので、頷くだけにして眠ってしまった。

翌朝は簡単な朝食が部屋に運ばれ、食べ終わってすぐに出発となった。時刻は6時22分。

受付カウンターで宿代の精算中に何気なくあたりを見渡したところ、ここのホテルの説明書きのようなものがあり読んでみると、何と、このホテルのすぐ後方が、フィデル・ラモス第12代大統領の生家であった。ホテルの名前はそこに由来するものであった。

その生家に行って見てみたい気持ちも出たが、私の心はすでに今回の旅の目的地であるアゴオに向かっていたので、その家らしき大きな建物を横目で見て車はアゴオを目指した。

アゴオへ

10月14日（日）、昨日見たフィッシュポンドを左右に見ながら車は順調に進んだ。日曜日で朝の早い時間帯のせいであろうか、昨日の午後の道とは違い空いていた。しばらく進むと左手に海が見え出した。リンガエン湾である。その後は結構な大きさの橋を渡り、ダグパンの街に入ったようだ。

先の聖堂にあった資料によれば、米艦隊が1月7日の午前7時に、北サン・フェルナンド沖からこのダグパンに向けて砲撃している。サン・フェルナンドは前章（「バターン半島へ」）で書いた駅のある町ではなく、さらに北（ラウニオン州）に同じ名前の町があり、当時の日本軍は北にあるものを〝北サン・フェルナンド〟として使い分けしていた。

やはり聖堂にあった資料によれば、米軍上陸後の1月13日、マッカーサーはダグパンの街の中心にあるウエストセントラル小学校に司令本部を置いたとされ、その場所を確認したい気持ちになったが、今回は断念して通過するだけとした。しかし後で思い出すと、私はこの街に以前来たことがあった。

バギオで花祭りが開催されているというので、会社の社員数人を連れて、私にとっては初めてのバギオ観光に出かけた。その帰りに、少し遠回りであったが美味しい魚が安く買えるということで、この街に寄ったのである。それは1年以上も前のこと（２０１７年2月25日）である。

皆は魚市場のようなところに入って行ったが、私はその近くに展示されてあった、一台の古い蒸気機関車が気になり、皆が買い物を終えるまでずっとそれを眺めていた。その時の私は、フィリピンの鉄道についての知識は全くなく、ただ何気もなく見ていただけであったが、後日その機関車に関係する歴史を少し調べてみたので書く。

フィリピンの鉄道は、スペイン統治時代の19世紀後半に始まっている。それは、マニラのトウトウバン駅から北上し、カローカン、ブラカン、パンパンガ、タルラックを経由してのダグパンまでを結ぶ鉄道の195キロメートルが最初であり、その全面開業は1892年11月24日であった。

当時のフィリピン総督が英国人技師と契約し、約800万ペソの費用で建設するマニラ鉄道会社（イギリス資本によるマニラ・ダグパン鉄道）を設立し完成させたとされている。

先の章で紹介した、ニック・ホアキン著の『物語マニラの歴史』によれば、

「鉄道建設には4年以上を要した。そして1892年11月24日に、祝祭日のごとく横断幕や旗がサラサラと音をたててはためき空にひるがえるなか、鉄道営業の開始が宣言された。そして、1台の蒸気機関車が汽笛を鳴らしながらトウトウバン駅を出て、ダグパンに向けて走り出したのである」

と、ある。先のダグパンに展示されていた蒸気機関車は当時のものであったのかもしれない。

1890年代のフィリピンは、スペインからの独立運動が盛んな頃であり、またスペイン自体は国力が傾き出した頃でもあり、営業開始された1892年以降は、鉄道の新たな展開はなかったようである。しかし、アメリカ統治になってからの1916年までには、先のマニラ・ダグパン鉄道会社は、マニラ鉄道会社（MRR）として再編成されて792・5キロの線路が敷設されている。この時代に北と南への幹線、そしてこれら2つの幹線から分岐する他の路線も敷設されている。南はバタンガス州のバタンガスとバウアンの両方にまで繋がっている。

その後のMRRは営業黒字を出し、1920年代には北方線のダグパンからラ・ウニオンの北サンフェル

ナンドへ延伸し、南方線はレガスピ（ビコル地方、アルバイ州の州都）への延伸を行い、1941年までには、1140・5キロの線路を運行していた。

しかし、日本軍侵攻後の1941年12月14日、MRRは米軍の管理下に置かれ、同年12月30日、米軍はネットワークインフラを破壊することをMRRに指示したことにより、フィリピンの鉄道に大きな損害をもたらした。

日本軍の占領後は、その損害を受けた鉄道の修復可能なところを使用して運営している。それから3年後の1945年1月には、米軍上陸後の戦闘の影響により、さらなる被害を被り、わずか452キロメートルだけが運用可能であったとされている。

なお、MRRの資産は後に、フィリピン政府に返還され、今のフィリピン国有鉄道（PNR：フィリピン・ナショナル・レイルウエイ）となっている。

それでは、現在のフィリピンの鉄道はどうであるかと言うと、ピーク時の1140・5キロメートルから、77キロメートルと驚くほどの短い距離となっている。そのわけは、太平洋戦争の影響だけでなく、1991年のピナトゥボ山噴火以降の北方線への影響（全面運休）などの自然災害が大きい。他には、車などの他の交通機関の発達による鉄道ニーズの衰退、そして鉄道事業への投資意欲の低下などがあげられている。

昨今のマニラ首都圏および近隣州の交通渋滞が日常化している状況を鑑みれば、だれの目からも鉄道の必要性は明らかであろう。そこで、やっというか、現政権であるドゥテルテ大統領の一大政策である、「ビルト・ビルト・ビルト」の旗の下に、2025年までに1・7兆ペソが鉄道プロジェクトに割り当てられていると鉄道次官は述べている。

その資金源はＪＩＣＡが主導する政府開発援助（ＯＤＡ）、続いてアジア開発銀行（ＡＤＢ）、そして中国政府などだという。

２０２２年までに鉄道の長さは１２０９キロメートルに増加し、部分的な運用が可能になるであろうとも述べている。そうなると、ピーク時（戦前）をやっと超えることになる。


さて、話をアゴオへの道に戻そう。ダグパンを過ぎると、すぐにサン・ファビアンである。先述したように、このサン・ファビアンまで20マイルの海岸堡ができていた。

サン・ファビアンの先から、リンガエンのあるパンガシナン州から目的地であるアゴオがあるラ・ウニオン州に入る。この辺りからの景色は素晴らしい。道路右手には小さな民家と彼らの畑と思われるものがポツンポツンとあり、その奥には高くない山並みが続く。そして左手はきれいな白いビーチが延び、その向こうは空も海も一面の青色が広がっている。海原の遥か先には、リンガエン湾の西海岸の峰々が、水平線に沈んで見渡される。

できることなら、この浜で小魚を捕りながら畑を耕し、そして裏山で薪を集め、ずっと住み続けたい思いがする環境であった。しかし、そのようにして住んでいる物好きな外国人がいるような感じは全くないところをみると、やはり現実的ではないのであろうか……。日本軍将兵が白鉢巻をし、夜中に決死の斬り込みを仕掛けたかも知れないところであるのにも関わらず、私はそのような呑気なことを思いながら、車はひたすらアゴオを目指した。

次の街と思われるところは、ダモルティスである。先の聖堂にあった資料の中に「ダモルティスの駅も破壊された」と説明がある写真があった。その駅舎と思われる建物は、白黒のせいか石造のように見え、頑丈で立派なものであり、建物自体はほぼそのまま残っているように見えた。周りは残骸のように見え、そこを米兵数名が何かを探しているようであり、彼らの表情からは真剣さが感じられ、もしかしたら生存者か死者の有無を調べているかのようにも感じられた。

その写真の建物の中心には大きなアーチ型の入り口のようなものがあり、私はそれを鉄道トンネルではないかと思ったほどの大きさであった。

今まさに私はその駅があった地を通っているわけであり、周りの地形から言ってこの道に沿って線路があったはずである。海岸線と小山の間の土地はそれほど広くないのでそのように考える。しかし今は、ここに鉄道があったような形跡は全く感じられない。

先述しているように、１９２０年代には北方線のダグパンからラ・ウニオンの北サンフェルナンドへの延伸とあるので、ここから先の北サンフェルナンドまでは線路があったはずである。

本間雅晴中将の指揮する第14軍に属して兵站業務を担当していた、ある兵士の手記によると、「昭和17年（１９４２年）1月17日、リンガエン湾に上陸。同日ダモルティス着。5月14日ダモルティス出発。同日マニラ着」とあるので、この兵士はこの地で4か月にもわたり任務についている。

これを書いている今、グーグルマップでこの町をよく見てみると港がある。当時もあったとすると、本間中将率いる日本軍上陸（１９４１年12月23日）後からは日にちも経っているので、この港で輸送船からの物資を取り下ろし、そしてこの駅で貨車への積み込み作業を行っていたのではないだろうか。北サン・フェルナンドにも港があるが、ダモルティスはよりマニラに近いのでここを選んだのではないだろうか。つまりこの北方線の鉄道駅を利用して、マニラとその先の南部方面への物資と兵力の輸送を行ったのではと考える。当時の日本軍の上陸時は、後の米軍上陸時と比べればそれほど大きな戦闘がなかったようであるが、米軍の上陸時には先の写真のように、この駅周辺のダメージは大きかったようであり、この北方線鉄道がどこまで使えたかはわからない。

午前7時46分、アゴオの街の中心と思われるところに入った。持参していたある資料によると、アゴオに戦争記念碑のようなものがあると書かれていたので、道端にいるトライシクルの運転手数人に尋ねてみたところ、そのうちの一人が近くに日本語の碑があると言うのでそこに向かった。

そこは今まで走ってきた幹線道路を外れた海側への方向で、その道の両側にはたくさんのトライシクルが整然と止められてあった。ここは彼らの待機場所なのであろうし、この辺の近くにきっと大きなスーパーがあるのだろう。

数キロ走り浜辺に着いた。そこには、先ほど見た景色と同じ、一望の青い海と空があり、リンガエン湾の内海でもあり、ほどよい高さの白波があった。ここでウインドサーフィンをやったら良いなと、私はまたも気楽なことをすぐに思いはじめた。そして車から降り、しばらくはその景色を堪能することにした。

ビーチにはたくさんの小舟（バンカーボート）が置かれてあった。私がその美しい海を眺めている間にも遠足なのか、たくさんの小学生が行列を作りこの浜辺に入ってきた。さらに近くには若いカップルもおり、何とものどかな環境であった。車を停めたその近くには、何か記念碑のようなものがあり、次の碑文があった。

日本フィリピン　友情モニュメント（日本語で大きく）

それに並んで英文の碑文があったので、それを訳して以下に記すが、だいぶ古くなっており一部の判読が難しい。

フィリピン共和国と日本の友好記念碑
私たちは、パブロ・M・オラルテ市長、市議会議員およびフィリピン・ラユニオン州アゴオ市民の温かいご支援により、世界平和と日本とフィリピンの永遠の友好のためにこの記念碑を建立した
私たちは悼む
第二次世界大戦中にアゴオとフィリピンの人々が苦しんだ悲劇を乗り越え、彼らの平和を心から祈る
１９９３年３月30日
盟兵団有志会長　リューヘイ・タグチ
盟兵団有志会事務長　ヨシヒロ・イチカワ
僧侶　ゴト・タカハシ
書いた人　ヒデオ・カケバタ
青森県

「マンカヤンへの旅」で書いたが、リンガエン湾に沿って日本軍の兵団が配置されたなかで、独立第58旅団（通称号：盟兵団）がバギオからボントックに沿う地区に布陣していた記録がある。この碑文にある〝盟兵団〟とは、その独立第58旅団（独立混成第58旅団とも）のことであろう。

そうだとして調べてみると、１９４４年6月13日に弘前（青森県）で編制された旅団であり、同6月17日に宇品港（広島県）を出発し、7月15日にマニラ港へ上陸となっている。7月中旬から翌年1月5日まで、リンガエン湾付近における警備と陣地構築に従事している。1月6日から8月14日に至るまで、リンガエン湾周辺からボントック道に至る地域で交戦となっているので、米軍が上陸開始した1月9日の頃の当旅団は、すでにバギオからボントック方面にいた可能性がある。ここアゴオにこのような石碑があるのは、半年近くこの地での〝警備と陣地構築〟を行っていた理由があるのかもしれない。

そのビーチから海岸線のようすを眺め、同時にグーグルマップをチェックすると、今いる地点から7キロメートルくらい北上すると川があり、さらにその先に旧駅があることになっていた。もしかしたら、この旅の目的である、Hさんの叔父さんの形跡に繋がる何かがあるかも知れないことを期待してそこに向かうことにした。

再びトライシクルが駐車してあった道を通り幹線に出て、そこを左折して北上した。途中で結構大きな川の橋を渡った。川の名前はアリンガイであった。そこでまた書いている今思い出したのだが、本間中将が乗っていた帝海丸が向かい停泊しようと予定していたのは、ここアリンガイ川の河口であったと。しかし本間は、その河口が見つからずに結果的にはバウアン（アリンガイの少し北で北サンフェルナンド手前）に上陸している。それでは何故ここの河口を目指したのだろうか……。

その橋を渡り終え、200メートルほど進み左折してグーグルマップにあった旧駅を目指した。周辺で旧駅のことを近くにいた数人に尋ねてみたが、だれもそのことについては知らなかった。しかし、とにかくわれわれはグーグルマップ上での旧駅に近づき、そして車から降りて歩いてみた。すると、まさにグーグルマップが示すところに木造の小屋があった。時刻は8時20分。

その小屋の戸には錠がかけられ中には入れなかったが、扉の隙間からようすを窺ってみたところ、中にはとりたてて駅に関連するようなものは無かった。私はその小屋が駅舎跡であったということを前提にして、もう少し辺りのようすを探ってみたところ、その小屋から続いていたのではと思わせる幅が約5メートルの敷地（中に民家があった）が長く北上していた。さらにその敷地の両側に幅約3メートルの道が続いていたので、その民家がある敷地こそが鉄道線路跡ではないかと私は感じた。勘の良いゴンザレスにその同意を求めたが、彼はハッキリとは頷いてくれなかった。しかし、通運事業（鉄道車両を利用した）に従事した経験を持つ私にはわかる。

これを書きながらの今、そこの小屋のある位置をパソコンでグーグルマップを拡大してみたところ、驚くことに〝オールドPNRロード〟と表記された道筋があり、しかも先の小屋には〝オールド・PNR・アリンガイ・ステーション〟の表記もあった。そこにいた当時の私はそれに全く気づいていなかった。それにしても、グーグルマップの情報は今更ながらではあるが素晴らしいと感じる。

その道筋をさらによく見てみると、先の幹線道路に続いており、そしてそれは曲線を描いている。これは正に貨物鉄道駅の〝引き込み線〟であり、貨物列車の専用線である。

ここでさらに気づいたのは、先の小屋のすぐ近くにちょっとした広場があり、そこはバスケットボールコートとして使われていたことを思い出した。今グーグルマップで見ると、そこから先の川までの距離は約300メートルである。

この状況が意味することとは、ここはアンリンガイ川を利用しての河川港であり、船から荷揚げされた物資は、先の広場があるところに仮陸揚げされて、そこから貨物列車に積み込みされていたということである。その荷揚げ場には桟橋が作られていたであろう。

マンカヤンへの旅の途中でも書いたが、雨季に大雨が続くと川の大洪水になるので、山岳地帯がすぐ奥にあるここの地形から見ても、300メートル位の余裕を持っての設置は妥当であろうと考える。

ここが戦前からの貨物駅だったとしたら、本間中将がこの地、アインガイ河口に向かった理由はここにあったに違いない。上陸当初の日本軍は物資輸送のために、ここを陸揚地としての一つの拠点とする計画をしていたのであろう。そしてこの貨物駅から北方線鉄道を利用してマニラ方面へ輸送しようとしていたのでもあろう。

これは1941年12月当時の日本軍の勝ち戦の場面であり、ここでの北方線は先述しているように、米国の統治になってからの開業であることを念の為に記載しておく。次に勝ち戦ではない、1944年12月の場面について書く。これこそが、今回の旅の目的に近づくことになる。

友人のHさんの当初の話によると、彼の叔父さんはアゴオ近くから上陸し、山岳地区での数か所を経てマンカヤンで亡くなったということであったので、「マンカヤンへの旅」で書いたように、マンカヤンの鉱山の守備中での戦闘で亡くなったのではと理解してしまった。しかしそれは、私の勝手な思い込みであった。

私がマンカヤンを旅したその後、Hさんはさらに色々と調べ、その情報を提供してくれたので、それをHさんの了解を得てここに紹介させていただく。

『軍歴』
昭和18年10月、「学徒出陣」で召集を受ける。
昭和18年12月1日、第19師団歩兵第76連隊に入隊（朝鮮・南羅で入営）
昭和19年12月27日、フィリピン上陸（リンガエン湾、アゴオ近くから上陸）
　12月30日～　アゴオ警備（1月6日まで）
昭和20年1月7日～3月3日　ブルゴス、ガリマノ、マカパト、パラライ付近の戦闘
昭和20年3月4日～4月30日　ブキヤス、カバリ、バクン付近での戦闘
昭和20年5月1日～7月1日　タクボ、マンカヤン付近の戦闘
昭和20年7月1日　　山岳州マンカヤンに於いて戦死

以上の軍歴です。1年間朝鮮で勤務した後、戦況が悪化した南方支援のため、第19師団は朝鮮半島の守備を主任務とする師団でしたが、極秘裏に12月初旬から高雄経由でフィリピンに向かいました。戦友の多くがフィリピンに到着する前にバシー海峡で米軍の攻撃により撃沈され亡くなられており、米軍上陸の直前に同じリンガエン湾から上陸しています。この情勢でしたので、上陸してすぐに米軍の上陸攻撃に晒され、司令部のバギオ移転と、その後の更なる後退に合わせて、マンカヤンまで戦いながら後退を続けていたと想像されます。従い、マンカヤンの鉱山の守備隊としての勤務には至っていなかったも

のと推察します。歩兵第76連隊は古見政八郎大佐が連隊長でした。叔父は7月1日に戦死したようですが、連隊の残された方々も7月15日に師団長より「マンカヤンからの更なる撤退」の指示を受けました。その後、鉱山坑道内に保管していた爆弾が敵の砲撃砲の誘導により大爆発を起こし、古見隊は全滅したと報告されています。この経緯は、第19師団歩兵第76連隊の記録によります。なお、私の祖父が役所から受け取った「死亡者連絡簿」を見ますと、叔父は戦闘で亡くなった「戦死」ではなく、「戦病死」とありますので、飢えや疾病が死因だったようです。フィリピンの戦死者は「戦病死」が過半であったとも伺っています。

『運命の山下兵団』によれば、山下大将のルソン島着任（1944年10月6日）後は、リンガエン湾東側の山間部には盟兵団（独立混成第58旅団）の陣地が構築され、1944年12月28日頃には虎兵団（第19師団）の主力が、北サン・フェルナンドの港に上陸したとある。このことから、アゴオの浜辺で見た記念碑（盟兵団を悼む）はその辺りの事情だろうし、Hさんの叔父さんの「軍歴」にある19師団の「昭和19年12月27日、フィリピン上陸（リンガエン湾、アゴオ近くから上陸）」は、北サン・フェルナンドの港だったと思われる。

さらに『運命の山下兵団』によれば、1月（1945年）6日の朝には大地をゆさぶるような、物凄く轟きわたる米軍の艦砲射撃があり、翌日（7日）には一斉に北サンフェルナンド港を攻撃したとある。すでに北サン・フェルナンドの港に上陸していた虎兵団の一部は、近々入港する予定になっていた、米やガソリンの揚陸援助を命じられており、そのための準備をしていたが、その米軍の一斉攻撃により爆撃されてしまったとある。それは〝北サンフェルナンドの惨禍〟といわれ、それこそは、日本軍の悲劇の痛ましい序幕であった、ともある。

Hさんの叔父さんの先の軍歴によれば、上陸地（北サンフェルナンドかと）から移動して、1月6日までアゴオでの警備をしていたとあるので、北サンフェルナンド港での惨禍には遭わず、6日朝の米軍艦砲射撃により、アゴオを離れ、ブルゴス、ガリマノ、マカパト、パラライ、ブキヤス、カバリ、バクンなどの山岳地帯に向かったのではと考えられる。

アゴオを離れてからの、これらの場所を例によってグーグルマップ上で探してみたところ、ブルゴスとバクンは確認できたが他はできなかった。そこで、それらの地へ辿り着くまでの道筋を想像してみた。

まず考えられるのは、アリンガイ川沿いに登って行く道である。グーグルマップ上のそこにはナショナル・ロード（国道）の表示がある。その道、あるいはその川沿いをずっと登ってブルゴスに行き、そこからさらに北上してバクン、そしてマンカヤンへと向かったのだと思われる。

その道のりには急峻な山々があり、その行軍は厳しいものであったろうし、アゴオを離れて山岳に向かった頃の食糧は十分だったかもしれないが、亡くなられた7月1日までの半年近くは飢餓状態であり、その結果としての「戦病死」だったのかもしれない。

従来、兵役法などの規定により、大学校、高等学校などの学生は26歳まで徴兵を猶予されていた。しかし、戦局の悪化で戦死者数が増加したため、次第に兵力の不足が顕著になり、これを補うため、高等教育機関に在籍する20歳以上の文科系学生を在学途中で徴兵し出征させた。学徒出陣とはこの出征のことであり、大学生であったHさんの叔父さんも20歳を超えたころであったはずである。先述の「軍歴」に記載されているように、入隊の1年後には、この地に上陸し、それから6か月余りで亡くなってしまった。

その叔父さんのお姉さんであるHさんのお母さんはその間のことをずっと気にかけておられていたようで、Hさんはそのことをお母さんから聞いており、その思いでマンカヤンへ行ってみて何かを感じたいと思っていた。それはおそらく、叔父さんがどのような思いで戦い、そして山岳地帯へ転進して行ったのかを感じてみたい気持ちだったのかもしれない。

Hさんの叔父さんの上陸地とその後の辿った道を探ることを目的とした、今回の私の斥候としての役目はここまでとすることにした。

戦後76年も経ち、尋ねた地元の殆どの人は日本軍の上陸について何も知らなかった。ひょっとしたら戦争があったことさえも知らないのかもしれない。そのようなことで、たいした根拠もなく、想像だけでその場所と辿った道を綴ったものであるが、Hさんの体調が良くなってから再度この地を一緒に訪ねる計画でいる。その際には事前にバランガイ（最小行政区）などに問い合わせをし、より正確な情報を得て、Hさんにその場所に立ってもらい、当時の叔父さんへの思いを馳せてもらいたいと考えている。

アゴオから30キロくらい北に向かえば北サンフェルナンドに行ける。グーグルマップでみると、そこには大きめの港があり、そこに行けば当時のことをうかがい知ることのできる何かがあるかもしれない。

その北サンフェルナンドをさらに北上すると、世界遺産の街である〝ビガン〟がある南イロコス州で、その先が北イロコス州である。北イロコスの東側はカガヤン州で、この二つの州はルソン島の最北端であり、その先には多くの日本軍将兵が米軍の潜水艦などの攻撃で亡くなったバシー海峡（「魔のバシー海峡」と呼ばれた）がある。

この海峡は非常に重要なシーレーンであり、それが、南方から日本への石油資源の輸送を途絶えさせたいマッカーサーが、この海峡沿いであるフィリピン奪取に拘った理由である。

さて話は旅の途中に戻る。先の貨物駅跡と思われるところから幹線道に戻り、給油所で燃料補給をし、そこに付随してあったコンビニで飲み物を調達し、それを外で立ち飲みしながら山々を見上げ思った。海岸線から山側までは短い。先のラ・ウニオン州に入った頃に見た山と違い、海岸からほんの数キロで結構険しい山がそびえ立つ。日本軍の兵隊さんは、このように険しい山々を越えて、東北側の山岳地帯に向けて行軍し続けたのであろうと。そしてそれは、私には到底想像もできない過酷さであったろうと。

車に戻り、ゴンザレスに一路ラグナを目指すことを伝え出発した。アゴオの街に再び入ると、アリンガイに向かっている時には道の前方だけに集中していたせいか、アゴオの街並みはよく見ていなかったことに気づいた。良く観察してみると道沿いには古い大きな建物が多くあり、歴史の重みを感じさせる街であった。

アゴオの街から少し離れると、道に沿って小魚を干したものを売っている小さな店が並んでいた。先のビーチにあった小型バンカーボートは、私が呑気に思ったプレジャーボートなどではなく、漁をするボートであったのだ。彼らには生活がかかっており、私のような気楽な立場ではない。

無事ラグナの会社に到着。アリンガイのあの貨物駅から282キロメートルの走行であった。

アゴオの街の佇まいが気になり、後日それについて調べてみた。

まずその名前の由来だが、一説によれば、街を横断している小さな川のほとりに沿ってたくさんあった「アゴオの木」から派生したものだという。クリストファー・コロンブスの時代以前から、中国の商人は船で商品を運び、アゴオの住民と交易関係を築いていた。その中国人商人に続き日本人商人が入り、同様に交易を始めたという。この交易関係により、日本人が後にアゴオで最初の入植地を設けたのが15世紀の第2四半期頃のようである。

日本人が交易の中心地にアゴオを選んだ理由として、南シナ海を通りリンガエン湾に入るが、そのなかでも理想的で安全な停泊地と避難所であったからであろうとされている。後のスペインによる統治が始まった頃には、アゴオは「エル・プエルト・デ・ジャポン（日本の港）」とスペイン人に呼ばれたようである。このように当時のアゴオは日本人商人の大きな交易の地であった。

1578年にフランシスコ会の宣教師によって町が設立され、ラ・ウニオン州の最初の町として制定されており、南イロコス地域での布教のための拠点として機能していたようである。街の佇まいに重みが感じられるのは、そのような歴史があるからなのかもしれない。

南イロコス州の州都は、世界遺産の街ビガンであり、19世紀にヨーロッパとも直接、貿易をしており、ヨーロッパの工芸品と中国の陶器や金などが交換されていたとある。

日本軍がリンガエン湾から上陸した頃の1941年12月には、ビガンなどにも上陸して軍政下に置いている。それから3年後（1945年の1月）に米軍がリンガエン湾から上陸した際には、日本軍は現地司令官の判断でビガン市街地での戦闘を避け、スペイン植民地支配時代からの美しい街並みが破壊されずに残ったとされている。戦地のことを調べていると、心が折れそうになる時があるが、このようなことを知るとほっとする。

南イロコスの先は北イロコス州であり、フィリピン元大統領のフェルディナンド・マルコスの故郷である。南、北ともにイロカノ人の本拠地であり、スペイン植民地時代以前から、サムトイ（イロカノ語）の海岸と呼ばれ、中国人や日本人が交易に訪れていた。

北イロコスの東側には、先述しているようにカガヤン州があり、この地もスペイン人による支配が始まる前から、カガヤンの人々は中国人、日本人、インド人などと交易し、さまざまな文明と接触していたとある。

第七章　思い出の地セブ島へ

２０１８年12月1日（土）、前日の夜に日本からフィリピンに到着し、いつもの定宿に泊まった。翌朝の４時に起き、ホテル入り口前にドライバーのゴンザレスから4時半に迎えに来てもらい、ニノイ・アキノ国際空港（略称ナイア空港）の第２ターミナルに向かった。今回の旅にはゴンザレスは同行せず、空港への送迎だけとなる。

前章の「リンガエン湾へ」で書いた、聖堂の中にあった多くの写真や説明書きを見ているうちに、激戦があったレイテ島に行かなければと考え始めていた。その地の戦場跡地に立って何かを感じとり、そして慰霊をしなければと思ってのレイテ島行きである。

ナイア空港からレイテ島（タクロバン空港）への直行便はあるが、日本軍の同島への入り口となったオルモックに船で渡り、その船上からレイテ島西海岸を眺めて日本将兵への思いを馳せてみたかった。そして、オルモックからは日本軍がタクロバン方面へ向かった道筋と同じルートを辿ることにしたこともあった。それにより、まずはマニラからセブに行き、そこからオルモックに入ることにした。それに加え、今回の旅のアシスタントをしてくれるＲＪ君とセブ空港で落ち合うことにもなっていた。

この時間帯だとＳＬＥＸは空いており、５時過ぎにはターミナルビル前に到着した。便はフィリピン航空（ＰＲ１８４５）で、ナイア空港6時35分出発の、マクタン・セブ空港7時50分到着予定である。

私はフィリピン航空の〝マブハイメンバー〟で、いつもフィリピン航空を利用している。東京からマニラへの便だけでなく、この便も日本でウェブでの予約済だ。チェックインを終えて、2度目の検査場に向かい手荷物検査を受けたところ、検査担当員がカバンを開けてくれと言う。彼女は両手の指で小さく四角い形を作ったので、それが「ハーモニカ」を意味していることが私にはすぐに理解できた。

ハーモニカもダメなのかと一瞬腹立たしく思ったが、ここは気を鎮めて「あなたはわたしに、ここでハーモニカを吹いて欲しいのですか？」と言ってみたが、彼女は少しだけの笑みを浮かべはしたが、その必要はないと言いながらカバンの中を探し始めた。本当は嫌みを言う年寄りだと思ったに違いない。なかなか見つからないので、私が直ぐに探し出して渡した。彼女は上司にハーモニカを見せてその判断を仰ぎ、そして問題ないと言いながら返してくれた。

会社のクリスマスパーティが12月8日（土）に予定されており、今回の出張はそれに合わせて来ており、その間隙を縫ってのレイテ島行きである。

フィリピンでのクリスマスは一大イベントであり、また職場に常時いない私にとっては、社員とのコミュニケーションを持つ機会でもあり、必ず参加するようにしている。

クリスマスパーティ担当の社員から、日本にいる私にメールでリクエストがあり、何かスペシャル・ナンバーをやってほしいとのことであったので、数週間前にネットでハーモニカを購入し、密かに日々練習していた。

練習をしているうちに、慰霊碑の前で『故郷』をハーモニカで演奏したら良い慰霊になるのではと考え、クリスマスパーティ用の曲とは別に、『故郷』と『赤とんぼ』の二曲を練習した。

そのようなわけで、ここでハーモニカを没収されたらその苦労が水泡に帰してしまう。幸いというかそれはなかったが、帰りの便でも同じことをやられるのかと思うと少し憂鬱になった。

マクタン・セブ空港

ＰＲ１８４５は早朝でもあるせいかほぼ予定通りに出発し、マクタン・セブ空港に時間通り着陸した。ここの空港ビルは狭隘化が進んでいたので、第二空港ビルの完成が待たれており、最近になって完成したところであった。

乗っている飛行機の窓から見ると、その第二空港ビル（新旅客ターミナル）が既存ビル（第一空港ビル）と並んでおり、新しいビルの中に入れるのかと少し期待したが、それは国際線用であるらしく、国内線である私の便は既存のターミナルビルへと進んだ。

外見から眺めるその新ターミナルビルは、既存の建物と比べるとかなり奇抜な形の建物であり、それは海の波をイメージしたとあるが、私にはセブのお土産屋さんで良く売られているツノのある貝殻の形のようにも見える。

因みに、既存の建物の屋根は赤土色で壁は白く、統治国であったスペインを匂わすコロニアル風の建物で、私はそれが気に入っていた。

空港の名前にあるマクタンとはこの空港がある島の名前であり、空港は島のほとんどを占めるラプラプ市にある。マクタン島はセブ島の東側中央に位置し、セブ島とは1キロメートルほどの2本の橋で繋がっている。それほどにセブ島とは近く、小さな島ではあるが、４つの輸出加工区（現在は経済区庁（ＰＥＺＡ）管轄）があり、そこに多くの日系企業の工場がある。そして、島の東側浜辺にはたくさんのリゾートホテルが点在しており、一般的にセブが観光地と言われる所以は、このようなところにある。

セブの地理的なことについて触れると、ルソン島とミンダナオ島に挟まれた海域にある島々がビサヤ諸島であり、セブ島はそのほぼ中心にある。セブ島とその周辺の島々（属島）がセブ州であり、その州都がセブ島の東側中心部にあるセブ市である。

ルソン島にメトロ・マニラと呼ばれる地域があるように、セブ市の周辺市も含めてメトロ・セブと呼ばれるものがあり、マクタン島にあるラプラプ市もそれに入る。一般的に〝セブ〟というと、このメトロ・セブ地域のことを指すと理解して良いであろう。

セブは私が昔、以前の会社（貨物運送事業、フォワーダー）で6年余り勤務した地である。その勤務を終え、この地を離れたのが14年前であり、私にとってのセブは特別な地である。

到着した既存の建物（ターミナルビル）の中はほとんど昔のままであり、私の足取りは自然に出口に向いていた。

このターミナルビルから数分歩いたところに、私が勤務していた以前の会社の建物があり、そのような近さからと、仕事上（通関業務など）の関係からこの建物には良く足を運んだ。そのようなこともあり、そこで働く多くの人が顔見知りであった。なかには私を見つけると、屈みながら両手でお腹を押さえ「オー・ミスター・オーバ・アイアム・ハングリー」と言う税管吏が何人かいた。私はというと、「そうかそうか」と言って握手をする。私の手の中には四角に折った１００ペソ札が入っている。そうやって互いに小さな芝居をし、何気なく渡していたのであった。

私はいつの頃からか自身の職業を〝貨物屋〟と呼んでいるが、その仕事は日常的に色々なことが起きるなかで、普段から関係官庁と良い関係を保っておく必要があった。また、このような末端の税管吏だけでなく、彼らの上層部までコネクションを私は築いていた。だからといって、税関が何かと難癖をつけて金を取ろうとするのでこのようにするわけではない。

日本人が海外で仕事をする、ましてあまり治安が良い方ではないとされた当時のフィリピンではなおさらのことであり、自分の会社を守る、そして自身を守るために色々な策が必要であり、また今後発生するかも知れない不測の事態に備えておく必要もあった。そのせいかどうか、幸運にも6年余りの間、会社と自身が危険な目にあったことは一度もない。

顧問弁護士とＲＪ君

チェックイン・バゲージのない私は、バゲージ・クレームを横目にして出口に向かった。その間、無論ながら今では誰も私を知る人はいないし、先の芝居をした税管吏の誰をも見ることはなく、一抹の寂しさを持ちながら建物を出た。

その先には、約束していたＲＪ君が私を待っている手筈になっていた。レイテ島は私にとっては初めての地であり、とりわけ安全面を考慮すると一人では心もとない。

そのためセブにいる私の会社の顧問弁護士であるRさんに今回の旅の目的を話し、誰かセブから私の〝お供〟をしてくれる人を探して欲しいとお願いしていたのである。

それではとRさんは、その〝お供〟とは別に、彼の兵役時代の友人で、レイテ島のタクロバン市に住む大学教授の連絡先も教えてくれた。そして何かトラブルがあった場合にはその先生を頼ることの手筈も整えてくれていた。

会社の弁護士であるRさんと教授の両先生は兵役を経ての予備役であり、Rさんは大尉として、そして教授は中佐のランクホルダーである。フィリピンで有事が起これば、彼ら予備役が真っ先に召集されることになる。

RJ君は約束通りの場所で待っていてくれた。25歳の彼はセブ市の某企業で働いているが、休みをとっての同行であった。彼自身もレイテ島は初めてであり、私と同様に興奮気味のようであった。すぐ近くのタクシー乗り場でメーター付きタクシーに乗った。

私が持つ昔のタクシーのイメージはあまり良くないのだが、今回はその乗り場からして整然としており、また車両もきれいであり、安心感の持てるものであった。14年も経ったことであり、その乗り場は様変わりしていた。

セブとマクタンの飛行場

セブでの国際空港といえば、このマクタン・セブ空港のことであるが、戦前からセブ市内のラホーグというところと、マクタン島の2か所に飛行場があった。

それらは今のわれわれがイメージする飛行場とは違い、飛行機が離発着するための滑走路の他には簡素な施設と設備関係だけのもので、空港と呼べるものではなかったようであり、その名前もエアーフィールドであった。

ラホーグにあったものはラホーグ・エアーフィールドと呼ばれていて、滑走路の長さは700〜800の幅60〜70メートルであったようだが、今ではそれはなく、IT産業関係の企業が入る地区になっている。私がいた当時は空き地が多かったような記憶があるので、以前は滑走路の跡地だったのであろう。ラホーグの飛行場は、フィリピン陸軍航空部隊の利用と民間利用の目的で、米海軍航空局とフィリピン航空局が建設し、戦前の1940年10月に完成している。

マッカーサーが1935年に軍事顧問としてフィリピンに赴任している。それは、フィリピン連邦政府（コモンウエルズ）が発足した年で、その当時の大統領であったケソンの要請であった。その目的は、フィリピンの防衛計画を実践的なものにするためのものであった。このような背景から思うに、ラホーグ飛行場はマッカーサーが実践した防衛計画の一環として着工された可能性がある。

マクタン島にあった飛行場はラホーグのもの以前からあったと諸情報から判断されるが、小規模のものだったと思われる。

ここで、日本軍占領時のこの二つの飛行場について少し触れてみる。

1942年4月9日にバターンが陥落し、米比軍の組織的な戦闘は終わったことを先の「バターン半島へ」で書いたが、その翌日（10日）には川口清健少将率いる支隊がセブ島の東側から上陸してセブ島を占領し、この時にラホーグ飛行場とマクタン島にあった飛行場も占領している。

ラホーグ飛行場は日本海軍と日本陸軍の航空部隊が使用していたが、主には陸軍航空部隊が使用していたようである。一方のマクタン島にあった〝オーポン飛行場〟と呼ばれていたものは、日本海軍が〝航空基地〟として使用していたようである。航空基地とは、国内及び占領地にある飛行場で、空母からの発進と違い、そこから敵への攻撃に向かうための陸上基地である。

オーポン飛行場のことを日本軍は、マクタン島にある飛行場だからマクタン飛行場と呼んでいた。前章の「リンガエン湾」で書いた、レイテ湾からリンガエン湾に向かった米軍艦船への、セブからの陸海軍特攻機による攻撃は、これら二つの飛行場から発進したものである。

マクタン・セブ空港の変遷

戦後の１９５６年には、３３００メートルの滑走路が米国空軍により、爆撃機の緊急空港として建設され、それはマクタン空軍基地として知られ、１９６０年代のベトナム戦争での米空軍の一つの基地になるまでは、質素な前哨基地であったようだ。

一方のラホーグ飛行場は、１９６０年代の中頃から使われなくなったようである。セブ市の街中であり、拡張のための空き地はなかったと思われる。代わりに、民間空港としてマクタン島の飛行場に移っていったと思われる。その結果として、米軍の空軍基地との共同利用の開始となったのかもしれない。

このような情勢から、米軍のベトナム戦争への対応も相まって、１９６０年代の中頃からマクタン国際空港としてふさわしくするために、充実・拡張が始まったようであり、その頃にオーポンからマクタン空港に呼び名が変わったのではないだろうか。私がいた当時は、現在のマクタン・セブ空港ではなく、マクタン空港であったと記憶している。

米の密輸事件

先に「6年余りの間、会社と私自身が危険な目にあったことは一度もない」と書いたが、遭いそうになったことは何回かある。そのなかで、未だ私の記憶に大きく残っているものを一つだけ書いてみる。

それは2002年だったと思うが、セブの港で大きな米の密輸事件が続いた。私はタブロイド版のローカル新聞を、いつものように事務所内で読んでいたところ、その第一面にあった大きな写真を見て驚いた。そこには、海上コンテナを開けて米の風袋と思われるものが確認できるものの近くに、当社の顧客の輸出入担当者の顔が大きくあった。

その見出しは「米の密輸か?」のようなものであったと記憶しているが、その写真はまるで、彼が密輸に関わったのかと思わせるようなものであった。

記事をよく読んでみるとこうであった。彼の会社は免税適用となる政府当局が指定した、経済区登録の精密部品の製造会社である。その会社の名前が輸入者として使われ、何者かが免税で海上貨物（税関申告上は電子部品だが実際は米）を輸入しようとした。それが税関検査となり、米の密輸が発覚したものであった。

当時はフィリピン国内生産の米だけでは足りなくて、周辺国から輸入するのが始まったころだったかと記憶している。その後も、月2、3度ほどのペースで同じ事件が発覚して紙面を賑わしており、その輸入者の名前は全て日本企業で、経済区内（輸出加工区）内の企業であった。たしかその数は10社近かったと記憶している。そして、その企業は全て当社の顧客であった。私はすぐにそれらの顧客と当該事件について話し、具体的な対応策はなかったにしても互いに情報交換を行った。

セブはマニラ周辺と比べると経済規模は小さく、日本企業の数も多くはなかったが、当社は当時それなりの取り扱いシェアを保っていたので、それら全てが当社の顧客であっても不思議ではなかった。

しかし私はその時、これは〝ヤバイ〟と直感した。この直感で行ったわけではないのだが、その後にセブ日本人商工会議所の納会に参加する機会があり、幹事役の了承を得て、私は事件の現状を会員の皆さんに説明した。そして、今のところそれに対応できることは見つからないが、〝明日はわが身〟の可能性があるので、この状況を真剣に理解してほしいと申し上げた。

その翌日には、当時の会頭の会社に出向き、当商工会議所で何らかの対策を練る必要があると訴えたところ「それでは大場さんがその対応を考える担当理事になって欲しい」とのことであった。そしてそのために、近日中に臨時理事会を開き、私を推薦理事にするよう起案するとのことでもあった。

私はそれを二つ返事で了解し、その後の臨時理事会で理事として推薦された。それから何度か臨時理事会を開き侃侃諤諤の議論を行ったが、安易な行動は危険すぎるとの意見が多くまとまらなかった。当時の新聞情報では、この密輸事件には二つの犯罪シンジケートが絡み、そのシンジケート同士の争いが背景にあった。ある日の白昼、車に乗っていたセブ税関本関のナンバー2とその運転手が至近距離から銃殺され、さらに不幸なことにその流れ弾で道路反対側を歩いていた高校生に当たって死亡するという事件があったばかりだった。

セブの事情に詳しい古参の理事がいて、彼が言うには、この状況のなかで行動したら「大場さん殺されますよ！」というのだ。それではこのまま何もしないで良いのかと、あの〝快傑ハリマオ〟の影響を受けての〝正義感〟からか、私は意気がってしまう場面があった。しかし、事件の打開策は見出せないままであった。そのような状況のなか、会頭が変わる時期で、新会頭は何か行動を起こさなければという考えを持ち、流れは行動への方向となった。

理事会にはセブの領事がいつも同席されており、何度目かの理事会で同領事からの意見が出た。セブだけでは難しい問題なので、マニラの日本人商工会議所理事会に相談してみてはどうであろうか、との提案があった。これには理事全員が賛同し、それではと理事会の幹事役と新任理事である私の二人がマニラの同理事会に出て、状況を説明することとなった。

フィリピン日本人商工会議所（マニラ）の理事会は錚々たるメンバーであり、理事の数もセブよりもずっと多く、当日の理事参加者は、20名以上はいたのではと記憶している。

当時のその商工会議所は、大手商社であるM社のK社長が会頭であった。

会議が始まり、私は議長（会頭）からの指名により、セブで今起きている事件のことを説明し、今回ここに出席させていただいているのは「密輸の犯人を捕まえることがわれわれの目的でなく、その密輸行為に日系企業の名前を使わせないようにするためにどうすべきかを相談に来た」と語った。

その後は、多くの理事から具体的な質問が私にあり、同時に色々な意見が出たところで、K会頭からの結論が出た。それは、「大場さんのいう通りであり、われわれ日本人商工会議所として、ここで行動を起こさなければ、われわれの存在意義はない！」と言い切った。

私には感動的で震えるような言葉であり、深い感銘を受けた。さらに、このことをアロヨ大統領に伝え、協力を仰ぐと言うのであった。

ちょうどその頃は、アロヨ大統領は定期的に日本の首相（当時は小泉政権）と会うために、日本に出かける数週間前であった。同大統領が日本へ行く前には、日本人商工会議所の幹部と、やはり定期的に会うことになっており、そこで今回のことを話すというのでもあった。

セブに戻った私は、毎日例の新聞を見ていたが、不思議なことに、一週間に一回近くあった日系企業の名前を使った事件の記事は全くなくなったのである。どうしてそうなったのかはわからないが、それはやはりフィリピン大統領であるアロヨ政権の動きの影響であることは間違いないと思わざるをえなかった。

先述した目的の通り、このような密輸に日系企業の名前が使われなければ、われわれとしてはそれで良いのであって、私にとってのこの事件は一応の落着となった。しかしこれには後日談がある。

それから暫く経ち、やはり例の新聞に小さな記事で、密輸犯の手先（使い走り）としての名前があり、私はその名前に覚えがあった。当時は、当社が取り扱う輸入通関の手続きを下請けの形で2社の業者に依頼しており、彼らのスタッフが当社の事務所に毎日来ていて、その関係で私はその内の何人かの名前を知っていた。

すぐに当社の社員にその名前について聞いてみたところ、やはり下請業者のスタッフであり、その彼が輸入通関のための関係書類を税関などへ提出していたようであった。そして、その彼は行方不明となっているという。

これには驚いた、例のタブロイド版英字新聞を日々読んでいなかったら、そしてそれを読んでの直感を持つことなく何も行動していなかったら、日系企業の名前が使われた事件は暫く続いたであろうし、同時に新聞記者が私のところに来たに違いない。そして「日本の大手フォワーダーが関与か……」のようなイメージで私の顔が一面に載ったことであろう。

無論のこと、その下請け業者も当社も事件への関与はなく、その当人は先のシンジケートの手先として動いたのであろうことは間違いない。なお、その後も彼の消息はようとして知れなかった。

セブ港の旅客ターミナルへ

さて、飛行場と私の昔話で遠回りになってしまったが、旅の途中に戻す。

最近のセブは渋滞が激しく、昔のセブとは随分違っていると事前に聞いていた。マクタン島からセブ島への橋（第2大橋）を渡り、マンダウエ市街に入るとやはり渋滞したが、船の出発時間までに余裕があったので、のんびりと周りの景色を見ながら昔を思い出していた。

暫く進むとタクシーは国際航路（貨物船）のターミナルが左手に、さらに進むと国内航路（貨物船）のターミナルがやはり左手に見える。それらを通過し、一番奥の旅客ターミナルに向かった。

フィリピン諸島というようにこの国には多くの島があり、その数は7千を超え、島から島への移動の多くは船となる。それはフェリーボートのような大きなものから、小さなものはバンカーボートまである。クリスマスから年末までの連休の時は帰省する人が多く、その多くは船を利用するので大変混雑する。

稀ではあるが、その時期に海難事故が発生したことがあった。私がいた当時でも2件の大きな事故があったことを記憶している。今回われわれが乗る船は最も安全とされる高速船だとRJ君は言う。またこの頃は、混雑する時期でもなく事故の心配はなさそうだ。

セブの歴史

われわれが進む道の突き当たりには、史跡として有名な〝サンペドロ要塞〟がある。私は以前そこを何度か訪ね、中のようすを飽くことなく見ている。そこで、話はまたも回り道になるが、この歴史あるサンペドロ要塞に関係し、セブの歴史について少し書くことにする。

まずは、セブという名前の由来であるが、古いセブアノ語（セブ周辺で使われている言語でビサヤ語とも）で「交易場所」を表す〝シブ〟または〝シボ〟から来ている。

この要塞跡の建物に入るとすぐの左右の壁に歴史資料・写真が飾られており、その中の一つには、この要塞付近で考古学的発掘調査を行った結果がある。それによれば、西暦一〇〇〇年までさかのぼり、この地域に集落が存在したという証拠が明らかになったとしている。

また、白黒陶器、青磁器、白磁器などが出土し、アジア諸国との初期の貿易を行っていたことを示しているとしている。つまりそれは、スペインによる植民地化以前からセブは港町であり、中国のほか東南アジアの多くの国々と交易があったことを意味している。従い、そのような交易により、多種多様の文化がこの地にはあったはずであるが、文字がなかったので、そのことを表す記録はないとされている。ないとされているというのは、スペイン人が以前からあった彼らの文字を無くしたという見方がある。

スペイン人が入る前から、この群島に住む人々はサンスクリット系とみられる文字を持っていたという記録があるようで、人々はこの文字を使い、尖ったナイフなどで、竹の内側や、椰子の葉に文字を刻みつけていたという。しかし、そのような言わば竹簡のようなものは、よほどの保管管理をしないとこの土地では自然に戻ってしまう。そのためか、今ではそれを証明するものは出ていないし、碑文のようなものも見つかっていない。

この要塞近くには、やはり史跡として知られるマゼラン・クロス（マゼラン上陸時の十字架）と、そのすぐ近くにサント・ニーニョ（幼きイエス）像があるサン・オーガスティン教会がある。それらは世界初の地球周回を果たした、マゼラン遠征隊によるセブ上陸によってもたらされたものである。敬虔なクリスチャンが多いフィリピン人にとっては、歴史的に大変大きな意味を持つものである。

マゼラン（フェルディナンド・マゼラン）については日本の学校でも歴史教科書に登場する人物であり、その周回の途中で亡くなったことは多くの人に知られているが、その亡くなった土地や理由についてとなると、あまり知られていないのではと思える。

マゼランがフィリピンに上陸した初めてのヨーロッパ人であり、それに至った背景とその上陸の時期や状況を知ることは、フィリピンの歴史を知る上で重要なことであると考える。

マゼラン遠征隊の旅のようすは、出発点であるスペイン・セビリャから遠征隊員として同行して無事帰還した、イタリア出身のアントニア・ピガフェッタの手記に基づき刊行された『マゼラン最初の世界一周航海長南実訳』に詳しく書かれている。それに依拠して書いてみたい気もあるが、それを書き始めると長くなり、また本筋から外れるので詳しくは割愛する。しかし、その遠征隊のフィリピン（当時はその名前はないが）上陸の日と原住民に出会った日にち、そしてそこに出てくる〝バランガイ〟については少し書くことにする。

まず、上陸は1521年3月16日で、そこはサマール島の東側南端付近のホモンホン島と思われている。原住民との出会いは上陸の翌々日とされ、マゼラン船隊に近くの住民9人が小舟で近づき、マゼランは警戒しながらも、友好的であると判断して彼らを受け入れている。それからおよそ2時間たったころ、今度は2隻のバランガイ（原住民がそのように呼んでいた舟）にぎっしり乗ってやってきたとある。

バランガイと呼ばれる船

さてそこで、原住民が乗ってきた〝バランガイ〟のことを調べてみると、長いものでおおよそ20メートルあり、それはヴェネチアの舟、フスタに似ていたとある。

フスタとは、櫂と帆の両方を動力とした軽量の高速船であり、両舷に十数名分の2人用の漕ぎ手のベンチが並び、大きな三角帆用の1本マストがある。ポルトガル人はこのフスタを北アフリカで15世紀と16世紀に使用し、さらにインド洋にも出かけている。

バランガイはピガフェッタの手記にたびたび登場し、島々の王（首長）が住むところに大きなものがあり、その存在意義は大きい。古代より、彼らはこのバランガイでマレー海域（周辺）から渡ってきたとされ、それは長い年月をかけての移動であった。

おそらくそれは数隻での船隊であったろうし、その単位は親族とか部族の集団だったかもしれない。それらがこの群島（フィリピン諸島）に幅広く分散上陸し、その上陸した地で、その集団を基礎にした集落ができ上がってきたのかもしれない。ルソン島中部に多く住む、タガログ族はその一つであろう。

マレー周辺には古くからの王国がある。対岸のベトナムには1世紀ころからの扶南王国、そしてそれを起源とする勢力が作ったとされるスリウィジャヤ王国が、スマトラ島に7世紀中ごろ出現している。とりわけスリウィジャヤ王国は、マレー系の海上交易国家であり、インドネシアやマレー半島、そしてフィリピン諸島に大きな影響を与えたとされている。もしかしたら、中国や日本を含む地域とも往来や交易がなされていたのかもしれない。

つまり、この地域には海上交易での広域な経済圏があったということであり、この観点からも、文字を持っていたということは道理にかなうし、先述したサンスクリット系の文字が伝わってきていた可能性は大いに考えられる。

スペイン人が入植した当時のこの群島には、バランガイを一つの単位とした社会集団を束ねた、先述のような王国やこの群島を支配する中央集権型の国家的なものはなかった。しかし、一部の要衝地域などではいくつかのバランガイが連合して発展する動きをみせていた。

つまり当時のこの群島は、民族的な中央集権集団への過程にあったのかもしれないのだが、そこにスペイン人が入植し、そのような動きが止まってしまったと考えられる。

現在のフィリピンでバランガイと言えば、〝行政上の最小区〟と表現されるように、フィリピン行政の末端に位置づけられており、言い換えれば住民自治組織でもある。

それはきちんと組織だったもので、フィリピン全土の市町村に隈なく存在しており、市井の人にとってはとても身近なものであり、その数は全国で4万2千余りと言われている。

その機能はというと、第一に行政、立法、司法の領域にまたがり、第二に評議会、調停委員会、自警団、青年会、全体集会と多岐にわたっている。

しかし、マゼラン隊が見た当時のバランガイと今のそれとは違っている。レガスピがフィリピンを実質的に統治した1571年以降のスペインは、植民地支配を進めて行く上で、住民を統治しやすくするために、隣接する複数の既存バランガイを再編・統合（含む住民の強制移住）した。その新しい集落がプエブロ（町）と呼ばれ、それが今のムニシパリティ（町）になって行き、その集合体（含むシティ）がプロビンス（州）となる。その再編過程でのバランガイは、スペインの呼び名であるバリオ（地区、末端の行政単位）と変えられた。

20世紀初頭にスペインにかわってフィリピンを統治した米国は、末端単位としてそのバリオを引き継ぎ、以降、その権限は拡大して行き、また機能もきちんと規定されたものになっていった。

このバリオの機能は、1969年に大統領に就任したマルコスにも引き継がれ、戒厳令期においてバリオを再編成し、伝統的社会集団時代のバランガイと呼び替え、現在のバランガイとなっている。従って、ここで記述している伝統的社会集団のバランガイは、スペインまたは米国の植民地支配のいずれかの時期に消滅したと理解して良いであろう。

古都セブ

レガスピ遠征隊（ミゲル・ロペス・デ・レガスピを提督とする4隻編成の船隊）がセブに上陸した。その上陸目的は、マゼラン隊のような一時寄港ではなく、帝国スペインのさらなる拡大のための根拠地探しのためであり、それはスペイン王（フィリッペⅡ世）の命であった。

レガスピ提督はセブをその地とするために、表向きはセブ首長との和平交渉の形をとるが、その実態は武力を背景にした住民制圧・武力制圧であり、それにより港近くに居留地を確保した。そこで根拠地としての建設を始めた。サンペドロ要塞はその結果できたものである。

レガスピ隊はその後も周辺地域の住民制圧も行いながら、パナイ島、ミンドロ島西岸、ルバング島などの遠征を行い、そのなかでルソン島・マニラの活況の情報が入ってくる。それ以後は、先の章（「バターン半島へ」）で書いた先遣隊のマニラでの戦いとなって行く。

レガスピは1571年にマニラに入り、そこでマニラ市評議会を結成し、1571年7月24日の〝実質的な恒久的入植地をマニラに成立〟としているので、それまでの約4年間は、セブがスペイン植民地下においては首都であったとも言える。セブのことを古都と呼ぶ人がいるが、このような歴史的背景によるのかもしれない。

しかし、古都と呼ばれるのは、スペイン人（またはヨーロッパ人）から見た歴史だけである。先住民側から見れば、彼らヨーロッパ人は侵略者に過ぎず、先住民たちにはそれぞれ独自の領土があり、そこで外国と交易をしており、そしてそこには伝統や文化があったのである。

セブの歴史に関係してだいぶ長く書いてしまったが、話をタクシーに乗っている状況に戻そう。われわれはそのサンペドロ要塞跡地に突き当たり、そこで左に折れるとすぐに旅客船のターミナルビルが見えた。ちなみに、突き当たりを右に曲がると、先述したマゼラン・クロス、そしてサント・ニーニョ像があるサン・オーガスティン教会がすぐ近くにある。

ターミナルビルでの英語アナウンス

ターミナルビルの手前でタクシーを降り、乗車券はすぐ近くにあった売り場でRJ君から購入（1人650ペソ）してもらった。時刻は9時25分。

数十メートル歩いただろうか、われわれはビルの中に入った。すぐにセキュリティチェックが行われ、それはまるで空港のようであり、その中は多少の混雑があったが、いつもと同じなのだろうと感じられた。

出発時間を伝えるアナウンスが盛んにされているが、それは全て英語であり、ローカルの言語はない。それも日本の国際空港での英語のアナウンスとは比較にならないほど（失礼ながら）きれいでわかりやすいのである。

この建物は国内航路専用であるにもかかわらず、なぜ英語を使い、そしてビサヤ語やタガログ語はないのであろうか。現地の人たちにとっては不便に思えるのだが、外国人旅行客優先なのだろうかと思ってしまう。

かつてここセブに6年余り住んで、そしてこの国の歴史を少しばかり知っている私にはその理由がわかる。

これはフィリピンのやり方なのだ。

よく言われることだが「スペインは言葉を教えずに、彼らの宗教を教えた。そしてアメリカは英語を教えた」。スペインの統治が始まり、その後の長い間、フィリピン人の子供は高等教育機関に進むことはできなかった。スペイン国王は、すべての植民地に学校を作り、スペイン語を学ばせるように命令していた。しかし、移住して来たスペイン官僚は、島々で言葉の違うフィリピン人がスペイン語の教育を受ければ、協調が生まれやがて反乱が起こることを警戒し、積極的にはスペイン語の普及政策を行わなかったのである。

アメリカは違っていた。アメリカ政府は千人以上の教師を送り込み、公立学校制度を導入して英語を教え、民主主義と自由主義を教えた。洋服、自動車、冷蔵庫、ハリウッド映画など、フィリピンには西洋文明が浸透し、アジアでは有数の高い生活水準を誇っていた。それは言い換えれば、学校教育を通じてアメリカ的な価値観を教え、フィリピン人を良き植民地人に育ててあげていったとも言える。あるフィリピンの歴史家によれば、フィリピン人は小さく茶色いアメリカ人になっていたと伝えている。

このようにして、アメリカの英語教育は初等教育からはじまり、英語を公式の言語とし、公の場、あるいはちょっと気取った場でも長い間英語が使われてきた。

現在の公式言語であるフィリピン語はタガログ語を標準化したもので、それは１９８７年制定の憲法でそのようになったもので歴史的にはまだ短い。そのようなこともあってか、英語は未だ公式なものとして使われ、一般国民の間でも広く使われ続けている。

とりわけ未来志向の強い若い世代の家庭では、英語の教育・使用に熱心であり、親子の会話もできるだけ多く英語を使っている。と言うのも、親、子供共に普段の生活ではタガログやビサヤ語などの地元の言語を使っているので、子供たちは学校である程度の英語を習い使っていても、それだけでは不十分と親（母親に多く見られる）は考えているのである。そのような母親は、わたしのセブ勤務時代にもいたし今の会社にもいる。

会社の母親マネージャー

今の会社の例で言えば、彼女は30代前半であるが5年前から現場を仕切るマネージャーとして活躍しており、今では欠かせない人材となっている。そして、日本にいる私と毎日のように電子メールとオンライン通話で仕事上のやりとりをしている。

私は今の会社に着任してからの約2年間は常駐していたので、彼女とは日々の意思疎通で、互いの考え方や会社のあるべき姿とかそれへの目指し方はわかりあえていた。また同時に信頼関係もできていた。そのような背景があり、オンライン通話でもすぐに要件は通じている。言わば、阿吽の呼吸が可能となっている。

その彼女から、昨年（２０２１年）５月に、会社を退職することを決めたと突然のメールが入ってきた。その理由はというと、コロナ禍の中で感染者が大幅に増え、２歳の娘と5歳の息子が外で働く自身からの感染の可能性があり心配であること、そして子供らの英語教育のことであった。

マニラの北方向にあるところのプロビンス（ここでは日本でいう田舎の意）から彼女の両親が来て子供たちの世話をしてもらっているが、ともに英語には精通しておらず、日々の会話はどうしてもタガログ語になっている。そこで、自分がいつも一緒にいてやって、英語を使って会話をし、そして教育したいとのことであった。

今の仕事は大変やりがいがあり、ずっと続けたいのだが、このような理由で先の結論に至ったという。それはよくよく考え悩んだ末の結論であることがそのメールから理解できた。

私は翌日にオンライン通話をし、今回はいつもの通話だけでなく、ビデオでの通話にしたところ、気丈夫な彼女がわたしの顔を見るなり声を詰まらせ泣き出した。彼女の心の中の葛藤をそれですぐに理解した。

私は最初から彼女の退職願いを受け入れるつもりはなく、その旨を伝え、そして先ずはコロナが収束するまでの間は自宅で仕事をするようお願いした。

長期にわたる自宅での仕事を認めることは、会社の規則上からは少し難点があったが、コロナ禍という特殊事情もあり、特例として認める形とした。

家庭の生活費の大半は主人からのようだが、彼女の両親の生活サポートは彼女の給料の一部から出ており、退職するとそれがなくなり、事情のわかる両親はそれに反対もできずに心配していたという。

私からの提案を受けて彼女は大いに喜んだ。それから1年近くなる今でも、彼女は自宅からの仕事を続け、日々の業務を処理し、顧客との大事な場面などでは、適宜出社あるいは顧客に出向き問題なく対応できている。

この章の執筆中である今（2022年2月）、彼女に子供たちのことを尋ねたら、2人とも英語を流暢に話しているという。フィリピンの最近の子供たちはユーチューブをよく視るので、それで自然に上手になるそうなのだ。これには少し驚いたが、それには母親の教育が基本にあることは無論のことでもあろう。

フィリピンの幼な子を持つ家庭では、〝ヤヤ〟と呼ばれるベビーシッターとメイドを兼ねたような人にその世話をお願いしているケースが多くある。これは少し差別的な言い方となってしまうが、その人たちの多くは学校教育レベルが低く、英語どころか、フィリピンの標準語であるタガログ語も危うく、親がいない時は、自身の故郷の言葉で子供と話すことがあるようだ。

ある日のこと、子供がよく理解できない言葉を話していると親が気づき、よく調べたらヤヤの故郷の言葉だったと、冗談のような話を聞いたことがあるが、笑えない話である。もちろんヤヤはそのような人たちだけでなく、教育レベルが高く英語を上手に話す人もいるが、それなりの費用がかかるのは言うまでもない。

英語ではこのようなこともある。それはまた私のセブ勤務時代の社内での話である。ある事件があり、それに関わったと思われる社員を呼び、弁護士、そしてその弁護士が手配した書記担当の人、さらに関係者を交えて事件の状況を尋ねた。それは普段使うローカルの言葉でなく英語で始まったので、私のためにそうなのかと思ったが、実はそうではなかった。

話は白熱し会話は英語からビサヤ語になり、その途端に書記の手がぴたっと止まったのである。これに驚いた私は、〝ええー、なぜ？〟と、しかしその場は緊張した雰囲気であり、だれからもそれに対しての返答はなかった。あとでわかったのは、英語だけが正式な記録とされるのであった。弁護士の考えで、ここでの会話記録を後の裁判に使うことを念頭においていたものであった。

かかわった社員はその後どうなったかというと、客観的な証拠が複数あるにも関わらず、彼は最後まで白を切り続けた。そのため期間を要したが、頃合いを見て、私が彼に退職願いを出すよう直接言い渡した。すでに観念していたのであろう、すんなりとそれに応じた。

この国での解雇は難しく、慎重にことを運ばなければならない。

高速船OCEANJET188での出発

われわれが乗船する出発アナウンスがあり、高速船が接岸しているところへ向かった。その船の側面には「OCEANJET188」と大きくあった。

乗客のほとんどはローカルの人たちで、外国人旅行客は見られない。今日の乗客数は多くなかったのか、船内には空席が目立った。

船は定刻の10時30分に出発した。しばらくすると左手に国内航路の貨物船とそのコンテナが見え、その向こうにはセブのそれほど高くはない山が見える。

さらに進むと今度は国際航路の船と、ガントリークレーン4基が見えてきた。右手はマクタン島で、船はセブ島とマクタン島の間を通過している。従い、ちょっとした海峡である。その幅は狭いところで300メートルくらいであろうか。

さらに進むと前方に橋が見えてきた。この橋はマクタン島とセブ島を結ぶ一番古い橋なので、ここでは第一大橋と呼ぶことにする。この橋は1973年7月に開通しており、その全長は800m、幅9m（片側1車線）となっている。その後だいぶ経ってから、私の勤務時代の1999年に2番目の橋が完成した。それは片側2車線の長さが1237mで、その開通により渋滞の緩和が大きく進んだことを記憶している。第1、第2大橋共に日本のODAが使われていた。

RJ君によれば、今では第3番目の橋も着工しており、近年中に完成の予定だと言う。

この執筆中に調べたところ、2021年末現在情報では2022年の2、3月までには完成する予定になっている。

その着工中の第3番目の橋は、マクタン島の南端にあるコルドヴァの町から出て、セブ側は先ほど出発したターミナルビルから少し南下したところにある開発地域（日本のＯＤＡで埋め立て）に繋がるようである。そうなると渋滞が激しいマンダウエを通る必要はなくなり、セブ側は良いが、マクタン側のコルドヴァからの先がどうなのかが気になるところである。私の記憶にあるその辺りの道は狭く開けていない。

この旅をしている翌年にセブ側の開発地域周辺を通ったことがあるが、そこにはすでにしゃれた建物が並んでおり、また大型ショッピングモールもできていた。

後で調べたところ、その橋の長さは８５００メートル、全幅27メートル、片道2車線、そして先ほどの国際航路の大型貨物船がその橋の下を通るので、海面から51メートルの高さに造られているという。

今の橋とはスケールが大きく違うし、また美しい橋なのだろう。セブ側の開発地域はもともと景色のよいところでもあり、橋の景観も含めたその辺は今までのセブとは違うイメージの地域となることであろう。

同様にこれを執筆中（２０２２年）にインターネットでセブとマクタン間の橋を調べたところ、第４番目の橋の計画がＪＩＣＡ（国際協力機構）によって提案されていた。それは先の完成が近い第３大橋と第２大橋の間に計画され、すでに着工されているようである。

第３大橋はスペイン企業がデザインしているそうである。５００年前にマゼラン率いるスペイン遠征隊がこの狭い海峡を通り、そして78年前にはセブにいた旧日本軍がレイテ戦に向けて通ったはずであるこの海峡に、日本が大きく関わった橋が架かる。そのデザインをスペイン企業が担当していることは感慨深い。

セブは観光地として知られ、きれいな海の浜辺や島が多くあり、セブに住んでいるとそこへのアクセスは容易である。セブ勤務の時代は、毎年のアウティング（社内小旅行）で色々な島やリゾート地に行き社員たちと楽しい時間を過ごした。

今のマクタン島を含むセブ地域は、昨年（2021年12月）のスーパー台風（フィリピン名オデッテ）による被害で大変な状況が続いており、早い全面復旧を願うばかりである。

橋が4つにもなることは、それだけの需要、つまり観光客の増加、そしてマクタン島にある経済区の活況などの要因があってのことであろうし、セブは間違いなく発展して行くことだろう。

船のスタッフが「バンバン、タクロバン！」と、調子の良い響でしきりに言っている。RJ君に尋ねると、それはタクロバンへ行くバン（小型バス）の予約を取っているようであった。われわれはオルモックで一泊し、タクロバンへは明日の朝出かけるつもりでいるのでその切符を買う必要はないと判断した。

オルモックからは北上して激戦地であった「リモン峠」まで行く。そこで慰霊を行った後に、元の道でまた少し北上すると海に出て、そこからは東南方向に下ってタクロバン方面に向かう計画である。

私は具体的な行動予定や宿泊先は決めず、行く先々の状況に合わせて行動することにしているが、二人とも初めての土地であり、次のような大まかな行先と宿泊数の3泊は決めていた。

オルモック（一泊）→リモン峠→パロの教会→マッカーサー上陸の地→ドラッグ（激戦地）→ブラウエン飛行場跡を探す→タクロバン（2泊目）→タクロバン市内観光（3泊目）→マニラへ

11時10分、船のスピードが速くなった。市街地を離れたのでそうなったのかと思えた。少し経つと右手に飛行機が滑走路へ向けて降下するルートに近づいた。風の方向によるのだろうが、滑走路へのアプローチは北からの方向になることが多い。

マニラからセブに戻る際の座席を、進行方向左の窓側にとると、マクタン島に近づくあたりから海の色が変わっているのがはっきりとわかる。この付近の海辺は遠浅で、そこに来ると海の色が青からエメラルド色になるからである。

そして、その辺りから向こう（東側）はマゼラン湾であり、ここの浅瀬でマゼラン隊とラプラプ酋長（地元の首長）率いる隊が戦い、マゼランはそこで致命傷を負い亡くなった。結果としてマゼラン隊はその戦いに敗れてしまうが、その一因に潮の満干時の時期を誤ったことが挙げられる。逆に言えばラプラプ隊がその満干時を利用したことになる。

私はマクタン島北東の岬の先にあるコンドミニアムに住んでいて、この周辺は通勤の道であったことにより、戦場になった辺りの干満時のそのようすは知っている。

すごく寒い船内

OCEANJET188はさらに進み、船内の気温は乗り込んだ時点でも寒かったが、ますます寒くなってきた。私には異常な寒さだ。温度調整が故障しているのではと思われたが、他の乗客はだれもそれについて苦情を訴えるようすは見られない。RJ君もその寒さは同じようで持っていた上着を着た。私も薄手の上着をもっていたので風邪をひかずに済んだ。

時刻は1時少し前、まさにこれからオルモック湾に入る感じだ。そして、その湾に入った先には、きっと良港があるのではとの予感が持てる景色であった。

進行方向の右手には、高さ100~300メートルの山々が見え、それらは海からすぐに立ち上がっているように感じられ、海辺から山までには平地がないように思えた。

1944年10月から始まったレイテ島での決戦に向けて、セブにいた日本軍将兵は私が今来たようなルートでオルモック港に渡ったはずである。そして同様に、彼らもこの同じ景色を見たはずでもある。

第八章　レイテ島へ

オルモックに上陸する前に、まずはこの島（レイテ島）の地理的状況について少し書いてみる。そこはフィリピン諸島のほぼ中央にあり、そしてビサヤ諸島の東ビサヤ地方に位置し、その東側は太平洋に面している。島の北東には、狭いサンファニーコ海峡を挟んでサマール島があり、南東のディナガット島と共にレイテ湾を抱き、太平洋を渡ってきた大型船舶にとって、良い停泊地となっている。とりわけ貿易風を受けての中部太平洋からは、最もフィリピンに近寄りやすい地点でもある。

島の大きさでいえば諸島の８番目で、南北に長く縦約１８０キロ、幅は中央部アブヨグ～バイバイ間のくびれたところで約25キロ、北部タクロバン～パロンポン間の最も広い部分では同65キロある。（図1参照）島には南北に走る脊梁山脈があり、後述する「レイテ戦」はこの山脈を回り込んでの、そして山脈の隘路の中での日米軍の戦いであった。ここでの戦いで歴史的な島になるまでは、フィリピン以外にレイテ島の名が知られることはなかった。

フィリピンでの日米戦は、太平洋戦争で最も多くの戦没者を出した戦いであり、それはレイテ島及びその周辺海域での戦いから始まった二つの戦いであった。それらは、日米戦の勝敗を決める実質的に最後の戦いでもあった。日本はそれら二つの戦いを〝決戦〟と位置付けたのである。

その決戦の一つは１９４４年10月24日から26日までの日本海軍と米海軍とのレイテ沖海戦であり、もう一

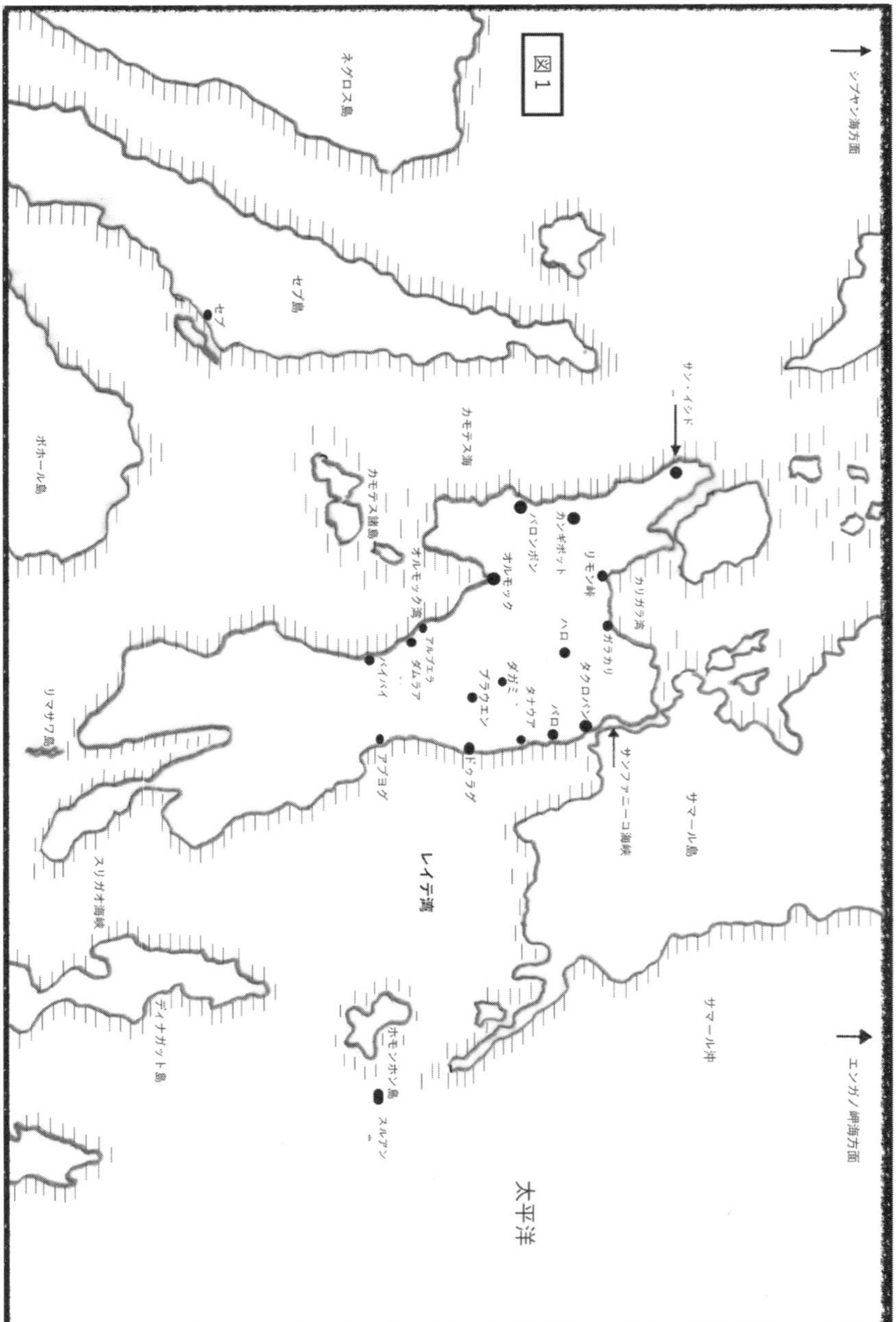
図1
ネグロス島
シブヤン海方面
セブ島
セブ
ボホール島
カモテス海
カモテス諸島
サン・イシドロ
バロンボン
カンギポット
オルモック
オルモック湾
リモン峠
カリガラ湾
ハロ
ガラカリ
アルブエラ
ダムラア
バイバイ
ダガミ
ブラウエン
タナウアン
タクロバン
パロ
ドゥラグ
アブヨグ
サンファニーコ海峡
サマール島
リマサワ島
スリガオ海峡
レイテ湾
ディナガット島
ホモンホン島
スルアン
サマール沖
エンガノ岬海方面
太平洋

つは同年10月20日の米軍レイテ島上陸を期して始まった、マッカーサー率いる米陸軍と日本陸軍とのレイテ島での戦いである。

次に、この二つの決戦の始まる前の日本軍の状況を書き、その後にその決戦の状況を簡略して書き、最後にレイテ島での私の旅の記録を書くことにする。

そうすることで、ほとんど事前の準備（戦地跡についての勉強）もしないで出かけた私の旅「レイテ島へ」の記録の補完となり、ひいてはこの記録が読みやすく、そして理解しやすくなるのではと思えるからである。

それでは決戦前の日本軍の状況から入ると、１９４１年の開戦当初は破竹の勢いで勝利したことはよく知られている。しかし、１９４２年６月のミッドウエー海戦（ミッドウエー島付近）で、これまでの海軍の主役であった空母６隻の内の４隻、そしてその艦載機３３２機（別の記録では２９０機）を失った。それを機に戦局は一変し、日本の敗北は時間の問題と思われたが、その後3年にわたって両国は激戦を続けることになった。しかし戦況は好転せずに、太平洋上での戦いで実質的な敗戦が続き、この辺りから〝絶対国防圏〟の一角が崩れてきた。

二つのルート

米国の対日攻撃には二つのルートがあった。一つはコレヒドール島からオーストラリアに逃れ、そこから拠点をニューギニアに移した、南西太平洋方面軍（米英豪蘭連合軍）総司令官ダグラス・マッカーサー大将のルートである。それは、ニューギニア北岸沿いを西進してフィリピン・レイテ島に拠点を構築し、そこからルソン島に渡るものであった。

もう一つは、太平洋艦隊司令長官チェスター・ニミッツ（大将）提督のものである。それは、中部太平洋の離島伝いに進んで台湾、そして日本に向かうものであった。

１９４４年7月27日から3日間、マッカーサーはフランクリン・ルーズベルト大統領からハワイに呼ばれ、ニミッツを交えた会議が行われた。ルーズベルトは次の段階を決定するのがこの会議の目的であることを告げ、そこで海軍が計画したものが提出された。それはフィリピンを素通りして台湾を攻撃するというものであった。

これに対してマッカーサーは「またしてもフィリピンを犠牲にすることなどということは許されないし、心理的にも、この友好的な地域を敵から解放することは、それが可能になったいま、われわれの道義的な義務である」と強く反発した。（『マッカーサー大戦回顧録』より）

その結果としてニミッツが折れ、そしてルーズベルトはマッカーサーの進言を受け入れ、フィリピン奪回計画が承認された。

マッカーサーとニミッツの対立の背景には、陸軍と海軍の戦略の違いと主導権争いがあり、政治指導部がその調整を図っていた。その理由には、太平洋方面の陸軍を率いるマッカーサーの個人的人気が高く、マッカーサーの次期大統領候補の噂も流れており、彼の意向を米国内政治上無視できないということが背景にあった。

このことから言えることは、マッカーサーがフィリピンの奪還にこだわらずに、ニミッツの出した海軍の提案を受けていれば、フィリピンでの大戦はなく、１００万人を超すフィリピン人の犠牲はなかったはずである。

「アイ・シャル・リターン」としてフィリピンを解放するのは良いとしても、早晩日本は負けるとわかっていたなら、いずれフィリピンは日本軍から解放されるわけであり、フィリピンでのそのような膨大な犠牲はなかったのだ。

日本軍はというと、米軍はフィリピンへ進軍すると予測しており、それをルソン島で迎え撃つとしていた。ルソン島なら台湾、沖縄に基地がある航空部隊の支援が可能であり、兵力配置、補給物資の蓄積も一応できていたからである。

ところが、思わぬ戦果（大勝利）の情報が入ったため、ルソン島での迎撃方針を変え、レイテ島での決戦、そしてそれに呼応してレイテ沖海戦へと舵を切ったのである。しかしその戦果情報は誤報であり、レイテ戦に重大な影響を与え、それは、はかり知れない致命的なものとなったのである。言い換えれば、その誤報がなければ、レイテ島での日本軍の犠牲は大幅に少なかったはずであり、ルソン島での山下大将の持久戦は功を奏し、ひいては米軍の沖縄への進撃を抑えられたかもしれないのだ。それでは、その誤報とはどのようなものであったかを次に書く。

台湾沖航空戦とその戦果誤報

１９４４年10月12日から16日、米軍のレイテ島への上陸作戦の布石として、台湾から沖縄にかけての日本軍航空基地を攻撃した米海軍空母機動部隊に対し、日本海軍の台湾基地航空部隊が迎撃した戦いが台湾沖航空戦である。

その航空戦のきっかけを作ったのは、米海軍機動部隊のウイリアム・ハルゼー艦隊司令長官である。ハルゼーの作戦は、台湾沖で騒いで（空襲し）日本軍をおびき出し、ダメージを与えることを目的としていた。それに対して日本海軍は、千載一遇のチャンスとばかりに、占領地である台湾の航空基地から、延べ600機以上の航空機を出陣させたが、結果的にはそのほとんどを失ってしまった。

しかし、ハルゼーは目的を達成し、彼の艦隊は意気揚々とレイテ戦への支援に向かった。

しかし、大本営（戦時中に設置される日本軍（陸海軍）の最高統帥機関）海軍部はその戦果を次のように発表した。

轟撃沈：航空母艦（空母）11隻、戦艦2隻、巡洋艦3隻、巡洋艦もしくは駆逐艦1隻

撃破：空母8隻、戦艦2隻、巡洋艦4隻、巡洋艦もしくは駆逐艦1隻、艦種不詳13隻

その他火焔火柱を認めたもの12隻を下らず。

わが方の損害、未帰還の航空機数312（この数は自軍だけあって実際のようである）。

もしこれが事実だとすれば、世界海戦史上最大の戦果であり、米国が開戦以来進めてきた空母大量建造は、日本軍のこの攻撃により一度で潰滅したことになりそうなものであった。

この大本営発表は、敗戦が続き前途に不安を抱きはじめていた日本国民を狂喜させた。連合艦隊は勅語を賜わり、東京、大阪で国民大会が開かれそれを祝った。当時（東條英機の後）の総理大臣である小磯国昭大将は「勝利は今やわが頭上にあり！」と叫んだ。

しかしこれは多くの未熟練のパイロットが見た幻影であった。ハルゼーによれば、12、13の両日、撃墜さ

れた日本の攻撃機が艦隊周辺の海上で盛んに燃えていたので、それが背景になって空母自身が燃えているように見えたことがあったという。

海上すれすれに退避しながら、戦果報告を作文しつつあった未熟なパイロットには、なおさらそう見えたのかもしれない。つまりそれは、日本軍パイロットの誤認であり、大本営海軍部の誤報であった。実際は巡洋艦2隻大破のみとされている。

この当時は多くの熟練パイロットを失い、急拵えの訓練での新人パイロットが多かった。そのようなパイロットから戦果報告を受けた上官は、たとえそれが確信が持てそうもないものであっても、希望的観測も含めて都合の良いように理解し、それが上層部に上がって行ったように思われる。その背景には、軍部全体の空気の中に良い戦果を聞きたい、それを国民に知らせたいという気持ちが強くあったのかもしれない。

後日、連合艦隊及び大本営海軍部はその誤認に気づいたが、敵機動部隊健全の真実を、政府と陸軍に通報しなかった。もし、陸軍がそれを同じタイミングで知っていれば、決戦場を急にレイテ島に切り替えて、多くの決戦部隊をレイテ島に送ることはなかったかもしれないのだ。

すでに制空権も制海権も持たない日本軍がルソン島からレイテ島へ部隊を動かすとなれば、その輸送途上を米軍に狙われるのは必至である。ルソン島での決戦であればその輸送は必要なく、犠牲はレイテ島に駐留していた第16師団と、ビサヤ、ミンダナオからの増援部隊だけですんだかもしれないのである。

今日からみれば信じられないことだが、すでに天皇への上奏も終わり、全国民を湧かせた戦果がいまさら間違いだったとは言えなかったのだろうし、後で挽回して辻褄を合わせようと考えていたのかもしれない。しかしそれにしてもこのことは驚きであり、この辺りに海軍に限らず、何か根深い日本軍の体質があったように思える。

　以上が二つの決戦前の状況であり、それら二つの決戦がどのようなものだったかを、まずはレイテ沖海戦について書く。

フィリピン海域での戦い

　レイテ島を中心に行われた海戦を「レイテ沖海戦」と一般的に呼ぶが、この海戦はルソン島東北方面海上からレイテ島西南のスールー海まで、4百カイリ平方におよび、広大な空間で行われているので「フィリピン沖海戦（以後この名を記す）」とも呼ばれている。そこでの主な海戦場は、シブヤン海、スリガオ海峡、エンガノ岬海、そしてサマール沖の4つで構成されている。（図2参照）
　それは、その規模において、世界の海

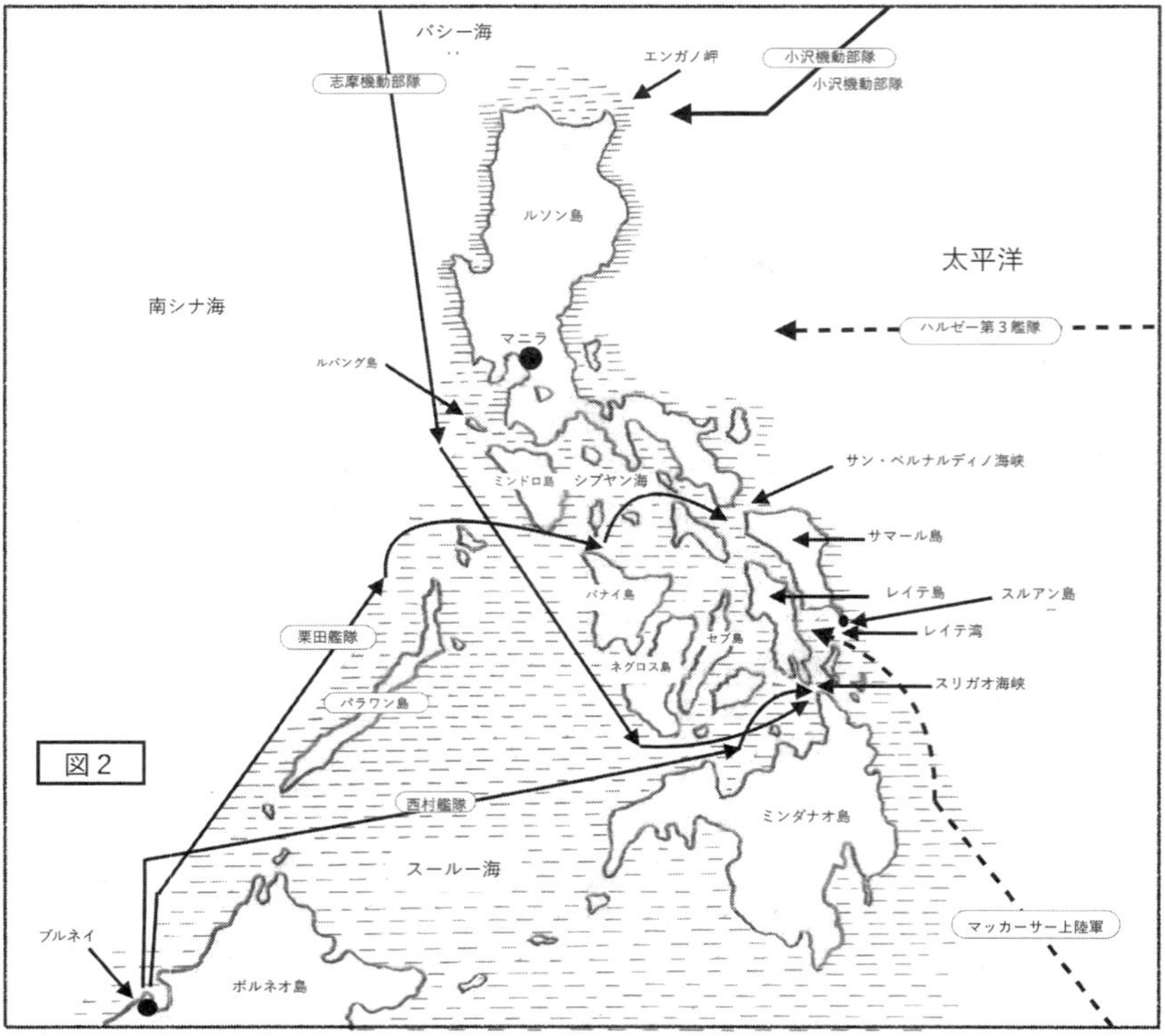

図2

戦史上最大のものであった。そしてこれが日本の連合艦隊（司令長官豊田副武大将）と米国の太平洋艦隊（司令長官チェスター・ニミッツ大将）の実質最後の決戦となった。

米側は、ニミッツ提督配下の第3艦隊（司令官ウィリアム・ハルゼー中将）、そしてマッカーサー大将配下の第7艦隊（司令官トーマス・キンケード中将で、俗にマッカーサーの海軍と呼ばれた）が中心である。

先述したような戦果誤報により、米艦隊が大きなダメージを受けたと思い込んだ日本海軍は、この機とばかり米艦隊を打ちのめして、戦局の逆転を図ろうとした。後からそれが誤報と気づいても、その流れは止められなかった。

日本海軍はフィリピンを失うことを陸軍以上に恐れていた。南方から石油が入らなければ、航空機は飛べないし、艦船もただの鉄の塊となってしまうのであった。こうしたなかで、マッカーサー率いる艦隊がレイテ島に上陸するであろうと予測した日本海軍連合艦隊は、総力をあげてレイテ湾目がけて突入し、フィリピン沖海戦が始まったのである。

この海戦前の日本海軍連合艦隊は分散しており、主力艦隊（戦艦「大和」「武蔵」などがいる）はリンガ泊地（シンガポール南80カイリのリンガ諸島とスマトラ島との間に設けられた海軍の艦艇停泊地）にあったが、機動部隊（航空母艦を中心とした巡洋艦、駆逐艦で編制された部隊）は艦載機の補充と搭乗員訓練のために瀬戸内海にいた。

南方にいた艦隊には重油はあるが弾薬がなく、瀬戸内海の艦隊はリンガ泊地へ行かなければ燃料が枯渇するおそれがあった。そこで二つの艦隊は、南方で11月に合流する予定でいた。しかし、米軍が10月にレイテ湾に進攻してきたことにより、不備ながらこれらの艦隊が南北それぞれから出動し、敵のレイテ島上陸企図を破摧《はさい》しようとする行動計画となった。

台湾沖航空戦で３００を超える航空機を失い、そして太平洋上の戦いで、すでに多くの艦船を失っていた日本海軍（連合艦隊）は、弾薬と燃料不足のこともあり、苦肉の策とも言えるような作戦をとった。

この作戦での艦隊（部隊）の布陣を記すと、リンガ泊地にいた栗田健男中将率いる主力艦隊（含む西村祥治中将率いる別部隊）、瀬戸内海にいた小沢治三郎中将率いる機動部隊、馬公（台湾）で待機していた志摩清英中将率いる機動部隊であった。

小沢機動部隊は米艦隊への囮となり、相手が釣られている隙に、他の部隊が巧妙に連携し、米艦隊を駆逐しながらレイテ湾に突入して米輸送船団を撃破（殴り込む）する。さらに、すでにレイテ湾から上陸（10月20日開始）して海岸にいる敵上陸部隊への艦砲射撃を行い、レイテ島で戦う日本陸軍をサポートするというものであった。

もしこの作戦が成功していれば、レイテ島に上陸したマッカーサーの軍は、後方との連絡が断たれ、その補給計画は大幅に狂い、撃滅されたかもしれない。

しかし、４百海里平方におよぶ広大な海域での戦いには多くの錯誤があり、結果はそのようには上手く運ばなかった。

10月24日から26日までの実質3日間の戦闘結果は、米艦隊への大きなダメージを与えることもなく、そしてレイテ湾にいる米輸送船団への〝殴り込み〟をすることもなく、各艦隊・部隊に多くの犠牲を出しながら、それぞれの泊地へ帰った。

一般によく知られている、戦艦「大和」と「武蔵」はどうなったかが気になるところだが、「大和」は深傷を負いながらもリンガ泊地へ戻ったが、「武蔵」は残念ながらそうならなかった。

武蔵は、リンガ泊地からレイテ湾に向かう途上のシブヤン海で、辺りが真っ暗になるほどの敵飛行編隊の攻撃により、46センチの主砲の威力を発揮することなく、24日午後6時50分に機関停止、同7時35分左に横転沈没した。

すでに日本海軍には米空母に対抗できるだけの機動力（航空戦力）は残ってなく、「武蔵」を助けることができなかったのであった。沈没必至と判断した艦長の猪口敏平（砲術の権威として高く評価されていた）少将は総員退去用意を命じ、艦橋を去る副艦長に遺書を渡し、「武蔵」と運命を共にしたという。乗員約２４００のうち、戦死１０３９名であった。彼らは、北海道から東海地方までの若者（大半は10代から20代）たちで編成された「横須賀海兵団」であり、「武蔵」に乗り込んだのは、その中でも選りすぐりの精鋭でもあった。

巨額の国家予算が投じられ、海軍の持てる技術全てが注ぎ込まれた「武蔵」は、全長２６３メートル、基準排水量６４０００トン、世界最大の46センチ砲を搭載し、設計的には沈まないとされ、不沈艦と呼ばれていた。しかし、敵の一方的な攻撃に晒され沈んでしまった。

フィリピン沖海戦で日本海軍が失った艦船数は、空母4、戦艦3、重巡洋艦6、軽巡洋艦4、駆逐艦9隻となり、これ以後の日本海軍は大規模な戦闘を展開していない。

こうして、日本海軍が最後の機会を賭けた作戦は失敗してしまったのだが、日本陸軍はレイテ島での地上戦（「レイテ決戦」）を弱めることなく、むしろそこへの兵力を増強して行くのである。

次に、１９４４年10月20日の米軍レイテ島上陸を期して始まった「レイテ決戦」について書くが、その前にそれ以前の日米両軍の状況を書く。

米軍レイテ島上陸前の日本軍

１９４４年4月5日、第14軍（当時は黒田重徳司令官）隷下の第16師団（呼称垣《かき》、師団長牧野四郎中将で当時はルソン島ロスバニョスに司令部があった）主力がレイテ島進出の命令を受けてレイテ島に移動を始め、同月13日にレイテ島のタクロバン飛行場に師団長が到着。

同年7月24日、大本営は新たに、千島、本土、南西諸島、台湾、フィリピンを連ねる線で、来襲の敵を撃破する総合作戦計画を発令し、それを「捷号作戦」と称した。それは追い込まれた日本軍の背水の陣であった。

この作戦計画により第14軍は第14方面軍（以下方面軍と記す）に昇格した。この頃に第35軍（司令官鈴木宗作中将）が編制され、フィリピン諸島中南部（セブなどのビサヤ諸島とミンダナオ島）の諸隊がその隷下に入り、同時に同35軍は方面軍の隷下となった。

9月19日、16師団歩兵第33連隊の主力がレイテ島西側のオルモックに入港した。

9月21日、米軍による第1回目の空襲がマニラにあり、その後はフィリピン諸島の各地にいたゲリラの抗日活動が活発になった。彼ら（抗日ゲリラ）は短波放送の〝ボイス・オブ・アメリカ〟を聴いており、米軍の攻撃状況を知っていたのである。

10月6日の夕刻、山下奉文陸軍大将が第14軍から方面軍に昇格したばかりの司令官としてマニラに到着した。この時すでにレイテ島への軍隊の派遣が決定していたとされる情報があるが、この時点では大本営はまだ、主戦場をルソン島とし、ビサヤ地区は持久抵抗の方針であった。

10月17日、先のマッカーサーのルートでの米陸軍の船団がレイテ沖に達した。抗日ゲリラからの報告を基に、日本軍の防備が手薄なレイテ島が選ばれたとされている。レイテ島はフィリピンのなかでも、とりわけゲリラ勢力が強い島であったとされているが、それにはマッカーサーの戦略があった。マッカーサーはフィリピンゲリラの存在を十分認識しており、それを抗日運動に利用しようと考えていた。そのためにゲリラを組織化してそれを支援し、潜水艦で多くの物資（武器・食料・資金など）を密かに届けた。その物資の中には「アイ・シャル・リターン　マッカーサー」と書かれた、タバコやマッチ、そしてチョコレートがあり、この戦争は「民主主義を守るための戦いである」と書かれたパンフレットもあった。

このようにして、ゲリラはマッカーサーの目と耳と呼ばれ、日本軍の飛行機や艦船の動き、そして防備状況などが、無線で報告されており、マッカーサーはフィリピンの状況を手にとるように把握していたのである。

マッカーサー配下の、クルーガー将軍率いる第6軍の船団は艦艇数700を超える大船団（史上最大とも）であり、それは第10軍団と第25軍団の構成で、各軍団は2個師団からなり、各師団兵力2万5千であった。諸隊は戦車隊、水陸両用車両部隊、挺進通信隊で補強されており、後方勤務部隊を入れると総兵力20万2500であった。

大本営は敵の進攻方向を、ほぼ正しく推測しており、フィリピン諸島のどこか、もしくは台湾を最も可能性の高い攻撃正面と判断していた。そしてそのいずれかが奇襲されても、海陸空の戦力を結集して撃滅することとしていた。これが先の章（「二人の将軍」）で書いた「捷号作戦」である。

10月18日、ルソン島とビサヤ諸島に延べ約400機の敵機が来襲し、レイテ島東海岸のタクロバン、ブラウエン地区の飛行場は波状攻撃を受け、同日午後には米軍小艦艇がレイテ湾内深く侵入して掃海（機雷などを除く作業）を実施した。そして16師団の海岸陣地は艦砲射撃を受けた。艦砲射撃は上陸を容易にするために、沿岸にいる敵を掃討することを目的としている。この攻撃により、米軍がレイテ島への上陸を図っていることが明らかになり、寺内寿一元帥南方総軍（方面軍の上層部）総司令官は18日、「捷1号」の発動を大本営に要請した。

同日午後、軍令部（海軍の機関）総長及川古志郎大将、そして参謀総長（陸軍全体の作戦・指揮を統括する中枢機関である参謀本部の長）梅津美治郎大将が参内して、捷1号作戦発動に関して天皇の裁可を仰いだ。

大本営陸軍部は従来のルソン島での決戦を変更し、レイテ島へ攻め入った敵に対し、できるだけの増援部隊を送り戦う方針を示した。つまりこの時点でレイテ島での決戦に変えたのである。

南方総軍の考えは、レイテ島に米軍の陸上基地を許せば、ルソン島での決戦は成り立たなくなり、敵が最初に上陸を企図した機会を捉えて、決戦に臨むべきという意見に傾いていた。そのため、大本営陸軍部の決戦場の変更判断は、南方総軍参謀にとって我が意を得たものであった。

10月18日、南方総軍（当時マニラにいた）の作戦参謀が口頭で、方面軍（同様にマニラにいた）に対してレイテ決戦を通達してきた。「マンカヤンへの旅」で書いたように、山下はルソンからレイテ決戦への変更には反対であり、大本営から派遣されていた参謀、及び南方総軍参謀と二日間言い争ったといわれている。

レイテ島には兵力の配置や陣地の構築もできていなければ、軍需品の蓄積もない。敵が上陸してから泥縄式に兵力を送っても、成果は望まれないし成功の公算は少ない。失敗すればフィリピン全体を失う恐れもある作戦変更は行うべきではなく、レイテ島は予定通り持久抗戦に止めるべきであるというのが山下の考えであった。

加えて、マニラに着任した山下が見たとおり、レイテ島には兵員資材を送る十分な船舶はないという状態であったことも、反対の理由であったと思われる。先述した9月21日の米軍の初空襲以来、約15万トンの船舶がフィリピン海域で失われていたのである。

一説によると、山下は南方総軍にレイテ決戦中止の意見を申し入れたが、総軍司令官の寺内元帥は「既に決めたことである」として山下の意見を撥ねのけたとある。その寺内は、レイテの戦いが不利と見るや、マニラにあった総軍司令部を安全なサイゴンへと移し、さっさとフィリピンを離れてしまった。総軍司令官である寺内は、米軍でいえばマッカーサーに匹敵する立場であり、前線で指揮をとったマッカーサーと、戦線からいちはやく脱出を図った寺内とは、何と言う違いであろうか。この辺りに日本陸軍上層部の体質が窺える。

10月19日、午前零時付をもって捷1号作戦が陸海軍に発令された。南方総軍も同日中に下達し、方面軍司令官山下大将は第35軍司令官鈴木宗作中将（セブに司令部を置いていた）に対し、「軍の全兵力を挙げてレイテに上陸する敵を撃破するに勉むべし」と命令した。

10月19日、３００隻の米軍上陸用船艇は母艦を離れた。水陸両用戦車が先頭に立ち、両側はロケット砲装備上陸用船艇によって守られていた。その後に幾列かの歩兵上陸用船艇が続いた。米第6軍隷下の第10軍団はタクロバンとパロ方面、同第24軍団はドゥラグ方面に向かった。

10月20日、海上が明るくなるにつれ、16師団の歩哨は朝焼けの水平線が、艦船で渦巻いているのを見た。タクロバン方面に3隻、ドゥラグ方面に4隻の船艇が駆逐艦の砲撃に援護されて岸に近づいた。その2時間後、巡洋艦と駆逐艦が湾内深く入って砲撃してきた。マッカーサーの配下である第7艦隊の6隻の戦艦も艦砲射撃を実施してきた。その方向はパロとドゥラグ間の約30キロであり、その海岸から陸地奥2キロまでが一斉に攻撃された。艦砲射撃は24時間も続き、このようにして「レイテ決戦」の幕は切って落とされた。

この米軍上陸と共に、フィリピン全土の抗日ゲリラは蜂起した。事前に上陸情報を得ていた彼らは待ち構えており、米軍の進撃に伴ってゲリラも日本軍と戦ったのである。

レイテ決戦

レイテ島での地上戦（レイテ決戦）の期間は、米軍の東海岸への上陸である10月20日から起算し、大本営が12月19日にレイテでの地上決戦を中止する迄としたら2か月である。その間に多岐に渡る作戦が展開されており、その戦闘場所も多くある。そのようなレイテ島での戦闘の内容を書くと戦記風になり、かつたいへん長くなる。それは、この本の主題から外れることになるので、その辺りの詳細は省くことにする。しかし、レイテ島内での戦いがどのように展開されたかの大筋は書くことにする。

その大筋を書く前に、まずは先述した大本営の方針による増援部隊の陣容を記すと、第35軍直轄部隊、その隷下となる第1師団（呼称玉、司令官片岡匡（カタオカ・タダス）中将、満州・関東軍の隷下にいた）、第26師団（呼称泉、マニラから）、第30師団（呼称豹、ミンダナオ島方面にいた一部）、第１０２師団（呼称抜、パナイ島（ネグロス島の北西）にいた一部）、第68旅団（呼称星、満州にいた）、そして海軍部隊などであった。

満州からの増援軍は一度マニラに寄って体制を整え、輸送船団（日本郵船などの民間商船の旅客・貨客船・貨物船を徴傭してそれに護衛隊（軍艦）が付く）を組んで、危険水域のバシー海峡を渡り、オルモック湾へ向かうが、マニラからオルモック間の７２０キロは長く危険な航路であった。米軍のレイテ島上陸とフィリピン沖海戦の敗北で、制空権と制海権はすでに米軍側にあり、多くの輸送船が米軍の潜水艦などにより沈んでいる。

それでもなんとかオルモック港または周辺に上陸した援軍は、そこを地上戦の補給基地とした。これらの増援部隊の到着により、レイテ島は16師団だけでの防衛から、組織的体制での攻撃が始まり、苛烈・壮絶をきわめた戦いが続くことになった。

さてそれでは戦いの大筋となるが、米軍がレイテ島東側のレイテ湾から上陸したことにより、日本軍はその反対側（西側）のオルモック港から上陸し、脊梁山脈を北から回り込んで東側に出て、レイテ湾沿岸にいる米軍を駆逐する作戦であった。

米軍はというと、レイテ湾沿岸の上陸地（タクロバン、パロ）から、同様に脊梁山脈を北から回り込んで西側に出て、オルモック港にいる日本軍を駆逐する作戦であった。

そのようななかで米軍は、ドゥラグ（タクロバン、パロの南）から上陸した部隊が西へ進軍してブラウエン周辺にあった飛行場群を確保していた。それを知った日本軍は、上陸地であり補給基地とするオルモック港が脅かされるとし、島中央の山越えをしてそれらの飛行場を奪還しようとする作戦もあった。

これらの作戦状況を理解しやすくするため、ここでもう少し詳しくこの島の地理を説明する。冒頭でもそれについては触れたが、南北に細長いこの島には、そこを走る脊梁山脈がある。それにより、東西間を行き来できる道は二つに限られており、その一つは島の北にある町パロから北西に伸びる道をカリガラ湾に向けて進む道である。この道の途中には平野があり、カリガラ平野とかレイテ平野と当時呼ばれていた。

カリガラ湾に出るとそこから海岸沿いに、西に8キロほど進んでから左折して南下すると、すぐに峠の登り道となり、その峠を越えると後は西海岸の港町であるオルモックに向けて一直線の道（オルモック街道）

となる。この峠こそが、この島での最大の戦闘場となったリモン峠である。（図1参照）

もう一つは、これも冒頭触れたように、島のほぼ中央部に位置し、島の胴がくびれたようになっているところで、東海岸の町であるアブヨグから西海岸の町のバイバイ間の約20キロを通る道である。そこの脊梁山脈は低く、山地はその距離のうち約5キロである。

１９３４年に自動車道路が開通して、リモン峠回りの国道と共に、島の東西の交通を確保する幹線道路であったが、行政の予算不足によりその後の道路整備は行われておらず、車が通れるような道ではなかった。しかし、米軍の上陸後はこの道を整備して彼らの作戦に使用している。その道の西側沿岸の町であるバイバイに出て、そこから海岸沿いに北上してオルモックにいる、そしてまたリモン峠に向かう日本軍を挟み撃ちにして、彼ら米軍のレイテ作戦を終えようとするものであった。

グーグルマップで見ると島の南側にも道はあるようだが、当時のその辺りの情報については少なすぎるし、その方面での大きな戦闘はなかったようなので、この地域についての状況説明は省くことにする。

以上のような両軍の作戦計画のなかで、先述したように多岐に渡る作戦展開がなされ、日本軍の善戦はあったものの、大本営は12月19日にレイテでの地上決戦を中止した。それ以降の日本軍は、16師団（最初に進出した部隊）を除き全部隊にオルモックの北西部沿岸への転進命令がなされ、その近くに位置するカンギポット山周辺に集結した。またそれを駆逐するための米軍も残っており、日本軍の残兵を追って北西部へ進んだ。この当時、レイテ島上にあった日本兵総数は記録によってまちまちだが、２万名はいたようである。

12月21日、レイテ島の第35軍に対し、方面軍司令官（山下大将）から「自活自戦命令」が出された。それは、今後物資の補給はできないが各自永久に抗戦を続けて生き残れということである。この命令に基づき、北西部沿岸に集結した将兵を対岸のセブ島、そしてネグロスなどのビサヤ諸島に渡らせる作戦（撤退作戦）をとった。しかし、そのための船は極めて限られており、将兵の多くは残されたままその作戦は翌年1月20日をもって事実上終わり、その残された将兵のほとんどは全滅したとされている。セブ島に渡ることができた部隊はどうなったかについては、後の章「最終確認の旅へ」で書く。

レイテ島での戦いは、太平洋戦争でもっとも悲惨な激戦の一つであった。なによりも、日本軍の戦死者7万9千人、米軍の戦死者3千5百人、そして戦傷者1万2千人という数字がそれを示している。（表参照）

米側のある記録によると、12月の最終週に米軍が島での死体を念入りに数えた結果、60809名の日本軍将兵が命を落としたと推定され、捕虜になったのはわずか434名だった。米第6軍の損害は、戦死者2888名、負傷者9858名にすぎなかったとされている。

フィリピンでの50万を超えるとされる戦没者のほとんどは、

部隊名	投入兵力	転進(概数)	戦没者	生還者(概数)
第35軍直轄部隊	10,932	100	10,682	150
第1師団	13,542	750	12,742	50
第16師団	18,608	0	18,028	580
第26師団	13,778	0	13,158	620
第30師団(一部)	5,357	0	5,117	240
第102師団(同)	3,142	50	2,822	270
第68旅団	6,392	0	6,302	90
歩兵第5聯隊他	4,552	0	4,422	130
航空船舶部隊	5,258	1,345	3,743	170
海軍部隊	2,445	0	2,245	200
合計	84,006	2,245	79,261	2,500

日本軍のレイテ島投入兵力と戦没者
レイテ戦記（四）大岡昇平著より

1944年10月20日のマッカーサーのレイテ島上陸後であり、戦いの期間を翌年の8月15日（玉音放送の日）までとしたら、その間は300日近くである。1年にも満たない間にこのような膨大な犠牲者を出したのであり、その多くは戦死ではなく、病死・餓死とされている。

さらに、フィリピン民間人の犠牲者は100万人を超えるといわれている。日本はフィリピンと戦ったのでは決してないが、米国の植民地のようなものであったために、日本軍の侵攻により言わば巻き添えを食ってしまったのである。〝もしも〟で語れば、山下の言うように、レイテ戦はやめて、当初計画の通りルソン島決戦にしていたら、このような大きな数字にはなっていなかったと私には思える。

米輸送船団がルソン島へ向かう

日本軍のレイテ島での地上決戦中止前にも、米軍は着々とルソン島への進軍準備をしていた。百数十隻からなる米輸送船団は、ドゥラグ沖で第10軍団の24師団19連隊と第11空挺師団第507連隊の計約1万2千人、陸軍空軍部隊1万人弱、工兵その他補給部隊6千人弱、合計2万7千人以上の人員を乗せ、そして2万7千7百トンの資材の積み込みを終え出発した。

その船団は強力な対空砲砲火を持つ戦艦と重巡に加えて、駆逐艦多数という異常なほどの編成になっていたが、それは神風特攻に対処するためであった。すでに撃沈すべき日本の軍艦はなく、神風特攻だけが彼らの脅威であった。

その輸送船団のルソン島・リンガエン湾からの上陸が1945年1月であり、そのリンガエン湾のようすが先の章（「リンガエン湾へ」）の内容である。

オルモック到着

さて、それではいよいよ旅の続きとなる、オルモック港への上陸とする。

2018年12月1日（土）、OCEANJET188は波静かな湾の奥にあるオルモック港に着いた。時刻は午後1時25分、セブ港を出発してからほぼ3時間である。

下船して周りを見るとすぐ先に屋根付きの道（50メーター位）があり、乗客はそこに向かったのでわれわれもその流れに沿って歩き、その先はターミナルビルであった。その建物は小さく、この町の大きさを感じ取れるものであったが、後で人口を調べてみたところ、2020年の国勢調査によれば23万1千と意外に多い。

オルモックの街は湾の奥にあって、アニラオ川の河口に位置し、タクロバン方面から来るとオルモック街道の終点にあたる。（図3参照）

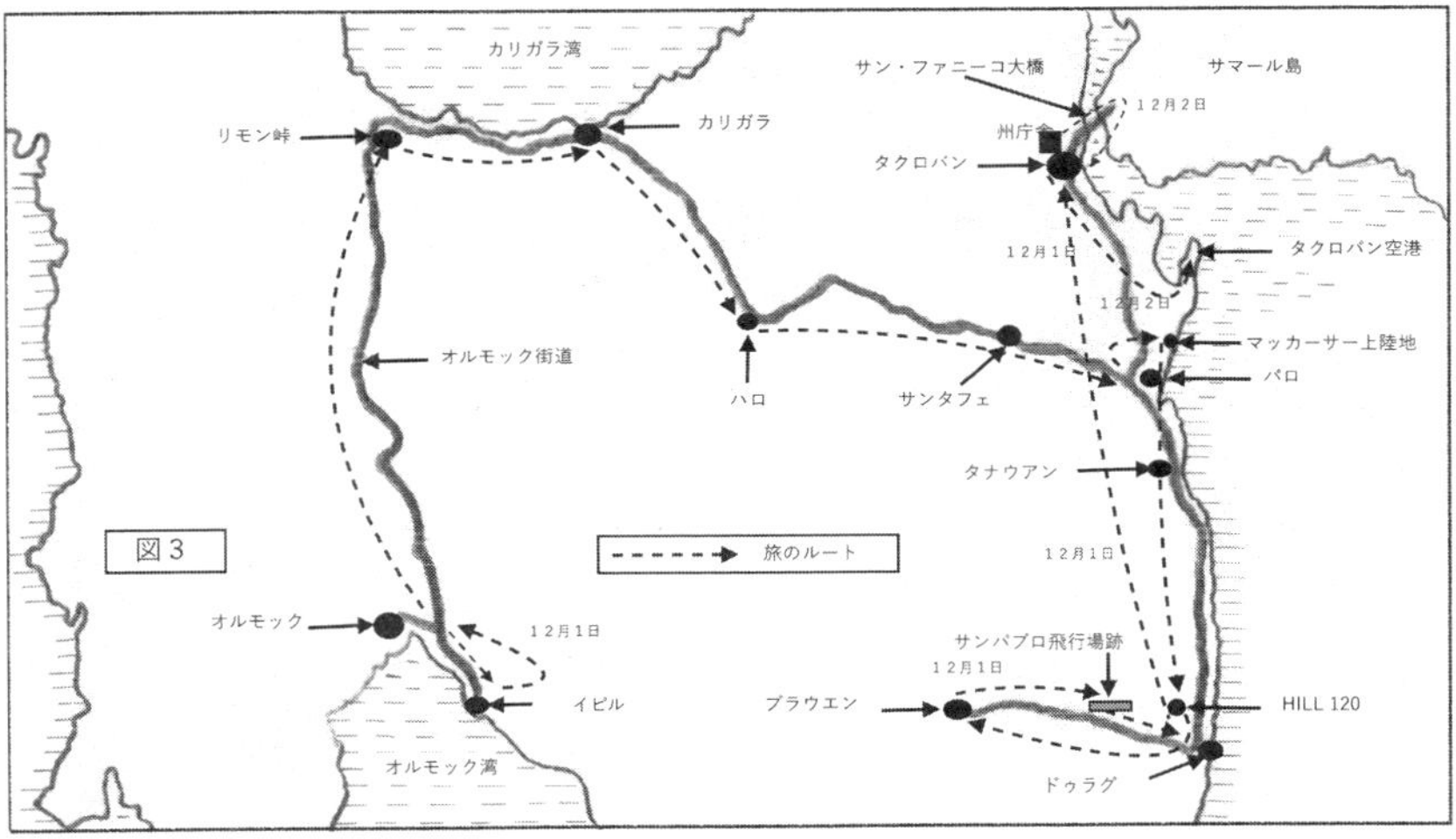

フィリピン諸島での島と島の移動手段は昔から船が基本であり、今回の私の船旅のように、オルモックは内海航路によってセブと連絡し、レイテ戦以前から西海岸随一の要地であった。

ターミナルビルを出たすぐのところで、たくさんのトライシクルが待っていた。私は建物の中にあった観光ガイド事務所でホテルを紹介してもらおうと思ったが、生憎その事務所は閉まっていた。仕方なく、トライシクルの運転手に近くにホテルがないかを尋ねたところ、歩いてすぐのところにやや高級感のあるホテルがあった。

そこのフロントで料金を聞いてみるとやはり少し高めだったので、厚かましくも近くに安いホテルがないか尋ねてみたが、フロントの彼は快く、歩いてすぐのホテルを紹介してくれた。

案内されたホテルはすぐ近くで、設備も料金（1部屋千ペソの朝食込み）も適当であったのでこのホテルに決め2つの部屋をとった。

すでに2時も過ぎ、お腹も空いていたので部屋に荷物を置き、街の散策がてら昼ご飯のお店を探しに出かけた。初めての土地でもあり、何か地元の名物が食べられるようなお店がないものかと探すが、それはやはり無駄であった。結局はマクドナルドに決めてそこで済ませた。

ホテルの前に戻り、RJ君からそこで待機していたトライシクルの運転手に、日本軍に関係する記念碑の場所を聞いてもらったところ、フィリピン・ジャパン・ピース・メモリアル・パーク（比日平和記念公園）があるとのこと。RJ君からその運転手と料金の交渉をしてもらい、そこに行くことにした。

この島の地理的状況についてすでに書いたように、島の中央部に脊梁山脈があるが、言語についてはその山脈を境にして東側と西側で違っている。ここオルモックは西側でセブと同じビサヤ語だが、東側のタクロバンはワライ語なのだそうである。ただその二つの言語は似ているともいう。そんなわけで、ＲＪ君にとってここではネイティブの言葉である。

街中から少し進むと小高いところにある居住地に出て、平和記念公園はそこにあった。公園の一角には広めのスペースがあり、その中には大きく立派な戦没者の慰霊碑があった。その碑には大きく「平和之碑」とあり、その側面には次の碑文があった。

「第二次世界大戦のみぎり、フィリッピン群島とその海域において戦没されました幾多の日本の将兵とフィリッピン共和国の方々の〝御霊〟よ安らかにお眠り下さい。ここに日比平和之碑を建立し、日比両国の永遠の平和と親善を願い、両国の繁栄を祈念いたします。

１９７８年　岐阜県慰霊碑建立奉賛会」

私はそこで持参したローソクと線香を灯し、例のハーモニカで『故郷』と『赤とんぼ』を御霊に聴いてもらい慰霊とした。

第26師団（呼称泉）のことはすでに触れたが、その隷下にある独立歩兵第12連隊は岐阜県で編成された部隊であり、そのようなことから、岐阜県の関係有志がこの碑の建立をしたものであろう。

慰霊を終えたわれわれは街へ下り、それから少し南下して、セブからの船（ＯＣＥＡＮＪＥＴ１８８）から見えた山の景色へと向かい、海側の道を走ってもらった。想像した通り、そこは海からすぐに山が立ち上がっていて平地はない。

途上の海側にリゾートホテルがあり、中に入っても良いのだと運転手が言うので敷地内に入った。ホテルの庭からオルモック湾が一望できた。それは美しく静かな海であった。

オルモックの街からの距離感からいって、ここはイピルに違いない。だとすれば１９４４年11月9日、この沖に第26師団の主力を乗せた第４次輸送船団の人員７千名が上陸したところであり、翌月の７日には米軍の逆上陸があったところでもある。

第26師団の上陸についていえば、当時のオルモック港には中型船舶３隻を繫留できるコンクリート製の桟橋があったが、敵の航空爆撃により破壊されたので、少し南下したイピル周辺に急遽変更したのであろう。

レイテ島決戦の第一陣として、オルモック港に到着したのは第１師団であり、それは１９４４年11月１日であった。以後さらなる増援軍の到着があり組織的な戦いが始まった。

10月20日の上陸後に島の東側の制空権を奪った米軍は、オルモックの裏側に連なる脊梁山脈の向こう側から、遠距離砲を数限りなく打ち込んでいた。それにより、オルモック港周辺の通信、水道、照明施設は壊滅し、木造家屋の大半は焼失していたと、第１師団の数少ない生存者が残した記録がある。そのような状況で26師団の上陸地が急遽変更となったのであろう。

上陸時には大発が少なく、海防艦（沿岸防備や船団護衛を主要任務）４隻を大発代わりに使ったとされている。ここで大発について少し触れると、大発動艇の通称であり、陸軍の上陸用船艇である。全長は約15メートル、幅3・3メートルで兵装の兵隊60人を搭載でき、前方の艇首が地面に向かって開くので迅速に上陸できる。この大発は、日本陸軍の船舶司令部兼運輸部（広島県宇品にあり、陸軍全体のグローバル・ロジスティックス戦略を担っていた）が10年がかりで独自開発したものである。

大型の輸送船は大量の兵隊や軍需品、糧秣（兵隊の食糧や馬の餌）などを一度に運ぶことができるが、戦闘時には港としての設備が整った埠頭から上陸することはなく、自然のままの岸や浜から上陸することになる。その際、輸送船は深さの浅い岸に近寄ることはできず、兵隊や物資はいったん小舟に移しかえて上陸しなければならず、その小舟が大発である。そのような船艇を操作するのは民間からの船員ではなく、そのための訓練を受けた船舶兵であった。

第26師団のイピル上陸以降は、ここは輸送船団の揚陸場所となっており、26師団司令部も一時この地にあった。それにより多くの軍需品が蓄積されていた。万を超える兵隊とそれに見合う軍需物資が陸揚げされるわけであり、第1師団が揚陸したオルモック港もそうであろうが、ここイピルにも軍需桟橋が造られたに違いない。

一個師団の規模を調べてみると、軍隊が独立（自己完結できる）して戦闘を行う際の単位のようであり、歩兵、砲兵、工兵などの直接的な戦闘要員だけでなく、兵站などの後方支援部隊も含まれている。それらの兵員数はというと、1万数千人から2万人程度の規模であったようだ。

そのような規模の師団が複数回にわたり海洋移動する、しかも揚陸施設など何もない地に上陸するということは、膨大な軍需機器・物資の陸揚げに多くの作業人員が必要になる。それらは、戦車、重量物運搬機器、トラックなどの輸送機材、馬、糧秣、兵舎と物資保管倉庫設営の建設資材などであろう。

兵隊は自身の足で上陸できても、機器・物資の荷降ろし作業は本船から艀《はしけ》、艀から桟橋と物資を移動させるのが通常である。とりわけ大型輸送船に満載した重量物を、設備のない浜辺で揚陸するには、多くの問題に直面するであろうし、しかも敵が攻撃してくる可能性のある中で行うのであり、非常に難易度の高いものであることは容易に想像できる。

話をリゾートホテルの庭に戻すと、その美しく静かな海のオルモック湾を眺めながら74年前に思いを馳せれば、切なさが込み上げてくる。それは米軍（第2次上陸兵団としての第77師団）の逆上陸があった日（12月7日）のようすである。

今私が目にしているのと同じその日の明け方の湾内は、80隻の米軍船艇によって覆われていた。沿岸にいてそれらを見ていた日本兵は、やっと友軍がきてくれたと最初は思い、これで助かるとしみじみ思った。しかし夜がすっかり明け放たれ、そのおびただしい船舶が星条旗を揚げているのを見ると、その思いは一瞬にして絶望に変わったのである。

その前月の11月中旬からは夕方になると、オルモック、イピル間の海岸に、無数の丸腰の日本兵が浜辺に腰を下ろして、夕焼けの海を眺める姿が見られたという。おそらく彼らは部隊から外れた遊兵だったのであろうか、そこから眺める夕焼けは美しかったであろうし、また癒しにもなったことでもあろう。それに彼らの主眼は岸に着く大発か現地民の使う小舟で、セブ島に渡ろうとしていたのかもしれない。もちろん命令なしに、勝手にそのようにするのは脱走になるのでできないが、彼らにとって、海を眺め、小舟を眺める他にすることがなかったのかもしれない。

われわれが今いるリゾートホテルの少し先にはダムラアンがある。そこは先述した、島の胴がくびれたようになっているところの道を米軍が整備し、その道を通ってオルモックにいる日本軍を挟み撃ちにしようとした途上の町である。

第26師団のイピル上陸以降に、そのように進軍してきた米軍（第7師団の先鋒32連隊）と対戦（善戦した）した支隊があった。それは斎藤支隊であり、そこに歩兵第12連隊もいた。その歩兵第12連隊とは、先に見た慰霊碑（「平和の碑」）の碑文にあった「岐阜県慰霊碑建立奉賛会」に関係すると思われる部隊である。私はそのダムラアンまで行きたい気持ちもあったが、移動手段がトライシクルであることと、オルモックの街中のようすも窺いたいこともあり街に戻った。

街のどこへとの目的もなく、運転手さんから街中を走ってもらい、一応の街の大きさと感じをつかみホテルへと戻り、トライシクルでのドライブはここまでとした。

夕食までには時間があったので、われわれは港近くの海辺での散策に時間を費やした。時刻は午後5時半、まだ沈んでいない太陽の黄金色、その上の夕焼けの赤、そしてその先の空は青く、鮮やかな色のコントラストであった。リンガエンの浜辺で見たのもそうだし、フィリピンの夕焼けは美しい。

近くに大きな公園があったので、そこでの散策の途中で小洒落たレストランを見つけ、夕ご飯はそこにした。フィリピン料理の店でなかなか満足できる味であった。

1日の終わりの食事には、必ずビールを飲みながら少しの美味いものをいただく、それが私の至福の時である。この日はＲＪ君と一緒なので多めの料理を注文した。彼は小柄で細身ではあるが大食漢であり、いわゆる〝痩せの大食い〟である。ビールも飲むが、何といってもライスをよく食べる。私の分のライスは彼に与え、それでも足りないのでさらに1カップ分の追加注文をする。

食事を終え、さらに公園の中をぶらぶらするとたくさんの出店があった。何だか今夜は祭りの感じであった。私はそこのかき氷屋さんに寄って品書きを見てみると、〝ＫＡＭＩＫＡＺＥ〟と書かれたものが目についた。店員の若い女の子に、あなたはカミカゼの意味を知っているかと尋ねたところ、全くのノーアイデアであった。そうだろうな、と思いつつ、この周辺（カモテス海沿岸）でも、神風特攻隊がルソン島へ向かう米輸送船団を攻撃したことに、思いを馳せていた。

むろん私はその〝ＫＡＭＩＫＡＺＥ〟なるものをオーダーし、ＲＪ君にも同じものを勧めた。二人してそのカキ氷を食べながら、ＲＪ君には特攻隊の説明をした。ただ、どうしてそのカキ氷の名前がＫＡＭＩＫＡＺＥなのかはわからなかったが、数種類のドギツイの色のシロップが白いカキ氷の上に掛けられてあった。

リモン峠へ

翌日の12月2日（日）、この日はリモン峠に寄ってタクロバンに向かう予定であり、その移動はＯＣＥＡＮ ＪＥＴの船内で聞いた例のバンにした。セブ島もそうだが、ここレイテ島にも鉄道と高速道路は一切ないので、これからの交通手段はそのようなバンとかトライシクルになる。

バスターミナルはホテルの隣であった。例によって運転手との交渉はＲＪ君である。彼は運転手にわれわれのリモン峠行きの目的を告げているようであり、そこまでの運賃は一人１００ペソであった。

私は運転手の隣の助手席に座らせてもらった。目の前のダッシュボードにはシニア優先のステッカーがあった。フィリピンはシニアに優しい国で、ファストフード店などでの割引など色々な特典がシニアにはある。

フィリピンはどこに行っても若い人が多いが、私のようなシニアがこのような旅をしているのを、外国人旅行者以外では見たことがない。

時刻は午前6時を過ぎていたが、出発時間が決められているようにはみえない。どうも乗客が一杯になるまで待っての出発のようだが、じきにどんどん客が乗り込んできて、後部座席は窮屈そうなほどに満席になり、シニア席の価値がわかった。6時10分出発。

バンは市街地を抜けると辺りは開けた景色になり、街道らしさを感じる道となった。まさにこの道がオルモック街道である。片側2車線の整備された立派な道で、その左右は平野であった。

右手遠方には小高い山々が連なっているのが見えるが、左手は遥か先まで平野だ。セブ島にはこのように開けた平野はないので、昔からこの地で収穫された穀物を、内海航路でオルモック港からセブ島へ運んでいたのではないかと思った。

10キロほど進むとバレンシアという村に入るが、その手前周辺に第1師団の第1野戦病院があったはずだ。当時ドゥラグの療養所勤務だった第16師団のある衛生上等兵が、応援でこのバレンシアの病院に行った時の記録がある。それによれば、病院といっても、5、6戸のニッパハウスの床に約200の負傷兵が、糞尿はたれ流しのまま、水も与えられずごろごろしているだけであった。さらに、「野戦病院は地獄だ。あそこへ入ると、殺されてしまう」という話が、オルモック周辺にいる日本兵に口伝てに流れたという。負傷兵はその病院から脱出して、付近の山野にかくれ、通りかかる兵士に糧食を乞う乞食となった。それでも悪臭にみちたニッパ小屋の病院にいるよりはましだったとある。

また、ある従軍記者の記録によれば、米軍がオルモックに逆上陸した時、重傷の患者は3名に一個ずつ手榴弾が与えられて自決した、とその記者は伝えている。

バレンシアを過ぎても片側2車線の道が続いた。道の両側の平野を眺めながら、われわれを乗せたバンは前方の小高い山に向かって走る。時刻は6時35分、タクロバンまで84キロの道標があった。フィリピンの道標について、『レイテ戦記・大岡昇平著』の中に興味深い記述があった。それは日本軍の進駐後に、それまでマイルでの道標だったものを、日本軍がキロに書き替えたということである。先の84キロも元々はマイル表示だったところを、そのままの地点でキロに変換したのかもしれない。だから、このような半端な数字になっていると考えられる。距離に関する限り、キロ計算は戦後も改められていない。日本軍がフィリピンに残した唯一の遺産であると著者の大岡さんは記している。

さらに進むと緩やかな山道となり片側1車線となった。時刻は6時50分。道の両側には椰子の木が整然と並んでおり、峠道の雰囲気が出てきた。やがて道は曲がりくねり、そろそろリモン峠かと感じられた。RＪ君はバンの運転手にわれわれの行き先を再度説明しており、また運転手は慰霊碑がある場所を知っていたようで、その近くでわれわれは下車した。

時刻は7時30分。ここで降りたのはわれわれ２人だけであった。

進行方向の先を見るとまだ登り道が続いているが、そこから先は下りになるのではと感じられ、その先は海であろうとも予想できた。そうだとするとここはまさしく峠であり、やはりここがリモン峠だ。

進行方向左側（西方）には平地が見え、その先には小高い山々が見えたが、標高３５９メートルとされるカンギポットらしき山は見えなかった。その山はここから南西方向にあり、またその方向の周りは樹木に遮られていた理由もあった。その反対側（右側）は山の斜面であった。

この峠周辺での攻防をめぐって日本軍は第1師団の歩兵連隊、そして米軍は第10軍団第24師団の第21連隊との激戦があった。それは、数あるレイテ島での戦いの中でも、最も多くの犠牲者（７５００名）を出した場所として有名である。

山道には神様がいると日本では昔からいわれており、とりわけ峠道では、そのような存在が感じられるそうである。そこで人々は峠の途中で手を合わせて感謝の意を表したようである。その「手向《たむ》け」がなまって峠になったともいわれている。そうだとすれば、このリモン峠にはどのような神がいたのだろうか。

犠牲者の数を記したが、先の表にあるように、レイテ戦での日本軍将兵の戦没者は約8万人である。その内容はタクロバンやブラウエンがある東側で2万人、そしてオルモックがある西側で6万人と大別できるようである。レイテ島の多くのところで戦闘があり、必然的に多くの将兵が戦死したと考えられるが、飢餓やマラリヤなどの感染症で亡くなられた方のほうがそれよりも多かったと、先の大岡昇平著『レイテ戦記』の中から感じ取れる。

日本軍としては、この峠を敵から突破されたら、後は山道特有の曲がりくねった道はあるものの、そこを過ぎればまさに、一瀉千里の道でオルモックに突入となる。オルモックは日本軍の補給基地であり、ここを敵にとられたら、兵站が成りたたなくなり、つまりは戦うことができなくなるということである。だから、日本軍（第1師団が主）の将兵はここで必死に戦ったのであろう。

無論のこと、米軍将兵もそれへの対抗で戦ったが、日本軍と違ったところは、頃合いをみて前線部隊を交代させることができた。つまり極限状態になる前に兵を休める余裕があり、それに装備兵力の圧倒的な差があり、さらには兵士たちへの食糧補給に大きな差があった。

すでに書いたが、マニラからオルモック間は長く危険な航路であったことにより、物資を積んだ多くの輸送船が米軍の潜水艦などにより沈んでいる。そのため軍需物資や糧食などが大きく不足し、諸隊の兵士は食いのばしの乾パンも尽きかけていた。

一方、制空権のある米軍は航空機でタクロバン飛行場から前線へ糧食の空中補給を行っていた。それは、レーション（戦闘糧食）と呼ばれるもので、まれに空中から投下される食糧が誤って日本軍の陣地に落ちることがあり、日本兵はそれを拾って、飢えを凌いでいたようである。白いパラシュートが食糧で、黄色のパラシュートが弾薬であり、弾薬は日本軍の兵器に合わず使い途がなかった。

このリモン峠周辺での戦いの期間についていえば、〝高地争奪戦の幕が落とされた〟とされたのが11月5日となっており、この日から起算し、オルモック逆上陸の12月7日までとすれば、それは30日を超えることになる。

さて旅の現実に戻るとする。右手の山側を見渡すと、道端に看板があった。それは青色の四角いプレートに黄色の字で表記された「ジャパニーズ・シュライン・ブレークネック・リッジ」とあった。その看板のすぐそばには細い道があり、叢林の中を50メートルくらい登っただろうか、あった。しかし〝ここが?!〟と言わざるを得ないようなところであった。（写真参照）

そこには二つの石碑があり、それらのすぐ隣にはトタン屋

根の小さく貧相な小屋があった。その中には10ほどの卒塔婆《そとば》があり、その中央には「陸軍第一師団戦没者英霊之碑」が大きくあった。他の卒塔婆にもそれぞれの名前があった。それらの中には、このままでは早晩朽ちてしまいそうなものもあった。これで良いのかとも思いながら、私はそこで持参したローソクに火を灯して線香を焚き、そしてハーモニカで慰霊をした。

石碑の一つは、「鎮魂　千葉県護国神社　宮司　竹中啓悟　謹書」で、他は「第57連隊　陸軍兵長　関谷章吾命」とあった。この57連隊は第1師団に隷下しており、千葉県の佐倉からの歩兵部隊であることが後でわかった。

それらを観察している最中に後ろから話し声がした。振り向くとフィリピン人と思われる男性3人が立っていた。アンチポロから来たと言う。私は随分と遠いところから来たものだと思い、そしてよほどこのような激戦地に関心のある人たちだとも思った。

私はアンチポロについて少し知っていた。そこはマニラから東へ約20キロのところにあり、やはり激戦地（日本兵の戦死者は６５３０名）となったところである。と、その地だと思って彼らと戦争当時の話をしていたのだが、後日レイテ島の地理をよくよく調べている内に、オルモックの西方でカモテス海に面している側にその地名があった。彼らはルソン島のそれではなく、レイテ島のアンチポロだったかもしれない。何と言ってもここはレイテ島なのである。

それにしても、卒塔婆がある貧相な小屋は何とかならないのだろうかと考えてしまうが、これについても後日調べたところ理由があった。それは、第1師団の片岡匡師団長の意向があった。片岡は生前、次のように語ったという。「慰霊の印は木で作り、朽ちるときがきたら朽ちたらいい。リモン峠からカンギポットにいたる山の全体が日本軍の慰霊碑なのだから」と。しかし私には、このような言わば粗末な小屋に御霊が祀られているのを目の当たりにすると、これで良いのかと疑問を感じざるを得ない。

先にレイテ決戦の背景とそのあらましを書いたが、その決戦を強行拡大させた大本営と南方総軍上層部の責任は極めて大きいと言える。しかしそれを、彼ら軍上層部の作戦指導が間違っていて、愚かな戦いであったと言ってしまったら、この地で亡くなった多くの兵士たちは成仏できないであろう。

日本軍の兵士たちは祖国を、そして家族を守るために一生懸命に戦ってくれたのは間違いないことである。そのことをわれわれ後世に生きる者は決して忘れてはならず、いつどこで何があったのかを語り継いでいかなければならないと改めて思う。それが亡くなった彼らへの供養になるのではと思う。

しかし、その供養がこのような形で向き合わなければならないのには抵抗がある。考えたくはないが、もしも仮に、今後の日本の若者がどこかの国での戦争に行かなければならなくなり、その地で戦死となった場合に、自身の遺骨が、または魂がこのような形で眠らなければならないのかとなれば、彼ら若者はどのように思うだろうか。国のためとして戦地に赴くことなど到底できないのではないだろうかと私は思う。

なお、２０２２年8月16日の日経新聞によれば、「厚生労働省によると、２０２２年7月末現在でフィリピンの36万９千人の遺骨が収容できていない」とあった。

ところで、このような場面であまりにも現実的なことを書くことに少しのためらいがあるが、ここに着いた時から、私は足（靴周辺）の痒みと痛みを感じていた。我慢しきれずに、そこを覗いてみると蟻がいた。それもかなり食われていた。

RJ君とアンチポロからの3人に、蟻の攻撃を受けていないか聞いてみると、彼らには全くそのようなことがなかった。なぜ私だけが？　鎮魂の碑はあるものの、魂はまだ鎮められてないのでは、とこの時に私は感じた。日本将兵らが「ここの状態を何とかしろ！」と、私に訴えているのかとも感じたのである。しかし、だからといって、この状況で私に何かできるわけでもなく、ここから脱出するのが先であった。片岡中将のいわれることは理解できるにしても、もう少し何とかした方が良いのでは、と蟻の攻撃を受けた私は思ったのである。

そのようなわけで、早々にこの場所を退散とした。リモン峠周辺にある慰霊碑はここだけではないが、それぞれの場所も知らずに来ている私はこの場所での慰霊だけとした。

先ほどの道に引き返し、ここでまた、オムロックからタクロバンに向けて走っているバンを止めて乗ることになるのだが、すぐに捕まるだろうかと心配した。バンが満席だったらわれわれが手を上げても止まってくれない。なにせ始発で満席を待って出発するのであり、途中で下車する乗客は少ないのである。

私は事前にそのようなことを考えていなかったが、うまい具合にバンが止まってくれ、2人分の席もあり安堵した。しかし、シニアの席は空いてなく、後部席の窮屈なところで我慢をしなければならなかった。

バンはすぐに発車して峠道を登ると間もなく下りになった。予想した通りであり、どうやら峠を越えたようだ。しばらく下ると進行方向の真正面には青い海が見えた。そこはカリガラ湾である。

海に近くなると道は海岸線を走り、左に海、右は叢林だが、ところどころに田んぼが見え、それは田植えの最中のようだった。

話はだいぶ変わり、時代も大きく遡るが、リモン峠の北西方向すぐにビニラン海峡があり、その奥にレイテ湾（レイテ・ベイ）がある。それは東側のレイテ湾（レイテ・ガルフ）とは比較にならないほどに狭い。その湾の奥にレイテという小さな町がある。そこは、16世紀にマニラからきた宣教師が上陸した地点である。想像の通りレイテ島の名前の発祥の地だが、地勢は狭隘、海も浅いので、やがて政治経済の中心はカリガラ、ハロ、パロ、そしてタクロバンに移っていった。

バンはカリガラの町で右に折れて東南方向へと進み、タクロバン方面へと向かう道がカリガラ街道である。カリガラを過ぎてしばらくすると、辺りは平野の景色になってきた。この平野を米軍はレイテ・ヴァレーと呼び、日本軍はタクロバン平野、あるいはガリガラ平野と呼んだ。

私はだいぶ眠くなってきたが、我慢しながら周りを見ていた。途中に小規模な町があったが、そこがハロだったのかも知れない。言葉の通じないバンの中の乗客に尋ねるわけにも行かず、ＲＪ君も地理については全くわかっていないので確かめようがないが、そこがハロだとしたら、戦争当時の人口は約２万４千人で、レイテ島で最大の町であった。

そこに第16師団の軍需物資集積場があった。そこはまた、レイテ平原の穀倉地帯という土地柄であろう、付近の農産物の集散地でもあったところである。その平原は南北40キロにわたり、後述するブラウエンまで続いている。

因みに、タクロバンの当時の人口は５千、オルモックが１万人であった。

パロの教会

時刻は午前9時10分、サンタフェ周辺に入った。ここまでくればレイテ湾は近く、パロの街がすぐである。パロは今まで通ってきたカリガラからの道と、レイテ湾沿岸を南北に走る道が合わさるところであり、いわば交通の要衝の街である。

午前9時15分、パロの教会前に到着し、われわれはここでバンを降りた。そこは、それら二つの道が合わさる交差点角に位置していた。

その教会は聖堂で、バジリカ風（長方形の建物）の石造りの建物だった。17世紀にこの島で布教したイエズス会士が建てたものである。そこには二つの尖塔があり、それらが際立つ建物であった。

パロにこのような教会があるのは、先述したレイテ島の名前の発祥の地で触れたように、マニラからきた宣教師がこの地に行き着き、ここを布教活動の拠点として教会を建てたのであろう。その頃のレイテ東海岸の繁栄の中心はパロであった。現在のレイテ州の州都はタクロバンだが、そこの港が発展したのは太平洋貿易が盛んになった19世紀以降である。

二つの尖塔は望楼を兼ねていた。17世紀にモロ（フィリピンのイスラム教徒を総称する名称）族が海上から近づいた時も、そして米比戦争たけなわの１９００年、米砲艦がレイテ湾に入った時も、教会の鐘が激しく鳴らされた。その時の米砲艦の名前は「ナッシュビル」で、それから44年後の米軍上陸時のマッカーサーの座乗艦（軽巡洋艦）もそれと同じ名前であった。

それはおそらく偶然ではなく、マッカーサーのセンチメンタリズムから同名の艦船を選んだに違いない。

その上陸後に米軍がパロの街へ入った時も、日本軍との激戦の中で、鐘は砲声と競うように鳴っていたという。

ここで少しフィリピンのイスラム教徒について触れると、フィリピンの人口1億1千万人（2021年時点）の大半（約90％）がキリスト教徒で、イスラム教徒は5％程度の少数派である。彼らの多くはミンダナオ島西部を中心とするフィリピン南部に住んでいる。

先の章で触れたマゼランがセブ島に上陸する前から、イスラムの人たちはそれらの諸島に住んでいた。つまり、キリスト教が入ってくるずっと前からイスラム教は入っていて、キリスト教が入ってくると、それ以来イスラム教徒とキリスト教徒との争いが絶えることはなかった。

1960年代後半には分離・独立を求めるイスラム勢力が武装組織を結成し、そこから分派したMILF（反政府武装組織であるモロ・イスラム解放戦線）が政府軍と戦い続け、多くの死者（10万人以上とも）を出してきた。

歴代のフィリピン大統領はその紛争解決のための和平交渉を長いあいだ続けてきた。その中でも、ミンダナオ島出身でイスラム教徒の立場を理解するドゥテルテ大統領の旗振りで、バンサモロ基本法が制定された。その後は、イスラム自治政府の領域を決める住民投票を経て、暫定自治政府の設置となり、ようやく同島が和平へと前進する。そして2025年にはイスラム自治政府の正式樹立となる。この動きには、日本のJICAも大きく貢献している。

話を戻すと、このような歴史を持つ教会・聖堂であり、中のようすも見てみたいと思い私は立ち寄ったのだが、もう一つの理由があった。

記憶が定かでないが、映画『イメルダ』をビデオで視聴して得た情報である。それはこの地でのマッカーサーの上陸後に、戦禍で荒れていた周辺の教会付近で、マッカーサーを交えて、地元住民の集まりがあった時の場面である。その中に、少女の頃のイメルダ（後のイメルダ・マルコスで当時15歳）がいた。

イメルダは1929年にマニラで生まれ、8歳の時に母を肺炎で失くしている。その頃、弁護士だった父親の仕事は減少し、生活が困難となったため、父親の出身地レイテ島に家族と共に帰り、彼女は思春期をタクロバンで過ごしている。

その彼女が、マッカーサーの前でフィリピン解放を祝った歌を披露したとビデオの中で言っていた。さらに「マッカーサーは彼女の美声・歌のうまさに気づいた」といった件《くだり》もあったように記憶しているがやはり定かではない。当時の彼女はひときわ美人であったし、歌も上手だったことが当時の写真と関係資料から窺える。

私はこのような、たわいもないことも気になって降りたのだが、予期した通りというか、そのようなイメルダさんの関係の跡は、この周辺では何も見当たらず、目指す教会敷地内に進んだ。

敷地に入ると、そこには良く整備された大きな庭があり、その少し奥に白と黄土色を基調とした美しい聖堂があった。

その庭の中にある追悼の碑が目に入った。それは、2013年11月8日のスーパー台風（フィリピン名、ヨランダ）で亡くなった方を悼み、そしてそれを記憶する内容であった。その隣には「台風ヨランダでの犠牲者の集団墓地・記念碑」とあり、「このプロジェクトは、以下の役員と寄付者によって可能になった」と別の碑にあった。それから察すると、この教会の整備された庭と建物は、このプロジェクトにより造園され、そして建物の改修がされたのかもしれない。ここは海から近く、その台風で大きな被害を受けたに違いないからである。

台風ヨランダのことは知っていたが、この地がそうであったことを私はすっかり忘れていた。

この旅の後で調べたことだが、11月8日の朝にビサヤ地方を襲った「観測史上類をみないほど猛烈」と形容されたスーパー台風ヨランダにより約8千人の死者・行方不明者を出した。特に甚大な被害を受けたのは、われわれがこれから向かうタクロバン、タナウアン、そしてここパロであった。

海水が引いたのはその日の正午過ぎで、その跡には多くの遺体が見つかったという。遺体は教会に集められ、集団で埋葬されたともいう。

ここパロは、隣接するタクロバン同様、高さ5メートルを超える高潮にのまれており、ここでの犠牲者は多かったはずである。そのようなことからもおそらく、この教会に多くの犠牲者（遺体）が集積されたのではと思える。

敷地内には円筒を三段重ねにしたような塔があり、その天辺には聖人像があった。また、その塔の前にある広めの芝生には、たくさんの天使像が置かれてあった。おそらく、この芝生の下に犠牲者が埋葬されたのではと思えた。

教会建物のそばには燭台用のスペースがあり、そこにはいくつかの聖像が立っていて、その聖像の前にはたくさんのローソクが灯されていた。私もそこでローソクを買い、そして犠牲者の冥福を祈った。この教会はヨランダ台風のこともあり、そういった意味では特別の教会のようであった。

また米軍上陸時に話を戻すと、パロは交通の要衝であること、そしてカリガラへ向かう道があったことから、この街の周辺で激戦があった。日本軍は第16師団（当時はこの師団しかいない）歩兵第33連隊。そして米軍は、タクロバン、パロ方面に上陸した、第10軍団第24師団の第19連隊である。上陸後の2日目（10月22日）には米軍の完全占領となり、6日目には4キロ内陸にまで進攻し、カリガラまで続く平野への溢出口を確保したとされている。その後はハロ、カリガラ、そしてリモン峠へと米軍は進撃し、日本軍は後退して行く展開となる。

マッカーサー上陸地へ

教会からバンを下りたところに戻り、その辺りに待機していたトライシクルを捕まえ、マッカーサーの上陸地点へと向かった。その地は有名らしく、「マッカーサー・ランディング」と告げただけで、運転手は何も言わずにトライシクル走らせた。

10分くらいで街中を抜け、一見してその場所であるとわかるところに着いた。

時刻は午前9時53分。そこは周辺一帯が記念公園になっているように見え、海側に向かう道にはきれいに整備されたロータリーの交差点があり、その先は幅の広い階段で、そこを登るとマッカーサー達の立像があった。

ここがマッカーサーの上陸地とされている場所であり「アイ・シャル・リターン」の2年前の誓いを、ついに彼は現実のものにしたところでもあり、それは１９４４年10月20日であった。

その場面についてはユーチューブなどにあり、私は何度かそれらを視聴したことがある。それは艦船から上陸艇（特殊平底船）へ、そして岸辺手前で降りて浅瀬を歩くマッカーサー、セルヒオ・オスメーニャ大統領（フィリピンコモンウエルス大統領）、そしてマッカーサーの親衛隊の姿は颯爽とし、表情は皆一様に喜びに満ちていた。

そのシーンは通信隊所属のカメラマンを先に上陸させて撮り、同様に上陸していたラジオ班は放送の準備ができたことを合図した。マッカーサーは手持ちマイクを取り「フィリピンのみなさん、わたしは帰ってきました。全能の神の御恵みで、われわれの部隊はふたたびフィリピンの地に立っているのです……」と語った。彼が発した「私は帰ってきた」をそのまま書けば「アイ・ハブ・リターン」となる。彼はこの言葉をさぞや言いたかったのであろう、そのためかその声は震えていた。

マッカーサー上陸の放送は米国で生中継され、当時としてそれは、驚くべきことであったという。また浅瀬を歩く場面を撮影した写真は世界中の新聞に掲載されたという。

彼は自身を見せることに執拗にこだわったようで、日本人にとって有名な厚木飛行場でのシーン（米飛行士用のサングラスをかけ、コーンパイプをくわえてタラップに立つ姿）もそうであるように見える。それは、撮影フィルムを通しての米国民へのアピールであったのか、あるいは歴史に残る自身の存在を意識してのことだったのかもしれない。

さて、マッカーサー達の立像だが、それは上陸艇から降りて陸に向けて浅瀬を歩く、見るからにマッカーサーとわかる人物、そして6人であった。立像の誰が誰かの説明はないが、近くにあった金属板での碑文によれば、「1944年10月20日、ダグラス・マッカーサー将軍は、フィリピン連邦の指導者およびフィリピンと米軍の合同同盟とともに、この神聖な海岸を歩いた」とある。それからすれば、先頭に立つのがマッカーサー、その隣がセルヒオ・オスメーニャであろう。他の5人は亡命政府の官僚と米比軍の将兵と思われるが、その中の1人だけが手に大事な書類が入っていると思われる薄手のカバンを持ち、この人だけが帽子もヘルメットも被っていない。

立像の他にも数点の金属板での碑文（全て英文）があった。

先ず、銅板風の立派なものがあったのでそれから紹介する。

「レイテ上陸

この場所、パロ・レイテで、ダグラス・マッカーサー将軍は1944年10月20日にフィリピンに戻った。そして、フィリピンの日本軍に対して、迅速な追放を自ら導いた。セルヒオ・オスメーニャ大統領と亡命政府の一部のメンバーは、マッカーサー将軍と共に到着し、フィリピンのコモンウェルスの政府の復活、そしてその施政を再編した」

次に、フェルディナンド・マルコス大統領時代のものを紹介する。

「マッカーサーの上陸記念碑

1944年10月20日にダグラス・マッカーサー将軍がフィリピンの海岸に戻ったことを記念して建てられたこのプロジェクトは、フェルディナンド・マルコス大統領の指示によるものであり、観光省、フィリピン観光公社、レイテ州、森林開発局の共同プロジェクトである。

レイテ州知事名あり」

このプロジェクトの年代の記載はないが、マルコス大統領の時代（１９６５～１９８６年）に建てられたはずであろうし、この碑のタイトルに「マッカーサーの上陸記念碑」とあるので、その上陸からの節目である30年（１９７４年）を記念して建てられたように思える。

そして、フィデル・ラモス大統領時代のものがあったので、それも紹介する。

「この記念碑は、50年前にこれらの海岸で自由と民主主義のために戦った人たちに捧げられている。平和の名の下に多大な犠牲を払った人たちの、現在および将来の愛国者へのリマインダーです。フィリピンのゲリラ、連合軍兵士、日本軍兵士、そして無実の民間人が苦しんだ戦争の惨劇の記憶を歴史の教訓にしよう。彼らの勇気が無駄にならないように、すべての国の人々が平和とより良い世界のために一緒になって努力しよう。

大統領　フィデル・ラモス」

ここに50年前とあるので、この記念碑は、ラモスの任期中である１９９４年で、それは上陸から50周年を記念したものであろう。

他に大きな、そして長文の、フィリピン国民へとし、マッカーサーのプロクラメーション（宣言・公布）があった。しかしそれは、文字が変色しており、字体も私にはわかりづらく判読できなかった。そのため、ネットで関係する情報を調べてみたところ、20日の上陸から３日後の10月23日付けで、マッカーサーはフィリピン国民へ向けての宣言・公布を行っている内容があった。的確な和訳ができず、分かりづらい部分があるが、その内容を要約したものを次に記す。

フィリピン国民へ

•私の指揮下にある軍隊は、フィリピンの領土全体の解放へのため、フィリピンの土地に上陸した。

•フィリピン連邦政府の所在地は、セルヒオ・オスメーニャ大統領とその内閣のメンバーの下でフィリピンに再建された。

•敵の強要の下で、１９４３年10月14に設立された「フィリピン共和国」と呼ばれる政府は、国民に対して行政権、司法権、立法権を行使することを目的としているが、それは、国民の意思の自由な表現にも米国政府の制裁にも基づいていない。

注：１９４３年10月14に設立された「フィリピン共和国」とは、日本が正式に独立を認めたものであるが、実質的には日本の傀儡国家であった。

そのため、私、ダグラス・マッカーサー将軍、米国陸軍は、フィリピンの解放に取り組む軍の最高司令官として、ここに宣言し布告する。

•フィリピン連邦政府は、米国政府の最高権威に従い、敵の占領および支配のないフィリピンの人々に対して法的かつ有効な管轄権を有する唯一の政府である。

•フィリピン連邦の制定法に現在存在する法律およびそれに基づく公布された規則は、完全に効力を有し、敵の占領および支配のないフィリピンの人々を法的に拘束する。

•フィリピンの他の政府の法律、規則、およびプロセスは、当該連邦のもの以外は無効であり、敵の占領およびに支配のないフィリピンの地域では法的効力を持たない。

・フィリピンのすべての忠実な国民に、フィリピン連邦憲法と、現在フィリピンの土地にしっかりと定着している彼らの正式に構成された政府の法律、規則、およびその他の行為を完全に尊重し、従うことを求める。

1941年12月の日本軍のルソン島上陸により、当時のフィリピン政府は、その場所をマニラからコレヒドール島に一時的に移した。そこからケソン大統領が他の閣僚と共に米国へ逃避したことで、その政府は米国での亡命政府となった。しかしそれも、この宣言・公布により、亡命政府は終わり、連邦政府（コモンウエルス政府）はフィリピンに戻ったのである。しかし、この時点ではまだ戦争が終わったわけではなく、日本の傀儡といえる〝ホセ・ラウエル政府〟が存在していた。どちらが正式の政府であるかは別にして、この日からフィリピンには二つの政府があったことになる。このような状況から、右記のような宣言・公布の表現となったのであろう。

なお、フィリピンの完全独立は、1935年の独立準備の当初予定の通り、1946年に米国政府から正式に独立を承認された。これによりコモンウエルス政府は終わり、フィリピン共和国として、やっと独立が叶ったのである。

フィリピンという国としての存在はなかったにせよ、スペインのミゲル・ロペス・レガスピがフィリピンを実質的に統治を始めた1571年から、米西戦争の結果の1898年12月のパリ条約による米国統治、そして日本軍上陸後の実質的なフィリピンの支配と、他国からの支配が375年の長期に亘った。

記念碑を見終わり、目の前に開けた海が見えるところに出た。よく見るとそこは堤防であり、その上には整備された歩道があり、それはずっと先まで続いていた。この辺りも台風ヨランダの被害にあったはずで、防潮堤としてその後に造成されたのであろう。

私はそこに立って海をしばらく眺めた。この海は外海の太平洋であり、レイテ湾の奥でもある。そのせいか、海の色が透き通った青さではなく、それは少し暗かった。今まで見てきたセブ島やこの島の西側の海（内海）は、きれいな透き通った青色であった。

74年前の10月20日の朝、ここからの眺めには、３００隻を超える米軍上陸用船艇と艦船があったのかと思い浮かべようとしたが、その場面を想い描くことはできなかった。堤防の歩道や下方に見える海辺には若者たちがたわむれており、それは平和な眺めであった。

思えばレイテ湾は不思議なところだ。マゼラン遠征隊が太平洋からフィリピンに入ったのはサマール島の南端で、そこはレイテ湾の入り口である。マッカーサーも南太平洋からレイテ湾に入り上陸しているし、スーパー台風ヨランダもレイテ湾を目掛けている。貿易風か潮の流れかで、太平洋から入りやすいところなのだろうか……。

ドゥラグへ

時刻は11時過ぎ。少し早めではあるが、お腹が空いてきてもいたので、昼ごはんにすることにした。マッカーサー上陸地前の広場で待機していたトライシクルの運転手に、どこか美味しいものを食べさせてくれる食堂がないかを尋ねたところ、どこか知っているようで、そこに連れて行ってもらった。

そこは、なかなかの海鮮レストランであった。入るとすぐに多くの鮮魚が並んでおり、自分が食べたいものを選び、そして料理方法を依頼する形であった。どれも美味しそうだったので、適当なものを頼み、私はいつものようにビールを飲みながら待ち、そして料理をいただいた。初めての地で、そして地元で獲れたのであろう魚料理の味わいは格別であった。

食事をしながら、ＲＪ君とこれからの予定を話した。先ずは、当初計画の通り、ここから30キロくらい南下したドゥラグで慰霊碑を探し、その後はそこから西側へ行きブラウエンの飛行場跡を探すこと。その後は来た道を戻りタクロバンへ行き、そこで宿屋を探すことにした。

お店の人からドゥラグ方面への行き方を教えてもらい外に出たところ、さっき乗ってきたトライシクルが待っていた。待っていてくれとは言っていなかったが、われわれが出てくるのを待ってくれていたようであった。こちらは都合が良かったので、それで幹線道路のバンが止まってくれそうなところまで行ってもらった。

そこはレイテ湾沿岸の幹線道路であり、その道路端のバス停のようなところでバンを待つことにしたが、強い日差しを遮るものは全くなく、何台ものバンが目の前を通るものの止まってくれない。灼けるほどの暑さに耐え、やっとバンが止まってくれた。中はわれわれ二人が座るスペースがギリギリある程度で、シニア用の優先席は空いてなく、私は後部座席ドア近くに詰められ座った。ＲＪ君はその後に座った。

これでは外の景色を楽しむ余裕はなく、ドア近くの把手につかまりながらひたすら耐えるのみであったが、次第に眠気を覚え、うとうとしながらも外の景色を眺めていた。

そのような状況であり途中の町のようすはほとんど記憶にないが、ヨランダの被害が大きかったタナウアンを通過したはずである。

タナウアンには先のパロで日本軍と戦った、米第10軍団第24師団の第19連隊の連隊本部があった。終戦後はここに捕虜収容所がおかれ、そこには日本軍の将兵（主として第16師団の兵士とレイテ沖海戦に参戦した艦隊の水兵がいた）が入っていた。

『レイテ戦記』著者の大岡昇平さんは、ミンドロ島（レイテ戦を終えた一部の米軍がルソン島へ向かう途中に上陸した）のサンホセ警備隊の一等兵であった。米軍上陸で山に逃げた彼はマラリヤを病み、米軍の捕虜となって、戦後はこの収容所に入れられた。そこで多くの捕虜から戦闘の話を聞いており、その辺りが『レイテ戦記』の参考となったのではないかと思われる。


ＲＪ君から眠っている私に合図があり、われわれはバンを降りた。そこはドゥラグであった。時刻は12時20分。米軍の上陸はタクロバン以南とドゥラグ以北の二方面からであり、クルーガー将軍率いる第６軍隷下の第10軍団がタクロバンとパロ方面で、同第24軍団がドゥラグ方面であった。タクロバンの南からドゥラグの中心地までの距離は約40キロであり、それは私が眠りこけていた道の沿道でもある。

日本軍は第16師団がレイテ島を警備しており、牧野師団長と河添参謀長は米軍の上陸地をドゥラグと予想し、その周辺の防備を固めて陣地を築いていた。ドゥラグに上陸すれば、15キロ内陸のブラウエン飛行場まで一本道であり、１キロ半のところにはドゥラグ飛行場もある。さらに、南方20キロにはアブヨグの町があり、そこから西海岸に向かう道があるという理由から、敵はこの周辺を攻めるであろうと予想しての布陣であった。しかし、このような日本軍の動きは、地元ゲリラからマッカーサーに逐一報告されており、マッカーサーは日本軍の裏をかき、守備の手薄なタクロバン方面に主力を上陸させている。

バンを降りて辺りを見渡すと、道の陸地側斜面に大きく、そしてカラフルな表示があった。「96・インフェントリー・ディビション（第96歩兵師団）」とあり、また多種のマーク（印章）があった。そして「メモリアル・パーク・ブルー・ビーチ・ドゥラグ・レイテ」とあった。

この第96歩兵師団が、先述した米第24軍団の隷下にあり、ここドゥラグに上陸した師団である。

その斜面のすぐ近くには広場があり、その中に大きな石碑があった。

碑の表面に大きく「レイテ島　戦没者慰霊碑」とあり、側面には「比島に眠る　勇者たちに捧ぐ　平成16年3月15日　秋田市山王　佐々木辰雄　秋田市川尻　川村暢」とあった。

私はここでも例によって、線香とハーモニカでの慰霊を行った。

慰霊碑のすぐ近くに細い登り道があり、そこの百を超える石段を上がって行き、途中で息を整えながら振り返りレイテ湾を見た。それは、少し遠くから見たせいか、マッカーサー上陸地で見た海の色とは違う美しく青い海だった。

私はまたここで、米軍上陸時の景色を想い浮かべながら想像してみた。

栗田中将率いる主力艦隊が、作戦計画通りにレイテ湾に突入して米船団を駆逐する。その後は、パロ・タクロバン方面にいるマッカーサー率いる上陸軍に「大和」が、そしてここドゥラグに「武蔵」が、両艦揃って46センチの主砲でもって数発ぶちかます。海岸から退却した第16師団の将兵たちは、そのようすを見て、さぞかし痛快であったに違いない、と。

さらに石段を上がると丘の頂上に着いた。そこには旗の掲揚のためのポールが3本あり、その周りには、米兵と思われる数人の人形があった。それはどうもアメリカ国旗を守っているようであった。

後日調べたところ、この場所はＨＩＬＬ１２０と呼ばれる戦場であった。この丘は米軍上陸場所の一つで、ここを守備していた第16師団第20連隊の一部と、米96師団の３８２連隊第３大隊との戦闘があり、米軍がこの丘を占領し、頂上に星条旗を掲げたとのことだった。

一通りその周辺を見終えた後は、次の目的地であるブラウエンに移動することになったが、この辺りにはトライシクルが待っているわけでもない。しばらく待ってやっと1台を捕まえ、ブラウエンまでの往復とその途上で飛行場を探すことを条件に、そのトライシクルを貸し切り、まずはブラウエンの街に向かうことにした。私がサイドカーに乗り、ＲＪ君はオートバイの後席に座った。本体（オートバイ）はＫＡＷＡＳＡＫＩで、それはピカピカの新車であった。

パロからきた幹線道路を2キロ近く南下した地点で右折し、ブラウエンがある西方向に向かった。

ブラウエンの飛行場跡を探しに

ＨＩＬＬ１２０での戦闘のように、ドゥラグ周辺では日米の攻防戦があり、先の20連隊は米軍の戦車隊におされブラウエン方面への後退となり、さらにそこから北西方向の山岳地であるダガミへ転進するも玉砕となった。

米軍の96師団は、できるだけ早くブラウエンの飛行場群を占領するのが任務であり、その戦車隊は23日にブラウエンに達した。20連隊はその辺りからダガミへ転進となったのであろう。

私がブラウエンに向かう理由は、その近郊にあったはずの飛行場跡地周辺に立ち、玉砕となったものの、ここを守るために戦った20連隊へ思いを馳せることである。そしてそのほぼ一月後となるが、輸送船団のオルモックへの上陸を成功させるために戦った部隊への、思いを巡らすことである。それは、日本軍のオルモック上陸を妨害する敵の航空機が発進するブラウエンの飛行場群（3飛行場）を、使えなくするために出動した部隊への思いであり、その地で何かを感じることでもある。とりわけ関心を持ったのは輸送機に切込部隊（薫空挺隊）を搭乗させ、ブラウエン飛行場群に胴体着陸した部隊であり、それは台湾の山岳民族である高砂族の志願兵を主とする遊撃隊である。さらには薫空挺隊と同じくブラウエン飛行場群への切り込みだが、落下傘降下による突入部隊である。

しかし、それらの作戦は残念な結果となった。それは、日本軍が急造したブラウエン地区の3飛行場を米軍はほとんど使用しておらず、修復したタクロバンの飛行場からの発着であった。さらに、米軍が完全なシステム（標準・基準）による飛行場をタナウアンに建造中だったことを日本軍は知らなかったのである。日本軍の作戦自体は勇敢な行動を伴い、日本人の心に響くものであるが、結果からして、労多くして功少ないものであった。それでも私はそこに立ちたかったのである。

さて話を戻そう。ドゥラグから西のブラウエンへ向かう道は簡易舗装だが、あちらこちらが砂利道の田舎道であった。その道には、われわれが乗るトライシクルの、真っ黒く濃い影が私の目の前にあった。サイドカーの中の私は少年のころに持った冒険心を思い出し、心を少し弾ませながら、その少年のころを思い出していた。

それは夏の日の炎天下に、歩いて自宅近くの川へ泳ぎに行くシーンであり、少年の私の前には真っ黒くはっきりとした影があった。そして周りには鮮明ないろいろな色があった。それは、泳ぎながら見たたくさんの雑魚の光り輝く数種類の色、途上の畑で盗み食いをしたトマトとキュウリの赤と緑色、そして帰りの小さなお店で食べたかき氷にかけられたシロップのイチゴ（赤）、レモン（黄）、そしてメロン（緑）色などであった。

ただ不思議なことに、今の私にはそのような鮮やかな色を感じ得ることはない。あれらの色はどこに行ってしまったのだろうか。夏という季節は年を重ねるにつれ、色あせていくものかと感傷的になってしまった。

この道はそのようなことを思い出させる、私にとっての平和な田舎道であったが、この道周辺では激しい攻防戦があり多くの兵士が亡くなっている。そしてこの道の先に見える小高い山々から先は脊梁山脈であり、そこでも多くの日本兵が戦死、そして病気と飢えで亡くなっている。

そこには今でもたくさんの日本兵の骨が残っているはずだが、もはやそれは永遠に収集される機会はないのかもしれない。

40分くらい走ったであろうか、ブラウエンの街の中心と思われるところに着いた。街中にはとりわけ何かがありそうな感じはなく、旅行者が来そうなところでもない。人々は坦々と自身の用事に動いている。そして用のなさそうな人は、自身の居場所だけは確保しているようで、そこにずっといるようでもあった。このような光景は、フィリピンの田舎では普通にある。

そこで飛行場の跡地を知っているか数人に尋ねたが、何とだれも知らなかった。それはここだけに限らず、私が訪ねた他の多くの地でも、戦争当時のことを知るものは極めて少ない。

少し困ってしまったが、これは私の準備不足による結果だ。私の旅は綿密な事前調査は行わないのが基本で、ざっとしたことだけを調べ、そして気の向いたところへ気の向いた時に行くのがいつものパターンであり、要するに気楽な旅を基本にしている。

例によって後で調べたことだが、飛行場は東海岸ではタクロバンとドゥラグに、山際にはブラウエンの街から北側すぐのところにバユグ飛行場があり、その先にはブリ飛行場があった。そしてドゥラグから来るとブラウエンの手前にサンパブロ飛行場があり、合計5つあった。そのうち戦前からあったのはタクロバンだけで、そこは日本海軍が管理していた。他の4つは日本陸軍が1943年末から急遽建造したもので、翌年10月20日に米軍が上陸した時にはまだ十分に整備されていなかった。

旅をしている当時の私は全くそのような情報を持ち合わせてなく、仕方がないので後は自分の勘で探すことにした。今まで見た地形から判断して、ブラウエンとドゥラグの中間にあるような気がしたので、ドゥラグへの帰り道で尋ねてみることにした。

しかしその途中には民家は少なく、尋ねやすいと思われるお店も少ないが、それでも数軒尋ねたところ、ある店の主人から情報を得ることができた。それと思われる飛行場跡があるというのである。

希望を持ちそこに向かうが、そこは田んぼ道であり、途中に水溜りがある道であった。そのため運転は容易でなくＲＪ君はオートバイから降りて負担を軽くしたので、私も降りようとしたが、そのまま座って良いと運転手は言う。10分くらい奮闘しただろうか、やっとのことで着いた。そこには数軒の民家があり、子供たちが遊んでいた。

そこで尋ねると、そのうちの一軒のすぐ近くに木製の碑があった（写真参照）。時刻は午後2時。その碑には「工兵第26連隊戦没者慰霊碑」とあった。私はここでも例によって慰霊を行った。

工兵は戦闘を目的とする「歩兵」と違い、専門的な技術で戦闘を支える兵隊のことであり、具体的には道路の構築（架橋、爆破、河渡、掘削）や要塞陣地の建設、鉄道、電信、航空、測量などの分野がある。私はこの時、ここの飛行場設営に携わった工兵なのかと思ったが、この工兵第26連隊について後日ネットで調べてみたところ、それは違っていた。

愛知県田原市の蔵王山に「工兵26観音」があり、その隣に「工兵第26連隊戦歴碑」がある。その掲載情報を読むと、先に書いた、ダムラアンで米軍に善戦した、第26師団の斎藤支隊にこの工兵26連隊もいたことがわかった。彼らは軍（第35軍）命令の「26師団は『ブラウエン』に専念」を受け、アルブエラ（図1参照）周辺の脊梁山脈を越えてブラウエンに向かった。それはブラウエン飛行場群の奪還作戦であり、兵器（野砲など）や兵士の通る道を作っての行進でもあり、その道路工事を担ったのが工兵26連隊であった。

彼らの働きによって、26師団はサンパブロ飛行場とバユグ飛行場に突入できた。ブリ飛行場はというと、そこにはダガミ方面にいた16師団の残兵が突入し、一時的に占領したようだが後援は続かずに失敗に終わった。

二つの飛行場に突入できた26師団は、米軍のオルモック逆上陸に伴う35軍の作戦変更により、部隊は再度の山越え転進を始める。しかしその移動の最中に敵の攻撃を受け、工兵第26連隊は全滅したと考えられているが、約400名の隊員のうち、レイテ島における生存者がたった1名といわれているため、今なおその動向の全体像は不明のままであるとあった。

そこでの慰霊を終えた私は、その辺りを歩きながら周りの景色を観察し、想像で飛行場を思い描いてみた。やはりここには滑走路があったと感じた。それは先ほど通ってきた道なりで、西に延びていたものだとも感じたが、それを思わせるようなものは一切なかった。

私の想像が当たっていたとしたら、先述したように後でわかったことだが、ここはブラウエン飛行場群の一つであるサンパブロ飛行場となる。だとしたら、切込部隊（薫空挺隊）を、あるいは落下傘部隊を搭乗させてルソン島のアンヘレス飛行場から飛び立った輸送機が、ここに胴体着陸しての切り込み攻撃、そして落下傘部隊降下での攻撃をした可能性がある。それらは混乱がひどく、詳しいことはわかっていないようだが、米側にその辺りの記録がある。

それによれば12月6日の夜明け、サンパブロ滑走路付近に配置された米軍部隊は、頭上を通過した輸送機の編隊の後方の空に白いパラシュートが花開きはじめたのを見て驚いた。それは大胆不敵なパラシュート部隊の攻撃で、ルソン島を基地とする空挺襲撃旅団（高千穂部隊）のパラシュート兵約400名が参加していたとある。米部隊は地上からそれらを攻撃し、日本兵は空中から小銃で撃ち返し、手榴弾を投げながら地上に近づいた。敵のパラシュート兵が地面に降り立ち、熾烈な戦闘は3日間続いたが、12月9日に飛行場を米側が奪い返した。パラシュート部隊による攻撃はいくらかの物質的損害を与えたが、それ以外は失敗に終わったともある。

そのような戦闘があった場所を見渡し、一応の私なりの納得感を得た後に、再度周りのようすを窺うと、すぐ近くで子供らが5、6人まだ遊んでいた。運転手が子供たちと何か話していて、聞けばこの数軒には電気も通っていないそうなのだ。

私は日本から持参したお菓子を鞄から出し、子供たちに分け与えた。みんなものすごく喜んでいた。そのような喜ぶ顔を見ると持ってきた甲斐があったと、いつものように思い、私も幸せな気分になれる。帰りの田んぼ道も大変で、新品のトライシクルは泥だらけになってしまった。運転手のおじさんは大切な新車を惜しまず、そして嫌な顔ひとつせずに、よくこのようなところまで入ってくれたものである。

われわれは元の田舎道に戻り、そこからレイテ湾沿岸の幹線道路まで行き、そこで貸し切りを終えることにした。

着いたところはドゥラグの街中への入り口のようなところであった。後日グーグルマップでそこを見ると、その幹線道路が通る地点から海側がドゥラグの街中であり、その街は海辺から数百メートルの中にある。ヨランダ台風の際は、ほとんどの家屋が流されたのではと思われる。

私は喉が渇いており、すぐ近くの店でソフトドリンクを買い、運転手も含め皆で飲んで一息入れた。トライシクルの運転手には約束の料金を払い、そしてピカピカのトライシクルが泥で汚れたことでもあるし、上乗せをして払った。しかし、彼の顔のようすから、どうもその額では不満そうであり、さらに上乗せを増やしたところ笑顔になった。そして、一生懸命に田んぼ道に入ってくれた運転手さんに感謝を伝えた。

タクロバンの街へ

木陰があり、そしてバンが停まってくれそうなところでわれわれ2人は待った。バンはほどなく止まってくれタクロバンへと向かった。私は今回もこっくりこっくりの状態であった。

バンはタクロバンへ入ったが、街のようすがわからないわれわれは、そのバンの終点まで行った。近くにはたくさんのトライシクルが客を待っていて、その中の運転手に適当なホテルはないかと尋ねると、街中にあるホテルを紹介されてそこに向かった。

そこはこぎれいなホテルであった。例によって、料金とサービス内容を尋ねるのは私の役目であり、フロントで聞いたところ、それはリーズナブルなものだったのでそこに決めた。

ヨランダの被害

部屋に荷物を置き、街中の探索をすることと、夕食のお店を探すことにして外に出た。近くにいたトライシクルの運転手さんにお任せで街中を巡りながら、その運転手さんが推薦するお店に行くことにした。

道の途上では、いたるところが工事中で、それは台風ヨランダの被害によることが容易に判断できた。その運転手さんによれば、当時のテレビ・ラジオでの台風注意の呼びかけは〝ストーム・サージ（高潮）〟という表現での注意だったようであり、それに対しての住民の反応はあまりなかったという。

２０１１年の東日本大震災での大津波の映像ニュースはフィリピンでも大きく扱われ、〝ＴＳＵＮＡＭＩ〟という言葉は多くの人に知られていた。台風ヨランダはそれからわずか2年後のことであり、人々のその記憶はまだ新しかった。だから〝ＴＳＵＮＡＭＩ〟という言葉を強調し、そして強制避難の指示さえあったならば、それで多くの人がすぐに山側へ逃げて助かったはずだったと、その運転手さんが言っていたのが印象的だった。

これを聞いた私は、このような場面で英語を使う弊害が他にもあるように感じた。フィリピン人の英語を使う場面のことは先の「セブ港のターミナル」で触れたが、彼らにとっての英語はやはり外国語であり、まして気象用語のような言葉の意味はよく理解できないのではないだろうか。

ヨランダの後の街中は、あまりにひどい悪臭がしばらく続き、また住まいをなくしたこともあり、たくさんの人がセブ島に一時避難したそうであり、セブの行政当局もそれを受け入れたとのことであった。その避難は3か月後も続いたそうである。

このような状況のなかで、諸外国、ＮＧＯ、民間団体などが多くの支援をしてくれ、彼らからの支援物資がなければ生き抜くことはできなかったと彼は言った。

この地はワライ語であると先に書いたが、ＲＪ君と運転手さんとの会話は難なく通じ合えていた風であったところをみると、やはりよく似ている言語のようであった。

後で調べたことだが、ヨランダ上陸から3日後の11月11日、日本は国際緊急援助・医療チームを派遣、12

日には陸海空自衛隊の医療部隊を主体とした国際緊急援助隊が派遣されている。

オッチョという名前のレストラン

ＲＪ君がトライシクルの運転手から聞いたことを私に通訳しながら、工事中が多い街中を進むと目的の場所に着いた。そこは「８」の印がある、オッチョという名前の海鮮レストランであった。

私はスペイン語を全く理解しないが、簡単な数字だけは知っている。オッチョはスペイン語で数字の８である。

店の中に入るとなかなかの雰囲気があり、１階はすでに予約客で一杯だった。われわれは2階に案内された。そこで店の注文方法の説明を受けたところ、１階の調理場近くに並べてある食材（魚貝類）を自身で選び出し、そして調理方法を指示する頼み方であった。つまりそれは、昼に食べたレストランでの方法と同じだった。

１階に下りてその食材をチェックしたら、私の好物が多くあった。そこで迷うことなく大きめのカニを注文し、他にも色々とオーダーした。値段は驚くほどの安さで、料理は期待通りの美味しさだった。予約客が多くいたのが理解できた。

州庁舎へ

12月3日（月）、この日は事前の計画はなく、遅い朝食をとりながら行き先を考えた。結果、まずは州庁舎を見に行くことにし、それから先はまた考えることにして、例によってトライシクルを借り切って向かった。

そこはホテルから2キロ余りだった。時刻は11時40分着、この州庁舎は、先のマッカーサー上陸地で触れた、〝フィリピン連邦政府の所在地は、セルヒオ・オスメーニャ大統領とその内閣のメンバーの下でフィリピンに再建された〟の、その所在地がここであった。（写真参照）

大きな建物の周りは、州庁舎らしく広くきれいに整備されていた。建物近くには立派な銅板の説明書きがあった。

それによれば、ここが１９４４～１９４５年までの国会議事堂となっており、それは１９４４年10月23日に正式に設置されたとある。その日ここで式典が催され、内閣官僚、解放軍、その他多くの人々の前で、ダグラス・マッカーサーの立ち会いのもと、セルヒオ・オスメーニャがフィリピン連邦大

統領に就任したとあった。そして、それ以降の1945年2月27日まで、この建物はフィリピンの首都の建物として機能していたとあった。

それはつまり上陸の3日後に、ここでそのようなセレモニーが行われ、オスメニャが正式にコモンウエルズの大統領に就任したということであろう。また、約4か月間はここがフィリピンの首都であったといえる。先の上陸地にあった〝マッカーサーはフィリピン国民へ向けての宣言・公布〟は、ここでの宣言・公布であった。

なお、フィリピン・コモンウエルズの初代大統領で、米国での亡命政府の大統領でもあったマニュエル・ケソンは、1944年8月に病気により米国で亡くなっている。それにより、副大統領のオスメーニャが大統領となり、このようにして正式に就任となったのであろう。〝1945年2月27日まで〟とは、同年の2月3日から3月3日まであったマニラでの市街戦で、米軍が実権を握った日なのかもしれない。

サン・ファニーコ大橋へ

RJ君が運転手から仕入れた情報によれば、ここから少し北上すると、長く美しい橋があるという。そしてその橋を渡ればサマール島に行けるとのことであった。そこでRJ君からその橋を見学するのはどうであろうかとの提案があった。

サマール島ということで、何だか遠くにあるような気がして、私は少したためらったが、聞けばゆっくり行っても30分くらいだというので、それではと行くことにした。

途中の家並みを見ながらわれわれはゆっくり進んだ。それらの家々の多くはブルーシートで覆われ、やはり台風ヨランダによる被害であろうことがわかった。しかし、あらためて家々をよく見て、そして彼らの生活ぶりを垣間見ると、それは台風の被害だけでなく、ここにはまだまだ貧しい人たちが多くいることが窺えた。

やがて橋が見えてきた。橋の手前には「ウエルカム・トゥ・サンファニーコ・ブリッジ」の看板があり、そこの周辺で駐車してもらった。

そこから前方を見渡すと長く美しい橋があり、それは海峡（サン・ファニーコ海峡）を渡って、サマール島に続いていた。

こうして見ると、たしかに橋は長いものの、海峡の狭さとすぐ先に見えるサマール島の近さがひときわ強く感じられた。

橋の車道は片側1車線で両脇に歩道もあった。トライシクルでも渡れるというので、われわれはその橋を渡ってサマール島の入り口まで行ってみることにした。

橋に入るとすぐに登りが始まり、それは海峡の真ん中にある小島まで続き、そこを利用して橋の設計がされたのかと思われ

た。そこからは下りとなり、その眺めはなかなかのものであった。（写真参照）

海峡の水面は静かで波はなく、その先をよく見ると他にも多くの小島が見えた。橋は緩やかなS字型をしており、それらの小島を借景として眺めると、その橋はなおさら独自の雰囲気を醸し出していた。

この橋について後日調べたところ、全長2600メートルにおよぶフィリピンで一番長い橋（当時）とあり、マルコス政権下の日本の援助で1973年に完成したとあった。

マルコスは他に多くの橋や道路などのインフラ整備を進めており、その当時を知る世代は、あの時代は良かったと懐かしむ人が多いように感じる。

夫人のイメルダは単なるフィリピン大統領夫人に終わらず、国政・外交にも積極的に介入していたことはよく知られている。この橋もインフラ整備の一環として彼女が進めたもので、橋の竣工式はイメルダの誕生日に開かれている。

先述したように、彼女は思春期をタクロバンで過ごしており、この橋の建設は彼女の強い思いがあって進められたのであろう。

サマール島には山賊が多くいた。日本軍の統治が始まってフィリピンの警察が無力化すると、彼ら山賊はサンファニーコ海峡を渡って、タクロバン、パロなど繁栄した海岸の町、そしてレイテ平野中の農産物集産地を襲った。各町村は弁護士、医師、小学校教師など知識層の指導の下に、自衛団を組織して警戒した。この時に協力したのが、武器を持っていた非降伏兵である。

この非降伏兵とは、本間雅晴将軍とウエインライト将軍との間での降伏を巡っての経緯と混乱からでた兵である。このことは先の「バターン半島へ」で書いたが、その混乱の結果として、〝ジャップ〟に降伏するのを嫌う多くのフィリピン兵が、武器を持ったまま山野に隠れ、ゲリラ戦を行うことになったのである。

やがて旧米比軍将校がこの非降伏兵を組織化し、１９４２年末までにフィリピン各地に抗日ゲリラの中核ができた。

レイテ島にいた日本軍第16師団は、しばしばフィリピン人の水先案内を雇い、機帆船でこの水道（海峡）を抜けて、サマール島西岸でその抗日ゲリラ討伐を行っている。

その頃に16師団はこの海峡を調査し、水深浅く暗礁が多く、そして太平洋の潮干によって流れの方向が変わりはするが、この水道をよく知る水先案内人がいれば、船艇による兵員機材の運搬は可能ではないかと上層軍である35軍に示唆していた。

しかし当時の〝兵要地誌図〟には、船艇による兵員機材の運搬は不能と書かれていたこともあり、サンファニーコ水道は航行不能と、南方総軍、方面軍、35軍は速断していた。この判断は彼らの誤りであり、日本軍がこの水道を利用できていたら、何か別の作戦展開があったかもしれない。

上陸後の米軍はしかし、フィリピン人の水先案内を傭い、上陸用船艇によって重装備の挺身隊がこの水路を通って、カリガラ湾に出ることができた。これは後にカリガラ、リモン峠の戦局に支配的な影響を与えることになった。

私はそのようなかつてのことを想いながら、そして橋からの眺めを満喫しながら、この美しい橋を渡り切ったわれわれは、サマール島の最初の町（バセイ）に着いたことになる。

時刻は12時25分。この町も台風ヨランダで大きな被害を受けたはずである。

サマール島は、フィリピンではルソン、ミンダナオ島に次ぐ3番目に大きな島である。サマール島とレイテ島の間には、このような狭い海峡があり、地図上で見ると一つの島のように見えるくらいである。サマール島東側の北にはルソン島がある。話は大きく遡るが、ここでフィリピンの国名の由来を紹介する。それは、１５４１年にヌエバ・エスパーニャの副王（総督）により、東インド諸島への航海を指揮するよう任命された、探検家のルイ・ロペス・デ・ビリャロボスによって名付けられたものである。

命を受けたルイ・ロペスは１５４２年に4隻の艦隊でヌエバ・エスパーニャを出航し、太平洋を横断し多くの島を発見しながら、１５４３年にルソン島の南海岸に達した。その後には、サマール島とレイテ島にも到達した。その際に、当時のスペイン皇太子（後のスペイン王フェリペⅡ世）に因んでこの島々に「ラス・イスラス・フェリペナス（フェリペの島々）」と命名した。つまり、ルソン島南部、サマール島、そしてレイテ島を対象とした名前であったことになる。それが後に、レガスピ遠征隊による群島住民への武力制圧により支配地域を広げ、フィリピン諸島全体を表す名になったとされている。

このようにフィリピンの名付けは侵略国によるものであり、そして彼らの慣習によってなされたともいえる。

このような思いがあるのであろう、現政権のドゥテルテ大統領は、タガログ語での立派な名前に変えようと提案している。またマルコス元大統領にもそのような動きがあったと何かの資料で読んだ記憶がある。それによれば、「高潔な自由民」や「高潔な戦士」の意味合いがある「マハルリカ」という名称をフィリピンに代わる新たな国名にしようとしたとのことである。フィリピンという国名は、１５４３年のロペスによる命名以来、４８０年近くに亘って使われてきた名であり、そのような新国名について国民はどのように思うのであろうか。

橋を渡った地であるバセイにはほんの少しだけとどまり、ほぼUターンの形でわれわれはすぐにまた橋を渡ってタクロバンへの帰路についた。

その途中、コンクリートの肌を晒したマッチ箱のような家がぽつんぽつんとあり、そして長屋風な建物を目にしたが、それらは未だ完成されていないようであった。

先述したように、ヨランダの被害に対して諸外国、ＮＧＯ、民間団体などの支援があったが、当然ながらフィリピン政府当局が主体性を持ち支援に取り組んでいる。とりわけ国家住宅庁は、被災者向け住宅建設をずっと続けているようであり、レイテ州の各地で完成後の引き渡しが行われたという新聞記事を時々目にする。これを書いている今（２０２２年）においても、その住宅の完成で、住民への引き渡しが行われている。それによれば、国家住宅庁の東部ビサヤ地域での建設予定は5万を超えており、その約7割は完成したとして、政府当局も頑張っていることを伝えている。この旅の当時（２０１８年）は、その途上であったのかもしれない。

明日はラグナに帰る日であり、社員へのお土産を買うことにし、借り切ったトライシクルでタクロバンの街中の買い物ができる場所まで連れて行ってもらい、その調達に時間を費やした。食いしん坊の私は昨夜のカニの味が忘れられず、今夜の食事も昨夜行った〝8〟に決めていた。

顧問弁護士から紹介された大学教授については、何かトラブルが発生した時のサポートのお願い、または時間と精神的に余裕があった場合に夕食を共にでもと考えていたが、初めての地であり、そのような余裕は全くなかった。またいつの日かこの地を訪ねる時は、事前に彼とのアポを取り付け、レイテ島の色々な話を聞きたいと思っている。

タクロバン空港へ（帰路につく）

12月4日（火）、飛行機はタクロバン空港発マニラ行き午前7時30発の便である。タクロバン空港へ行くのは初めてなので、用心して事前にトライシクルを予約しておいた。ホテル前での出発は4時半とした。マニラに向かうのは私だけで、RJ君はセブからきたルートと同じ方法で帰る。しかし彼は私を空港まで送るというので空港までは同行し、そこから彼は同じトライシクルで街中まで戻る予定を組んだ。

当日早朝、トライシクルは時間通り待っていてくれた。まだ暗い街中を通り空港に向かった。しばらく南下し、その後は北東の進路となり、5時15分に空が明けてきて、辺りが見えるようになると、左右に海が見え始め、右手に滑走路があることがわかった。空港は岬の中にあるようであった。さらに進むと空港ビルに出た。

空港の名前は、ダニエル・Z・ロムアルデス空港とあり、これが正式名称のようだが、タクロバン国際空港とも呼ばれているようだ。

後日調べたことであるが、この空港名の由来は、フィリピン下院議長のダニエル・Z・ロムアルデスにちなんで付けられたとあった。戦前からサンノゼいう名前での滑走路があり、マッカーサー上陸後、そこに米軍の飛行場として建設されたとある。戦後には商用航空用に改造され、タクロバン空港として知られるようになったこともあった。

ここでRJ君とはお別れである。彼のお陰で今回の旅を無事に終えられそうである。私がビルの中に入るのを見届けて、彼は乗ってきたトライシクルでタクロバンのバスターミナルに向かった。

事前にウエブ・チェックインを済ませていた私は、そのまま〝ファイナル・インスペクション〟と表示されたところに進み、手続きはすんなり終わった。待合ロビーで搭乗アナウンスを待つだけとなったころに朝日が上がった。今日は快晴のようだ。時刻は5時46分。

やがて私が乗る便の搭乗アナウンスが始まった。ここでもやはりきれいな英語であり、ローカルの言語は全くなかった。ビルの外に出ると真っ青な、そして大きな空が見えた。

航空機への搭乗は歩いてであり、今回の旅に満足しながらタラップを上った。

席を窓際にとったので、離陸後に眺めたところ、やはりこの空港は岬の中にあり、タクロバンの街は完全に湾の奥にあった。一見、その湾がレイテ湾かと思われたが、レイテ湾は広大なのでそれは違う。タクロバンの街はレイテ湾の奥にある湾（サン・ペドロ湾）の、その奥にあり、さらにその奥はサン・ファニーコ海峡に続いていた。

第九章　神風特攻隊の地を訪ねて

レイテ島タクロバンから戻った週の土曜日（12月8日）は、先の章（「思い出の地セブ島へ」）で書いたように会社のクリスマス・パーティだ。フィリピンでのクリスマスは一大イベントであり、ここでフィリピンの企業のクリスマス・パーティはどのようなものか、当社の例をとって紹介したい気持ちがあるが、旅の続きを急ぐことにする。

マバラカットへ

２０１８年12月9日（日）、昨夜のクリスマス・パーティを社員たちは十分に楽しむことができ、私のハーモニカでのスペシャルナンバーも無事に終え、そして酒量を抑えたので二日酔いはなく快調である。６時半前に定宿前に出るとゴンザレスは待っていた。

今日はマバラカットへの旅である。そこはマニラから70キロ近く北上したところで、先の章（「バターン半島へ」）で何度か触れた、サン・フェルナンドよりもさらに北にある町である。サン・フェルナンドを過ぎるとアンヘレスがあり、その先がマバラカットとなり、それら３つの町は同じパンパンガ州にある。クラーク国際空港やクラーク経済特別区の大部分は、マバラカット域内にある。

われわれの車はいつものようにＳＬＥＸに入り、やはりいつものようにマニラの手前あたりで降りて、いつも渋滞であるエドゥサ通りに入るが、今日は日曜日のせいか道路はそれほどの混雑もなくスムースに進みＮＬＥＸに入った。ここまで来れば渋滞の心配はないのでしばらく走り、いつものようにドライブ・インにあるファストフード店で朝食をとった。

その後はしばらく進み、サン・フェルナンド、そしてアンヘレスを過ぎた辺りでＮＬＥＸを降り、一般道を進みマバラカットの街中に入った。ゴンザレスも今回の目的地は初めてなので、街中の人に〝カミカゼ〟のモニュメントがある場所を尋ねたところ、そこは幹線道路上にあるとのことで向かった。

私がそこを知ったのは、後述するクラーク・ミュージアムに行った時である。そのミュージアムは日系企業も多く入っているクラーク経済特別区の中にある。そこにはフィリピンの歴史に関わる資料などが多く展示されているが、私にとって目を引いたのは、クラーク周辺での日本軍と米比軍との戦闘に関するものである。そのなかに、軍刀を持つ勇ましい日本兵の姿があった。それは日本兵の特徴を捉えた、そして手書きの上手な絵であった。帽子にゴーグル、そしてツナギのふっくらとした軍服からパイロットである。その絵の下には英文での説明書で「私が見た夏用飛行服を着た大日本帝国陸軍の戦闘機パイロット、パンパンガ州アンヘレス、フィリピン、１９４４年・ダニエル・Ｈ・ディソン」とあった。日本兵パイロットの絵はもう一つあり、それには「カミカゼ・スーサイド・パイロット」とあった。

それらの絵はダニエルさんが描いた特攻隊員の姿であった。私はその人に興味を持ち、後日ネットで調べてみたところ、既に亡くなられていたが『フィリピン少年が見た・幼い心に刻まれた優しい日本人たち・カミカゼ・ダニエル・Ｈ・ディソン著』という本があることを知り、すぐに取り寄せて読んだ。その本からマバラカットに「カミカゼ記念碑」があることを知ったのである。

北に向かう幹線道路を進むと、右側に「神風」と日本語が目立つ大きめの掲示板（写真参照）があった。時刻は9時30分、車を降りてすぐ近くを見渡すと、大きなボードがあり、そこには日本語と英語での説明書きがあった。私は日本語文、ゴンザレスは英文を見入った。

少し長いが日本語の全文をそのまま次に記す。

太平洋戦争における「神風」が離陸したマバラカット飛行場

太平洋戦争における「神風特別攻撃隊」が離陸した「マバラカット東飛行場の西端」がこの地点であり、当時、パンパンガ州マバラカット町に駐屯の帝国海軍第一航空艦隊第２０１航空隊所属の搭乗員24名からなる特別攻撃隊を、昭和19年10月20日第一航空艦隊司令長官大西瀧治郎中将発令にて編制、関行雄大尉を隊長とするこの隊は、「神風（しんぷう）特別攻撃隊」と命名。

この神風特別攻撃隊を更に「敷島隊」「大和隊」「朝日隊」「山桜隊」の4隊に分けられ、この最初の「神風」攻撃隊各隊は当初13名の搭乗員によって編成され、当日午前10時頃、当地に在るサントス家の前庭において大西中将自身によって任命式が執り行われた。

翌、昭和19年10月21日午前9時、関大尉率いる敷島隊はゼロ戦に2

50キロ爆弾を爆装、フィリッピン東方海上に展開中と報告された米軍艦船群を目標に、この基地を飛び立つが目標の敵艦船は発見できず、マバラカット飛行基地に帰還せざるを得なかった敷島隊は、翌日から3日間連日、この基地より敵艦索敵に離陸するが悪天候のため発見できずに終わった。しかし、ついに昭和19年10月25日午前7時25分、再びマバラカット基地を離陸した敷島隊は、同日午前10時52分、ついにレイテ島タクロバン沖にて目標の敵艦船を捕捉、関大尉は最初に空母セント・ローに体当たりを敢行し、後続の永峰飛長も同艦に突入し、これを撃沈した。

関大尉部下の隊員もサンガモン、スワニー、サンティー、ホワイト・プレインズ、カリニン・ベイ、キットカン・ベイらの空母に大破の損害を与えた。この攻撃にはセブとダバオからの「神風」攻撃隊も参加した。

この日の「神風特別攻撃隊」の戦果はマバラカット基地から敷島隊の直掩戦闘機として攻撃に参加した西澤広義飛曹長によって確認・報告された。

関大尉の直卒の敷島隊員は中野磐雄一飛曹、谷鴨夫一飛曹、永峰肇飛長、大黒繁男上飛であった。彼らの緒戦の成功は、その後、フィリッピン、台湾、沖縄、日本本土の陸海軍搭乗員の多くが参加する「神風戦術」として広まっていった。

太平洋戦争中の日本の「神風」は全ての戦争歴史の中で最大の軍事目的の体当たり組織である。外国の侵攻から日本本土を防衛する為に死に物狂いの手段であった。この地に訪れる参拝者の皆様に謹んでお願いします、全ての「神風」と比米軍を中心とする連合軍戦没者に対して永遠に安らかにお眠りくださいい、そして、全世界の平和の為に祈りますと祈念して下さい。

（注記）

マバラカット観光局（ＭＴＯ）が神風平和祈念公園の建立を推進した理由は、神風特別攻撃隊の栄光を称賛する為ではなく、その歴史的事実を通じて世界の人々に平和と友好の尊さを訴える為であります。神風平和祈念廟が神風特別攻撃隊のような不幸な出来事を二度と繰り返さないと誓う場所となる事を祈念するものです。

かつて、何の変哲も無く長閑なマバラカットの町が神風発祥の地として第二次世界大戦中の太平洋における戦場で歴史を刻むと誰が想像したでしょう。

かつて、覇権を争う外国列強の不条理な戦争にマバラカットの住民が巻きこまれる事を誰が想像したでしょう。

かつて、この神風慰霊碑が戦争の不条理さと恐怖を痛切に思い出させるだけではなく、地域の観光振興と歴史認識に貢献している事を誰が想像したでしょう。

それゆえ、１９９８年10月のクラーク・フィールド、マバラカット〝世界平和の都市〟宣言は人種や国籍の区別なく地球上の全人類の恒久平和を守り、そして永続させるための継続的な努力です。

マバラカット観光局長　ガイ・〝インドラ〟・ヒルベロ

私はこれを読んでいて、感情が昂ったようで涙が少し出てきた。すぐ近くで英語版を読んでいたゴンザレスも、何かを想い、そして感じたような面持ちであった。

ボードの隣には赤色の鳥居（コンクリート製）があり、そこがボードの説明書にあった平和祈念公園の入

り口であった。一礼してその鳥居をくぐると、すぐ目の前には大きな台座の上に、パイロット姿の特攻隊員とわかる立像（写真参照）があり、その前で私はやはり持参したハーモニカで慰霊をした。

先のボードに書かれていた内容の補足となるが、まずは大西瀧治郎中将について書く。

海軍中将の大西が第１航空艦隊長官としてマニラに赴任したのが１９４４年10月17日であり、それまで軍需省航空兵器総局総務局長であった彼は、海軍が極秘裏に研究開発を進めていた特攻兵器の「震洋（小型特攻ボート）」、「回天（人間魚雷）」「桜花（母機に吊るされターゲット付近で分離される特殊滑空機で翼が小さい）」）などのことを知っていた。

その３年前である開戦時には、〝甲標的〟と呼ばれた、魚雷２本を艦首に装備した小型の潜航艇もあり、ハワイ真珠湾攻撃がそれの初陣として使われており、太平洋戦争が始まる前からこのような特攻兵器の研究がされていた。１９４３年のガダルカナル敗退以後にはその研究が進んで種々の特攻兵器が開発され、〝捷号作戦〟と同時にそれらの使用を実施すると決定していたようである。

大西がフィリピンに赴任する前にはすでに、戦闘機が爆弾を抱えての攻撃方法が研究開発のなかで出来上がっていたが、その効力についての確信はなかった。とりわけ揚力を生む翼が、敵艦に目掛けて急降下する際に、その揚力によりスピードが衰えて敵艦へのダメージが減少するであろうと予測されていた。そのため、敵艦の甲板をしばらく使えないようにさせるのがせいぜいであろうかというような程度を想定していた。

特攻、それはパイロットが間違いなく死ぬことを伴った攻撃方法である。それは、これまでのものとは倫理観が全く違う方法であり、死を前提とした攻撃思想でもあり、強制することはできず、〝志願〟としてなら可能とする考えが軍部中央にあった。

日本が開戦するにあたって、米国との国力の差はわかっていたであろうし、それだからこそ、このような戦法までも研究されていたのではないかと思える。そして日本軍の戦況が悪化するなかで、このような研究結果を試すためと、それを実践に移すことが推進されていったのではないかとも思える。

そのような状況のなかで、強い合理主義の面を持っていたとされる大西は、戦闘機が爆弾を抱えての攻撃方法に傾いていった。彼のその合理的考えは、敵に対する自軍の航空機が圧倒的に足りず、機体の整備も満足にできず、燃料の質が悪く速度も高度も出せず、そして当時多くいた訓練未熟なパイロットたちが、撃墜されるためだけに出撃するのではなく、攻撃を意味のあるものにする唯一の方法が体当たりであるとしたのである。

このような彼の考えは一見すると、命を軽く見積もっているのではと思えるが、それは逆で、その価値を重く見積もったからこそ、特攻を提議し、実践し、拡大しなければならなかったのかもしれない。

大西自身はこのような戦法（特攻）を外道だとしてはいるが、当時の日本軍の追い詰められた戦況を鑑み、そして彼のそのような合理的考えも合わさりそうしなければならない、いやそれしかないと考えたのかもしれない。また大西のルソン島行きは、そのような大西だから第1航空艦隊長官として抜擢され、マニラへの赴任となったのかもしれない。

第1航空艦隊とは、海軍の空母艦隊及び基地航空部隊であったが、戦中の後半には基地航空部隊として再編成され、陸上飛行場を拠点として作戦を行う機動部隊である。

大西は海軍大臣（米内光政）、そして軍令部総長（及川古志郎）に対して、現地で特攻を行う決意を述べている。及川からは「特攻作戦は中央からは指示しない。しかし現地部隊で自発的に実施することに対しては、中央は敢えて反対せず、黙認の態度をとる」と述べ、それを受けての大西は「中央からは何も指示をされないように」と希望したという。

このような背景があり、そして大西の発意により、彼はここマバラカットで着任から3日後の10月20日に特攻の発令をしたのである。それはまさにマッカーサーのレイテ上陸の日である。

そこで第1航空艦隊の主力戦闘機隊である、第201航空隊所属の搭乗員24名からなる特別攻撃隊を組織編制し、その全員を集めて次のような訓示を大西は垂れている。

「日本はまさに危機である。しかもこの危機を救いうるものは、大臣でも大将でも軍令部総長でもない。……それは諸士の如き純真にして気力に満ちた若い人々のみである。従って、自分は一億国民に代わって皆にお願いする。どうか成功を祈る」

それから10か月後の1945年8月16日、つまり玉音放送のあった8月15日の翌日、大西は辞世の句「これでよし　百万年の仮寝かな」を残し、渋谷区南平の官舎で介錯なしの割腹をして果てている（享年54歳）。

介錯なしの割腹は、すぐには死なずに長時間苦しんだ。医師が駆けつけた時も、自分を生かさないようにと言い、カミカゼの飛行士達への償いとして苦悶し続けたそうである。ようやく死に近づいた時に妻（淑恵さん）を呼び、「淑恵……、平和になった時にフィリピンに行き、私が住んでいたところ、特攻隊を作ったところに行きなさい。私はそこにいるから……」と言い逝ったという。

１９７５年、淑恵さんは夫に会いに、この地マバラカットを訪ねている。

特攻隊を発意・発令した人に、このような死に方をされると、後世のわれわれの心が何か救われるような気持ちになるのではないだろうか。しかしそのような果て方をし、ある種の責任の取り方をした人は他に一人もいないようである。

大西についてもう少し書くと、第1航空艦隊長官の後の１９４５年5月に軍令部次長となった頃には「2千万人ほど死ねば日本は負けません」と必死になって本土決戦を説いてまわった人でもある。

合理主義の大西のこの意図を私はよく理解できないが、それほどの数の人間が死んだら、敵はさらなる攻撃を諦めるという意味なのかもしれない。もしそのような風潮が当時の日本にあるとされたら、米軍はどのようにそれに対応するだろうか。

米軍は日本軍とのこれまでの戦闘経験で、日本軍の絶対に降参しない姿勢・精神は知っていたはずであり、そのような国家をどうすれば無条件降伏させられるか迷った末に、日本そのものを焼け野原にするより仕方がないと考えた可能性はあると思える。

日本各地の都市への無差別的な大空襲、そして原爆の投下はその手段の一つだったのではないだろうか。参考までだが、2千万人というのは当時の日本列島7千万人の約3割である。そして当時は〝一億総玉砕〟

などと軍部で言われていたその数には比喩的な面があるが、当時の日本の植民地（台湾、朝鮮など）も含めての数である。

私がこのような物言いをすると、米国の無差別的な大空襲と原爆の投下は、戦争を終わらせるために仕方のない手段だったと言いたいのかと思われるかもしれない。しかし、米大統領のルーズベルトと英首相のチャーチルの会談の記録を知ると、日本を無条件降伏させるためなら、犠牲者の数など全く考えず、そしてそのための手段を選ばなかったように思える。つまり、仕方がないとか以上のものであった。


次に特別攻撃隊の編成内容とその向かう先、そして特攻の方法を書く。

大西はマニラ着任時に「海上決戦に備えての航空機が少なくとも１００機いると思っていたが、それが30機に満たないのを知って愕然とした」と言っている。その30に満たない機は、第２０１海軍航空隊の本部であるマバラカットにあったものかと思えるし、それは零式艦上戦闘機（零戦）であった。その零戦による特攻の戦果により、以後の陸軍も一式戦闘機（隼）などで出撃している。

その零戦30の内の26機を以って体当たり攻撃隊を編成し、それを4隊に分け、各隊の名称を「敷島隊、大和隊、朝日隊、山桜隊」とし、大和隊だけがセブ飛行場に進出、他の3隊はここマバラカット飛行場を基地とした。各隊の基本は特攻機3、直接援護機（直掩機）2の計5機からなり、それらの隊を「神風特別攻撃隊」と命名し、その指揮官を関行男大尉とした。その特別攻撃隊はその後、敵も味方も「カミカゼ」と呼んだが、海軍は「シンプウ」と音読した。

彼らの向かう先は、レイテ沖東方面にいる敵空母群であり、先の章（「レイテ島へ」）で触れた、栗田艦隊のレイテ湾突撃を成功させるための上空からの支援であった。

特攻方法は、零戦胴体の中央にある補助燃料タンクの替わりに250キロ爆弾を抱かせ、敵艦の飛行甲板に体当たりするのである。その燃料タンクは飛行距離を長くするための予備であるが、特攻は基本的に片道だけなのでそのタンクを外したのである。

敵艦に近づく時は敵のレーダー感知から避けるために海面すれすれに飛び、その後は急上昇し、そして急降下で敵艦に体当たりするのが特攻機であり、その援護と成果の確認（見届け）・報告を行うのが援護機の役割となる。とりわけ特攻機のパイロットには高度な操縦術が必要であった。

さらにここで、神風および隊の名称である敷島、大和、朝日、そして山桜の由来について書く。

先ずは神風であるが、それは、蒙古軍（含む属国軍）による日本への2度目の侵攻である1281年の「弘安の役（蒙古襲来とも）」に由来するものである。

日本の守備隊が博多湾の海域で侵攻軍と戦っていた時（今の8月の台風シーズン）に台風が襲い、敵軍の多くの艦船が沈没となり、彼らは帰って行った。

鎌倉幕府の当時の執権である北条時宗が蒙古軍と戦い、朝廷は国を守るために祈ったという。結果として彼らの襲来は失敗（負け）となった。台風が来て蒙古軍が負けたのは朝廷が祈ったおかげであることを朝廷は言い出し、それが世間に広まり、それ以来日本が外国からの敵に窮した場合には〝神風（カミカゼ）〟が吹くとなった。

太平洋戦争でも神の国である日本を、神風が吹いて守ってくれると多くの日本人が信じていたし、私の母もそうであった。終戦の日までずっとそう信じていたと、母は少年の私に何度も聞かせてくれ、その言葉には悔しさと情けなさが滲み出ていたことを記憶している。

隊の名前だが、それは江戸時代の国学者である本居宣長が詠んだ「しき嶋の やまとごゝろを人とはゞ 朝日にゝほふ 山ざくら花＝敷島の 大和心を人問はば 朝日に匂ふ山桜花」からすべて引用されている。これを平易な文にすれば「日本人である私の心を問われれば、朝日に照り輝く山桜の美しさを知る、その麗しさに感動する、そのようなこころです」であり、敷島とは日本の美称である。

日本人の、いにしえからの美意識に響くような、このようなネーミングは一軍人が即行でできるはずもなく、先の研究開発は兵器自体の技術的なものとは別に、日本の古典文学を取り入れた精神面に与える作用の研究も同時にされていたことが窺える。

思想史家で日本大学教授の先崎彰容氏は、著書（本居宣長「もののあはれ」と「日本」の発見）のなかで、この歌について触れ、「何か死の匂いすらただよっているではないか。途方もない透明感が、若者を戦地に送りだし、死に誘いはしなかったか」と述べている。

以後もこのような、日本人の心の中にある美の琴線に触れるような名前の付け方をして、数多くの「神風特別攻撃隊○○隊」が編成されて行った。

神風にしても、蒙古襲来から日本人の精神に沁み込まされた〝日本は神の国、だから守られる〟であることを覚醒させたように思える。

ここまで特攻に至った背景と特攻実践までの経緯を書いてきたが、ここで「神風特別攻撃隊」の指揮官を任された関行男大尉（当時23歳）の出撃時のようすと彼の率いる「敷島隊」の成果、そしてそれが与えた影響について書く。

前述したような編成にて、神風特別攻撃隊はマバラカット、そしてセブから出撃したのが発令の翌21日である。

大岡昇平の『レイテ戦記』には、発令後に第201海軍航空隊副長の玉井浅一から関大尉に特攻計画を打ち明けた時のようすが書かれており、それは次のように伝えられていたとされる。

「関大尉は唇を結んで、何の返事もしない。両ひじを机の上につき、オールバックにしている長髪の頭を両手で支えて、眼をつむったままうつむき、深い考えに沈んでいった。身じろぎもしない。1秒、2秒、3秒、4秒、5秒……。と、彼の手がわずかに動いて、指が髪をかき上げたかと思うと、静かに頭を持ち上げて言った。『是非、私にやらせて下さい』少しの澱みもなかった。明瞭な口調であった」。

しかし、戦後も40年近く経ってからは、そのようすは違うとの説がある。それは「上官から『どうか』と持ちかけられた関行男大尉は、その場でしばし沈黙のあと『一晩考えさせてください』と、すぐには承諾しなかったそうだ」となっている。

そのことを前提（一晩考えて承諾した）にすれば、発令の翌日（21日）に関大尉率いる敷島隊（零戦5機）は出撃した。しかし敵空母群を発見できずに同基地へ戻ることが何度も続いた。

この間の23日、「朝日隊」と「山桜隊」はマバラカットからミンダナオ島ダバオに移動し、そこから出撃している。

同じく23日、大西長官率いる第1航空艦隊と同じ海軍の第2航空艦隊は、同艦隊の196機がクラーク・フィールドに進出したが、艦隊長官の福留繁中将は従来の編隊攻撃を固持して特攻を承知しなかった。このように、同じ海軍の中でも当初の現地指揮官の間には、特攻についての一致はなかったことがわかるので、大西が積極的だったと理解して良いであろう。

マバラカット基地からの敷島隊は25日、5回目の出撃でようやく米空母群を発見した。なかなか発見できなかったのは悪天候もあるが、ぎりぎりの燃料しか積んでいないため、長く飛び続けることができなかったためでもあろう。いよいよ発見できたのは、栗田健男中将率いる艦隊がレイテ湾を目指しはじめた頃に、米海軍空母群の位置情報を得、その情報が日吉台（慶應大学日吉キャンパスの地下壕）の連合艦隊司令部に報告され、それをマニラの第1航空艦隊司令部に送り、その情報がマバラカットにいた関大尉に伝わったのかもしれない。

その25日の状況はというと、関の率いる「敷島隊」の特攻機6（内1機は途中エンジントラブルで引き返したので5機）は直援護機1と共に、午前7時25分にマバラカット飛行場を飛び立った。向かう先はレイテ島タクロバンの東方であり、そこにいる敵空母4隻、巡洋艦・駆逐艦6隻がターゲットであった。

10時40分、その空母4隻を発見し、レーダーに映らないように海上すれすれに飛び空母にアプローチした。そして5000フィート（約1500メートル）まで急上昇し、10時52分に5機の特攻機は突っ込んで行った。結果、同日午後0時23分までに、空母「セント・ロー」が沈み、同「カリニン・ベイ」が炎上した。

直掩機の西沢広義兵曹長は5機の特攻を見届け、近場のセブ飛行場に不時着（12時20分）し、その戦果をマニラの第1航空艦隊司令部に昂奮しながら次のように報告した。

「神風特別攻撃隊敷島隊は10時45分スルアン島の北東30カイリにて空母4隻を基幹とする敵機動部隊に対し奇襲に成功、空母1に2機命中撃沈確実、空母1に1機命中大火災、巡洋艦1に1機命中轟沈」

このように、空母1隻を撃沈し、もう1隻の空母を大火災させ、そして巡洋艦1隻を轟沈（大破炎上とも）という大成果をあげたのだ。

それは先述したような研究開発者の予想を大きく超えたものであり、日本海軍連合艦隊（栗田部隊、西村部隊、小沢部隊、志摩部隊）がフィリピン沖海戦での結果、敵から大きな損害を受けたにもかかわらず、敵に与えた損害は少なかったことを思えば、まさしく望外の戦果であった。

日本の航空戦力の主要攻撃方法となる特攻（特別攻撃）が推進されたのはこの時からであり、福留の第2航空艦隊も、その翌日（26日）から大規模な特攻隊を組織する。

それらの特攻はかなりの成果を挙げ、米軍側の艦上にいる兵士は〝KAMIKAZE〟と聞いただけで大きな恐怖心をもったとされている。そのことを米従軍記者も知ることとなり、日本軍にそのことを悟られないよう、徹底した報道管制を敷いたともいわれている。

そのようななかで、米海軍の上層部は異例ともいえる特攻対策の会議を行っているので、敵に与えた恐怖は間違いないようである。

敷島隊の戦果は天皇まで伝えられ、天皇はとても驚き「かくまでしてせねばならなかったのか……、しかし良くやった」と、軍令部総長に感激を漏らしたとされている。天皇のそれは、特攻を承認したということではないのだろうが、否定もされていない。軍部がそれをあたかも天皇がそれに賞賛・賛同したというふうな流れを作った感がある。そして神風特攻隊の戦果は、国民に異常な昂奮と感動をもたらしたとされている。

そのためであろうか、軍上層部が抱いていた懸念も薄れ、特攻を積極的に推進する流れとなった。大本営も正式の戦法とし、陸軍も航空隊の特攻部隊を編成し、11月に入って出撃するようになった。

そのような流れでの海軍、そして陸軍の特攻部隊の向かう先は、米軍のオルモック上陸（12月7日）の際のカモテス海沿岸であり、米軍輸送船団がルソン島へ向かう途上（12月中旬）であった。そして同輸送船団がルソン島・リンガエン湾に到達（翌年1月始め）する際でもあったし、米軍のリンガエン湾での上陸（1945年1月9日）後も続けられた。

このようにして同年1月半ばまで続けられたフィリピンでの特攻は、海軍は202機突入して256人戦死、陸軍も202機突入で251人戦死したとされている。それからも続いた特攻（九州から沖縄へ向けての）により、その数は大幅に増えて行った。特攻隊戦没者慰霊顕彰会（東京）によると、特攻による戦死者は6418人に上るとされている。

フィリピン戦後の米軍は、日本本土爆撃への足掛かりとなる沖縄へと向かった。

すでに日本軍はまともに戦える状態ではなく、日本軍の航空攻撃は特攻を中心として、その特攻基地は日本本土（九州）へと移った。そこから沖縄への出撃となったが、この頃の特攻は強制的になっており、非常に残酷なものとなっていた。

飛ばないというと非国民といわれて殴られている。また徴募した学生を使うことによって一層非人間的なものにもなっている。

沖縄攻撃中の米軍艦隊はそのような特攻により大きな打撃を受け、倍返しとでも言おうか、米軍の沖縄への攻撃はますます苛烈を極めた艦砲射撃となった。そのようなこともあり、日本軍について行った多くの沖縄の民間人が亡くなっている。

フィリピン沖海戦で大きな損傷を負った戦艦大和のその後は、本土決戦を遅らせるために「一億玉砕の先駆けとなれ！」とされ、片道の燃料だけで沖縄に向かった事実上の水上特攻であった。

レイテ湾から陸上にいるマッカーサー軍に向けての艦砲射撃は実現しなかったが、今回は沖縄の陸に乗り上げ、そこから上陸している米軍へ艦砲射撃を意図するのが大和の最後の役目であった。しかしそれも、残念ながら沖縄にたどり着くことなく米軍航空機（３６０機とか）の攻撃により撃沈され最期となった。その間に、大和の46センチ主砲は一度も火を噴くことはなかった。

ダニエル・ディソンさんについて先述したが、彼の家はアンヘレスにある。アンヘレスはマバラカットのすぐ近くで、彼は少年の時に特攻隊員をよく見ており、その時のようすを先の本に書いているので、その部分を原文のまま次に紹介する。出撃する特攻隊員の心境はどのようなものであったかがわかるような気がする。

「アンヘレスの街で鉢巻をした日本軍の飛行士達を見かけるようになりました。日本の兵隊達は鉢巻をした飛行士と街で会うと、お辞儀をするのでした。

当時、私達はこの鉢巻をした人達がどんな人なのかは知りませんでした。なぜなら、カミカゼのことは特に極秘にされていたからです。

カミカゼの飛行士達は私の家の前の通りを挟んだ家に泊まっていて、私も紹介されたことがありました。その人達は独立した宿舎を割り当てられていました。

この飛行士達は翌日の早朝に出発することが決まると、その晩には皆で歌を歌うのでした。彼らが泊まっている家からピアノの伴奏が始まり、それに合わせて色々な軍歌が聞こえてきました。時には、悲しい調子の曲が流れてきました。特に、夜中になってからそのような歌を歌っていましたが、その中の一つが『海ゆかば』だったと思います。私は彼らが歌っているのを聞いて、そのメロディーの一部を覚えてしまいました。それはとても悲しい歌でした」

当時は戦死することが最高の名誉とされており、とりわけ特攻で亡くなった人を〝人神〟として国は崇めた。そのような扱いを、これから特攻する若者たちはどのように思っていたのであろうか。

彼らは、国家のため陛下のため一身をささげるのが、国民としての大義だと教えられ、そのように思い、そしてそう信じていたに違いない。

ダニエル少年が宿舎から聴いた歌『海ゆかば』の悲しさは、特攻する仲間たちと語り、そして自己を崇高かつ神聖なものへと向かわせようとする彼らの自己陶酔なのかもしれない。同時に心のどこかに死にたくないというつぶやきがその歌の悲しさに出たのではないだろうか。生きたい、生きて帰り再び家族のもとで暮らしたいと思っていたはずである。

さて補足説明が長くなってしまったが、祈念公園の周りも見終わりゴンザレスを探すと、ここのケアーテーカーから何か情報を仕入れているようすだった。聞いてみると、日本軍に関する記念碑がクラーク飛行場近くのリリー・ヒル（丘）にあるということだった。カミカゼ記念碑の情報しか持ち合わせていなかった私は、それではとそこに向かうことにした。

われわれは駐車していた車に乗り込み、走り出すや否やゴンザレスは独り言のようにボソッと私に言った。

「フィリピン人にもカミカゼの勇気があったら……」

それはどのような意味なのかを私は聞かなかったが、何となくわかるような気がした。

もときた幹線道路を少し引き返し、クラーク空港ターミナルビル方面へと向い、少し迷いながらもその丘に着いた。

平和観音宮

近くには「ゴッデス・オブ・ピース・シュライン（平和聖堂の女神）」の表示板があった。そこの敷地内の奥には大きな観音像（写真参照）があり、車を降りた私はその前まで進んだ。そのすぐ近くには銅板があり、それには日本語と英語の説明があったので、日本文を次に記載する。

平和観音宮
パンパンガ州マバラカット町クラーク地区
１９９８年（平成10年）10月25日、日本の高僧池口恵観法主とマバラカット地方自治体代表マリノ・P・モラレス町長は、第二次世界大戦（１９４１年12月8日～１９４５年8月15日）中、初めて当地において編成された神風特別攻撃隊の出撃から54周年を迎えるにあたって『世界平和都市』を宣言し、かつて航空基地群があり、遊撃部隊『建武集団』が最後の要塞を築いたこの地リリーヒルに、恒久平和を誓って平和観音宮を建設しました。大戦末期の１９４５年1月初め、すべての航空機を失った在クラーク地区日本陸海軍約３万の将兵（陸軍１７，０００、海軍１２，０００）は、塚田理喜智陸軍中将を長とした『建武集団』を新設し、リンガエン湾から上陸してマニラから向かうと予測された連合軍を側背面攻撃するよう備えました。陸海軍ともに基地員を中心としたこの混成部隊は、当地の要塞を死守しようとして敗退。残存兵力は、山岳地帯にこもって１９４５年9月20日まで抵抗し、一部を除くほとんどの将兵が玉砕しました。

リリー・ヒルにおける建武集団司令部の主な構成員は、以下の通りです。

陸軍　塚田理喜智中将　牧重雄大佐　　海軍　杉本丑衛少将　近藤一馬機関中将
　鈴木嘉一大佐　　岡田安次大佐　　中村子之助大佐　佐多直大大佐
　長治幸中佐　　小笠原尚中佐　　吉岡忠一中佐　松本眞實中佐
　高山好信中佐　江口晴助中佐　　宮本實夫中佐　舟木忠夫中佐
　高屋三郎少佐　柳本貴教少佐　　瀬戸口熊助中佐　中村正義大尉
　藤田幸次郎少佐　井谷菊雄少佐
　上井藤雄少佐　　樋口次三郎少佐

（防衛庁戦史業書『捷号陸軍作戦Ⅱルソン決戦』防衛研究所戦史部編を参照）

なお、マバラカット町観光事務所およびクラーク開発公社は、フィリピン軍民、連合軍および日本軍将兵の霊を慰め、この悲惨な戦争の歴史が二度とくりかえされないよう祈り、フィリピンと日本両国の平和と友好を促進するために平和観音宮の設置を支援しました。

マバラカット町観光事務所長　ガイ・インドラ・ヒルベロ
マバラカット町長　マリノ・P・モラレス
マバラカット町議会議員一同

この説明書きについて補足すると、まず、遊撃部隊「建武集団」とはどのような存在であったのかを書いてみる。

フィリピン沖海戦での日本海軍の敗北、レイテ戦での日本陸軍の敗北、そしてそれらの戦いでの両軍の航空部隊の損失があり、それにより陸海軍の兵力は大きく減少し、師団としての体制が維持できなくなったのは想像に難くない。

そのために陸海空全ての残存兵力の再編成、つまり混成チームとなったのが遊撃部隊であり〝なになに集団〟と名称化されたのではないかと思える。クラーク地区日本陸海軍約3万の将兵が、塚田理喜智陸軍中将を長とした「建武集団」になったのはそのような背景があったように思われる。建武集団の他には、尚武（しょうぶ、方面軍が主）集団と振武（しんぶ）集団があり、各々に担任地域があった。

大本営と南方総軍は、方面軍に対してレイテ決戦放棄後もフィリピン全域での決戦を求めた。しかし、山下方面軍司令官は、レイテ決戦での兵力の損耗、自軍と米軍の戦力差、とりわけ海空戦力の大きな差を考慮し、ルソン島を重視して主力を配備した。そして自活自戦、永久抗戦の態勢を整備して、米軍主力をルソン島に長く牽制・拘束するという持久作戦を独自に展開した。

なになに集団という兵力の再編成は、このような方面軍の作戦展開であったのかと思われる。

建武集団のこの地（クラーク空港周辺地）での戦闘状況についてもう少し書いてみたい。

米軍のリンガエン湾での上陸開始は１９４５年1月９日であり、上陸後はマッカーサーの指示により一路マニラに向かうが、そのルートは大きく分けると二つある。

一つはクラーク・フィールド経由で、他の一つはカバナトゥアンを経由するものであるが、カバナトゥアンについては後の章で詳しく書くのでここでは触れないことにする。

クラーク・フィールド経由の米軍部隊は、1月下旬に建武集団の部隊と交戦に入った。南下する米軍の攻撃をうけた建武集団の守備隊は、予てより計画していたクラーク飛行場の施設を爆破して近くの山岳地帯にある拠点に後退しながら、もっぱら斬り込み戦法によって米軍の南進を阻止していた。

ところが1月30日には、米軍船団はリンガエン湾からだけでなく、その一部はバターン半島の西海岸サン・アントニオにも上陸した。これにより建武集団は、北からと西からの米軍に包囲された形になった。そのような状況のなかでも建武集団は奮闘したが、米軍はこれを突破して2月4日、マニラに突入した。

石碑の説明にあるように、建武集団の残存兵力は山岳地帯にこもって１９４５年9月20日まで抵抗を続けたが、残念ながらほとんどの将兵が玉砕してしまったのである。

後述するクラーク・ミュージアムで見た資料（スケッチや写真など）をよく観察すると、飛行場と見られるところが全部で8か所ある。その中で最も大きいのがその位置関係から現在のクラーク空港のように見え、フォート・ストッツエンバーグ（後述する）の本部はその飛行場の南側すぐのところのクラーク・ミュージアムのようにも見える。そしてリリー・ヒルはクラーク空港とフォート・ストッツエンバーグの本部の中間の西側にあるように見える（図参照）。その8か所については、捷1号作戦が決定されたことにより、その作戦開始時の準備として、クラーク飛行場に多くの飛行機が急ぎ運ばれ、周辺に追加の飛行場が建設された、と同ミュージアムの資料が伝えている。

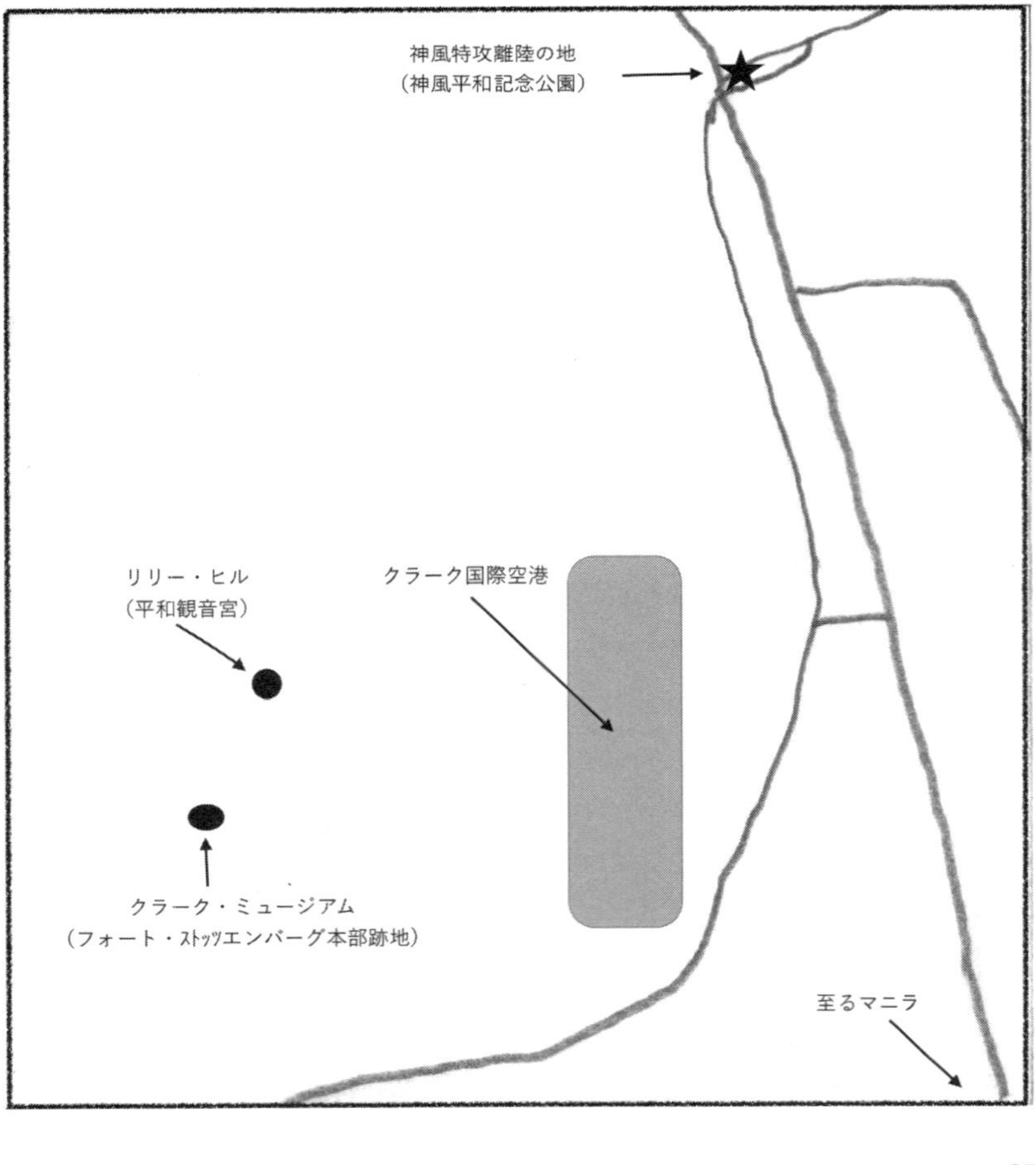

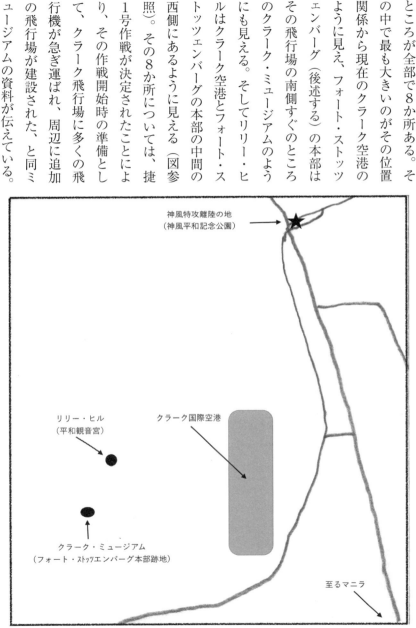

さらに別の資料によると、１９０３年から１９４２年にかけて、米軍はリリー・ヒルを観測用として使っており、日本軍もそこを同じように使ったとなっている。そのことから言えば、米軍がこの地を攻撃した時には、日本軍はこの丘に地下壕を掘って防衛戦に臨んだように思える。

そうだとすればこの丘（リリー・ヒル）で攻守戦があり、多くの将兵が戦死した可能性がある。そのようなことからも、この地に観音様が建立されたのかもしれないが、サンバレス山系の中で、そしてこのリリー・ヒル周辺では、7か月の間に3万人近い将兵が亡くなっている。

説明書きを読み終えた私は、観音像の前で拝み、そして例によってハーモニカで慰霊を終えた。

クラーク・ミュージアムへ

平和観音での慰霊を済ませた私は急に山下大将に会いたくなり、そこから車で数分のクラーク・ミュージアムに向かった。そこには山下の写真と軍服などが展示してあるのを、私は1年前に一度行ったことがあるので知っていた。

館内に入るとすぐに写真のあるところへ向かった。その写真（参照）は以前と同じ場所にあった。

写真の下には「ゼネラル・トモユキ・ヤマシタ（左）とＭＰ・メージャー・ケンワージイ・イン・マニラ、１９４５、アフタ－ヒズサレンダ－」とあり、山下の投降後のマニラで撮られた写真（米軍憲兵の少佐と一緒に）である。

山下はバギオで降伏証に署名した後、マニラに移されているので、その頃にマニラの米軍施設内で撮られたものであろう。

写真のすぐ隣には、山下の階級章付の軍服、同様に帽子、そして、軍刀、革製の拳銃ケースがあり、全て本物のように見えるがレプリカである。

写真の山下の顔は少し面やつれしているものの晴ればれと、そして堂々としている。彼のそのような威風堂々振りは他の写真からも見てとれ、豪放磊落さを感じるが、彼について書かれている幾つかの文献からは気短な面も窺い知ることができる。

しかし戦中と投降後の山下の行動を総じていえば、組織の将として淡々と物事を進めているように思える。そのようなかで、この写真の山下の「晴れ晴れしさ」はどこから来ているのだろうかと少し気になるところである。敗戦とはいえ戦いは終わり、降伏文書への署名も済ませたことで、自身の立場上の役目はひとまず終わり、後は自身への沙汰を待ちながら、部下の将兵たちを無事に帰国させるためにできることを淡々と進めて行く、そのような心の面から出ているような気がする。

山下の写真などがある近くには、先述したダニエルさんが描いた飛行士（特攻隊員）姿の絵（写真参照）がある。繰り返すことになるが、この絵を見たきっかけで今回の旅の目的である「神風特攻隊の地を訪ねて」が始まったのである。

彼の少年時は特攻隊の人たちから優しくしてもらった記憶はあったものの、神風特攻隊のことは極秘であったので詳しいことは何も知らなかった。

しかし戦後になってからの1965年、彼が35歳の時に、お兄さんがマニラの古本屋で買った本を貸してもらった。それは日本軍の神風特攻隊についての本で、『ディバイン・ウインド（神風）』というタイトルの米国で出版されたポケット判の本だった。読んでみると、カミカゼについてあらゆることが書かれており、彼はその内容に衝撃を受けた。そして彼が少年時代に街で見たあの「鉢巻をした日本軍の飛行士達」の行動と一致し、そこで神風特攻隊員のことがわかった。

その後は特攻隊員を顕彰する活動をボランティアで行い、1974年にかつてのマバラカット東飛行場の跡地に「第二次世界大戦に於いて日本神風特別攻撃隊機が最初に飛び立った飛行場」と刻まれた記念碑が建てられた。これはディソンさんの尽力によるものであった。しかしその後はピナトゥボ火山の噴火があり、その記念碑は埋没してしまったが、引き続きの彼の尽力により、2000年に新しい記念碑が旧記念碑の上に建てられ、先の平和祈念公園にあるものがそれである。

彼の描いた特攻隊員の姿のすぐ近くには、軍刀を持ったパイロット姿の写真（参照）があった。彼らの右胸には名札があるが、それを判読することはこの写真からは難しい。しかし前列中央に座っている人物の名札には〝隊長〟とあるのがわかる。写真への説明書きはないので確証はないが、6名であることからと、その隊長の顔は関行男大尉のようなので（関大尉の写真は他の文献にもある）敷島隊員と思われる。そして近くには額に入った何かの切り抜きのようなものがあった。それには「第二次世界大戦に於いて日本神風攻撃隊機が最初に飛び立った飛行場」と日本語での題名があり、その下には英文で「カミカゼ・イースト・エアーフィールド・ヒストリカル・マーカー」とやはり題名としてあり、その下には英文があった。その内容は、先の記念公園にあった掲示板の内容と同じであり、重複するが敷島隊員の名前を敢えて記載し、それに当時の彼らの年齢（享年）も付け加えることにする。

1944年10月25日午前7時25分、関行男大尉（23歳）率いるこの飛行場から離陸した敷島隊は、中野磐雄（19歳）、谷暢夫（20歳）、永峰肇（19歳）、大黒繁男（20歳）であった。当日10時45分、敷島隊はレイテ近くの敵ターゲットを攻撃した。関大尉の飛行機が先制攻撃し、米軍空母ST・LO（セント・ロー）を撃破し、セント・ローは20分後に沈んだ。関大尉の部下もまた、空母であるカリニン・ベイ、キトカン・ベイ、サンガモン、サンティー、スワニー、そしてホワイト・プレインズを攻撃し、大きなダメージを与えた。

と、このようにあるので、やはり先の6名の写真は敷島隊員の勇姿であろうし、だとすればその撮影日は、大西中将自身によっての任命式があった10月20日の翌日、つまり最初の出撃である21日の午前9時の直前のように思える。なお、25日の実際の攻撃に参戦したのは5名（5機）であり、右記の名前も5名であるが、先述したようにマバラカットを飛び立ったのは６機であった。しかし、その内の１機が途中のエンジントラブルで引き返したので５機となった。

このミュージアムには、他にもフィリピンの歴史に関する多くの資料が展示されており、それらは全て英文の資料であり、それらに関連したいくつかの写真があり、私が興味を持ったのはクラーク空港の変遷である。それは米比戦争後から始まり、１９４１年12月の日本軍の攻撃（開戦）でクラーク飛行場が占拠されたこと、そのほぼ3年後の１９４４年9月21日には米軍の反撃が始まり、米爆撃機がクラーク飛行場群を攻撃して奪還したことなどが書かれていた。そのなかで、興味深いのではと思われる、日本軍による攻撃以前（１９４１年12月以前）のことをこの章の最後として次に書く。

現在のクラーク空港がある周辺はかつて草原であった。米比戦争（１８９９〜１９０２年）後のフィリピンを統治した米国（米軍）は、馬の牧草地として都合の良いこの地に騎兵連隊を、そしてマニラ市街から北へ向けて敷かれていた鉄道駅のダウから7キロ西に軍事キャンプを置き、この地域を戦略的な軍事基地としたのが米軍関与の始まりだった。

１９０２年12月には、米軍の指揮の下でフィリピン人を守るためとして、先のキャンプ地をキャンプ・ストッツェンバーグ（当時第6騎兵隊長のストッツェンバーグ大佐に由来）として拡大した。

１９０６年から１９０８年まで米国陸軍のフィリピン部隊を率いたウッド将軍の下で、このキャンプは3千から6万ヘクタールに拡大され、この展開が後の飛行場（クラーク・フィールド）への道を開いた。

1918年、日本の領土拡大の動きを懸念し、フィリピンでの防空対策欠如が指摘された。1919年に「フィリピン・プロジェクト」が発足した結果、同年9月に、第9騎兵隊の訓練場であるストッツェンバーグのグランドから東に2キロのところに滑走路が建設された。

1920年、滑走路ができ飛行場となったこの地を、クラーク（クラーク少佐に由来）・フィールドと名付けた。

同年、先の鉄道駅であるダウからキャンプ・ストッツェンバーグを結ぶ鉄道が敷設され、多くの米軍人を運んだ。この鉄道は、それまでの周辺での川を使っての輸送を大きく変えた。

1928年8月、ダグラス・マッカーサーがフィリピン方面軍司令官として着任し、翌年には彼によりこのキャンプ・ストッツェンバーグを、フォート・ストッツェンバーグに改名し、防衛強化・機能強化に取り組んだ。

1941年7月、米国極東陸軍がマッカーサーにより編成された。それは米軍（米将兵とフィリピン・スカウト兵）とフィリピン軍（フィリピン兵）の二つを合わせたものであり、日本の攻撃（開戦）の約5か月前のことである。

1941年11月28日、ワシントン（米国）が戦争警告を出したことにより、クラークにあった飛行機の半分がミンダナオ島のデル・モンテに送られた。これはクラーク1カ所に飛行機が集中するリスクを避けるためであり、その代わりに木と竹でできた迷彩模様で描かれたダミー（模造）の飛行機が置かれた。つまりこの時期にはすでに、米国は日本からの攻撃があることを強く予想していたと考えられるが、その体制には脆弱さがあったといえる。

１９４１年12月、フォート・ストッツェンバーグでは、高度に訓練された第26騎兵連隊（将校を除き全員がフィリピン人）がクラーク・フィールドの防衛を担当していた。

１９４１年12月８日、日本軍のハワイ真珠湾攻撃のニュースが午前４時頃クラークで受信された。

第十章　「バターン死の行進」が向かった先へ

２０１９年4月10日にフィリピンに向けて日本を発ち、同月20日に帰国する予定を組んだ。その間に「バターン死の行進」の行き先である収容所（キャンプ・オドネル）跡地を訪ね、その足で彼ら捕虜の一部が移送されたもう一つの収容所（カバナトゥアン）跡地も訪ねることにした。

それに加え、キャンプ・オドネルと同じ方向にある、以前から気になっていたアンヘレスの夜の街も見てみたかった。

私のフィリピンでの旅は、ホーリー・ウイーク（聖週間）を利用することが多い。この年は、4月18日が聖木曜日、その翌日は聖金曜日、そして20日はブラック・サタデーで連続の祭日となる。今回はそれを利用しての旅である。

２０１９年4月17日（水）、午前中だけ出社して午後からアンヘレスに向かった。そのルートはいつものように、ＳＬＥＸ、環状線、そしてＮＬＥＸを通る。

アンヘレスのすぐ近くにはかつて米軍の基地があった。それは１９０２年からの歴史があり、キャンプ・ストッツェンバーグから始まり、その後はフォート・ストッツェンバーグとして拡大、そしてクラーク空軍基地に至ったと、日本軍による攻撃以前を前章で書いたが、ここでは戦後の変遷を簡単に書いてみる。

１９４７年の米比軍事基地協定では、クラーク空軍基地、スービック海軍基地、そして他の米国の基地の任期を定め、フィリピン政府はそれらの基地の滞在を許可し、これらの基地が国家の安全のためにも必要であるとした。しかし社会科学者や市民グループは、米軍が滞在することへの反対を表明し、国家主権のために米軍の撤去を求め続けていた。

１９９１年、米国によるそれらの基地保有を終わらせる、最終的な決定がフィリピン政府により下された。その結果クラーク米軍基地は、同年のピナトゥボ火山の大噴火（１９９１年6月）により撤退が早まった。基地が撤退するまでのアンヘレスは、米兵を顧客としたホテル、土産物店、飲食店、そしてバーなどが集まる歓楽街として発展してきた町だ。撤退後は、顧客の米兵がいなくなったことだけでなく、町全体が火山灰に覆われる被害を受けたことにより、一時は人口も減ってしまった。

しかし、返還された跡地がクラーク経済特別区として大きく発展したこと、そしてクラーク国際空港ができて国際線が増便され、近年では米軍基地時代以上に歓楽街を中心に発展し、外国人観光客であふれるようになったと地元の新聞紙上で報じられている。

私はその経済特別区には仕事の関係で何度も来ているが、いつも日帰りで夜の街のようすを見る機会はなかった。

私がセブ島勤務の時代の１９９９年にもその経済特別区にきており、その際に同行してくれた会社の同僚と、その日の夜にアンヘレスの歓楽街に繰り出したことがあるので、その辺りのことを少し書いてみたい。

そこにはセブの夜しか知らない私にとっては驚くほどの規模の通りがあり、その通りの両側にはびっしりとその手の店が並んでいた。

そこの数軒に入ったところ、それらはゴーゴーバーであった。そのうちの一軒は3階までの吹き抜けスペースがあり、各階のフロアーで何人ものダンサーが、ガンガンと流れる音楽に合わせ踊っているのには圧倒された。

われわれは1階のテーブル席からその光景を眺めるのだが、そのうちにダンサー兼フロアー係のような女性がテーブルに来る。そこで彼女らは客にドリンクをねだり、それが彼女らへのチップ（稼ぎ）となる仕組みはセブと同じであった。

タガログ語で冗談を言えて、このようなところに場馴れしている同僚は楽しんでいたが、私にはあまり居心地のいいものではなかった。このような強烈な音がする場所では、私のような冗談も言えない、そして下手な英語では彼女らとの会話は難しいし、ここは会話を楽しむ場でもない。このような雰囲気は日本人客には合わないような気がした。

周りのようすを窺うと、かつて米兵だったのではないかと思われる、ベテラン（退役軍人）風の男たちが多くいた。彼らにとってはそのような不自由さは全くないであろう。

客のほとんどは外国人で、その中でも米国人が多く、接待する側の彼女らは英語でのジョークに長けていると思われるし、米国人客は母国語で楽しめる。

そのような彼らをよく観察しながら想像してみると、クラーク空軍基地での任務経験があり、当時はそこから朝鮮戦争（1950~53年休戦）、または時代が少しずれるがベトナム戦争（1960~75年）への作戦展開に携わっていたのかもしれないと思った。

そのため、ここでの滞在や生活が長かったのではと想像できたし、彼らにとっては第二の故郷であるのかもしれない。退役後はそこで余生を送りたいと考えていた人はいただろうし、それを実行した人は少なからずいたに違いない。

米本国から軍人年金をもらい、彼らにとって物価の安い当地で楽しく生活することは十分可能だと考えるし、仲間と夜な夜なこのようなところに出かけることも可能であろう。

そのような思い出のある場所の20年後のようすを見てみたくて、この街で一泊してから収容所跡地に向かうことにしたのである。

アンヘレスの繁華街に着き、宿屋はいつものように予約していないので、まずは今夜の適当なところを探すことにした。ここは観光客の多い街なので、ホテルは沢山あるはずだし、探すには苦労はないと高を括っていた。しかし、そのホテルはあるにはあるが、なかなか納得できるようなホテルを見つけるのは大変であった。5、6軒は回ったであろうか、やっと小綺麗で、値段もリーズナブルで安全と思われるホテルを見つけそこにした。

私が利用するホテルは外国人の富裕な人たち用でなく、ローカルが利用するところが常である。探すことに多少の苦労はするが、コストパフォーマンスを考慮した、ある程度納得できるホテルを見つけた時に満足する気分は良いものである。

ホテルの部屋に荷物を置き、すぐに夕食に出かけた。ゴンザレスを伴って食事をする時はローカル食堂がほとんどだが、今日は日本食とし、観光地であるせいか直ぐにそれは見つかった。

食事を終え外に出るとすでに薄暗くなっていたので、目指す歓楽街の通りに向かった。

この辺りにも詳しいゴンザレスがここだという通りは、20年前の景色とは違って見えた。近くの通りものぞいてみたが、やはりゴンザレスが言った通りがもっとも賑やかであった。
違って見えたのは、時間が少し早かったせいで、お店の看板の電気が全部は灯っていなかったからかもしれないが、私のノスタルジアからくる幻想が加わっているのかもしれない。それを自身に言い聞かせながら、店の中には入らず、また一人ではそのような勇気もなく、昔同僚と楽しんだ通りを寂しく歩き続けた。

翌日の18日（木）、ホテルでの朝食を終えて7時ごろに出発した。すでに書いたように、この日は聖木曜日で祭日である。街中を走って間もなくすると、通りには異様な集団の行列があった。彼らは修道服と思われるものを着て、黒い大きな十字架を背負い裸足で歩いているのであった。（写真参照）

このような光景を私はフィリピンのテレビで何度かみたことがあったので、そのことの意味は知っていたが、実際に見るのは初めてである。敬虔なカトリックが多いフィリピンでは、ホーリー・ウイークの間に、キリストの苦難を再現・追体験する伝統的な行事（マレルドという）がある。それはつまり、イエス・キリストが十字架で磔にされたとされる「ゴルゴダの丘」へ向かう行程での体験と、そのゴルゴダ

の丘に模した場所で「キリストの磔刑」を再現するのである。キリストに扮した男の中には、両手、両足に釘が打ち込まれての体験をする人もいるという。

カトリックではイエス・キリストの受難と奇跡が重要なテーマであり、このような追体験をすることにより、自らの贖罪《しょくざい》になるとされているようだ。

仏教徒の私にはこのような行為は理解できないので、それを深く聞いてみたい気持ちもあるが、私の周りにはそのような行為をする人はいない。

ゴンザレスが言うには、ルソン島の他の地域でもこのような行事があるようだが、とりわけこの地（パンパンガ州）では盛んなのだそうだ。

また少し走ると、今度は上半身裸の男たちの行列があり、彼らは先端に竹の束がついたヌンチャクのようなもの（パラスパスという）を持ち、それで自身の背中を打つのである。

よく見ると背中は赤くなっている。さらに進むと、やはり上半身裸の男たちの行列があり、同様に彼らの背中を見ると、今度はそこから血が出ていた。何度も打つから段々と血が滲み出るようであった。

そのような行列を数分の間に5つも見た。彼らの向かう先は「ゴルゴダの丘」に模した場所なのだろうが、われわれはそこには向かわない。そこまでの好奇心は私にはないし、ゴンザレスもそうであろう。

しばらく走ると、前の章で書いた「カミカゼ記念碑」の前を通る。そこからすぐのサコビア川の橋を渡ると、パンパンガ州からタルラック州に入ったことになる。さらに10キロほど進むとキャパスの町に入り、その辺で左折して進むと「バターン死の行進」の向かった道となり、捕虜収容所があったキャンプ・オドネルがその先にある。

先の章の「リンガエン湾へ」でフィリピンの鉄道のことを書いたが、1991年のピナトゥボ火山の噴火までは、今走っている道に沿って鉄道が走っていたはずであり、その鉄道を使って米比軍の捕虜が、サン・フェルナンド駅からキャパスの駅まで移送された。

今回の旅は収容所跡地へ直行するが、3年後に私はサン・フェルナンド駅とキャパスの駅の跡地を確認しに行ったので、そのことは後の章で書く。

キャパス・ナショナル・シュライン

午前8時半前、目的地である収容所跡地に着いた。そこは慰霊碑のある広大な公園風になっていた。まずは正門と思われるところを通り、真正面に見えるとても高い尖塔に向かって歩いた。(写真参照)

周りのようすからいってその塔は慰霊碑であり、その先には周りを取り囲むようにして壁があり、そこにはたくさんの名が刻まれていて、それはバターン半島での戦い、そして〝死の行進〟と収容所で亡くなった人たちであるように思われた。

尖塔のすぐ近くにはいくつかの碑文（英文）があったので、それらを要約してみる。

まずここの名称だが、「キャパス・ナショナル・シュライン」とされており、その変遷を簡単に書く。

始めは１９４０年に、フィリピンの若者の軍事訓練のための野営地と兵営として設立された「キャンプ・オドネル」であった。それが翌年の７月15日には米国大統領ルーズベルトの命令で、この軍事訓練施設が米国極東陸軍の動員センターになった。

さらにバターン戦での米比軍の降伏の後、このセンターは「キャパス捕虜集中収容所」として、日本軍によって名称変更となった。

およそ６万５千人のフィリピン人と米国人の捕虜が収容されており、１９４２年７月25日までの拘禁中に、多くのフィリピン人と米国人の捕虜が病気と栄養失調で亡くなった。

第二次世界大戦後は、クラーク空軍基地の軍事保留地の一部となった。

１９８２年４月９日に、バターン（「死の行進」）の40周年を記念してフィリピン政府に引き渡された。

１９９１年12月７日、コラソン・アキノ大統領により「キャパス・ナショナル・シュライン」として布告された。

近くにはひときわ大きな石碑がありその上部には、バターンの米比軍公式部隊の人員として次のようにあった。

「１９４２年４月13日、フィリピン人７４８００名、アメリカ人１１７９６名」

バターン半島南端のマリヴェレスから出発した行進が４月10日とされているので、その３日後である４月

13日とは、行進途中のどこかの地点での数のように思えるが、その詳細は見当たらない。

その石碑の中央部には次のようにある。

「この記念碑は、第二次世界大戦中にバターン、コレヒドール、およびフィリピンの他の地域で、侵略者に抵抗した勇敢な男性と女性に捧げられている。何千人もの人々が戦闘中、死の行進中、そして捕虜とされた間に亡くなった。さらに数千人がタルラック州キャパスの捕虜収容所で非人道的な環境を耐えた」

さらに下部には、「1942年4月9日から15日までの、『死の行進』での推定行進者数、フィリピン人60600名、アメリカ人9900名」とある。

4月9日から15日までだけを見れば、行進は7日間だったのかと思ってしまうが、行進についてのある程度の知識を持った今の私には、そのような期間で終わるわけがなく、数週間はかかったと思われる。ここにある7日は、組織的な隊列を組んで行進できた状態までをいっているのかもしれないが定かではない。石碑上部にある公式部隊の人員と、下部にある行進推定の人数の関係がよく理解できないが、私が見ていない記録が近くにあったのかもしれない。

辺りを散策してみると、貨車（写真参照）が1両おかれているのが目についた。

その貨車の近くには、二つのステンレス板に書かれた説明書きがあった。

その一つには「バターン・デスマーチ・ボックスカー（バターン死の行進での有蓋貨車）」とタイトルしたものであり、その内容（英文）を要約すると次のようなものであった。

「ここに置かれている貨車は、第二次世界大戦前のマニラ鉄道会社の多くの貨車の一つであり、おおよそのサイズは、長さ6フィート（1・82メートル：この数字は明らかに間違っており、5、6メートル

はある）、そして幅8フィート（2・43メートル）、高さ6フィート（1・82メートル）ある。有蓋貨車は木製の壁と金属製の屋根でできており、これより大きいスチール製のものは、長さ33フィート（10メートル）、高さ7フィート（2・13メートル）、幅8フィート（2・43メートル）ある。このような貨車に乗せられた捕虜の数は、50から60人であり、大型のものには、150から160人であった。

ぎっしりと詰め込まれた貨車の中では、座ることはできなかった。唯一の換気と空気の供給源は、それぞれの有蓋貨車のドアにある小さな隙間だけだった。車両は猛烈な太陽の下で急速に熱くなり、そのような中での人々は暑さの中で窒息した。赤痢に苦しんでいる人々は排便をするようになり、すぐに床は排泄物、尿と嘔吐物でたいへん不潔な状態であった。そのような環境で、そして立っていた状態で多くの人が亡くなった」

もう一方には「テスティモニアル・オブ・サバイバー・オブ・バターン・デスマーチ・ボックスカー（バターン死の行進ボックスカーの生存者の証言）」とタイトルしたものがあり、同様に要約すると次のようなものであった。

「米兵（マリアーノ・ビラリン）の証言：私たちはサン・フェルナンド駅まで行進し、そこで屠殺場に入れられる牛のように、混雑した有蓋車に押し込められました。各有蓋車には約50人の捕虜が収容できました。私たちの有蓋車には１００人くらいいたはずです。日本軍は他の有蓋車に最大１５０人を乗せていた。その辺から捕虜の叫び声が聞こえた。列車が約30マイル離れたキャパスに到着するまで3時間かかった。私は疾走する貨車の中で閉所恐怖症の発作に襲われた。男たちは足場と立っている状態を保つために格闘し奮闘していた。駅のプラットホームは赤痢患者による汚物の海だった。私たちがキャパスに着くまでに、有蓋車はそのような汚物でいっぱいでした。私たちはその中に4時間立っていたのです」

「米兵（ウイリアム・チェベス少佐）の証言：私のボックスカーに乗っていた3人の男性が窒息しました」

「米兵（カルボン・ブックス少佐）の証言：ほんの数分で空気が足りなくなって窒息しました。私たちは１１０度のオーブンで生きたまま調理されていました。私たちは汗をかき、ジュージューと音を立て排尿し、排便しました。いくつかの叫び声が聞こえました。振り返ってみると、気絶して倒れる寸前の何人かが見えました。その中で何人の仲間が亡くなったのかわかりません。少なくとも10人はいたに違いない。貨車が着いたところ（キャパス駅）で、貨車のドアが開いた状態から見えたのは、線路の横に置かれた多くの遺体でした」

これを読んでいて、これほどまでに悲惨な状況であったのかと思う一方、〝有蓋車〟という表示に疑問を持った。フィリピンの当時の産業を考えれば、サトウキビ、鉱物などが主だったと思うので、その輸送のためには〝無蓋車〟が多かったのではと思える。ここでの説明文では有蓋車だけであり、それが全車両だったとは書いていないが、読む方としては無蓋車のことは思い浮かべることはできない。

終章（14章）で書くが、終戦後に日本兵が帰国する際に、彼らが収容されていた近くの鉄道駅からマニラに向かう際に使われたのは無蓋車である。

「バターン死の行進」の関係資料には、その行進は日本軍の〝残虐行為〟だったと示唆するような説明が多いような気がする。ここでの説明文について言えば、フィリピンでの気候的イメージから、無蓋車であれば直に日光があたるが、有蓋車に比べて涼しいイメージがあるので、敢えて無蓋車のことは触れていないのではと考えてしまう。

米比軍捕虜の移動（〝死の行進〟）が通過するアンヘレスの街に住んでいて、そのようすを見ていた子供の頃のダニエル・H・ディソン（前章で紹介した）は、自身の著書に次のように書いている。

「列車の周りにいる人々は、大声を上げ、あるいは悲鳴を上げながら、水の入ったビンやビスケット、卵、サトウキビ、バナナの葉でくるんだライスなどを次々に投げ入れていました……」

この状況からわかるのは、無蓋車であったことであり、さらに彼はトラックで運ばれるフィリピン人捕虜の移動も見ている。その状況もやはり、道路周辺の人たちが同様に食糧を捕虜たちに与えている。それを見ていた日本兵は何も咎めず「オーケー、オーケー」と言っていたので、ダニエル少年自身も、あわてて家に戻ってたくさんの食べ物を持って行ったとある。

このような記録があるにしても、「死の行進」が捕虜にとっていかに苛酷であったかは、多くの文献資料に書かれており、いくつかの推定では、行進中に2万人もの男性が死亡したとされている。

さらに、その行進後の収容所でも多くの人が亡くなっている。その理由は、やっとのことで着いたものの、その施設の収容力は10000人だったようで、そこにフィリピン人60600、アメリカ人9900の計70500が入ったとしたら、その収容力の7倍を超える捕虜の数であった。

それに加え衛生状態の悪さ、医療施設の不足、そして日本軍の警備員は捕虜に対して残忍だったとされている。

このような状況下、日本軍にとっては追加の収容所を探すことが喫緊の課題であった。そこで先ずは、ここでの捕虜の数を減らすため、フィリピン人捕虜については、日本軍への抵抗運動に参加しないことを書面で誓約させて仮釈放させている。しかしそれにもかかわらず、その後も日本軍と戦い続け、地下組織やゲリラ組織に加わった人たちが多くいた。そのなかには後の大統領となる、フェルディナンド・マルコスもいたとされている。

先の章「バターン半島へ」で触れたが、フィリピンの最高額紙幣である1000ペソの3人のうちの一人が、将軍のビチェンテ・リムであり、その彼も「死の行進」を経て釈放後も抵抗を続け、最終的には日本軍から処刑されている。

一方の米国人捕虜（含む連合軍としての英国人など）については、体力的にまだ大丈夫そうな人たちを日本、満州、韓国、台湾で労働させるために船で移送させている。このようなことがあったことを、日本ではあまり知られていないような気がするものの、日本での捕虜の扱いで大きな問題があったという記録を私は目にしたことがないので、非難されるような虐待はなかったのではと思っているが、その実態を私が知らないだけなのかもしれない。

その他に、フィリピン人や米国人にかかわらず、体力的に弱すぎた人たちは、フィリピン中のさまざまな捕虜収容所に入れられている。

この「ナショナル・シュライン」を一通り見たところで、次の目的地をカバナトゥアンにある捕虜収容所跡地とした。そこは先に触れたように、ここにあったキャンプ・オドネル捕虜収容所から多くの米国人捕虜（一部が英国人など）が移送されたところである。

車に乗り込み、スマホでグーグル・マップを見てみると、すぐ先に〝キャンプ・オドネル〟との表示があった。とすると、ここのシュラインはキャンプ・オドネル跡地ではなかったのかと思い、そこに行ってみることにした。

車は西方向へ進むと右手に軍の施設のようなものがあった。敷地内を少し走ってみたが、門番の兵士もいなければだれもわれわれの車を制止する者もなく、とりたてての軍事施設はなかった。もしかしたら、ここはキャンプ・オドネルの跡地の一部で、名称もそのまま残しているのかもしれないし、「キャパス・ナショナル・シュライン」もその一部であったのかもしれない。

われわれはもと来たアンヘレスからの幹線道路に戻って、そこから北上してサンミゲルの街に入り、そこを右折してカバナトゥアンを目指すことにした。（図参照）

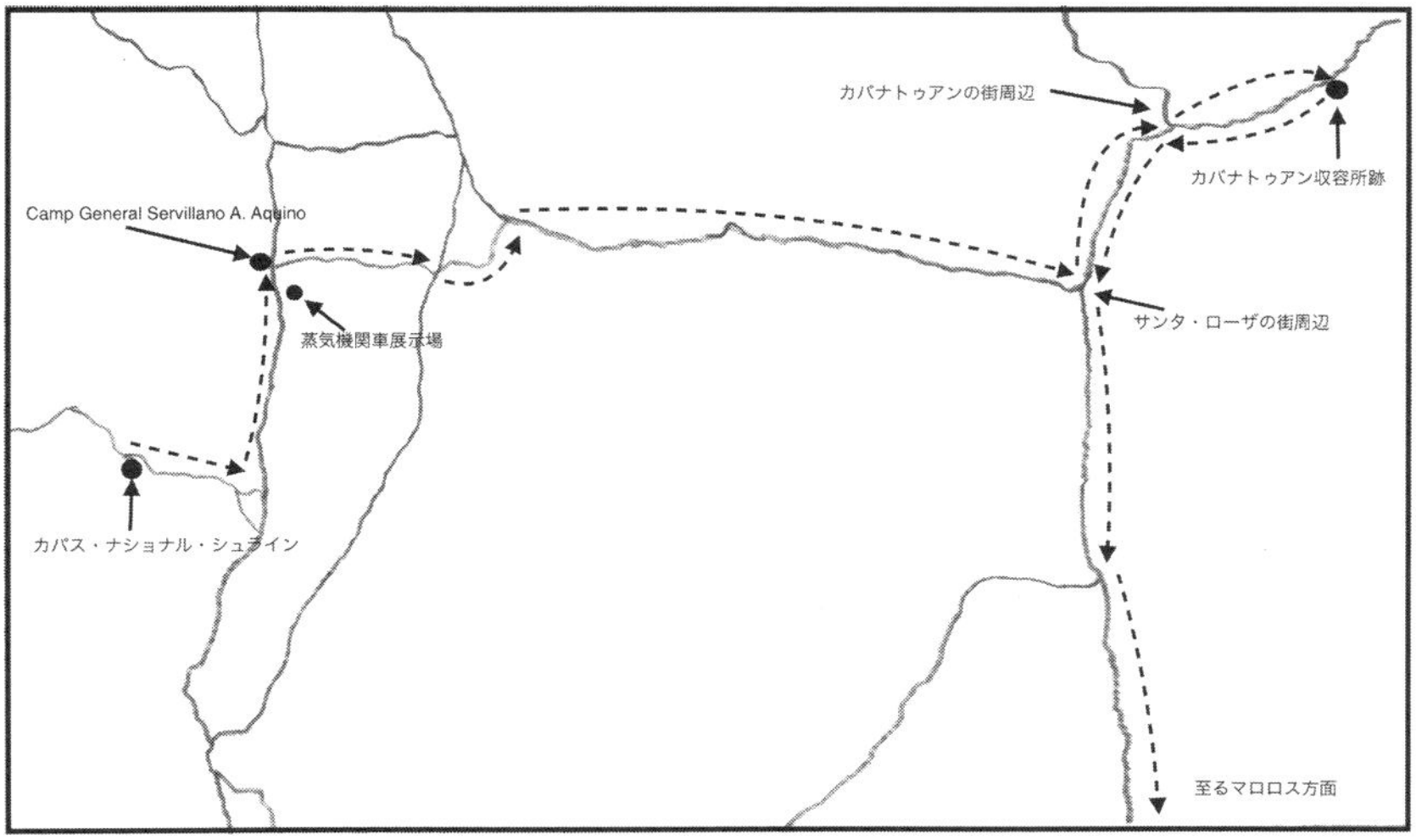

幹線道路を北上し、サンミゲルの街に入ったころ、右手に蒸気機関車が置かれてあるのが見えたので、そこで停まってみることにした。そこには説明書きのようなものはなく、グーグルマップをよく見てみると「アシエンダ・ルイシタ・トレイン・レリック」の表示があった。

一見するとフィリピン国有鉄道が使用していた機関車かと思ったが、線路幅が狭かったので、アシエンダ・ルイシタという農園が、サトウキビ運搬用の軽便鉄道で使用していたものを記念として陳列しているようである。

農民のストライキ

蒸気機関車を見終わり、そのすぐ先を右折して少し走ったところでゴンザレスは言った。

「たしか以前、今さっき右折したところの左側が、私兵の基地があったところだと思う」と。私兵とはどういうことなのかわからなかったが、それからさらに進むと、また彼は言った。

「この辺でかつて農民の大きなストがあり、その鎮圧のために軍と警察が出動し、多数の人が亡くなった」と。

どのような事件だったのだろうかと思いながら、さらに進むと右手に工場のような建物が見え、そこは製糖工場であり、ノイノイ・アキノ前大統領（２０１０〜２０１６年）がかつてここの工場でマネージャーとして勤務していたという。

この辺り一帯はコファンコ一族の土地（農園）で、そこで働く労働者がストライキを起こし、それをやめさせようとした地主側が軍と警察に出動を依頼し、強制鎮圧をした結果、多くの死者が出たということのようであった。

それには先ほど見かけた〝私兵の基地〟も関係しているようであった。つまり、その鎮圧にあたった軍と警察はその基地を拠点に出動したようなのである。

大きな地主が私兵をもつことはありそうな気もするが、一地主への農民による抗議ストライキに国軍と国家警察が出動するとは、一体全体どうなっているのだろうか。

フィリピンの大きな財閥一族のなかには政治家がいて、政権に大きく関与しながら自分らの権益を守ろうとする者もいる。このようなストライキへの対応も、政治的な働きかけにより、軍と警察を動かすことが可能なのかもしれない。実際、コファンコ・ファミリーのなかには政治家がいた。他の財閥の例ではあるが、今でもそのような政治家と、時の大統領とが、衝突することがたびたびあることを新聞紙上で目にする。

ノイノイの母はコラソン・アキノ元大統領（1986～1992年、通称コリー）で、コファンコ一族の出身（一員）である。父は、マニラ国際空港で何者かに暗殺されたベニグノ・アキノ（通称ニノイ）である。その暗殺が一つのきっかけとなり、国内にくすぶっていた反マルコス（当時大統領）の機運を爆発させた。抗議運動が活発化し、それがピープルパワー革命へと繋がっていった。

そうした流れのなかで、暗殺されたニノイの妻であるコラソン・アキノ大統領が誕生したことは、先の章で書いた。

ゴンザレスの情報だけで想像してみると、広く国民に支持され、クリーンなイメージを持つアキノ家は、実は悪徳地主の一味で、農園で働く善良な労働者を酷使していたのかと私は思ってしまうが、後日この事件のことをネット情報などで調べてみたので次にそれを書く。

ゴンザレスのいう先の事件とは、２００４年11月16日の出来事で、コファンコ家が持つ〝アシエンダ・ルイシタ〟（ルイシタ農園：先ほどの機関車はここの所有だったようだ）で働く農民（５０００人）によるストライキが、警官と軍の鎮圧部隊に強制解散させられたことをいうようだ。この騒動で、農民側の２人の子供を含む14人が亡くなった。さらに数百人が負傷し、百人ほどが行方不明となり、当時大きなニュースになったという。

その背景はこうだ。ルイシタ農園はフィリピン最大の規模であり、その労働者は植民地時代からの農民だという。

この農園は、１９５７年に、ホセ・コファンコがスペインの会社から購入したもので、その代金は政府の保証と融資で支払われ、10年後には農園に住む小作農たちに、土地を分配することが条件とされていた。

しかしそれはなかなか果たされず、１９８５年には法廷から約束（土地分配）の実行を命令されたのだが、ホセ・コファンコの三女であるコラソン・アキノ（１９８６年２月に大統領就任）が、その農園を企業化し、そして株式化してしまったという。

そのことに対して、農民たちが立ち上がりストライキを起こした。すると農園側は、警察隊と軍隊を投入して鎮圧をはかり、その結果多くの農民が殺されたというものだ。それは、１９８７年１月22日の〝メンディオラの虐殺（13人）〟と、１９８８年２月10日の〝ルパオの虐殺（17人）〟である。そして、２００４年11月16日の事件はこの二つのストライキ（虐殺のあった）の延長で起こったもののようである。

その後ルイシタ農園は、ゴルフ場、ショッピングセンター、大規模工業団地へと転用されて農園は半分になってしまった、と言うようなことであった。。

現地の情勢に精通していない私のような外国人には、このようなネット情報の信憑性を軽々にいえる立場でない。しかし、この事件の背景にあるもの、それは昔からの農地問題とそれの改革法、地主の政治関与力、取り巻く経済環境の変化、そして農民・労働者側としての共産主義運動が絡んでいるように思える。それらを総合的に正しく理解し、物事の良し悪しを判断することは難しい。

それでもこの事件の経緯が気になり、3年後（2022年4月）に先の基地（私兵の基地と思われた）を外側から見るだけでもと、ゴンザレスと出かけたことがある。

基地の中へ入ることはできないので、正門に掲げられた看板を見ると、「キャンプ・ゼネラル・セルビナノ・アキノ」とあった。それを元にネットで調べると、国軍の基地であり私兵基地ではなかった。しかし〝アキノ〟とあるので、何かの繋がりはあるのだろうし、ゴンザレスの記憶も間違ってはなく、当時はそこに地主の私兵もいたのかもしれない。

ここまで、農民のストライキについて書いてきたので、ついでに、その背景にあることについても少し触れてみる。慰霊の旅の話からは逸れてしまうが、しばらくご容赦いただきたい。

それは、この国の最大の難題ではと感じる、農地問題である。土地所有の現状を知ると、貧困問題の根が見えてくると思われる。

農地改革

フィリピンの農地問題はスペイン統治時代から始まっている。スペイン王室は植民者が征服した地域を国（スペイン）に預け、実質的にはその征服者のものとし、16世紀末にはその土地の所有権を認めるアシエンダ制とした。アシエンダの本来の意味は「財産」であったが、時代の変遷とともに「土地」の意味に変わり、今では伝統的な「大農園」を指している。

征服者は所有を認められた土地で地主・農園主となり、農園はサトウキビのプランテーション（単一作物の大規模農園）として、広い土地のある島々（特にネグロス島の西ネグロス州＝ネグロス・オキシデンタル）の平野全体に広がり農業地帯の多くを占めていった。サトウキビの栽培と加工（製糖）は重労働であり、かつ継続可能な多くの労働力を必要としたので、このような農園で働く労働者は農奴に近かったのではと想像される。

そのような状況では、農園主と労働者の貧富の格差が進むことになった。わずかな大地主（大規模農園主）は豪邸での生活を謳歌していた。一方の島民の多くは、大規模農園主に雇われて砂糖産業に従事し、プランテーションでの労働収入に頼る他はなく、砂糖の市場価格に生活が翻弄されていくことになる。

それが顕著になったのが、１９８０年半ば「砂糖の島」として知られるネグロス島での経済危機（砂糖危機）の発生で、その影響で多くの子どもが飢餓により亡くなった。その時、ユニセフはネグロス島の児童十数万人が親の失業のため餓死の危機にあると世界に訴え、多くの国々から救いの手が差し伸べられた。日本でも、日本・ネグロスキャンペーン委員会などによる活動が始められた。

時代はそのネグロス島での危機よりも遡るが、そのような格差や不平等が続く中、１９７０年代（マルコス政権）以降、新人民軍（ＮＰＡと呼ばれる共産党の軍事部門）に身を投じるものが多く出て、共産ゲリラ活動が活発になった。武力衝突や誘拐事件が多発し、国軍が対ＮＰＡ軍事作戦に乗り出し、内戦状態が続いた。また、ゲリラ掃討作戦のために、山間部の農村は破壊され、多くの難民が出ることとなった。

１９８０年初期になると、地主・農業経営者の中にゲリラ活動から自らを守るために、国家警察の関係者や国軍兵士などを私兵として雇い武装するものが現れた。

このようにフィリピンでは、16世紀後半以来続いている、大土地所有制度を基盤とした大地主層による寡頭支配が未だ続いており、その結果生じる富の不平等分配は農村に深刻な貧困を招いている。そこで、歴代の大統領は、このような農地所有制度の改革に取り組んできた。この改革なしにはフィリピンは未だ発展途上であり、貧困国からの脱出はないからである。

戦後の農地改革法は、１９５５年のマグサイサイ政権、１９６３年のマカパガル政権、１９７２年のマルコス政権、１９８８年のコラソン・アキノ政権などによって、これまでに4回も制定されてきた。それは、マグサイサイ政権の法制定からアキノ政権のそれまで、33年にもわたる歴史を持つ農地改革であり、この改革が、この国においていかに困難なことであるかを示している。換言すれば、農地問題の解決を妨げる地主勢力がいかに強力であったかも示している。

現在のフィリピンの農地改革は、コラソン・アキノ政権時（１９８８年6月10日）に制定された包括的農地改革法に基づいて実施されているが、いまだ多くの地主たちは同法や農地改革省の指導を無視し、あらゆる手段を使って農地改革に抵抗している。

また、農地改革省自体も、行政能力不足や財政難等の問題を抱えており、思うような改革の推進ができていない。

マルコス大統領（当時）は農地改革の実行に強い意欲を持って臨み、財閥の既得権益を奪おうとしたが、その一方では、いわゆるマルコス・クローニー（取り巻き）がはびこることになったともいわれている。

その代表的な例が、フィリピンの巨大財閥であるサン・ミゲル社の会長であったエドゥアルド・コファンコ（先のコファンコ一族で２０２０年6月16日没享年85歳）である。彼は戦後、精糖などの事業で台頭し、戒厳令のもと独裁体制を築いたマルコス大統領に接近し、〝マルコスの取り巻き〟とされている。

その間に、様々な利権を手にした政商として知られ、長きにわたり政財界に大きな影響力を持っていた。

１９８３年には旧宗主国のスペイン系一族が所有していたサン・ミゲルを乗っ取る形で経営権を得た。

コラソン・アキノ大統領は、ピープルパワー革命による国民の圧倒的支持を得て大統領になったこともあり、国民から抜本的な農地改革を実施することを期待されていた。そこで、１９８８年の法制定の翌々年には、改革が進まない状況を突破すべく、行政命令４０６号（１９９０年6月）を発令し、政府機関だけでなく非政府組織（ＮＧＯ）も含めた農地改革実施チームを全国、州、町レベルで展開した。それは、地域住民組織とも協力して農地改革を実施するための法的整備であり、彼女なりに一生懸命取り組んだ。

しかし、自身が地主層出身であったことによるのか、強硬な改革はできなかった。その結果、それまでと同じく、地主層を中心とする議会の審議を経て制定された包括農地改革法には、様々な付帯条件が付けられたため、地主が農地改革を拒否する口実を与えることになり、多くの問題を抱えることとなった。

加えて、1990年代に入ってから、ラグナ州周辺では、カラバルソン地方（カビテ、ラグナ、バタンガス、ケソン、リサールの5州）開発計画のもとに、高速道路や港湾などのインフラ整備と輸出加工区の建設が急速に進められた。それにより、農地の価格が高騰し、地主はあらゆる手段を使って農地改革を阻止し、農地を不動産産業に売却して莫大な利益を得ようとした。

売却された農地は次々と道路や商工業地、さらにはレジャー施設（ゴルフ場など）に転用され、多くの農民は立ち退きを余儀なくされた。こうしたことも、改革の推進を難しくしている。

そのような開発区（経済区・輸出加工区）に入っている当社のような企業やそうしたゴルフ場でプレイする人々も、農地問題を「対岸の火事」だと済ませることはできなそうである。

ただそのような状況ではあるが、政府内の農地改革を実現させようとする動きや、NGO、地域住民組織の協力などの地道な努力によって、土地配分計画が進んでいることも間違いないようである。フィリピンの社会構造もすこしずつ変化している。

さて、話を旅の途上に戻すと、ノイノイ・アキノ・ジュニア（元大統領）がマネージャーをしていたという精糖工場を後にしてわれわれの車は進み、辺りは穀倉地帯であることは感じるものの、そこで大掛かりに作物が育てられているようには見えなく、もったいないのではと思ってしまう。その穀倉地帯と感じられるところを見ながら、ルイシタ農園の土地は一体どこからどこまでなのかをゴンザレスに聞いたところ、この辺り見渡す限り全部だろうと言う。

ある資料によれば、1980年ごろまでのフィリピンのコメ自給率は100％で、輸出もしていたとある。

しかしその後、農家を育成する農地改革や農業用水路などのインフラ整備の遅れ、さらには輸出主導型（工業化）の推進による農地の減少、サトウキビやバナナなど単一栽培の輸出作物の植え付け面積拡大により、マルコス政権末期にはコメ輸入国に転じたともあった。

カバナトゥアン収容所へ

そのような穀倉地帯を走り抜けながら、タルラック州からヌエバエシハ州に入り、さらにそのまま東方向へ進むとサンタ・ローザの街に入る。その街を南北に走る幹線道路を左折して北上するとカバナトゥアンの街となるが、途中で少し迷ったものの何とか目的地であるカバナトゥアン収容所跡地に着いた。入口近くの壁には、大きく「カバナトゥアン・アメリカン・メモリアル」とあった。そこはカバナトゥアンの市街地から離れた、家並みが少ない静かなところであり、グーグルマップ上ではパンゲーシャンというところのようだ。

すでに書いたように、ここはキャンプ・オドネルの捕虜の一部が分散収容された場所である。他の分散先は、ルソン島ではマニラ中心部のビリビッド刑務所、サント・トマス大学校内、モンテンルパの新ビリビッド刑務所、ラグナ州ロスバニョスのフィリピン大学敷地内建物、そしてベンゲット州バギオの某所などである。

このカバナトゥアンには9千人もの捕虜が移送され、最終的にはその3分の1近くが亡くなり、収容所のフェンス際の土の下に埋められたという。

この収容所にいた連合軍捕虜が救い出されるまでの状況が『ゴースト・ソルジャーズ—第二次大戦最大の

捕虜救出作戦─ハンプトン・サイズ著、山下光伸訳』に詳しく書かれており、それに基づき部分的ではあるが、この収容所での状況がどうであったかを次に書く。

カバナトゥアン収容所は戦前、フィリピンの軍事施設があったところを日本軍が拡張したもので、ここでの収容力は1万人ほどとされていた。

キャンプ・オドネルからの捕虜がここに連れてこられたのは、「バターン死の行進」から2ヶ月経った1942年6月であり、彼らは連合軍捕虜（主に米兵）であった。

しかしこの新たな収容所においても、マラリアや赤痢などに罹患した捕虜たちに投与する、キニーネ、エメチンといった基本的な薬はなかった。同月中には503人の捕虜が亡くなったが、その後は徐々に死者の数は減っていった。

日本軍はこの収容所を、奴隷労働者の仮置場とし、かつそこをフィリピンの全収容所のセンターとして位置付けた。フィリピン国内での役務、そして日本本土と植民地（満州、台湾、朝鮮など）での補修工事が計画されるたびに、ここの収容所から徴集され、ここはいわば、捕虜の動員センターのようなものだった。

その結果、カバナツアンはフィリピンで最も大きな捕虜収容所、かつ、外国に作られた最大の米国兵捕虜収容所になっていた。

フィリピン戦線も後半に入った1944年9月24日の朝、米海軍機動部隊のハルゼー艦隊司令長官の航空母艦から飛び立った大編隊の戦闘機が収容所の空に現れ、捕虜たちはマッカーサーの部隊がせまりつつあることを予感し、すぐにでも救出の部隊が来るのではと期待した。

10月7日、その期待は不意に打ち切られた。日本軍が1600人もの捕虜を日本へ輸送すると発表したのだ。残るは瀕死の病人だけで、カバナトゥアンは単なる病院と化すことになった。

マッカーサーのルソン島上陸が間近と予想し、日本陸軍は新たな方策を打ち出したのである。それは、日本兵が本国へ戻る際に、働くことのできる捕虜を一緒に連れて帰るというものであった。それらの捕虜は、日本と満州の軍需工場、鉱山、製材所、鋳造所、および造船所で、強制労働者として使われることになっていた。

その後の数ヶ月間、日本軍は計画的に捕虜を抜き取り、その大部分をマニラに送って輸送船に押し込んだ。捕虜を乗せた輸送船が続々とマニラを発ち、南シナ海を越えて台湾と日本を目指した。

それにより収容所の人口はピーク時の8千人から、3千人弱と着実に減り続け、しまいには最も病の重い衰弱した捕虜だけとなり、その数はわずか5百人ほどであり、そこは狂人、赤痢患者、そして結核患者ばかりの病院と化していた。

レイテ島からルソン島のリンガエン湾に米軍が上陸開始したのは1945年1月9日で、上陸後はマッカーサーの指示により一路マニラに向かうのだが、そのルートは大きく分けると二つあり、その一つがカバナトゥアン経由だと前の章で書いた。

そのカバナトゥアンを通る部隊の中にレンジャー（特別奇襲隊）がいた。彼らの任務は、この収容所にいる捕虜を救出することであり、そのために周到な準備と綿密な作戦計画を練り、そして1月30日にその作戦を開始し、翌日に救出作戦の成功を収めるのである。

以上がここの収容所についての、『ゴースト・ソルジャーズ』からの部分的な状況説明である。

われわれは収容所前の道端に駐車し、ゴンザレスと共に収容所跡地の敷地内に入った。そこは先のキャパス・ナショナル・シュラインほどの広さはないが、なかなか立派なところであった。中央の道を進むと右手に記念碑があった。

そこは円形のステージで、その上には15個の石塔がステージ中心を囲むようにして並べられ、その各々にはスチール・プレートでの説明書きがあった。

その内の一つによれば、１９４５年1月30日に、ここに収容されていた連合軍の捕虜５１６人が、米軍とフィリピンゲリラ部隊によって救い出されたとあり、このような救出作戦は米国軍事史の中で、最も成功を収めたものの一つであると伝えている。

他には、午前9、10、11、12、午後1、2、3、4、5、6、そして翌日の午前5、6、7、8時、と計14の石碑が順番にあった。それは、作戦開始の30日から翌31日の完了までの救出のようすを1時間刻みで説明しているものであった。

さらに進むと一段と立派なステージがあり、そこの入り口の左右には大きな門柱があった。その右手には「メモリアルゲート・ウエストポイント」とあり、左は「プリズナー・オブ・ウオーキャンプ・カバナトゥアン」とあった。そこを抜けて進むと正面には、フィリピンと米国の国旗が掲揚されていて、その中間には「カバナトゥアン・アメリカン・メモリアル」と刻まれた大きな石碑があった。（写真参照）

この地点から振り返り全景を見ると、南国特有の樹木が整然と立ち並ぶ、手入れの行き届いた園であった。ゴンザレスはそこにいたセキュリティー・ガードと何やら話し込んでいた。後からその話の内容を聞くと、このメモリアルのケアーテーカーは月に5万ペソ（民間会社の管理職並の給与）を米国からもらっているそうで、米国でカバナトゥアン収容所が関係する行事がある時は、そのケアーテーカーが招待されるのだという。そのように言うゴンザレスの表情は、何とも羨ましげであった。

9千人もの米兵の内の3分の1近くが亡くなり、収容所のフェンス際の土の下に埋められたことを先に書いたが、その埋められた人たちはどのようになったかを次に書く。

終戦後の米国は、「バターン死の行進」で亡くなった米兵士、そしてキャンプ・オドネル及びカバナトゥアン収容所で命を落としたすべての米兵士の身元確認を行い、遺体は最大限の敬意を払って掘り起こされ、マニラの軍人墓地に再び埋葬され、その完了まで2年以上を要する壮大な作業を行った。

その軍人墓地とは、マニラ首都圏のタギッグのフォート・ボニファシオにある〝マニラ・アメリカン・墓地記念園〟である。ここには、第二次世界大戦で戦死した米軍人の墓地のなかで最も多くの墓があり、フィリピンやその他の同盟国の戦死者も安置されている。

この旅の翌月にゴンザレスを伴ってそこに行ったことがある。そこは驚くほどに広く（62ヘクタールとか）、そして見事なまでに手入れがなされた芝生に、膨大な数（17206とか）の十字架の立つお墓があった（写真参照、人影はゴンザレス）。敷地の中央には十数メートルの石造りの礼拝堂があり、その周りの壁の銘板には行方不明者を含む3万6千余りの犠牲者の名が刻まれ、戦闘経過などが図式で大きく描かれていた。

ある資料によると、米国には国防省統括の〝戦争捕虜と戦闘中行方不明者の回収会計機関〟なるものがあ

り、年間1億ドルを超える予算をもって、米国がかつて戦った各戦場跡で、いまでも遺骨収集に取り組んでいるという。

私はレイテ島のリモン峠で見た、〝粗末な小屋〟に御霊が祀られていたことを思い出していた。国力の差は今もあるにしても、この違いはどこから来るのであろうか……。

カバナトゥアン・アメリカン・メモリアルを一通り見終えたわれわれは帰路についた。南下するとまもなく、ヌエバ・エシハ州を過ぎブラカン州に入る。そこに入ってからの街はサン・ミゲル（フィリピンにはこの呼び名の町は多い）である。そのまま進むとＮＬＥＸに突き当たり、その先にはマロロスの街がある。

私は時間をかけてその街中を見学したかったので、今日の旅はこれくらいにし、途中の宿屋で一泊してからマロロスに出かけ、その後に一路ラグナに帰ることにした。

マロロスの街を見学したようすは省くが、歴史あるマロロスについて次に書き、この章の最後とする。

フィリピンはスペインからの独立戦争を経て、マロロス市で宣言された「マロロス憲法」（アジアで最初の民主主義的な憲法とされている）の発布（1899年1月）により、フィリピン共和国が成立され、この地の名前から「マロロス共和国」とも呼ばれている。それはつまり、フィリピンの独立はここから始まったといえるものである。しかしそれは短命（1899年1月～1901年3月）で終わってしまい、その後の完全なフィリピンの独立（再独立）までには、実質的な米国統治、そして日本の統治という変遷を辿ることになる。

マロロス共和国をフィリピンの第一共和政とすれば、その後は米国連邦内のフィリピン自治領政府・独立準備政府（1935年11月～1946年7月）であり、その間にも日本軍の侵攻による、日本の傀儡であったフィリピン共和国が第二共和政（1943年10月～1945年8月）といえる。その流れでいえば、終戦後のフィリピンの正式独立によるフィリピン共和国が第三共和政（1946年7月～現在）といえよう。そこで、マロロス共和国がなぜ短命だったのかについて次に書く。

1898年12月のパリ条約により米西戦争は終わったが、その条約とは、米国がスペインからフィリピンを2千万ドルで買った取引の結果であった。

フィリピンが米軍側に加勢すれば、スペイン統治からの独立を手伝うと米国から約束されて、スペインと戦ったにもかかわらず、その約束は果たされなかったどころか、米国がフィリピンを統治する動きに出たのである。それはつまり、米国はフィリピン軍（エミリオ・アギナルドが指揮）を味方につけてスペインと戦わせ、その裏ではスペインと交渉（取引）していたのであり、それをフィリピン軍には内緒にしていたのである。

騙されたと気付いたフィリピン軍は、今度は米軍と戦ったのが、１８９９年2月から始まった米比戦争である。フィリピン軍は劣勢におかれ、マロロスにいたアギナルドや他の独立指導者は、米軍の攻撃から逃れるため北に移動し、その後も米軍との戦いは続いた。しかし、１９０１年3月23日にアギナルドは米軍に拘束され、マロロス共和国は事実上の解体となってしまい、米国による事実上のフィリピン統治が始まったのである。

第十一章　マリア・マキリン

２０２０年2月3日（月）、この日は会社がある町（ビニャン）の祭日で、それも直前に自治体が決めて通知したようである。祭日の理由は「ビニャン解放の日」とされているので、その月日からいってマニラ市街戦が始まったころであり、ビニャンにいた日本軍から解放されたことを記念する日であろう。進軍してきた米軍、そしてそれを迎え撃つビニャン地区の守備に就いていた日本軍との戦闘の結果、日本軍が敗退して解放となった、ということであろう。。

その戦闘の詳しい記録を私は目にしてないが、今まで書いてきたルソン島北部の山岳地帯やマニラ市街戦だけでなく、この頃は各地でそのような戦闘があったと思われるし、ビニャンはその一つだったのであろう。そうだとすれば、他の町でも日本軍からの解放があり、その日は祭日なのではと考えられるが、近辺の町はそうではないようだ。それにはそれぞれの自治体の事情があるのだろう。

昨年の私の手帳を見ると、この日のビニャンは祭日ではなかった。どのようにして祭日が決まるのかは知らないが、なにがしかの事情があるのであろう。

そのようなわけで、ビニャンを除く他の地域の顧客企業は通常日なので、祭日でも当社は配送の仕事があり、多くの社員が出勤した。私は午前中だけの勤務とし、午後からはウオーキングにゆくことにした。

なお、この年に入ってから仕事の案件が多くなり、長期滞在する必要が出てきたので、会社近くのコンドミニアムを借りていた。

マキリン山のフィリピン大学ロスバニョス校

ゴンザレスを伴い、フィリピン大学ロスバニョス校の大きな広場に向かった。そこは、ラグナ州とバタンガス州の境にあるマキリン山（図参照）の斜面にあり、その名にある通りロスバニョス（ラグナ州内）にある。会社から近いので当地にいる時の休みの日にはほぼ毎回行っている。借りているコンドミニアム周辺には安心して散歩のできる道はなく、フィリピン大学の広場の存在を知ってからは、そこに行くようにしている。

学校の敷地に入るには、敷地内へと続く道路の途中に検問所があって、関係者以外はそこでセキュリティガードに身分証明書を預けてから入るのだが、どうも最近のゴンザレスは顔パスで入っているようだ。

そのようすを窺っていると、私がロスバニョスの副市長で、ジョギングに行くのだなどと説明しているようであり、

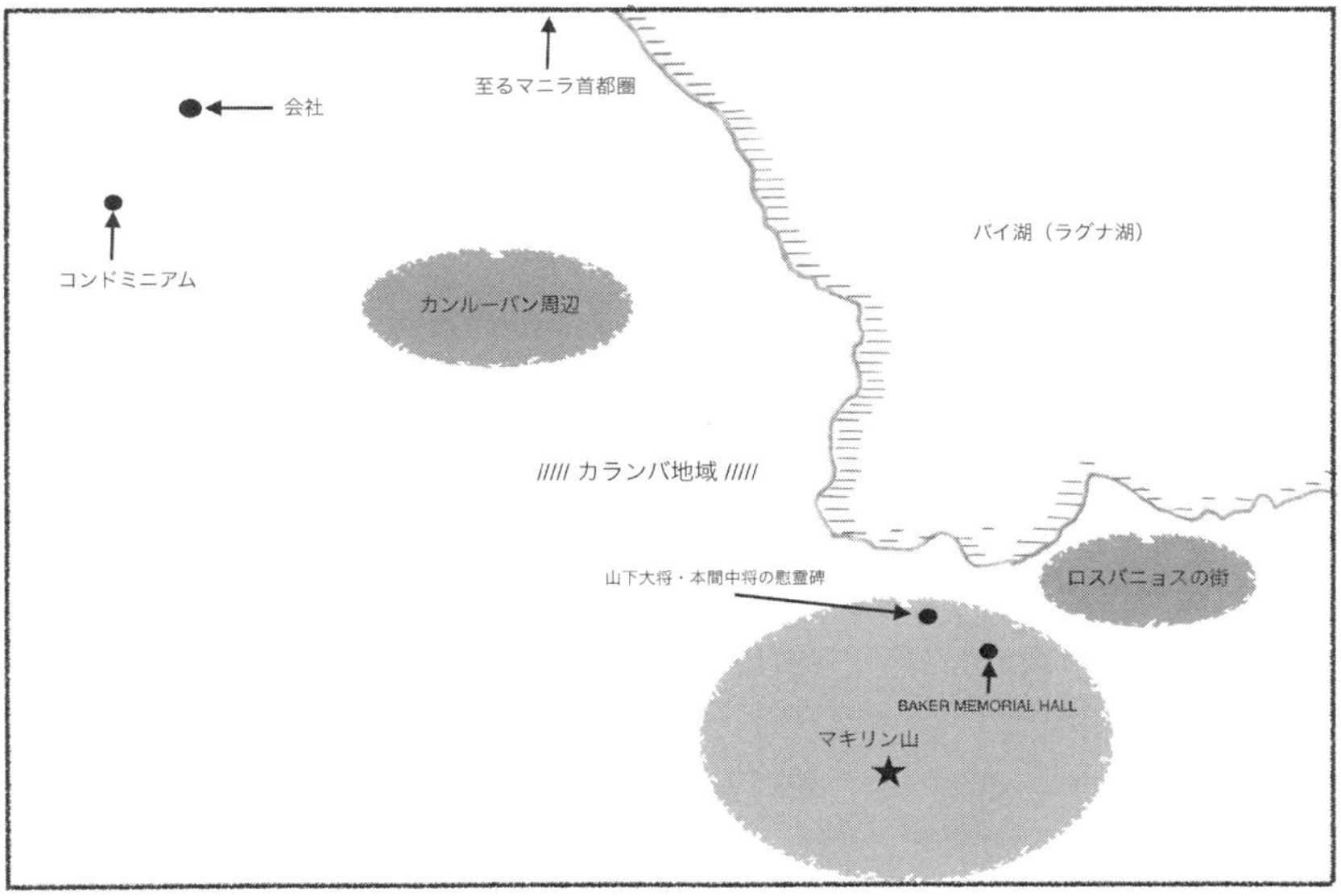

セキュリティガードは私に対して敬礼をする。私もその気になって敬礼を返す。たまにはこのような冗談が通じるところがフィリピンの気楽さでもある、と私は感じている。

フィリピン大学ロスバニョス校の広場は、木々がたくさん繁っていて、ただいるだけでも気持ちが良いし、何といっても大学だから若い人が多いので、何となくこちらまで元気になってくる。といっても当地ではここに限らずどこに行っても若者が多い。

その広場のほぼ中心に「ベーカー・メモリアル・ホール」という大きな建物（写真参照）があり、その近くにはタガログ語で説明が記された碑が立っている。

それによると、「1943年に捕虜となったアメリカ人とその同盟国の捕虜の収容所として日本軍が使用していた。1945年2月23日に、フィリピン・ゲリラ部隊と多くの連合部隊（詳細の記載あり）により襲撃され、2147名の捕虜が解放された」とある。

その日本軍とは第16師団（師団長牧野四郎中将）だと思われる。この師団は、開戦当初であるバターン戦の終了後もフィリピンに留まり、ルソン島東南方面のナガ、レガスピ方面、ルソン島中部のアンヘレス、サン・フェルナンド方面、そしてビサヤ諸島を管轄し、その司令部をこの地ロスバニョスに置いていた。

先の章（「レイテ島へ」）で、16師団はレイテ島での守備を命じられた最初の師団であり、そしてほぼ壊滅したことを書いた。

すでに何度か紹介した文献（「運命の山下兵団」）にも、ロスバニョスには約２５００名が収容されていたとあったので、先の碑に記されている数字とほぼ同じである。

ルソン島にいる日本軍を北部の山岳地帯に移動させる山下の作戦を先の章で書いたが、ルソン島にある日本軍の複数の収容所にいる捕虜や抑留者までを移動させることは、当時の輸送力や食糧事情から無理があった。そのため山下は、米軍がルソン島に上陸したならば、適当な時期に名簿（捕虜の）を添えて米軍に引き渡すことを決定し、１９４４年12月25日ごろ、それを各地の捕虜収容所長に命令したとその文献にある。また、その際にはなるべく多くの食糧を携行させるようにとの注意が添えられていたともある。

しかし、この碑文によれば翌年の2月23日に襲撃を受けた、とあるので、ここの収容所の場合は、山下からの命令を受けてすぐの捕虜引き渡しが叶わなかったのであろうか……。

前の章の「カバナトゥアン収容所へ」で書いたが、米軍による捕虜の解放作戦は１９４５年1月30日であり、先に紹介した書籍の『ゴースト・ソルジャーズ』には、それ以前にそのような〝捕虜の引き渡し〟の動きがあったことは書かれていない。

このような収容所はルソン島内に複数あったし、ビサヤ地方やミンダナオ島などの他の地域にもあったが、それらの収容所でそのような動きがあった記録を寡聞にして目にしたことはなく、捕虜の引き渡しどころか虐殺の記録がある。

それは〝大量虐殺〟として知られている、パラワン島のプエルト・プリンセサ収容所での１９４４年12月14日のことであり、レイテ戦をほぼ終えた米軍が他の島々でも反撃を始めたころでもある。

パラワン島にいた日本軍は、米軍の機動部隊がその地に進撃してくることを察知し、それを恐れて、米兵捕虜150人を防空壕へ強制的に入れ、そこに火を放ったのである。その150人中の11人が、フィリピン人ゲリラに助け出されたことにより、その虐殺が広く知られている。

その虐殺の日にちから考えると、山下の出した捕虜収容所長への命令はまだ届いていなかったかもしれないが、仮に届いていたとしても、果たして山下の命令にあるような、余裕のある行動がとれる状況であったかどうかには疑問が残る。

このメモリアル・ホール自体は大きいが、この建物だけで2500名の捕虜が収容できたとは到底思えない。ゴンザレスにそのことを言ったところ、地元民の言い伝えでは、この建物の地階に押し込められていたという。

その地階の上部が地上に出ていたので、そこの窓から目を凝らして暗い中のようすを見たところ、天井が低く、背の高い米兵は頭がついてしまう高さであり、とても長い間いられるところではないように思われた。

おそらく、その地階だけでなく、建物内と近くにも捕虜と抑留者が収容されていたのではと私には感じられた。

今では、この建物は大学の体育館とイベント場所として使われている。私がこの建物の前を通る度に、中で多くの若者がイベントやスポーツ活動を楽しんでおり、そのようすはまことに平和であり、隣にある説明の碑を読んでいなければ戦争当時のここでのことは想像もできないであろう。

マキリン山の妖精

会社があるラグナ州の土地の多くがフラットであり、マキリン山はその中にある。標高1090メートルの活火山で、裾野まで稜線が明確な単体の山なので、遠くからでもよく見える。まさに鎮座している感である。

ゴンザレスの話では、バナハオ山（ラグナ州とケソン州の境界にあり標高2170メートル）とマキリン山の二つが南からの風除けになってくれて、ラグナ州では台風などでの災害は少ないと言う。さらにその山のお陰できれいな水が豊富に出て、そして空気がとてもきれいなのだそうで、いわばラグナ州の守り神的な存在となっているとも言う。

ゴンザレスはこの山の形を〝長い髪のプレグナントウーマン（妊婦）が寝ている〟と言う。なるほどよく見るとそのようにもみえるが、それはこの山の北方向にある地域（当社のある周辺もそうである）から眺めた場合の形である。

マキリン山は、マリア・マキリンとも呼ばれていて、多くの不思議な言い伝えがある。

「白いドレスを着た若く美しい女性が、素足で沼の近くで歌っていた」とか「山登りのグループが皆で写真を撮ったら、そこにいないはずの若く美しい女性が写っていた。その写真は、今でもフィリピン大学の校舎に保管されている」などなどで、その中でも伝説として典型的なものがあるので紹介する。

それは、数々の言い伝えに出てくる女性はマリアと呼ばれる女神であり、命に限りのある人間と恋に落ちたため、神々の怒りに触れてその姿を山に変えられてしまったそうであり、その山こそがマキリン山である

とされている。そして彼女は、この山のマリアと呼ばれる妖精として今でもいるようなのだ。（写真はマリアと著者）

ゴンザレスが言うには、過去に何人もの男性が、この山の奥に入って行方不明になっているそうで、山中に入る時は、道の途中にリボンの目印をつけて、迷わないようにしておくのだそうだ。

終戦後、この山のある町（ロスバニョス）の隣町（カランバ）のどこかに、米軍が設置した日本将兵用の大きな捕虜収容所ができた。私は以前からこの収容所があった正確な位置を探しているのだが未だに見つけることができないでいる。

旧日本兵の書いた記録から、カランバの一部であるカンルーバンというところのようであるが、具体的な位置についてはその記録でも特定されていない。

その収容所に入れられた一部の将兵は、戦犯容疑でマニラでの裁判（マニラ法廷）にかけられた。その中には山下奉文大将、そして本間雅晴中将がいる。両将軍の収容所から刑場までのようすは後の章で書くが、マニラ法廷で死刑が確定した他の将兵も同じように刑場に送られており、その当日には多くの将兵が、収容所から刑場があるロスバニョス方向（マキリン山の左裾野方向）を拝んでいたという。

マキリン山の奥には、日本の降伏を知らない、または降伏したくない将兵が隠れていたといわれており、

収容所にいた日本将兵が、米軍の指示による何かの用で山の周辺を通った時には「おーい、戦争は終わったぞー、一緒に日本に帰ろうー！」と呼びかけていたそうである。潜伏兵たちはボロボロの軍服を着て、青ざめた顔をし、木の根をあさりながら獣のように山中をさまよい続けていたに違いない。

後の章で詳しく触れる『比島捕虜病院の記録　守屋正著』に、病院の月刊同人誌『季節風』のことが紹介されており、その中に〝遠雷は兵なほこもりてう山あたり〟という句がある。

遠くで鳴る雷は山の方からきこえ、その辺りは未だ仲間の兵が隠れ住んでいるところであろうかと、病院の窓からでも眺めながら詠んだものであろうか。マキリン山には日本の敗残兵がいるという噂が当時しきりにあり、そのことが窺えるものである。

私が住んでいるコンドミニアム（先の地図参照）の屋上から眺めると、見渡す限りの平地なので、周辺の位置関係がよくわかる。そのコンドミニアムからマキリン山の裾野までは、直線でざっと30キロであろうか、カンルーバン周辺はその線上にあるのではと私は眺めている。（写真はコンドミニアムの屋上からのマキリン山）

収容所にいた日本の将兵たちも、毎日、このマキリン山も眺めていたに違いない。それは、コンドミニアムの辺りから見える山の形と、きっと同じだったはずだが、〝長い髪のプレグナントウーマンが寝ている〟と彼らも同じ想像をして眺めていたかどうかはわからない。

何年もの間この山を見ていると、今でははっきりと〝長い髪のプレグナントウーマンが寝ている〟と私には感じられるし、またその寝姿の存在が身近にもなっている。

それもあってのことだろうか、後年（２０２２年）、かの収容所を探すのはこれで最後であろうと自分に言い聞かせ、いつものようにゴンザレスを伴い、〝長い髪のプレグナントウーマンが寝ている〟の山が見える数枚の写真を持って出かけた。

その際に、その長い髪の先端が大きなヒントになり、〝跡地の特定〟となるのだが、私にとってのそのことは、この慰霊の旅での大きな成果であり、そのような意味からも、その時の内容を最終章で書くことで、慰霊の旅の記録を締めくくるつもりである。

さて、話はフィリピン大学ロスバニョス校でのウオーキングに戻すことにする。

ビニャンの祭日の週末、いつものようにウオーキングに出かけた帰りの山道でのことである。そこはとりわけ勾配が急なところで、そこの道沿いに小さな果物屋がある。

いつもはただ通り過ぎているのだが、その日はゴンザレスが私の野菜と果実不足を気遣ったこともあり、数軒並んでいるうちの一軒に寄ってみた。

ちょっとチョビイ（小太り）な若い女性が店員だった。話をしたら、思いがけない驚きであった。かなり使い慣れた英語を話し、しかもハスキーな声である。それに、何となく哀愁を帯びた感じで、日本の祭りで屋台を出しているお姉さんの持つ感じがあった。

こんな山の中で、このような人に出会うなんて、私にとっては意外であった。辺りの道端では、母親が山から湧く水で子供たちの身体を洗ってやっているところをいつも見る。ここで果物や野菜を売りながら、日々の多くを暮らしているのだろうが、彼女たちの住まいはそのまた奥を登ったところに違いない。そのようなところなのである。

そのチョビイからいろいろと勧められ、パイナップルが特に美味しいのだと言う。買う気になってしまった私に、何キロ買うのかとも言う。私は一人暮らしなので何キロでなく、1個だけでいいのだと応えた。

結局、大きなパパイヤとパイナップルを1つずつ、他には小さな果物とカモテ（芋）を買った。彼女は翌日か翌々日に食べごろのパパイヤとパイナップルを吟味してくれた。

それらを一人で全部食べられるとは思わなかったが、つい流れで買ってしまった。

その翌日にはパパイヤを、そして次の日にはパイナップルを切った。一切れかじったら、美味い！　甘い！あのチョビイが言った通りであった。そこであらためて彼女のことを想ってみた。なぜあのようなところにいたのだろうかと。

来週も行ってチェックしてみようかな、とか。いなかったら、彼女は果物を売る妖精の、チョビイ型のマリア・マキリンなのだろうか、とか……。

第十二章　マンゴーの木を探して

２０２０年2月23日（日）、今日は山下大将の命日だ。用意した生花とローソク、そして慰霊碑をきれいにするための雑巾と水を持って向かった。その場所のことは、先の章（「カリラヤへ」）での「両将軍終焉の地へ」で書いたように、初めてこの地を訪れたのは２０１８年8月15日で、その後も来てはいるが命日に来るのは初めてだ。

ケアーテーカーの家は慰霊碑がある場所のすぐ近くにあり、その家の前で10代後半と見られる若者数人が、魚網についた藻を取り除いていた。その中の１人が笑顔で私を見た。何度か来ているので覚えているのかもしれない。

ゴンザレスは長年の親戚付き合いであるかのように、ケアーテーカーの家の中へ躊躇なく入って行った。今日は家の中にケアーテーカー本人がいた。朝の一仕事を終えてきたところなのか、ビールを飲みながら魚網の手入れをしていた。家の中にはケアーテーカー氏のそばに奥さんもいた。私は彼女に「私のことを覚えていますか」と話しかけてみたところ「知らない」と言う。「昨年の12月にここに来て、あなたと話したではないか」と言い返したところ「それは妹だ」と言うのだ。たしか昨年のその時、その妹は、自分はワイフだと言っていたと思うのだが、私の聞き間違いだったようだ。

家の中には売り物であろう、たくさんのスターアップルがあった。それをゴンザレスは10個ぐらい買っていた。

私は以前それを食べたことがあるが、やたらに甘かったのでそれ以来食べていない。ゴンザレスはミルクをつけて食べるともっとおいしいと言っていたがどうであろうか。

家の前にいた若者たちは、ケアーテーカーの家の近所に住んでいるようで、ケアーテーカー氏は彼らに仕事を与えながら、生活の面倒を見ているように思われた。

彼の生業は、近くで採れた果物を売ることに加え、朝早くタール湖に出かけて漁をすることのようだ。

タール湖とは、先月（1月12日）大きな噴火のあったタール火山のカルデラ湖である。そこでは一般大衆がよく食する魚の、ティラピア、バゴスなどがとれる。

漁も生業だとすると、火山の噴火の影響で数週間は仕事ができなかったはずである。ひょっとしたら、暫く振りの漁だったのかもしれないし、おそらく今日は、配下の若者たちを連れて朝早く出かけたに違いない。
さてわれわれは、ケアーテーカー氏から刑場跡地のフェンスの錠を開けてもらい中に入った。すぐに慰霊碑を洗い始めたところ、例の若者たちも掃除に加わり周りを掃き始めた。昨年から汚れが気になっていた、瀬島龍三の謹書（石碑）もきれいになった。
清々しい気分になったところで、花瓶代わりに持参したペットボトルに生花を入れて手向け、そしてやはり持参したろうそくを灯した。（写真参照）

ケアーテーカー氏に心ばかりのお金を渡した後、敷地内を改めてよく観察してみた。私がここに来るのは今回で3度目なのだが、思えば今まで周りをよく見ていなかった。

すると、お堂の先にトイレの建物があり、そこには犬が繋がれていた。

私がその犬に近づくと、それまで勢いよく振られていた尻尾がだんだん垂れ下がり、そして申し訳なさそうに吠えた。それは、自分がここの番犬だから仕方なく吠えているのだという風であった。

そのトイレはかなり傷んでおり、ずいぶんと前から使われていないようであった。そんなような建物だったので、いままで気づかなかったのかもしれない。男子と女子用に分かれていて、できた当時はそれなりに立派なものであったと思えた。

以前、ネットでここの情報を調べたことがある。この慰霊碑が建てられた1970年当時は慰霊碑と台座のみであったが、2002年か2003年ごろに屋根と壁ができ、今日のお堂になったようだ。

お堂が建てられた当初は、日本人ツアーのバスが6~7台停まることもざらだった、とあった。ここを訪れる人々のためにそのトイレは活躍していたのだろう。またそれは、当時の山下の人気度が高かったことが窺える。

戦後、軍人を英雄視することは憚られ、彼らを悼むこともなかったことを何かで読んだことがあるが、このようにして多くの慰霊者が訪れていた時代もあったことがわかる。

しかし、今はどうしたことなのであろうか。いつ来ても私の他に誰もいない。

お堂の修理

私が碑を洗っている間、ケアーテーカー氏は何やらゴンザレスと深刻に話し込んでいた。少し気になったので、ゴンザレスに聞いたところ、お堂の中の内壁をペンキで塗ってきれいにしたいのだが、予算がないのでできないのだという。

つまりそれは、私に何とかしてくれないかと言っていることであった。私は少し考える時間が必要だったので、それへの即答を避け、黙って碑の掃除を続けた。

その後も2人はペンキの色の話をしていた。どの色がいいかと言っているようであった。おいおい、まだ予算を出すとは言っていないのに、と私は呟いていたのだが、つい「そうだなあ、ダークホワイトがいいかな」と私は応えてしまった。

彼らはダーティホワイトがいいと言う。それはどうもお墓でよく使う色のようだが、私が色にこだわる必要はなかろうと任せることにした。

そのようなわけで、ペンキ塗りの件は私が請け負うことになってしまい、暫くはここに通わなければならなくなった。ゴンザレスからお堂の屋根瓦も痛んでいることを指摘されたが、そこまでは今はできない。

その後にゴンザレスが言っていたことだが、彼はケアーテーカーといっても、どこからも定期的な支援がないのだそうだ。カバナトゥアンのケアーテーカーとは大きな違いだと、ゴンザレスの目から見てとれた。

先述しているように、屋根がかけられた頃は訪問者も多く、管理する側もなにがしかの実入りがあったと想像できるし、施設もそれなりに整備されていたのであろうが、いつの頃からかこのように寂れた状態になってしまっている。

それにしても、ここの地主は誰で、管理責任者はいるのだろうかと思うのだが、石碑の施主については、その裏側に記されているものであろう。それは、１９７０年11月23日建之で、「山下将軍を偲ぶ会」としての発起人５人の名前、そして協賛者一同とあった。

地主と管理責任者も含め、今どのようになっているのか私にはわからないが、それらを明確にして、きちんと対応するのは難しそうに思える。

先の章で、米国の場合の２つの施設の例（カバナトゥアン・アメリカン・メモリアルとマニラ・アメリカン・セメタリー・メモリアル）をあげたが、日本の場合は、カリラヤに立派な日本人戦没者慰霊碑が、日本国の管理である。８月15日にはそこで慰霊祭が毎年行われていることは先の章で書いた通りである。フィリピンに住む日本人にとって、そのような良い環境での慰霊ができる場所があるのは有難いことである。

しかし、ここの山下大将の石碑やそれに類するものがフィリピンの各地にある。それらは有志たちが地主にお願いして建てたものかと思われるが、その有志たちの多くは高齢だろうし、すでに亡くなられてしまってもいるかもしれないし、これから先どうなるのか心配である。

それらのほとんどは、地主や厚意ある地元の人たちによって、今のところ何とか維持されているように感じられる。それには慰霊に訪れる人たちからの寸志があり、ケアーテーカーなどの厚意でかろうじて続けられているからだと思う。

この日は山下の命日であるにもかかわらず、慰霊に来ているのは私だけであり、今後増えるとは思えない。それではと、いずれ機会を見て〝慰霊碑じまい〟でも、とつい考えてしまいがちになるが、果たしてそれで良いのであろうか、私にはわからない。今の自身が言えることは、今できることはやろうということだけである。

〝マンゴーの木〟が気になって

昨年の12月にここに来たことを先に触れたが、それは〝マンゴーの木〟の存在が気になっていたからだ。先の章（「カリラヤへ」の両将軍の終焉地へ）に、ここの敷地内にマンゴーの木があり、山下はその木に吊るされて死刑になったということを書いたが、それは間違っていた。

山下の刑執行のようすは、『ロスバニョス刑場の流星群―山下奉文・本間雅晴の最期―森田正覚著、佐藤喜徳編』に書かれていた。森田は従軍僧であり、教誨師《きょうかい》の役目として、捕虜収容所から米軍司令官の同行で極秘裏に連れ出され、刑場近くにある米軍工兵隊の屯所の独房で山下と二人で2時間半話をし、そこから刑場での山下の最期までを寄り添っている。

それによると、「刑場の中央には13階段の絞首台があり、その台に山下は上がり、上がりつめた所には黒い袋（山下に被せる）を持った刑執行官の米少尉が待っていた。広さは二間（約3・6メートル）四方で、手すりがついていた。向かって左右の手すりの中央に八寸角（約24センチ）、高さ3メートルほどの柱が立ち、その2本の柱には同じ太さの梁がかけ渡され、中央には人待ち顔な太いマニラロープが吊られてあった。絞首台の左隅には丈高い周囲三尺ほどのマンゴーの木が生えていた」とある。

私は今、その状況を悲痛な思いで書いているが、執行はこのような台の上で行われたのであり、マンゴーの木に吊るされたのではなかった。また、知人でフィリピン生活が長いSさんによると、その処刑台は秋田17連隊の金森俊キャプテンが米軍に命令されて作った絞首刑台だとのことであった。

そこで私は、山下がマンゴーの木で吊るされたのではないにしても、絞首台の左隅に生えていたとされる、周囲三尺（周囲90センチ・直径29センチと理解）のマンゴーの木はまだあるのだろうかと気になっていた。そして、山下の刑場跡地を世話してくれているケアーテーカーに、気持ちばかりのお礼もしたかったので、昨年の12月にここを訪ねたのである。

刑場跡地に立ち、その敷地内を見渡したが、私が見た限りではそこにマンゴーの木はなかった。その日はあいにくケアーテーカー氏が留守で、妻（この人が先述の妹）だという人が近くから出てきたので、彼女に気持ちだけのものを包んで、この場所の引き続きのケアーをお願いした。そしてところでと、この場所にマンゴーの木はなかったのかと尋ねたら、ずいぶん前の大きな台風で倒れてしまったのだと彼女は言った。すんなりと答えたところをみると、たぶん私のような人間が他にもいて、同じような質問をしているのであろうと思った。

きれいになったお堂

話は2020年に戻るが、山下大将の命日から4日経った2月27日、手向けた花や灯したローソクの状態が少し気になっており、またその場所に向かった。ケアーテーカー氏は留守だったが、奥さんがいて錠を開けてくれた。

中に入ると、何となく4日前とはようすが変わったような気がした。それは何なのだろうと思いながら奥へ進んだ。すると、おー何と、お堂のペンキが、既に塗られているではないか！（写真参照）ローソクもきれいに片付けられていて、花は生き生きとしたままだった。

ペンキが塗られるのは、もう少し先になるかと考えていた私はその速さに驚いた。そればかりではない、お堂の内側だけでなく、外側もすっかり塗られており、さらに瀬島龍三謹書の碑もきれいに塗られていた。ただよく見ると、ペンキはやや薄く塗られている感じだ。

4日前に来た時、ケアーテーカー氏に外側のペンキはどうするのかと尋ねたら、そこまでやると予算が多くなってしまうと言っていた。私はそれ以上のことを言わなかったので、話はそこで終わってしまったのだが、もしかしたら、その時のやり取りが彼の頭にあって、私が支援した予算内で仕上げようと努力した結果のように思われた。

ゴンザレスを交えて奥さんと話をしたところ、あの日（命日の23日）われわれが去った後に、ここを訪れた日本人が1人だけあったという。また、数か月誰も来ないこともあるそうなのだ。そのような話をしている最中に、彼女はさり気なく言った。「誰も来なくても、私たち夫婦でここの世話は続けていきます」と……。

頭が下がる思いであった。

ペンキ塗りをすぐに実行したことや、周辺をきれいにしていることなどから、ケアーテーカー夫婦はきち

んとしている人たちだと思った。

今日は近所の子供たちが私を取り巻いてきたが、あいにく何も用意していなかった。先日からの訪問で、私に対しての不審感がなくなったのかもしれない。今度来る時は、子供たちにお菓子を持ってこよう。

奥さんにはペンキ塗りと掃除へのお礼を申し上げ、そしてまた近い内に来ることを約束して去った。私の念頭には、再来月の4月3日は本間雅晴中将の命日であるという思いがあった。

お堂が見えた

ゴンザレスは山道（ジャンボリー・ロード）をもう少し登って、スターアップルを買いたいと言う。ケアーテーカー氏のところで買おうと思ってきたが、あいにく品切れだったのだ。ゴンザレスは当社の社員から注文をとってきたので、買わなければならないのであった。

スターアップルを売っているところは、その山道に面しており、〃山下通り〃に入るピンク色の民家の角から200メートルほど上ったところで、前回の本間中将の刑場にアプローチした時の入り口から少しだけ先だった。

その売り場（屋台風の店）の近くには駐車できるスペースがあって、そこへゴンザレスは車を停めた。私も車を降りて店の中を覗き（写真参

照）、そして周りのようすを窺うと、お店の裏手に民家があり、そのそばを小さな坂道が下っていて、その途中で男性がベンチに寝そべって寛いでいた。

スターアップルを注文した後のゴンザレスは、早速にその彼と話をしていた。彼が言うには、本間中将の刑場へはここを通る道が近いらしく、歩いて5分もかからないという。

2年前の最初に来た時は、道なき道を15分ぐらい歩いた記憶があるので、そんなはずはないと思ったが、彼は本間中将のケアーテーカーだと言うので、それは間違いないのであろう。

そこで、本間中将の慰霊碑があるところは、だれの所有なのかを尋ねてみたところ、サンペドロ（ラグナ州）に住んでいる人だという。そうすると、2年前に来た時に会った女性が言った「私がオーナーだ」というのは何だったのだろうかと自身に問うた。確か彼女と話した場所は、山道から少し奥まったところにある彼女の自宅近くだったような記憶があるので、おそらく彼女はその場所（自宅）を指して、自分が所有者だと言ったのかもしれない。

私は4月3日に来ようと考えていたのだが、今聞いたルートに好奇心が湧き、さっそく試しにその道を行ってみることにした。

ケアーテーカー、ゴンザレス、そして私が続いて下ったところ（写真参照）、何と3分ほどで着いてしまった。よく観察すると2年前の道の途中へ合流していた。こんなに近い道があったのだと妙な感心をした。思

い立って急に寄ったため、お花とか何も用意しておらず、本間中将の慰霊碑の前で拝み、4月3日の命日には再来することをその碑に約束してそこを後にした。

お店のあるところへ戻る途中、ゴンザレスが「山下大将のお堂が見える」と言った。私はすぐにその方向を見たが、それがどこなのかわからない。「ほれ、あの塗ったばかりの白いペンキの小屋が見えるでしょ?」えーっ、と思いながら見直したところ、見えた! おおー、すごく近いではないか。

私は少し興奮しながら、お店への帰り道を外れ、白いお堂の方へと向かった。ペンキが塗られていなければ、ゴンザレスも気付かなかったかもしれない。

見えたのはお堂の裏側の壁で、しかも手前にあるトイレの建物に遮られながらも確かに見えた。トイレの建物の後ろにある境界のフェンスがなければ、お堂から本間中将の慰霊碑まで真っ直ぐに来られる。その距離は100メートル強であろうか。(図参照)

そこで私は思った。山下大将の刑場も本間中将の刑場も、両将軍が処刑された当時は、同じ敷地内であったのではなかろうかと。

両将軍の慰霊碑を訪ねた当初から、この二つの碑があるところが両将軍の刑場だとずっと思っていた。つまり、刑場は別々だったと思い込んでいたのだが、それがこの時点で変わったのである。

後日、先の『ロスバニョス刑場の流星群』をよく読み直してみると、著者の森田は山下の刑場へ着いた時のことを次のように書いる。

「新しい高さ3メートルほどの板囲いの刑場は明るい照明で夜空にくっきりと浮かび上がっていた。すでに7、8台の自動車がのり捨てられてあった。ギイッと門扉が左右に開かれた。私は護衛兵と彼(山

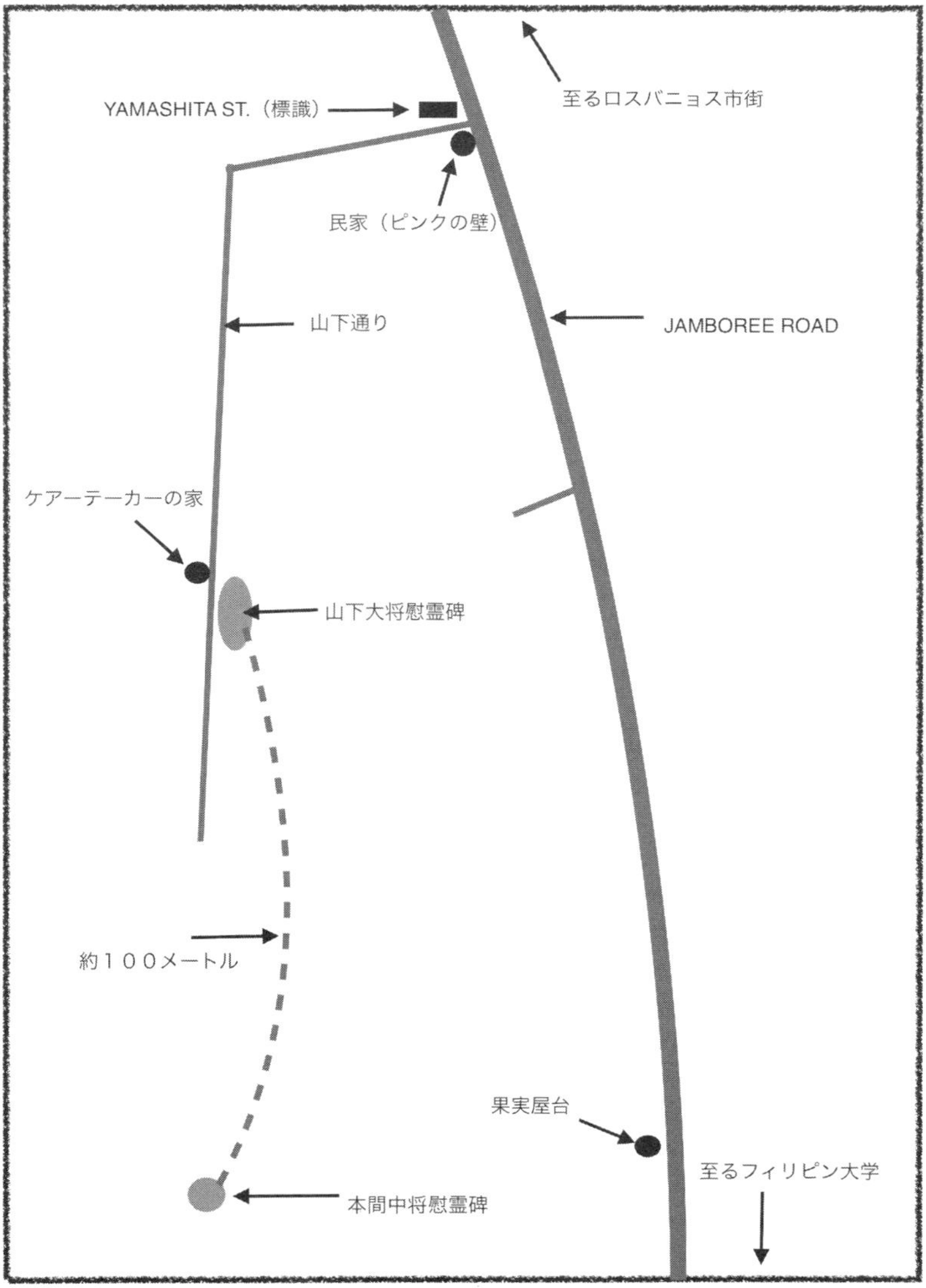
YAMASHITA ST.（標識）
至るロスバニョス市街
民家（ピンクの壁）
山下通り
JAMBOREE ROAD
ケアーテーカーの家
山下大将慰霊碑
約１００メートル
果実屋台
至るフィリピン大学
本間中将慰霊碑

下）の左右の腕をとって中に入って行った。すると直ちに門扉が閉められた。30メートル平方の刑場であった。十数個の電燈が煌々と照り輝いていた」

このように30平方（一辺が30メートルと理解）ということであり、私の目測の100メートルでは、本間と山下の刑場が同じ敷地内だということにはならない。

同様に4月2日の夜から最期まで、本間中将に寄り添った森田の記録によれば、本間の刑死の状況が次のようにもあった。

「私は護衛兵と本間さんの右と左の手を取って車を降り、例の刑場に入った。今度は山下さんのときとはようすが違っていた。絞首台より左後の堀ぎわに、真新しい20センチ角で高さ2メートルばかりの白い角柱が立っていた。銃刑柱（エキゼキューション・ポスト）である。門を入った左手には銃刑柱に対応して高さ1メートル3、40センチ、幅10センチ、長さ5メートルぐらいのバー（横木）が作られていた。アーム・レストである。私たちは絞首台のかたわらを通り、マンゴーの葉のおおいかぶさった銃刑柱の方へ進んだ。本間さんは銃刑柱を背にして立った」

つまりそれは、〝絞首台のかたわらを通り〟とあるので、両将軍の刑死は同じ場所だったことになり、そこにマンゴーが出てくるので、そこにはマンゴーの木があったことになる。

さらにそれは、当時の米軍が刑場としていた〝板囲いの刑場〟は、今ある両将軍の慰霊碑がある場所と実際の刑死の場所とは、どちらかが、或いはどちらも違うことでもあるし、マンゴーの木があれば、そこが実際の刑場だった可能性がある。ただ、本間の英文での慰霊碑には、「This is the Spot……」とあるので、それから言えばそこが〝板囲いの刑場〟の跡であったことになる。

ともあれ、刑場については、両将軍の石碑がある辺りであることには間違いないと私は考えている。その理由は、最終章で詳しく書く〝特定した収容所跡地〟、つまり山下と本間が収監されていた場所から、この刑場跡地までの距離と道のようすが、森田の記録とほぼ一致していることである。当時とは道路事情が違うものの、私はそれと思われる道を何度も通っている。

それに加えて挙げられるのは、〝キャンプ・ゼネラル・マカリオ・L・サカイ（マカリオ・サカイ将軍）〟という現フィリピン軍キャンプの存在である。

先の、山下と森田が話をした米軍工兵隊の屯所があった場所が、今のフィリピン軍のキャンプ内で間違いないであろうと私は考えている。

戦前のこのキャンプ名は〝キャンプ・エルデュリッジ〟で米陸軍の工兵隊があったところだが、2016年9月に今の名称に変更されている。因みに、マカリオ・L・サカイ将軍はフィリピン独立革命の有名な指導者である。

私はそこが〝屯所〟であった何らかの痕跡がないかと思い、以前このキャンプを訪ねたことがあるが、現役の軍施設であり、やはり入れてもらうことは叶わなかった。しかしそこを何とかと門番にお願いしたところ、入り口近くの銅像までは入れてもらえた。

その像はサカイ将軍であったことはわかったが、それ以上の情報は得ることができなかった。仮に、そのキャンプが米軍工兵隊の屯所、つまり山下が刑場への前段階として移された場所だとすれば、そこから刑場までの所要時間がジープで2分であると『ロスバニョス刑場の流星群』に書かれており、私が実際にその道をゴンザレスの運転で測ったものと一致するからである。（図参照）

敗戦国であり、かつ戦後長らく最も反日感情が強い国であったフィリピンにおいて、日本の誰か（有志などの団体）が、慰霊碑のための場所を確保することは大変なことであったに違いなく、刑死した正確な場所（地点）にこだわることなど到底できなかったことであろう。

そのようなわけで、この二つの慰霊碑の場所は両将軍が刑死した地点でない可能性はあるがさほどの違いはないはずであり、またそれに強くこだわる必要はないであろう。

しかし、マンゴーの木の存在については、もう少しこだわりたい気持ちが私にはある。

私は本間中将の碑のケアーテーカー氏に、４月３日の命日にまた来ることを伝えそこを去った。

その日の夜に、日本の友人から電話がかかってきた。この日の出来事を、日本の友人たちにＬＩＮＥ（４人でのグループ化）を使って報告していたのだ。その４人とは仕事上で知り合った40年来の友人で、多少の歳

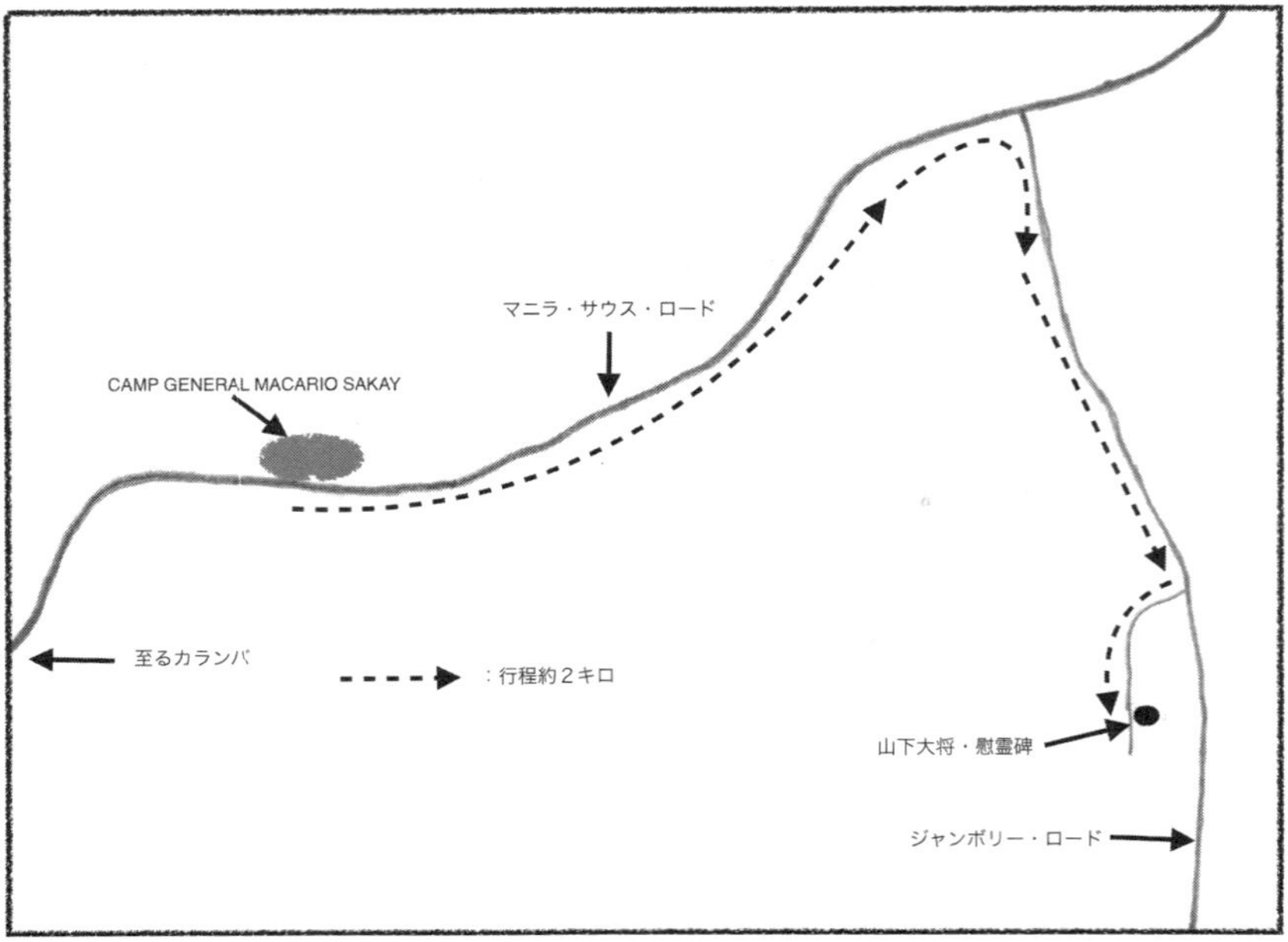

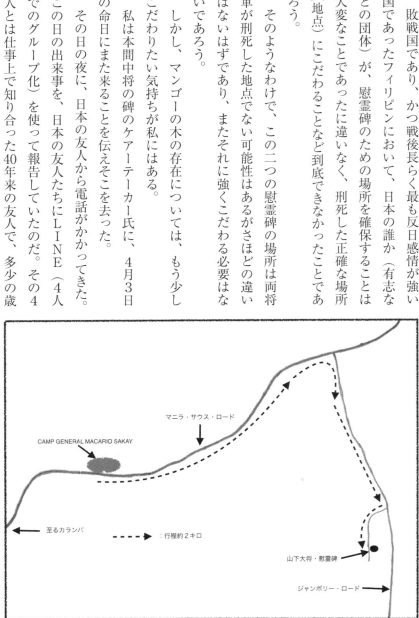

の差はあるものの、互いに気のおけない付き合いがこうも長く続いている。

電話はその内の1人であるKさんからであった。彼は佐渡島の出身であり、今日の報告を受けて、佐渡島の親戚に電話したとのことであった。

その親戚の家は本間中将の生家の近くなのだそうである。彼が「俺の友達の大場というのが、本間中将の墓掃除をやっているのだぞ!」と伝えたところ、その親戚は「いやー、それは申し訳ない、申し訳ない!」と大変恐縮していたという。

それから彼は「近い内に大場を連れて行くから、丁重なおもてなしをするように」と言ったのだそうだ。Kさんはウイットにとみ、話を面白くする愉快な人である。彼が伝えた〝墓〟は、正確には慰霊碑であり、話をわかりやすくするために、そう表現したものであるが、実際はそれに近いものであると私は思っている。

こうなると、本間中将の慰霊碑（墓）も掃除しなければならなくなった。そのことを、翌日のＬＩＮＥで同グループに伝えると、今度は年長のＡさんから「それで日本に帰ってこられなければ、〝ビルマの竪琴〟（小説から映画化された）の水島上等兵になっちゃいますよ」と返ってきた。言われてみれば、なるほどその方向に進んでいるかもしれない。

一昨年からルソン島だけにとどまらず、激戦地があったレイテ島にも行った。水島上等兵の奏でる美しい竪琴ではないが、そこで私の下手なハーモニカで、〝ふるさと〟と〝赤トンボ〟を吹き慰霊をした。

私が回った激戦地にある慰霊碑、またはそれに近いようなものを訪ねると、この状態で良いのかと感じるものもあるが、多くの慰霊碑はそれなりに手入れがされており、おそらく、先のケアーテーカー夫婦のような人たちが世話をしているのだと思う。

しかし、いずれ誰も関心を示さなくなれば、そこはどうなってしまうのだろうかと考えてしまう。だからといって、自分がそれらを定期的に回って、そのメンテナンスや掃除をすることは無理である。それをやったら、本当に水島上等兵になってしまう。私の余生は日本で過ごしたい。

しかし、成り行きなので暫くは、山下大将と本間中将の〝墓〟掃除は続けなければならなくなったようである。

ロックダウンが始まった

2020年3月、私は日本にいた。パンデミックによるマニラ首都圏のロックダウン（都市封鎖）が始まり、海外からの入国がほぼ不可能となったことで、日本にいながらリモートでの仕事をする日々が続いた。

本間中将のケアーテーカーに、4月3日の命日に来ることを伝えていたこともあり、行けなくなった私の名代でゴンザレスに行ってもらった。山下大将の命日と同様に、生花とローソクを持参して慰霊碑をきれいにしてもらい、そしてケアーテーカー氏に寸志を渡してもらった。

ゴンザレスは、そのようすの写真を送ってくれた。そのなかには、その寸志をケアーテーカーに渡しているものもあった。ゴンザレスからすれば、間違いなく渡したことを私に見せたかったのであろう。

マンゴーの木を想って

山下大将の石碑がある場所にはマンゴーの木があったが、それは台風で倒れてしまったことを書いた。つまりそこが、〝板囲いの刑場〟であった可能性はある。

しかし、マンゴーの木は当地では普通にあり、マンゴーの木があったといって、そこがそうだとは言い切れない。

先述したように、絞首台の左隅に生えていた丈高い周囲三尺ほどのマンゴーの木と、銃刑柱の近くにあったものが別の木だとすると、刑場内には数本あった可能性もある。また、刑場の広さが30メートル平方（900平米として）という結構な広さであり、そこにマンゴーの木が複数本あるのは不思議ではない。

そのようなことを考えながら、私はずっと気になっており、前回（2020年2月27日）の〝お堂が見えた〟時のようすを思い出してみた。それは、本間中将の慰霊碑から山下大将の慰霊碑がある場所まで（目測100メートル）の周りのようすである。

そこは叢林に近いところで、多くの種類の木々がある。マンゴーの木はよく知っているつもりだが、そのようなかで、その木を特定することは私にとっては簡単ではない。少なくとも「俺がそのマンゴーだ！」と、ドーンと自身の存在を主張している木はなかったことは確かである。

先の章（「カリラヤへ」）の中で、Iさんのことを紹介し、当社の役員をされていたことも書いた。その関係で私はIさんから仕事上の相談にのってもらい、そして同時に昔の色々な話を教えてもらっている。

小説『炎熱商人』の著者である深田祐介氏からは何度もインタビューを受けておられ、あの『ああ、モンテンルパの夜は更けて』を歌った渡辺はま子さんともお話しをされており、その際に、本間雅晴中将が処刑されたところにマンゴーの木があったと、渡辺はま子さんからIさんは聞かされている。

このような話をIさんから教えてもらっているなかで、私はそのマンゴーの木への関心を持ったような気がする。両将軍の慰霊をしているうちに、その木へ何か格別な思いを抱き、そして神格化してしまう自分にも気づいた。私が探していた〝マンゴーの木〟は、そのような木だったのかもしれない。

第3章の「カリラヤへ」で、山下奉文と本間雅晴両将軍のことを、出自を含め諸々書いたが、ここからは両将軍の最期のようすを書き、この章の最後としたい。

山下大将の最期

教誨師の立場としての森田正覚氏は、山下と二人で2時間半話したことを書いたが、その間に山下は森田に伝言を残している。

尚、山下と同じ日に処刑されたのは他に二人おり、それは太田清一（憲兵隊司令官）と憲兵隊の通訳だった東地琢磨（軍属）である。第1章（「マンカヤンへの旅」）でベンゲット道路の開削に従事した日本人たちのことを書いたが、東地琢磨はベンゲット移民の子としてバギオ近郊に生まれ育った二世である。バギオ近郊の日本人移民は戦後長い間、日本人だということを隠して生きなければならなかった。露見すれば私刑（私的裁判、リンチ）にあい、生命、財産を奪われることを免れなかったからであり、このような2世は多くいた。そのような東地のことを想うと胸が痛む。

山下のその伝言は、日本の行く末を思ってのことであり、その内容は『ロスバニョス刑場の流星群』に詳しく書かれているが、世に多く出ている山下に関係する書籍の中にもあるので、ここでそれを改めて書くことは省くことにする。

その伝言に加え、処刑時間（午前3時）の20分前に「森田君、獄中吟がある。聞いて欲しい」として、山下は次の三つの句を朗々と吟じたとある。

野を分けて集むる兵士十余万帰りてなれよ国の柱と

今日もまた大地踏みしめ帰り行くわがつわものの姿頼母し

辞世の句を説明するとその価値は半減するとはよく言われることであり、また私には句を詠む知識もないので、山下のその想いを正しく訳すことができないが、あえて私なりに訳せば次のようなものであろうか。

まず、詠んだ時の状況だが、〝獄中〟と言っているので、カンルーバンの捕虜収容所で、その中の柵で囲われた独房（戦犯確定者が入る）にいた時だと思われる。その収容所から日本へ帰れる兵士たちの勇姿を獄中の窓から見て、喜びを感じ、そして頼もしくも思い、日本の復興のために頑張ってほしいと詠んだものであろう。

そしてもう一つは、

まてしばし勲のこしてゆきし友　あとなしたいて我もゆきなむ

先に逝った兵士たちへ向けたもので、「いま少し待ってくれ、私もすぐにそこに行くから」というものであろう。先の章（「カリラヤへ」）の〝両将軍終焉地へ〟で触れたように、この句は、刑場跡の石碑にある。これらの句から見えてくるものは、山下には、最後まで自身の責任を完遂させようという強い意志があったということである。

山下はフィリピンへの赴任決定時から、米軍の日本本土への上陸を遅らせる命令を受けており、ルソン島での持久作戦を行うことで、それが達成できるとしていた。

途上に〝レイテ戦〟があったなかで、的確な戦況を把握しながら、軍内部の事情を忖度せず、司令官としてどの方向に進むべきかの主張をきちんと行った。その主張は受け入れられなかったものの、その後は淡々と作戦を進め、結果的にはその通り（ルソン島での持久作戦）に戦い続けた山下である。

第1章（「マンカヤンへの旅」）で書いたように、転進に転進をを重ね、山岳地帯に籠った兵士や邦人たちは悲惨な状態に陥り、そのなかで多くの犠牲者を出したものの、生き残り、そして日本に帰還できた人たちも多くいたことも事実である。言い換えれば、その転進（退却）は総崩れにはならなかったのである。

開戦時のマレー作戦、そして戦争後半のフィリピン作戦における山下の指揮統率力は、昭和の将帥《しょうすい》のなかで群を抜いていたと思っていいであろう。

「大東亜戦争全戦没者慰霊団体協議会」のウエブページに次のことが載っていた。

「フィリピンの戦いは、正に日米両軍が全力を傾注した戦いであった。マッカーサー総司令官が日本本土進攻に使用を予定していた部隊主力を約10か月間にわたってフィリピン島に拘束し、持久目的を十分達成したこの戦いは、米軍の戦史の中でも称揚されている」

キアンガンで日本の敗戦を知り、その時一緒にいた部下たちから、〝どうか自刃してください〟と泣かれて頼まれている。それは、今後の山下が負わなければならない苦難を、部下たちが慮ってしたことなのだろう。しかし山下はそれをしなかったのは、自身のなかでの葛藤はあったのだろうが、生きながらえた将兵たちを、無事日本に帰還できるよう尽力し、その帰還できた彼らが、戦後の復興に役立つと信じ、それを願っていたのであろう。

そのために先ずは、自身（方面軍司令官として）で出した「自活自戦命令」、それはつまり永久抗戦であり、その解除を自ら発してそれが実行されるよう見守るのが司令官としての最後の務めだと、考え至ったのであろう。そのような彼だからこそ、部下たちの帰還を獄中の窓からみて、それに喜びを覚える彼がいたのではないだろうか。

句を吟じた後の山下は「ああ、天皇陛下、私の罪を許して下さい」と低い声で言い、「山で戦死した私の部下よ、部下たちに殺された哀れな比島人よ、許してくれ」とつぶやくように言ったという。

そして、彼らのそばにいた米司令官は言った。〝フィフティーン・トゥ・スリー（3時15分前だ、さあ行こう）〟と。

屯所の独房を出たところで、大型ジープが待っていた。ジープは2分ほどして刑場の表に到着した。ここからは、先述したようす（13階段の絞首台……）であり、それから先を書くのは辛いので、この辺で止めることにしたい。享年62歳。

本間中将の最期

森田正覚氏は教誨師として、そしてある面では通訳として、両将軍だけでなく他の刑死された方にも寄り添ったなかで、彼ら（刑死者）の遺言的なものを多く聞いている。

森田は彼らの一言半句も聞き逃すまいと耳を傾け、制約の厳しい刑場であったが、できるだけの手段を講じて一生懸命に記憶し、そして収容所に戻った後はトイレの紙などに記録した。

帰国後の森田は、その〝遺言〟をご遺族に伝え、その後もずっと持ち続けていた。

森田自身の没後も世に残り、後世に伝えられることを念じていたことを、同じ捕虜収容所にいた佐藤喜徳氏（編者）はその記録から読み取った。それはいわば森田の遺稿であり、彼のその想いを引き継ぎ、佐藤自身も、広く日本国民に正しく伝えなければと思い、それを本にしたのが『ロスバニョス刑場の流星群』である。

そのような背景のある本（記録）であるが、両将軍の最期のようす、とりわけ処刑のところは、読んでいて気が重く、それについては触れないでおこうかと思った。しかし、読み返しながら考えているうちに、少しでもそのようすを書かなければならないと思うようになってしまった。

そのようなわけで、先述した山下の処刑のようすはできるだけ簡略したが、本間の場合は、山下のそれとだいぶ趣が違っており、それほど悲痛な思いにならずに済んだので、本間の最期のようすを次に書くことにする。

先ずは、山下と同じように、カンルーバンの捕虜収容所にある独房から出された時のようすから始める。

それは1946年4月3日の午後、収容所内の放送で呼び出しを受けた森田は米軍本部前に出向いた。山下の処刑に森田が教誨師として寄り添ったことをすでに知っていた周りの捕虜たちは、今夜も処刑があるのだと察知したが、この時点ではそれがだれかはわからないでいた。

山下の場合は極秘裏に連れ出されたが、本間の場合は違っていた。それは、本間はすでに予備役であったため、当時のフィリピンには部下がいなかったことが影響し、収容所内の放送で察知されたようである。4月3日の深夜、収容所内では『佐渡おけさ』が唄われ（本間の故郷は佐渡島）、やがて、厳粛にして悲壮感に満ちた声で『海行かば』が斉唱されたという。

本部前には米大尉が待っており、森田はその大尉が運転するジープに乗ったが、そこには上脇正則氏がすでに乗っていた。彼は、かつてフィリピン在留日本人会会長を務めてきた人の息子で、フィリピン大学を出て、バギオ周辺で金山を経営していた人だ。英語、フィリピン語、スペイン語に堪能な好青年であることを森田は知っており、その彼が今日の通訳であった。

ジープはそこから独房がある戦犯特別収容所へ行き、そこで今度は米中佐が運転する別のジープに乗り換えさせられた。戦犯特別収容所の門が開けられ、そこの門前に護送車が横付けになり、その護送車に向けて二人の男が引かれてきた。すでに日は暮れていたのではっきりとしないが、大きい方は本間中将であった。

ジープと護送車は、やはり山下が移送された同じ場所（米軍工兵隊の屯所）に向かった。

「刑の執行は何時ですか」と森田が中佐に聞いたところ「だいだい12時半ごろか」と教えてくれた。その時の時間は午後7時40分であり、それからするとあと5時間あった。

屯所に着いた森田たちはジープから降り、先導する米士官に従って独房がある有刺鉄線の中に入り、後ろを振り返ったところ、護送車から長身肥大の本間が降り立った。続いて降りた人は元北部ルソン島地区司令官、鎧兵団長陸軍中将田島彦太郎であった。

森田たちは控室へ入れられ、二人の処刑者は独房へ入れられたが、山下の時とは違い警戒がゆるやかであった。やはりこれも、本間には部下がいなかったことによるようである。

先の中佐は「さあ、プリースト（僧侶で森田のこと）、自由に話してください。二人はあなたにお預けいたします」と言って彼は引き上げたので、森田と上脇は独房に入ったが、山下の場合と違い、本間と田島の二人は一緒にいた。そこで森田は「かねての約束通りに、あなたがたのご臨終を見届けるために参上いたしました」と言った。

その時、どやどやと5、6人の米将校と下士官が入ってはきて、「ゼネラル本間、どうかこの紙の裏にあなたのサインをしてください」と、彼らはミッキーマウス・マネー（既に使われない日本軍のペソ軍票をオモチャとして米兵たちは扱っていた）を差し出し、その軍票に本間のサインを乞うた。しかし本間は〝ソーリー・アイキャント〟と噛んで吐き出すように言った。そして、日本語で「断然断る。書きたくない。何だって最後まで苦しめるのだ。死ぬ時ぐらい静かにさせてくれたっていいじゃないか」とつけ加えた。

山下の場合は頼まれるままに何枚も書いたが、本間の場合はこうも違っており、この辺りに二人の性格の違いが見られた。

森田は「失礼ですが、本間さん。あなたのただ今のご心境は？」と質問し、本間はそれに答えていろいろな話をしている。そのようななかで、本間は護衛に「ラトリーン」と叫び、その後も何度となくそのラトリーン要請は続いている。

この耳慣れない言葉をネットで調べてみたところ、穴を掘っただけの臨時の便所のことのようである。

一方の田島は本間と同じ階級ではあるが、本間が陸軍の大先輩であり、話は本間が主体で進んでいる。その田島が犯した罪はというと、バタン島（ルソン島北端から北に２００キロぐらい沖合にある島）に不時着した米軍飛行士を斬殺した部下将兵の罪を一身に引き受け、莞爾《かんじ》として極刑を甘受した人である。そのために彼の兵団（鎧兵団）は大した連累を出さずにすみ、部下たちはひとしく感涙にむせんだという。田島の裁判結果は絞首刑であった。

ラトリーンから戻った本間に、森田は戦争犯罪についての考えを聞いており、それに対しても本間は答えている。

そのような本間と森田の日本語での会話を、ずっと戸口にもたれて聞いていて、つかつか寄ってきたのが金髪の大尉であった。彼の顔には憐れみの情が溢れており、その彼が本間に話しかけた。「ゼネラル本間、貴方はマニラの軍事法廷について何かご感想はありませんか」と。それへも本間は真剣に答えており、戦争と平和などについて滔々とまくしたてている。明日まで生きられない本間は、日頃の思いを一気に述べたようにも思える。

先の章でも書いたが、本間は戦前に武官として英国での駐在経験を持ち、そこでオックスフォード訛りの流暢な英語を操っていた。彼の英語は軍部の中でも抜きん出ていたとされているので、金髪の彼とは全て英語で交わしたことであろう。

その二人の会話に皆が聞き耳を立てたという。この老いたる将軍の情熱は、いったいどこから出てくるのであろうかと森田は思い、この白髪の老哲学者は、きっと誤って職を軍隊に投じたのに違いないと思ったと言っている。

捕虜収容所の独房での事だと思うが、教誨師としての森田は、受刑者である本間と何度か話しをしており、「会うたびに彼にひきつけられていったことは事実である」とも言っている。森田はさらに言っている。「われわれは死に行く人から逆に教誨を受けた」と。

そのような話のなかで、金髪の大尉は本間の魅力に引き込まれていったのであろう、無言で頷いていた。彼は敵将から実に多くの言葉を聞いたのである。

大尉はぐっと右手を出して握手を求めた。白い手と黄色い手はしっかり握られた。立場を超えての二人の手は、何事かを約束するかのようであった。

二人の握手が終わったころ、刑場司令官が部厚い死刑執行命令書を持ってきた。

「ただ今から刑の執行命令書を伝達する」司令官は厳かに命令した。

「ジェネラル・ホンマ、立って！　こちらへ」

本間は通訳の上脇に、「上脇君、翻訳しなくてもいいですよ」と言った。

司令官はそれを了解し、宣告文を読み上げた。それを簡略して次に書く。

「余は罪状軽減の基礎となるべき事例を求めたが、遂に酌量の余地を見出すことはできなかった。……これよりも公正な弁護の機会を与えられたものはなく、またこれ以上偏見なく行われた起訴手続きもみられない。……かくも公正な裁判に反対するものはごく僅少であろう。……余は有罪の判決を承認し、ここに西南太平洋米軍司令官に対し刑の執行を命令する」

その司令官は文の最後にある署名者「ダグラス・マッカーサー」に一段と力を入れて読み上げた。

続いて、西南太平洋米軍司令官スタイヤー中将の執行命令書が読み上げられた。

時、1946年4月4日午前0時55分。刑種―「銃殺刑」

宣告は終わった。

続いて田島への宣告文が読み上げられた。刑種は、絞首刑であった。

「田島君、いよいよ行きつくところまできたね。もう後1時間ぐらいだね」本間が沈黙を破った。「そうですね、本間閣下。人生の大晦日ですね。閣下のお伴ができて何よりです。どうかよろしく」

「時に上脇君、この世の名残りだ。ウイスキーをご馳走してくれないかなあ。恐らく許されないだろうが、言ってみてくれませんか」と本間は上脇に言った。それは本間以外に全く思いもよらない奇抜な注文であった。

上脇は「言ってみましょう。森田さん、前例ありますか。山下さんの場合はどうでしたか」と尋ねたところ、森田は「思ってみたこともありません。前回は一人ひとり、別々に独房に入れられ、警戒は今夜と比較にならないほど厳重でしたので、雑談するすきもありませんでした」と答えた。

上脇はそれを了解し、例の大尉にひそひそ話し風に伝えた。

大尉は微笑して聞いていたが、やがて〝OK・ジャスト・ア・モーメント〟と言ってかけ出して行った。

「待たせました。キッチンに行ったのですが、担当の軍曹は、ウイスキーはないって言うので、ビールを持ってきた」と大尉は言い、両手に持ったものと両ポケットから、合計8本のビールを出した。彼のそのような行動は、本間との語らいのなかで、本間に心酔した結果から出たのかもしれない。

本間は感謝の意を表した。そして真っ先に〝きゅっ〟とあおった。「まさに甘露の味だね」、本間は口の泡を手でぬぐいつつ咽喉を鳴らし、次に田島もあおった。「久しぶりですね。この味たまらないですね、本間閣下」「ついでに上脇君、腹も若干減っているので、夕食も注文してくれませんか」それは田島からの注文であった。

上脇がその旨を大尉に伝えると、大尉は二つ返事でキッチンに駆けて行き、今度は大きな紙包みを持ってきた。それはハム・サンドイッチとエッグ・サンドイッチであり、白く柔らかいパンは食欲をそそるものであった。

「思うことひとつかなえばまた二つ、ありがたいね。山下はかわいそうだったね。森田君」そういいながら本間は、ハムを引っ張り出してかじりながらビールを一口、貴重なビールだから一口飲んでは上を向き節約しながら、ちびり、ちびりとやった。

「閣下、豪華版ですね」と田島は次第に相好を崩していった。

本間から勧められ森田も飲んだが、上脇は下戸のようで飲まなかった。彼らのそのようすは、まさに前代未聞の酒宴であった。

本間は満足気に立ち上がって護衛兵に〝ラトリーン〟と言った。本間は小便が近く、ビールを飲んだこともあり、その後も何度かこのようにして護衛兵を煩わしている。

本間が小便から戻ると、例の大尉がまたやってきて尋ねた。「ねえ、ジェネラル、あなたのような方がなぜバターンの〝死の行進〟というような残酷なことをされたのですか」と。それに対して本間は、「キャプテン（大尉）、あなたがそれを言うのならちょっと説明しなければならない」と、そして彼は一口ぐっとビールを飲んで、サンドイッチをかじり長々と語ったなかでの要点を次に書く。

自分（本間）への起訴状では、「米国兵1万5百名、フィリピン兵7万4千8百名の俘虜全員は、交通機関が利用できるにもかかわらず、バターンからサン・フェルナンドまで60キロから120キロを強制的に行進させせられた。これら米比人を強く照りつける太陽のなかを行進させたことは、野蛮な拷問である」とされているが、それは全く違っていると否定し、その理由を次にように述べている。

当時の自軍の状況は、糧秣、武器、弾薬、医療器具、救急車両などにおいて、絶望に近いまでに欠乏しており、自軍の兵士にさえ食べさせる食糧はなかった。そのような状況では、捕虜の負傷者に与える薬品にも事欠き、健康体の捕虜は全体のわずか約2割に過ぎず、約5万の患者がおり、その大部分はマラリヤにおかされ、赤痢にかかっていた。その他のものは食糧、とりわけ主食の欠乏による脚気にかかっており、健康体のものといえども、極限の栄養失調により役に立つものは数えるほどしかいなかった。

戦いに勝ったとはいえ、そのような状況であり、内部的崩壊の危機にさらされていた。そのような悲惨な状態にあって、日本軍に保護を求めてきた8万5千の捕虜の要求に応じるということは、極めて至難なことであった。私は降伏した米軍に何ら特別の措置は取らず、部下に一任していたことは事実だ。部下が独断で刺殺、斬殺、掠奪したという事実は私には報告がなかったので終戦まで知らなかった。責任回避などしようとは思わないが、また常軌を逸した兵があったということを否定する理由も持っていないが、1千2百名の米人、1万6千名のフィリピン人が死亡、または行方不明になったということはどうしても信ずることはできない。私が意識的に捕虜虐殺をやったと思われているが、決してそういう卑劣な行為はしていない。それほど私は冷酷な、非人間的な男ではない。捕虜の待遇を部下に一任し、一部凶暴な部下が捕虜を侮辱し、殺害したことはもちろん私の責任であり衷心よりお詫び申し上げる。私が司令官としてとった態度は、わが軍の従来の慣習と貧困という事実に鑑み、わが軍と同様に取り扱ったのです。もしわが軍に充分な設備が整っていたら、こんな結果にはならなかったでしょう。決して故意にやったわけではないということを認識していただきたい。

要点としてはこのようになるが、本（『ロスバニョス刑場の流星群』）にある本間の説明（語り）は長いものの整然としている。英語に堪能な本間でもその通りに語ったとは思われないが、森田はそのようすを的確に記録していたことであろう。そして編者の佐藤は森田の記録を正確に理解し、かつ本間と森田の意志を汲んだ上で、後世の時代が理解しやすいように書いたのだろうと思われる。

私は〝バターン死の行進〟について、これまでの章で何度か触れてきたが、日本軍側のようすがいまいちはっきりせず、自身で疑問を持ちながらのものであり、日本軍の状況を理解しながら書くことはできないでいた。しかし、死を目前にしながらも、ビールを飲んでサンドイッチをかじった後の本間の説明に、現地（バターン半島、コレヒドール島）を見たことがある私は完全に納得した。また、やはりそうであったかとも思った。

やがて、刑場司令官と4人のG・Iが足音高く待合室に入った。彼らは手錠やキャンバス・バンドを持っていた。死刑の準備である。

「死刑執行25分前、〝ジェネラル・ホンマ〟及び〝タジマ〟立って」刑場司令官は厳然と言い放った。二人は無言のまま立ち上がった。水を打ったような静けさであったが、「あ、ちょっと待ってください。ラトリーン」と本間が言った。護衛兵は〝チェッ〟と舌打ちしながらも本間の後に続いた。

本間は護衛兵に、まことにご迷惑を掛けて相済まんという表情で、「私は小便が近くて困っているんです。失礼なことばかり申しましてすみませんでした」と言い、これが本間の最後の英語であった。

ぎいぎいと時計のゼンマイを巻くような鈍い音をたてて、田島と本間の両手に手錠がかかった。

「二人とも何か米軍へのメッセージはありませんか」と司令官が聞いたが、二人とも「何も申し残すことはありません」と答え、その後に森田が「お二人とも国民に対する特別の遺言はありませんか」と聞いたところ、「祖国の復興の1日も速やかならんことをお祈りする以外にありません」と田島が言った。

本間はやや考えてから、今後の日本が立ち向かわなければならない難苦に耐え忍んでいただきたい主旨を述べ、そして「比島における将兵個々の罪悪は山下及び不肖一身に引き受けてその責任をとる。と、お伝えください」と言った。

この本間の言葉に私の胸はいたむ。これを知った当時の日本国民は、その言葉をどのように感じただろうか。

当時の軍部による圧政は強く、一般大衆はこれにおもねる保身の術を心得ていたにしても、そして深い批判をすることはできない状況であったにしても、国民には多少なりとも悔悟《かいご》の情があったのではと思う。そうだとすれば、両将軍が敗戦国の責めを負って散っていったことに対して、〝申し訳ない〟と思う気持ちが出たのではないだろうか。

山下のお堂が建てられた当初は、多くの日本人がツアー・バスで訪れたことを先に書いたが、その訪問（慰霊）は、その辺の感情の表れでもあったのかもしれない。

さっきからじっと腕時計を見ていた米司令官は護衛兵に目配せした。護衛兵は機敏に立ち本間の両腕を取った。

「ジェネラル・ホンマ、刑執行の時間がまいりました」と、司令官はいともいんぎんな言葉で言った。本間は田島に面を向けて言った。以下は本間と田島のやりとりである。

「田島君、最後の時が来た」「はっ、いよいよお別れですね」「随分お元気でといいたいが」

「同じ死の道を行く二人です」「一足先に行きますが、君が来るまで待ってるよ」

「私はあと30分で行きますから、あまり遠くへ行かないで、道端で待っていてください」

「うん、待っている」

柵の外には大型護送車が待っていた。護衛兵は護送車に橋を渡し、鍵を外して後ろの網戸を開けた。森田は本間の手を取って乗車し、2分ほどの刑場に向かった。

刑場に着いた森田は護衛兵と本間の右と左の手を取って車を降り、山下と同じ刑場へ入った。

今度は山下のときとは中のようすが違っていた。

ここからは先述した内容であるが、あらためて書くことにする。

絞首台より左後の堀ぎわに、真新しい20センチ角で高さ2メートルばかりの白い角柱が立っていた。銃刑柱（エキゼキューション・ポスト）である。門を入った左手には銃刑柱に対応して高さ1メートル3、40センチ、幅10センチ、長さ5メートルぐらいのバー（横木）が作られていた。アーム・レストである。

本間と森田は絞首台のかたわらを通り、マンゴーの葉のおおいかぶさった銃刑柱の方へ進んだ。本間は銃刑柱を背にして立った。護衛兵は本間の腹部と足を銃刑柱にしっかと縛りつけた。護衛兵は全部にわたって異状のないのを確かめると、門の方へ引き下がった。

森田と司令官は本間に向かって立った。司令官が右手を上に挙げて合図をすると、軍医がやってきた。カンルーバン衛戍《えいじゅ》病院院長である。彼は本間の上着のボタンを外し、緑のアンダーシャツを上につまみ上げて、心臓の上に聴診器を当てた。

「森田君、私の心臓の鼓動はふだんと変わらないはずです」本間は聴診器を上から見下ろしながら言った。軍医は心臓の異状の有無を確かめると、アンダーシャツと上着を元のようにしてから、心臓の位置に直径4インチ（約10センチ）ぐらいの、白色円形の紙の射撃目標を安全ピンで留めた。

突如、刑場の門扉がギイッと開いた。と見る間に、目を見張るような真新しいユニフォームを被着した8人の米兵が指揮官に引率されて入ってきた。彼らはザクザクッと砂を踏んでアーム・レストに沿って進み、バーの端で停止した。〝回れ右〟をした。次に素早く左ひじをアーム・レストに載せ、床尾板《しょうびはん》を右肩につけ、ぴたりと銃をかまえた。これまでの行動は、指揮官の甲高い命令で行われた。

小銃の8つの銃口はおのおのの角度から本間の心臓を狙っているのである。

司令官は軍医に目隠しを命じた。軍医はポケットから折り畳んだ白布を出した。

本間は突如、日本語で「目隠しを許してくれといってください」と言ったので、森田はその旨を司令官に伝えたが、彼は言下にこれを拒否した。〝バイ・オーダー（命令である）〟

「彼には日本式武士道はわからないから仕方がない」と本間は呟いた。そして、「森田さん、あなたの手で眼鏡を外してください」。森田はべっこう縁の老眼鏡を外した。

「もう一ぺん、鼻の横を掻いてください」「ありがとう、今の私には何もお贈りするものがありませんから、その眼鏡を私の思い出におとりください」と本間は森田に言った。

森田は司令官に、「仏教儀礼が終わるまで撃たないでください」と申し入れた。

「何分ぐらいかかりますか」「5分間」「ＯＫ」

「閣下、お手を」森田はしっかり本間の手を握りしめた。彼のために〝罪障消滅〟を祈った。

「閣下、お念仏を、臨終の一念はよく80億劫生死の罪を除きます」〝南無阿弥陀仏〟本間は森田について一句ずつ続けた。

「森田さん、ありがとう。お世話になりました。愛と憎しみの水火の波浪はおさまったようでまだおさまりませぬ。私は聖者のようにはなれません。私の罪が深いためでしょうか。けれど、かすかに見ゆる白道を恐るることなく進みます」

森田と本間はともに念仏した。

「森田さん、天皇陛下の万歳を三唱いたします」本間はふとわれに返った。

「天皇陛下万歳―大日本帝国万歳―……大」次の「大」といいかけたとき司令官が森田の腕をぐっととらえて横へ引いた。たじたじと一歩横にのいた時、ダダーンと耳をつんざく銃声がした。銃弾は森田の目の前を飛んだ。一瞬ガーンと耳鳴りがしたという。

「やったー」森田は本間に目を注いだ。本間の唇と顔の筋肉は激しくけいれんして歪んでいた。やがて、がっくりうなだれた。と思うと、再び首を持ち上げて大きく息を吸って、また、うなだれた。1秒、2秒、またもや徐々に首をもたげたが、今度はゆるく息を吸い込み、苦悩の色を大きく表して長くうなだれた。本間は絶命した。享年58歳。

銃殺隊は何の感動も表さず、粛々と引き上げた。彼らは一人として本間を銃殺したというふうな感じをもっていないのである。彼らが兵器庫から装填した銃を渡された時、そのうちの二挺には空砲がつめられてあったからである。

軍医は死刑執行明細書に所要事項を記載した。ついで、彼は銃刑柱のバンドを解いた。

本間はへたと枯木のように、自己の重みで彼に倒れかかった。司令官が上部を支えた。軍医は脚部のバンドを解いた。軍医の腕時計は12時56分を指していた。

司令官が森田に目配せしたので、森田は本間の肩を抱いた。ぷんと血なまぐささが鼻をついた。護衛兵が担架を運んできた。森田たちは本間の巨体を抱いて担架の上に載せた。

銃刑柱は朱に染まり、一弾は銃刑柱の一角を削いでいた。軍医にも司令官にも森田にも、肩や胸に点々と本間の血痕が付着していた。

軍医は本間をうつ伏せよといったので、森田は彼に手を貸して、本間をうつ伏せた。軍医は、本間の被服を首の辺りまでまくりあげた。

無惨！　本間の背中は蜂の巣のようになっていた。六つの銃創は緋牡丹のように大きくぽっかりと口を開いていた。

軍医は地面にかがみ込んで手早くピンセットで一つ一つにガーゼをつめた。その間に森田は飛び散った帽子を拾って、本間にかぶせた。そして、丁重に毛布でくるんだ。

護衛兵が担架をかついで刑場の外の救急車に運んだ。そのすきに森田はなまなましい血痕のついた小石を拾ってポケットに入れた。せめてもの形見であった。

30分ばかり経った。司令官が門の外へ出て大きく懐中電灯を振ると、田島が連れてこられた。

13階段を登りながら、田島は森田に「閣下の最後は」と聞き、森田は「立派な最期でした」と答えた。田島は「そうでしょうねえ」と言った。

田島は黒頭巾をかぶせられるまで大声で〝天皇陛下万歳〟を三唱した。

第十三章　最終確認の旅へ

２０２０年1月上旬から同年2月末までフィリピンにいたのを最後に、翌3月からマニラ首都圏のロックダウンが始まり、海外からの入国がほぼ不可能になった。そのため、日本にいながらリモートでの仕事が長くなると予想し、借りていたコンドミニアムを解約した。

一方では、今まで書いてきた紀行文の一部について、現地に出向いて確認しなければならない場所がいくつかあった。

そのようなわけで、感染の収束とフィリピンの入国制限緩和との頃合いを待っていたが、一向にその兆しが見えない日々が続いた。

２０２２年3月頃からようやく入国規制が緩和となり、ワクチン接種証明とＰＣＲ検査での陰性証明などの手続きはあるものの、満を持して向かったのが、２０２２年4月4日（月）であった。

必要な証明書は揃えたものの、初めての経験なので無事に出入国できるのか一抹の不安があったが、羽田空港でのチェックイン時の陰性証明書の提示、そしてマニラ空港での検疫検査手続きを無事に終え、フィリピンへの入国ができた。

入国の翌日から幹部社員と懸案事項に取り掛かった。暫くぶりのフェースツーフェースでの会話には新鮮さを感じ、オンラインでの会話には代え難いことを互いに実感できた。

仕事が一段落し、すぐに現地調査へ行く計画をゴンザレスと練り上げ、次のように組んだ。
①まずは自身で2年間できなかった山下大将と本間中将の慰霊、②カンルーバン収容所跡地の特定、③カランバ駅（現役）の位置確認、④カルンピット橋の確認、⑤サン・フェルナンド駅舎跡の位置確認、⑥キャパス駅跡地の位置確認、⑦セブ島へ渡り日本軍のサレンダー場所の確認、そして⑧セブ市内の激戦地（ゴーチャンヒル）の位置確認。
行き先が少し多いとは思ったが、自身の体力的なことを考えると、このような旅はもうできないかもしれないと感じていた。加えて、コロナ禍の終息も見えないなかで次回の旅の計画も見通せず、今回の旅で頑張って行くことにした。

山下大将と本間中将の慰霊

4月6日（水）午前、会社で一仕事を終え、いつものようにゴンザレスを伴って両将軍の慰霊に向かった。

山下大将と本間中将の命日（2月23日と4月3日）の頃には、許す限り自身で慰霊に行こうと思っていたが、それも叶わず、2020年からはゴンザレスに名代として行ってもらっていた。

車はロスバニョスに入り、幹線沿いのフィリピン陸軍施設（キャンプ・ゼネラル・マカリオ・サカイ）近くの花屋さんで両将軍に手向ける生花を買い慰霊碑へと急いだ。

2019年から毎年続けているとさすがに、両将軍のケアーテーカーたちは、ゴンザレスと友達関係になっており、ゴンザレスはその地でとれたバナナの房などを気軽にもらっていた。そして周辺の子供たちもゴンザレスに馴れており、私はこの日のために持参した日本の菓子を子供らにあげた。

本間の碑は野晒しなので、句碑（本間の娘さんが寄せた）を判読することがだんだんと難しくなっているように感じている。近いうちに何とかしなければと考えているが、今のところ具体的な策はない。（写真奥が句碑）

山下の碑はお堂の中にあるため、中の石碑にはそれほどの劣化は見られないが、屋根の一部の状態が数年前から気になっており、そろそろ修理を考えなければならない。

カンルーバン収容所跡地の特定

4月9日（土）、この日は朝からカンルーバン収容所跡地を探しに、そしてカランバ駅の確認に出かけたが、収容所跡地については、私の慰霊の旅での最大のミッションとしていたこともあり、敢えて、この本の終章として書くことにした。

カルンピット橋を探しに

4月10日（日）、定宿を7時30分に出発し、今日の目的地（カルンピット橋、サン・フェルナンド駅跡地、そしてキャパス駅跡地）があるマニラの先（北）に向かった。いつもであればSLEXに入り、マニラ手前で環状線を経て、そこからNLEXに入るのだが、2020年12月29日にSLEXとNLEXが繋がったので、私はこの日初めてその新しい道を通ることになった。これにより、大幅な時間短縮が可能となった。

マッカーサーがバターン半島での籠城作戦を決め、そこへの転進の途上にあるカルンピット橋を破壊して、日本軍の追撃を遅らせたことは、先の章（「バターン半島へ」）で書いた。そして〝バターン死の行進〟の途上の鉄道駅であるサン・フェルナンド駅（乗車駅）とキャパス駅（降車駅）のことも書いたが、それらの位置関係を自分の目で確かめ、いつものように何かを感じ取ることができれば良い。

まずはカルンピット橋だが、その橋が架かっていると思われる川は2つある。マニラ首都圏からバギオ方面に北上する場合はNLEXを使用するのが普通で、そこを走っていると2つの大きな川を渡っていることは目視できる。しかし、そこのNLEXは長い高架道路になっており、橋を渡っているという実感は持たない。

その川の名前は手前からアンガット川、そしてパンパンガ川と続き、ある資料によればカルンピット橋はパンパンガ川に架かる橋となっている。（図参照）

米軍が橋を破壊した当時はNLEXがなく、今回はNLEX上のアンガット川を渡ったところの出口で降り、そこからカルンピット市の街中に向かい、その街の幹線道路を走ってみることにした。

NLEXを降りて少し行くと幹線道路に出た。そこをゴンザレスは右折してカルンピットの街中に進んだ。

彼はこの道を過去に何度も通っていてよく知っていた。

その幹線道路は〝マッカーサー・ハイウエイ（高速自動車道ではない）〟と呼ばれるもので、それはマニラ市街から延びている道であった。

その名前の由来はおそらく、レイテ戦を終えてリンガエン湾からの上陸後、ひたすらマニラに向けてマッカーサー軍が進んだ道であったことからであろう。それは決して彼がマニラからバターン半島へ逃げた道ではない。なぜなら、ここから先のサン・フェルナンドの町以北もマッカーサー・ハイウエイとなっており、もしバターン半島へ向かった道だとしたら、その以北の道路名はマッカーサー・ハイウエイとはなっていないはずである。それに、マッカーサーが自らの敗走のことなどに触れることは、決してないはずでもある。

カルンピットの街を走り続けると橋を渡った。さらに走るとすぐにまた橋があり、その橋と並んでの右側には鉄橋があったが、そこに鉄道線路はなく、その鉄橋は以前からあるものをそのまま残しているようであった。

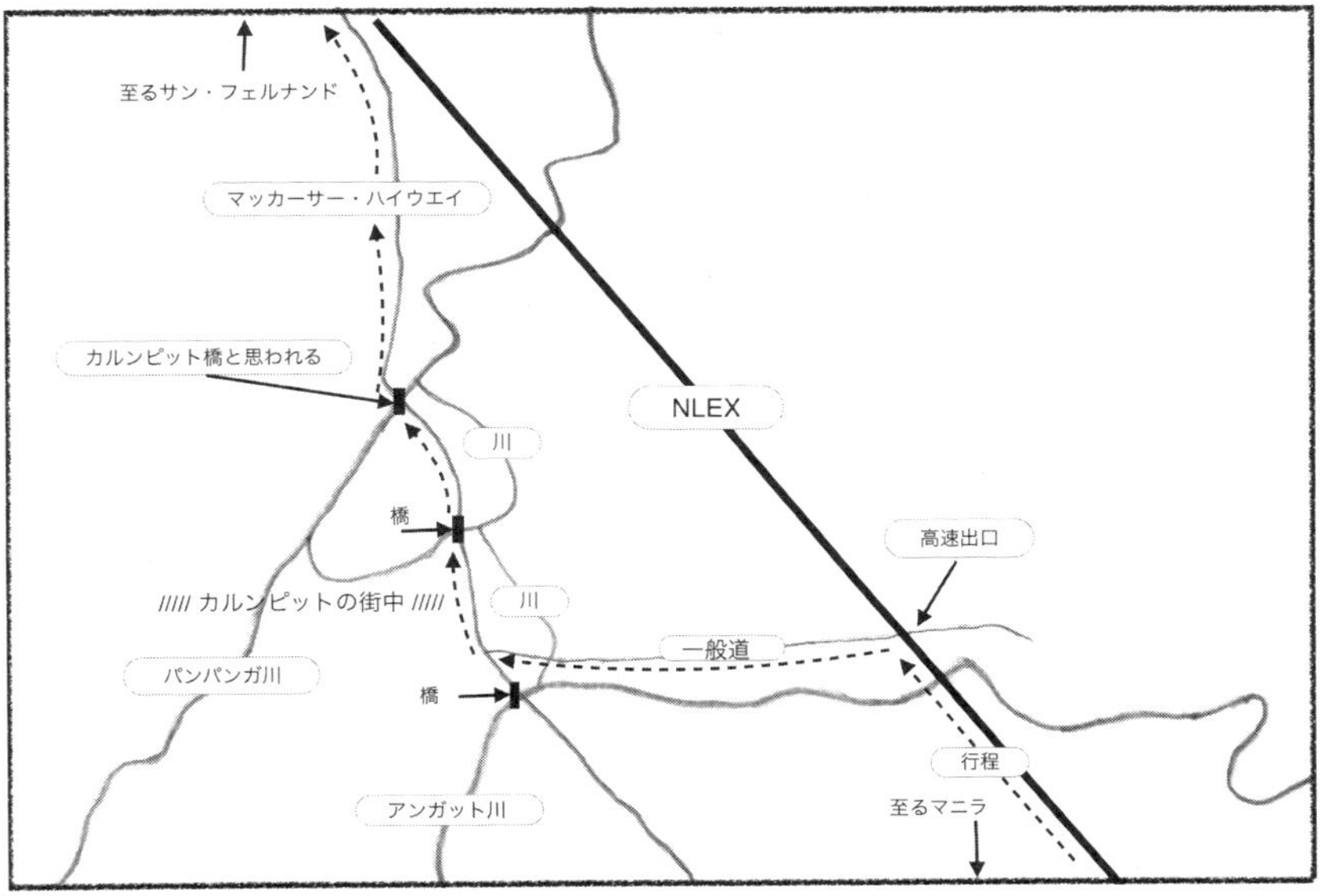

グーグルマップで見ると、先に渡った橋はアンガット川とパンパンガ川をつないでいるもので、2つ目がパンパンガ川を渡るものであった。それに加え今回は通らなかったが、アンガット川に架かる橋もあり、カルンピット市街を通るマッカーサー・ハイウエイ上には3つの橋がある。(同図参照)

これら3つの橋の名前はグーグルマップ上にはなく、カルンピット橋を特定することはできないが、パンパンガ川にあるものだとしたら、われわれが渡った2つ目の橋と思われる。それに、この橋にだけ鉄道鉄橋が残されていることから、この橋が米軍の後退時に破壊されたものであろうと考えられる。

橋の付近で車から降り、その鉄橋近くを探せば、当時のことが記録されている何かがあるのかもしれなかったが先を急いだ。

サン・フェルナンド駅跡地を見に

鉄道鉄橋があった橋を渡り、マッカーサー・ハイウエイをさらに進みサン・フェルナンドへと北上した。ゴンザレスには事前にサン・フェルナンド駅の旧駅舎(現ミュージアム)の外見をユーチューブで確認させていた。彼はハイウエイを外れ、地元の何人かにその場所を尋ねながら進んだ。すると、それであろうかと見えてきた建物は、駅がある場所とは思われないようなところにポツンとあった。

当時とは街の規模が大きく変わったのだろうが、何よりも鉄道がなくなり車社会になったことで、こうして残された形となったのでもあろう。しかし、この建物(旧駅舎)は大切に残されていることが見て取れた。ユーチューブで見て思い描いていたものよりもひと回り小さく、最初はそれが本当にそうなのかと思うほどであった。その旧駅舎の縦横を測ることを忘れてしまったが、幅が30メートル位でそこには大きなアーチ型の、格調の高さを感じさせる明かり取り窓が8つ（内一つは入り口）あった。奥行きは約15メートルでやはり同じサイズのアーチ型の窓が2つあり、建物の壁は全てレンガ造りであった。（写真参照）

そこで思い出したのが、先の章で触れた「ダモルティス駅の破壊された写真」であり、私がそれを鉄道トンネルではないかと思ったのは、明かり取り窓だったことがわかった。

近づいてそのレンガをよく見てみると、ダメージを受けたのか修復を経た跡が多く、壁全体の色合いもまばらで、それは深い歴史があることを感じさせるものであった。それは、自分こそが歴史を見てきた証人であることを醸し出してもいた。

近くにいたセキュリティーガードは、このレンガにはいくつもの銃弾跡があると言う。後でいただいたリーフレットによれば、1941年12月31日（開戦の同月）の午後遅く、日本軍の零式艦上戦闘機が、この駅に停車して弾薬を積んでいた米国極東陸軍の貨車に、爆弾3発を投下して攻撃したと書かれている。

何度か紹介した書籍（『いっさい夢にござ候』）によれば、カルンピット橋を米比全軍が渡り切ったのが1月1日午前5時となっている。この二つのことからいえば、攻撃された貨車は、鉄橋を渡り終えて間もなくだったことになる。その貨車に積まれていた弾薬は、バターン半島の陣地に運ぶものだったのであろう。

その情報を日本軍（海軍）が入手し、零戦が艦上から飛び立ち攻撃したのであろうし、銃弾跡はその時のものであろう。

建物の両妻側上部には〝サン・フェルナンド〟と大きな浮き文字での表示があった。その建物のすぐ隣にはコンクリート作りの小さめの建物があり、その壁には「１８９２・フェブルアリ・23」と大きく表示されていた。今ではこの建物はトイレになっている。

先の章（「リンガエン湾へ」のアゴオへ）でも触れたように、鉄道の全面開業は１８９２年11月24日なので、この駅が開通した同年2月23日を記念するものなのであろう。

建物正面の入り口近くには、大きめのマイルストーンが目についた。そこには〝デス・マーチ〟と〝ＫＭ１０２〟の表示があった。それは、マリヴェレスにあった〝ＫＭ０〟からの距離である。

入場料はなく、正面入口から中に入ると、そこはミュージアムの様相を呈していた。そこには〝死の行進〟に関係する多くの写真、5メートル近くある当時のままの線路（狭軌で１０６７ミリ）とその枕木、米比軍捕虜7人が休憩し、それを2人の日本兵が見張っている実物大の芸術的な像があった。そして時代はずっと遡るが、その風貌からしてホセ・リサールと思われる人物がベンチに座っている像なども展示されていた。（写真参照）

ホセ・リサールのことは、入り口近くに説明板があった。それによれば、彼は１８９２年６月27日に友人を訪ねるためにこの駅に立ち寄っている。

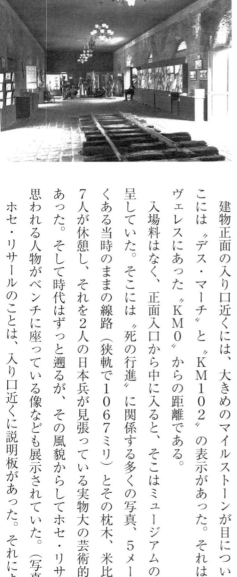

それはおそらく、ラ・リガ・フィリピーナ（ホセ・リザールの作った組織）のメンバーを募集しに来た時のことであろうとされている。

この日は日曜日であっても開館していたが、入館者は少なく、われわれの他は先にきていた数人だけだった。この館の説明担当と思われる年配の男性が、その数人に説明している風であったが、彼女らが帰った後も私に近寄ってこない。

今までの経験からいうと、私のような日本人を見つけると、こちらがそれほど欲していなくても、向こうから積極的にアプローチしてくるのだが、どうしたことであろうか。つまり、私のような〝人の良さそうな日本人〟をみると一生懸命説明し、それへの報酬を期待するのである。これは決して差別的な物言いをしているのではなく、当然の行動であると思うし、私にとってはたいへん都合がよく、お礼にしても私はいつも少し多めに渡すことにしている。

若い時はチップの相場を気にしていたが、今ではその時の感覚で決めている。下手にケチってしまうと自身の後味が悪く、また年齢のことを考慮すれば、多めに払う方がよいと判断している。多めにあげて、相手の喜ぶ表情をみるのが自身にとって嬉しいし、それに加えて私の安全も保障してくれる。

私は陳列品と写真・資料を見るのに集中していたせいか、説明担当者のことは忘れて見続けていた。それらの写真・資料の中に気になるものが数点あった。その一つは、片側だけが大きく傾いて水没している鉄橋と思われるものの写真であった。

それには説明書きがなかったが、よく観察すると、それはカルンピットの鉄道橋のように思えた。そうだとすれば、米軍が破壊した方法は徹底的にその橋の壊滅を行ったのでなく、渡り切った側を部分的に爆破したように見える。その結果として片側だけが傾き水没し、追いかけてくる日本軍を渡れなくしたのであろう。その破壊は意外に簡単にできたようにも思えてくる。そうであれば、米軍が爆破した橋は1つだけでなく、先の3つの橋全部だったのではとも思えてくる。

二つ目は、A4サイズ位の一枚のチラシである。上段に英文、そして下段は日本文であった。英文については和訳し、日本文については原文のまま、次に紹介する。

「英文　停戦へのチケット
このチケットを使用してあなたの命を救ってください。あなたは親切に扱われます。
次の手順に従ってください。
白い旗を振って我々のラインに向かって来ること
銃を左肩にストラップで固定し、銃口を下に向け、さらにそれを後ろに向けること
このチケットを歩哨に見せること
この1枚のチケットで何人でも降伏できます
日本陸軍本部」

「日本文
投降票
此ノ票ヲ持ツモノハ投降者ナリ

投降者ヲ殺害スルヲ厳禁ス
大日本軍司令官」

さらにそのチラシの隣には英文での説明があり、それを和訳する。
「この降伏リーフレットは日本人によって作成され、アメリカ人に降伏を促すことを目的としていた。このリーフレットには、降伏すれば親切に扱われると書かれているが、アメリカ人が降伏した後、このリーフレットを所持していた兵士の中には、すぐに降伏しなかったために処刑された者もいた」

英文の第1項にある〝我々のライン〟とは、マリヴェレスからの行進の行列のことであろうし、そこに加わりなさいということになろう。

こうして米比軍の将兵、そして彼らについてきた軍属や民間人が、さみだれ式に投降して行列に加わり、捕虜になったのだろうと推測できる。

本間中将に関係するある資料に、このリーフレットについての記述があるが、そのリーフレットはあまり効果がなかったので、スピーカーでも流したとある。それは、「我々日本軍は植民地の人々を解放するのだ。だから降参するように」と。本間はそれに反対していたという。なぜなら、植民地の人々の解放ではないのが実態であり、その説明は事実と違うという理由からであった。本間とはそのような人であった。

最後は本間中将の写真であり、それは、威風堂々の敬礼姿である。そして精悍な面魂のなかにも優しさが感じられる実に格好のよい本間の姿であった。彼の写真を私は何枚か知っているが、この写真を見るのは初めてであった。

その彼の姿のすぐ後方には、7人は超えるかと思われる幹部たちが一緒に敬礼をしている。彼らの立ち位置の間隔は密になっており、何本かのワイヤーロープが見える。さらに計測機器も見えるところから、そこは艦船上だと思われる。

全員が戦闘帽を被り、あご紐をしっかりと締めているところから察するに、1941年12月22日の本間が率いる第14軍が、荒天のリンガエン湾の東部に今まさに上陸を開始する場面に思える。彼らの敬礼は、近くにいる他の艦船との互いの決意を交わすためのもののようにも思える。

しかし、写真の説明書きにはそのような内容は一切なく、英文による次の内容であった。


「戦後、バターン死の行進での残虐行為の責任の矛先は、当時の日本軍の司令官である本間雅晴将軍に向けられた。戦争犯罪で裁判にかけられた彼は有罪判決を受け、1946年4月3日に銃殺隊によって処刑された」


この説明文からすれば、軍事裁判上での本間の写真が似合いそうな気がするし、ここにある写真のイメージとは隔たりがある。それをどのように理解したらよいのか、私は少し詮索してみることにした。そうすることにより、フィリピン人が本間のことをどのように見ているかがわかるかもしれないと思ったからである。

写真からの本間はなかなか良い人物と誰しもが持つ印象であろう。それから感じられるのは、〝バターン死の行進〟時の司令官ではあるが、彼のことを悪役視していないということではないだろうか。

そして説明文にある〝残虐行為の責任の矛先は本間に向けられた〟という部分であるが、この表現には、彼への同情心が感じられる。

本間は英語が堪能で、英国駐在武官だったこともあり、多くの英国の友人・知人がいたので本間が人道主義者であることは英米のなかでも知られていた。

それもあって、マニラでの軍事裁判では多くの弁護人が本間の人となりを語り、また夫人の富士子さんも日本からマニラにやってきて夫への厚い信頼を話して本間の無実を訴えている。

フィリピン人がどれだけ当時の軍事裁判の状況を知っていたかはわからないが、この裁判で本間の人柄を知った人もいたのではないだろうか。しかしこれは、本間を擁護したい私の、独りよがりな見方なのかもしれない。

館内の陳列物を一通り見終わり、気になっていた駅のプラットホームと線路があった場所を私は確かめたかったので、ようやく手が空いたように見えた例の男性に尋ねた。彼は、線路は駅舎入り口の反対側で駅舎を出てすぐのところであると教えてくれたが、それ以上の説明はなかった。

通常の駅のプラットホームであれば、そのホームと線路には高低差があるが、ここではその差は全くない。ホームの高さと同じレベルで外側の敷地が繋がっており、周りの土地もそのような同じレベルであった。ピナツボ火山の噴火により火山灰が積もり積もってそのようになった。つまり、線路は火山灰により完全に埋まってしまったのである。

このような事はユーチューブで知ってはいたものの、私は彼からそのような説明を期待していたのだが、それがなく物足りなかった。

しかしその彼は、私を別の部屋に案内したので、そこで本格的な説明があるのかと思ったが、そうではなかった。その部屋で、この地（パンパンガ州）の伝統的なランタン（クリスマスを象徴する電飾・装飾品）の大きなものを手動で回して見せるのであった。

サン・フェルナンドのランタンは有名で、夜にそれが動く光景を眺めていると、とても夢のある綺麗なものではあるが、今回のそれは、私にとっては子供だましのようなものであった。

彼はその〝ランタンショー〟の後に、私にプレゼントがあると言い布製の袋をくれた。その中にはプラスチックの水筒、ノートブック、サン・フェルナンド市の説明書、そしてこの駅の歴史が書かれているリーフレットが入っていた。

そして彼は「ドネーション」と書かれた封筒を私に渡すのであった。寄付については最初から用意していたので驚くことはなかったが、何だか単純すぎる筋書きで、面白くなかったがそれなりに応じた。

リーフレットを読むと、〝無料ツアー説明サービス〟が火曜日から日曜日までの朝8時から夕方5時までとあったが、それはツーリズム・オフィスへの予約を必要としていた。これから想像するに、普段は入館者が少なく、説明できる人を常時置かず、予約で観光客の要望に対応するのであろう。

そのようなわけで、この日は説明者がいなかったが、この頃の私はすでにある程度の知識があり、写真などの資料や陳列品を見てその当時の状況や背景が説明者なしに理解できていた。

ここでの時間はたいへん充実したものであった。何と言っても駅舎が当時のまま保存されていることには感動を覚えたし、サン・フェルナンド市当局の〝生き証人〟を保存して後世に史実を伝えたいという強い意志が感じられた。

建物の外に出て周りを見ると、旧駅舎正面の反対側には広めのスペースがあった。奥には大きな石碑が鎮座しており、それには英文で次の内容が記されていた。

「サン・フェルナンドのこの鉄道駅では、歴史上最も恐ろしい強制行進のひとつがあった。それは、バターンからパンパンガまでずっと行進してきたフィリピン人とアメリカ人の捕虜であり、彼らは有蓋車に牛のように積み込まれた。また、貨車のすべてのコンパートメントに限界まで詰め込まれたため、キャパス駅までの移動中に押しつぶされ、多くの区画で窒息死があった」

「キャパス・ナショナル・シュライン」で見た貨車と同様にここでも〝有蓋車〟とされているが、この内容で少し気になったのが〝コンパートメント〟という記載である。貨車ということで、その中には区画・仕切りがないとずっと思い込んでいたが、どうもそれは違っていたようである。それはどのようなものであったのかはわからないが、ぎゅうぎゅう詰めにするためには、そのようなものが必要だったのかもしれない。

その石碑手前周辺には、ここで亡くなった人たちが埋められているとされる一角があった。そこには彼らの名前が記された30センチ平方の数十枚のタイルパネルが敷かれてあった。この駅で待機中に亡くなられた人たちを葬ったものかもしれない。

これで〝死の行進〟に関係することは全て見終わったとし、われわれは近くに駐車しておいた車に戻った。去り際には、例の男性といかつい顔のセキュリティーガードの2人が、正面玄関前に出てわれわれの車を見送ってくれた。

旧駅舎を離れ、改めてその辺りのようすを見ながら、そして当時のようすを思い浮かべてみた。後述するダニエル・ディソンさんが見たように、一部の捕虜はトラックで移送されていた。しかし、後に〝死の行進〟と呼ばれた7万人を超える人たちの多くはこの駅に向かい、貨車に乗せられるために辿り着いたのがこの周辺であった。

先の章で有蓋車のことと、それに乗せられた人数を書いた。当時の一度に運行する貨車数や、その頻度の記録を私は見つけていないが、私なりに思い描いてみる。仮に全てが有蓋車の10両編成だったとしたら、小さな車両使用の場合は５００～６００人で、大きな車両全てだとしたら、１５００～１６００人となる。さらにそれらの混成だとすれば、一度の運行でざっと１０００人ではなかったろうか。

その運行頻度となると、単線でもあったろうからピストン輸送で、１日の運行はせいぜい午前1回、午後1回の計2回となる。そうすると、２往復で1日２０００人だったことになる。しかしそれでは、７万人を仮に5万人としても、25日かかることになってしまう。そうすると、「キャパス・ナショナル・シュライン」の石碑に記されていた「１９４2年4月9日から15日までの、『死の行進』……」の7日間とは大きな差があり、私のこの計算は正しくないといえる。

しかしすでに書いているが、私は7日間で済むわけがないと考えているし、数週間はかかったとも考えているので、そうすると25日に近くなる。

と、このように述べているが、それ以上の想像と計算は私にはできない。いずれにせよ、この駅付近には想像を絶する数の捕虜がいたことに違いはない。

4月はフィリピンの真夏であり、65～１００キロの歩行で疲れ果てた捕虜がこの駅周辺に集まり、太陽で熱せられた貨車に乗せられるのを待っていたのである。彼らの中には病気と炎天下での歩行で疲れ果て、そこで亡くなった人たちもいた。生存者はその貨車に〝イワシ缶〟のように詰め込まれたとされている。それは日本軍側からしてみれば、そうするしかなかったのだろう。当時はまだコレヒドール島を守る米比軍と交戦状態にあり、その状況下での捕虜を移送する時間には多くの制限があったはずである。

米国人が書いたある書籍に、米兵捕虜がサン・フェルナンドに到着した時のようすが次のように書かれている。


「捕虜たちは駅に連行され、狭軌の線路沿いに百人ずつのグループに集められた。有蓋貨車は丸一日太陽に焼かれ、光沢のある車体からどんよりした熱波が立ち昇っている。警護兵は車両の扉を開け、銃剣を振って捕虜たちに入るよう合図した。……サン・フェルナンドにたどり着いた際、ある米兵はここからどこへ行くにしても、捕虜は〝客車〟で運ばれるはずだから、早めに乗れば座れるかもしれないと考えていた。しかし有蓋貨車が止まった瞬間に誤りを悟った」

キャパスの駅跡へ

時刻は午前10時18分、トリップメーターをリセットし、次の行き先であるキャパスの駅舎跡に向かった。そこは、死の行進が向かった収容所（キャンプ・オドネル）がある近くの鉄道駅である。

すでに書いているが、今では鉄道線路はないものの、その線路に沿ってあったのではと思われる幹線道路を通ることにした。その道路は今まで走ってきたマッカーサー・ハイウエイの延長である。サン・フェルナンドの旧駅舎から少し走って、車はマッカーサー・ハイウエイに出てキャパスのある北方向へ進むとすぐに高架橋がある交差点があった。グーグルマップで検索すると、その高架橋の道路は〝ホセ・アバド・サントス・アベニュー〟となっている。

１９４１年12月当時の米比軍は、先のカルンピット橋を渡りそのまま北上し、そしておそらくこの交差点を左折し、ホセ・アバット・サントス・アベニューを通って、バターン半島へ向かったと思われる。そして、バターン半島陥落後の〝死の行進〟は、やはりその道を通り、サン・フェルナンドの駅に向かったのであろう。

道の名前であるホセ・アバット・サントスは、先の章（「バターン半島へ」）で書いたように、日本軍により処刑された人物であり、今の高額紙幣（１０００ペソ）にある人物（３人の内の１人）である。

われわれはその交差点を過ぎ北上すると、大きなアカシアの木々が影をつくる美しい並木道が続いていた。このような道を通ると、フィリピンの街路樹にこの木が多く使われているといつも感じる。

進行方向の右手にアラヤット山を見ながらアンヘレスの町を抜ける。この町には先の章で紹介した、ダニエル・ディソンさんが住んでいた。繰り返すことになるが、彼は少年の時に〝行進〟を見ている。アンヘレスはサン・フェルナンドとキャパスのほぼ中央にある。そこで彼は、フィリピン兵の捕虜をいっぱいに乗せたトラックの長い隊列が通過して行くのを見たと記している。１台のトラックに50人ぐらいが乗せられていて、それは皆フィリピン人だったと記憶している。ダニエルさんの、このような証言があるものの、〝死の行進〟に関係する書籍には、このようにトラックで移送されたことは、ほとんど出てこないのは不思議な気がする。

少し経つとクラーク飛行場が左手に見え、その次はマバラカットの街となる。この地のことは先の章で書いた。われわれの進行方向の右手に神風特攻隊の記念碑が見える。グーグル・マップ上には「カミカゼ・イースト・エアーフィールド」と表示がある。そこを過ぎるとすぐに大きめの川（サコビア川）を渡り、さらに走るともうすぐキャパスである。

ゴンザレスは事前に見当をつけていたとみえ、キャパス付近になると幹線道路を外れ街中に入り、少し迷いながらも目指すキャパスの駅跡に着いた。（写真参照）そこにはサン・フェルナンド駅舎と比べると、はるかに見劣りする小さな駅舎があり、そのすぐ隣には記念碑があった。

時刻は11時35分。トリップメーターはサン・フェルナンドの駅舎跡から38キロメートルであった。所要時間は77分であろうか。そうするとわれわれの車の平均時速は約30キロだったということになり、仮に当時の貨車のスピードと同じだとすると、１日何往復できただろうか。このことはすでに書いてはいるが、この旧駅舎を見て再び考えてみた。

この町の規模から想像して、当時のこの辺りは辺鄙であったと思えるし、この駅舎のサイズからいって駅構内も狭かったであろう。それにより、疲れ果てた捕虜の降車にはたいへんな時間を要したに違いない。そう考えると、サン・フェルナンド駅からここキャパス駅までは、優に片道３時間の往復６時間はかかったであろう。そうするとやはり。1日2往復が限界だったのではと思える。

小さな旧駅舎の隣にあった記念碑には、英文で次のような内容が記されてあった。

「サン・フェルナンド駅から乗せられた貨車の中は、恐ろしいほどに密集していて窒息死状態での行程であった。そこを生き延びたフィリピン人とアメリカ人の捕虜は、このキャパスの駅で降ろされ、さらにそこからオドネル収容所までの道のり6キロを歩くことを強制された」

旧駅舎の建物は締め切った状態で中には入れなかったが、入り口ドアのガラスから覗き込んでみた。そこは暗くて具体的なものを確認することはできなかったが、何やら古い陳列品があるようであった。サン・フェルナンド駅舎と同様に、その建物のサイズを目測すると、幅が12の奥行きが7メーターであろうか。高さはサン・フェルナンド駅舎よりはるかに低い。

私は〝バターン死の行進〟の惨状について少しの疑問を呈してはいるが、筆舌に尽くせないほどの行程であったことには違いなく、多くの人がその行程のなかで亡くなってしまったことも理解できる。

しかし、これは日本軍による組織的な虐殺行為があったからではなく、これはもはや悲劇と呼ぶべきであろう。それを生んだ原因はどこにあったのであろうか。それは米軍、とりわけマッカーサーのとった籠城作戦にあるのではないだろうか。

おそらくマッカーサーは自身でそのことを認識していたであろう。それゆえに、その行進から逃げ延びた一部の米兵が、当時オーストラリアにいたマッカーサーに報告した時、その惨状を聞いたマッカーサーは、ことさら大げさに激怒したのだろう。マスメディアはそのことを大きく取り上げ、だれかが〝バターン死の行進〟などということを言い出したのではないだろうか。

さらに、マッカーサーがフィリピンへ戻った後の一連の動きを知ると、彼は「アイ・シャル・リターン」をタイトルとした一つの劇（ドラマ）を作っているようにも思える。

その筋書きの後半が、リンガエン湾からの上陸（本間中将の上陸地と同じ）、リンガエン湾からマニラへの直行（本間中将と同じ）、そしてコレヒドール島への小型ボート（彼が逃げた時と同じ方法）での移動などである。それらは、日本軍から進攻された事実、そして自身の敗走ルートの抹消・塗替えを意図していたように思える。

そしてそのドラマの最終章が、〝バターン死の行進〟という残虐非道な行進をさせた敵将、本間雅晴を抹消すべき、とマッカーサー自身は決めており、それに正当性をもたせるためのものがマニラ裁判での〝銃殺刑〟だったのではないだろうか。

〝バターン死の行進〟と呼ばれる捕虜の移送の間に、日本軍の一部に蛮行や残虐的な行為があったことを否定はしない。しかしこの移送には幾つかの不幸な事情があった。それは、コレヒドール島攻略での戦闘が続いていたことによる時間的制限であり、それに何といっても膨大な捕虜の数である。日本軍（第14軍）にはそれだけの数の捕虜をスムーズに移送させるだけの車両、食糧、医療品がなかったことは事実である。そのような背景、そして今回の旅で関係箇所を見てきたなかで、まだまだ不明な点はあるものの、日本軍の組織的・意図的な虐殺的行為はなかった、と私は思っている。

セブ島の日本軍サレンダー場所へ

レイテ島での戦いは8万人もの日本軍の戦死者を出して負け戦となった。レイテ島に残った（または残された）部隊、そして一部の部隊はセブ島などへの転進が始まったことを先の章（「レイテ島へ」）で書いた。セブ島で6年余りの勤務経験がある私には、セブ島に転進した部隊がどのようになったのか気になるところであり、色々と調べてみたので少し長くなるが書いてみる。

結論から言えば、終戦後の１９４５年8月26日に、セブ島北部のイリハンというところで武装解除を行っている。

レイテ島からセブ島へ転進した最初の部隊は第1師団の歩兵49連隊である。１９４５年1月13日の午前1時半にカンギポット周辺の海岸を大発にて出発し、同日の未明、セブ島の北部東海岸のボゴ沖に到着した。その後は海岸沿いに南下して午前8時半にタボゴンに着いた。（図1参照）

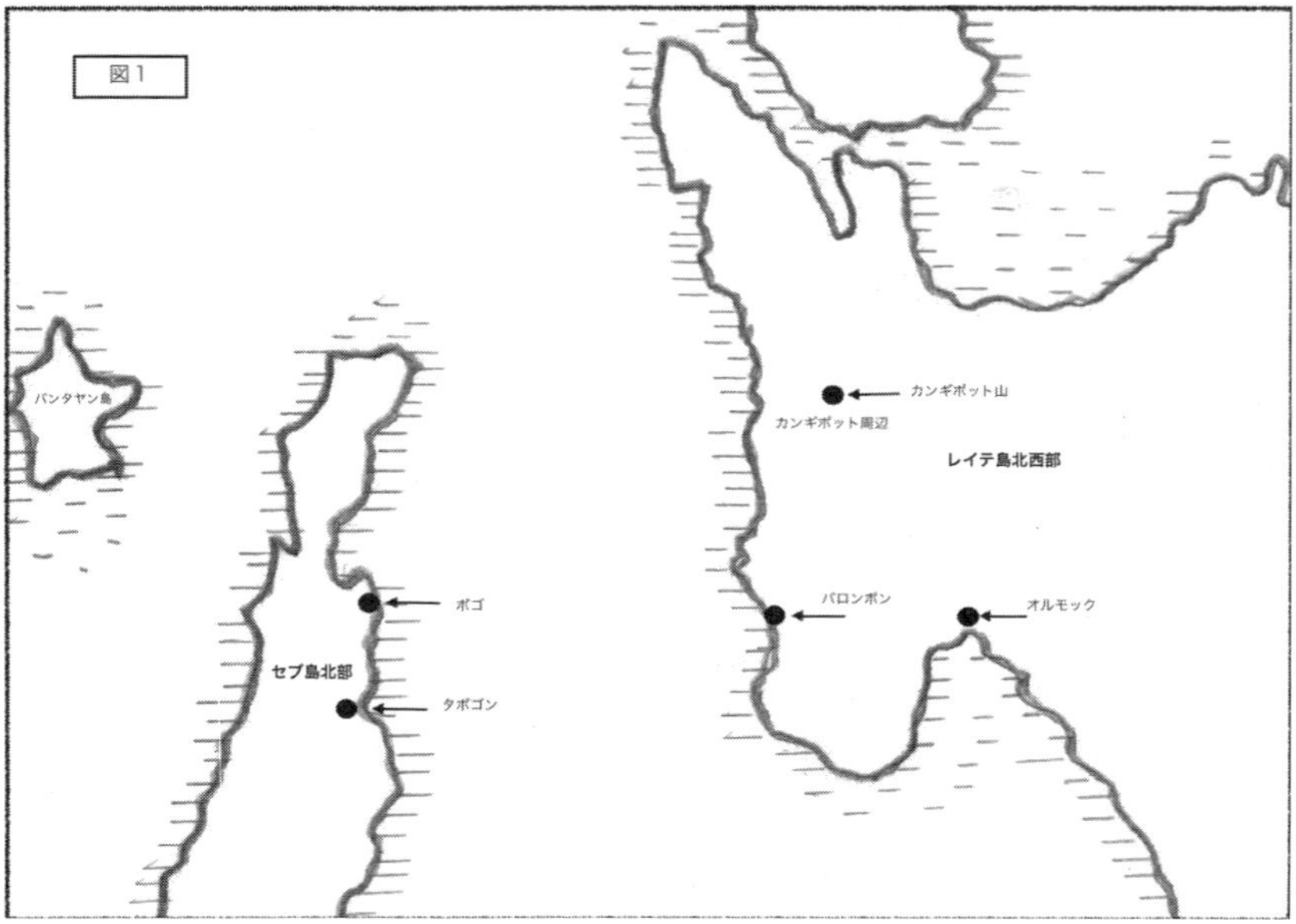

第1師団の転進はその後も続き、合計約800名の輸送が行われたが、大規模な輸送はもはや不可能となり、転進作戦は1月20日をもって事実上終わっている。

タボゴンにはセブ船舶工兵司令部に属する船舶工兵が400名、そして独立混成57旅団の紙岡大隊約240名がいた。他に26師団の13連隊がいて、ボゴ、メデリン（図2参照）方面を警備していた。これにレイテ島からの第1師団が加わったことにより、相当数の兵力がタボゴンに集結したことになった。

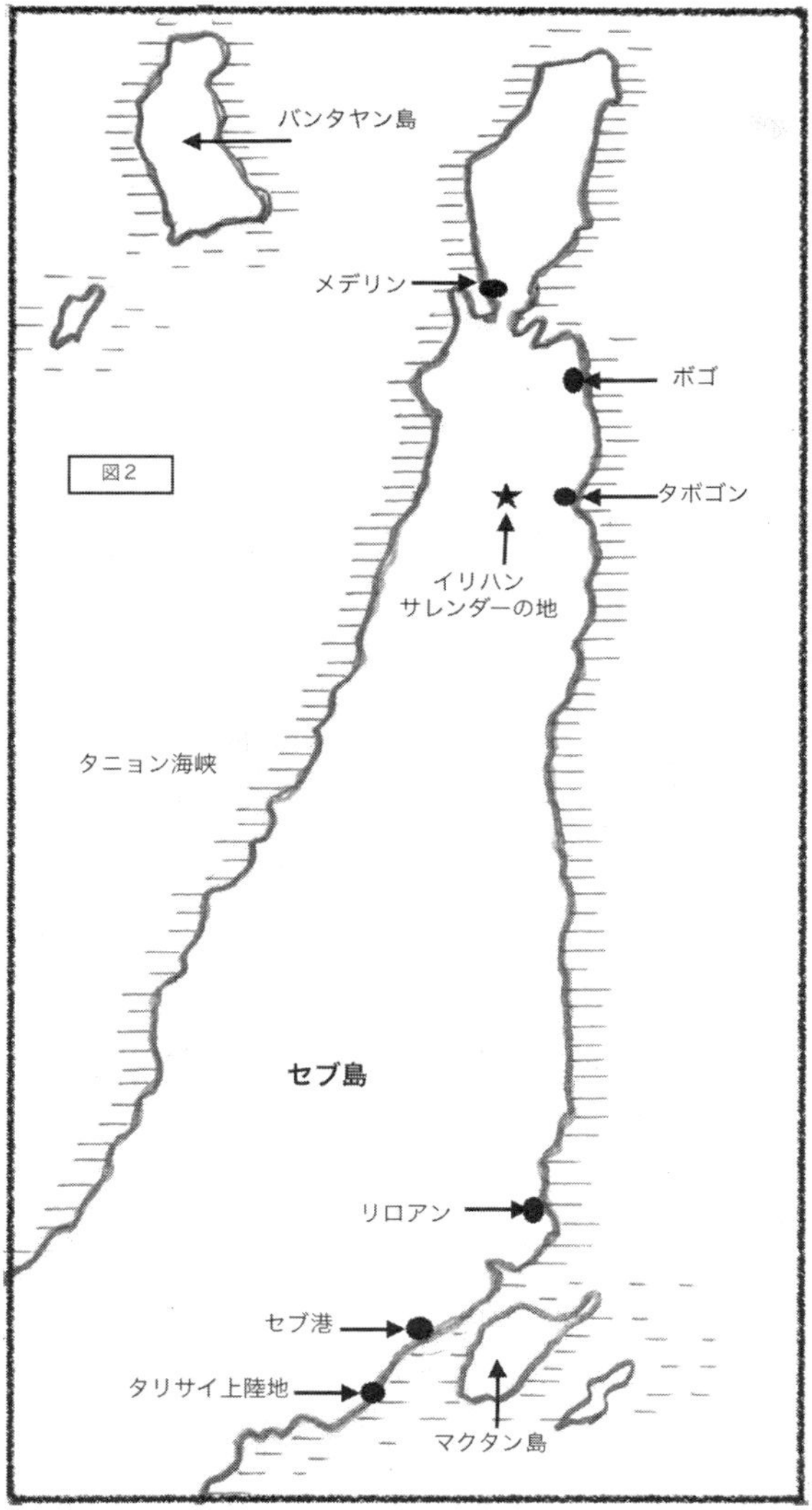

セブ島の中心であるセブには当時、１０２師団司令部、第78旅団司令部、第１７３大隊併せて１５００名が駐屯していた。他に船舶工兵連隊、船舶工廠、第14陸軍病院があり、海軍第33根拠地隊、海軍航空部隊、そして在留邦人１７００と合わせると１２０００人がいた。

第35軍の司令官である鈴木宗作中将もレイテ島からセブ島へ移っており、セブ市街にある35軍の司令部（セブ大学にあった）で、体制固めと今後の作戦展開を検討している。先に到着してタボゴンにいる第1師団は、セブ北部にいるゲリラの掃討を行っていた。

しかし、3月26日にはセブ旧市街から数キロ南下したところにあるタリサイという町の浜辺（今では記念公園になっている）に米軍（アメリカル師団）が上陸した。その師団がセブにいた日本軍への攻撃を行い、ゴーチャン・ヒルというところで3日間続いた激しい戦闘があった。その結果は日本軍の敗走となり、そこから数キロ先の尾根に移って、そこでも戦い続けるが、やはり敗走となり、その後はタボゴンにある第1師団の戦闘司令所周辺に集結している。

アメリカル師団はしかし、北へ転進した日本軍を執拗なまでには追わず、その後の激しい戦闘の記録はない。この師団は6月20日、日本本土上陸作戦の準備のためにレイテ島に帰った。米軍のそれ以後のセブ島は、上陸前からセブ島にいて地元ゲリラを指揮していた米軍のカッシング中佐のゲリラ部隊に任された。そのせいか激しい戦闘はなかったようである。

ゴーチャン・ヒルでの戦いから5か月後の8月28日、以上のような経過で先のイリハンでの武装解除（サレンダー）となっている。

今回のセブ島での確認の旅は、サレンダーの場所とゴーチャンヒルの場所を確認し、そこに自身で立ってみることを目的とし、4月13日（水）にナイア空港からセブ・マクタン空港へ一人で向かった。

今回のセブでの私のアテンド役は、古くからの友人であるMさんへ依頼した。彼女は私がセブ勤務をしていた時によく通ったゴルフ場のキャディで、6年余りも私のキャディをしてくれ、妻のキャディも彼女の夫であった関係である。

彼女とその夫はその後もずっとキャディとして生計を立てているが、コロナ禍の影響でゴルフ場の一時的な閉鎖や、プレイヤーの人数制限に伴い、キャディの数が大幅に減らされた。それにより、彼女らの稼ぎは減少してしまっていた

子供は3人いて、長男は家族を持ちMさんの小さな家に一緒に暮らしている。次男は大学を卒業しているが、その大学の先生の助手をしながら、さらなる高みを目指して勉強を続けており、やはり同じ家に住んでいる。

そして下の娘のDさんは、今年で大学を卒業する予定で、今はOJT（オン・ザ・ジョブ・トレーニング）でセブ市内の某ホテルに通っている。

このような家庭の状況で、Mさん夫婦が以前から願っていた、子供達に頼れる生計にはもう少し時間がかかるようである。

そのようなことで、今回のアテンドをすることにより、少しでも生活費の足しになればとの私の気持ちもあった。それになんと言っても、長い付き合いから、私の性格をよく知っており、私は気楽に彼女に色々な用を遠慮なく頼めるのである。

飛行機は予定の時間通りにセブ・マクタン空港に着いた。空港では、Mさんは姪っ子のEさんを連れて待

っていてくれた。

Eさんは20歳で大学生だが、いまだオンラインでの授業が続いており、今日は時間の調整が付いたので私のアテンドに参加してくれたようだ。

そのEさんの家族は、Mさんの家のすぐ隣に住んでおり、生活は互いに苦しいなかでも、助け合いながら楽しく暮らしているようである。Mさんの娘のDさんはOJTの勤務があり来ていなかった。

3人でタクシーに乗り込み、まずは当社顧問弁護士のRさんへ日本からのお土産を届けることと、諸情報の交換を目的に、空港から車で30分くらいのところにある彼の事務所に向かった。

MさんとEさんには近くのファストフード店で待ってもらい、1人でRさんを訪ねた。1時間半ほど談笑しながら、執筆中の本のことや、それに関係しての今回の目的地を話したところ、若いながらも戦時中のことに詳しい彼も、その二つの地（日本軍の最初の投降地とセブ市内の激戦地）は知らなかった。とりわけ、すぐ近くのゴーチャンヒルで激戦があったことを知って驚いていた。

そして執筆中の本の完成まで70%近くまできていることを話したら、完成したら是非譲って欲しいという。日本語だけで英語版はないがと言ったら、それでも構わないという。大切にして書棚に飾っておくのだともいう。私にとっては嬉しいことであり、引き続きの執筆を頑張らなければならないと改めて感じた。

Rさんとの打ち合わせを終え外に出ると、彼女ら2人は既に事務所ビルの前で待っててくれており、われわれはそこでタクシーを拾い、近くの北行きバスターミナルに向かった。

バスターミナルに着くと、バスの乗客が多過ぎて乗れない状況であることがわかった。フィリピンは明日からホーリーウイークが始まり4連休となるので、今日から帰省ラッシュが始まっていたのであった。

ホーリーウイークが始まり4連休になることは知っていたが、帰省でバスが混むことにまでは考えが及ばなかった。Mさんは私がてっきりタクシーを貸し切って行くものだと思っていたようであった。セブ市中心から80キロほど北上する距離と時間のことを考えると、相当な料金がかかると判断し、私はケチって一般のバスで行こうと言い出したのである。そしてその差額で美味しいものを食べようとも言ったのであった。

しかし、こうなったらタクシーしかない。われわれはタクシーの中にまだおり、そのドライバーもさかんに自分のタクシーで行くことを勧め、Mさんと運転手の交渉が始まった。往復3千ペソ（思いの外安かった）で成立してそのまま出発した。時刻は午前11時前であった。

結果はその方が正解であった。例え一般のバスに乗れ、そして座れていたとしても、今の私の体力を考えればそれは無理であった。そして途中でバスを諦めたとしたら、それに変わるタクシーを見つけることは地方では無理である。さらに後述するが、バスに乗りながらのサレンダーの場所（記念碑がある）を探すことには難点があった。

われわれ3人を乗せたタクシーは、私にとっては馴染みのある街々を通り過ぎ、2時間近く走り続けると、ユーチューブで見たサレンダーの場所と同じような景色が現れてきた。そろそろ目的地である、タボゴン自治区内のイリハンというバランガイが近づいてきた感があったが、ユーチューブでみて目印としていた〝青い柵の庭〟には辿り着かず、道路脇の住民らに何度も尋ねながら慎重に進んだ。

Mさんがドライバーにスマホでユーチューブの〝青い柵〟を見せていたその時、私はあれではと気づいたと同時に、姪っ子のEさんが〝あれだ！〟と言った。やはりそうであったが、簡単に見つかるような目印（青い柵）ではなかった。
タクシーに乗っている運転手を含む４人でこうなのだから、それを混んだバスに乗りながら見つけることは無理であったろう。時刻は午後１時。
青い柵の奥には造園業らしき民家があり、その敷地の中に立派な記念碑（石碑）があった。（写真参照）
その記念碑には英文で次の内容が記されていた。

１９４５年8月28日、セブでの日本軍の最初の投降の場所
この場所で、米陸軍アメリカル師団の司令官であるウィリアムＨ・アーノルド少将は、日本軍第35軍の片岡中将、他３名の将軍および海軍大将一人の投降を受け入れた。
同月の29日から31日まで、セブ島にいる他の日本軍は、カトモン、アストリアス、バランバンの地域内で投降した。

１９４５年8月下旬にセブで投降した日本の占領軍兵士の総数は約９８００人であった。

アメリカル師団は１９４５年3月26日午前8時30分にセブのタリサイに上陸し、セブにいるフィリピン人の安全を確保するため、セブ市へ向けて素早く移動した。

５ヶ月の戦闘の後、フィリピンのゲリラ部隊に支援されたアメリカル師団は日本軍を打ち負かした。

それは、ゴーチャン・ヒルやババッグ・リッジなどの、セブ市の高台で激しい戦闘が繰り広げられた。

アメリカル師団はまた、フィリピン国民の解放を支援するために、その部隊の一部をフィリピンの他の島々に派遣した。これらには、北西レイテ、マクタン島、ボホール、南東ネグロスオリエンタル、サマール、ブリアス、カプル、ビリが含まれる。

この投降地は、米軍将兵とフィリピン人抵抗勢力が団結し、そして協力してフィリピン人の自由を確保したことを証明している。

この内容について少し説明を加えると、第35軍の片岡中将となっているが、彼はこれまで何度か登場したように35軍隷下の第一師団長であり、レイテ島からセブ島に渡ってきていた。

第35軍の司令官は鈴木宗作中将であったが、35軍はレイテ戦後にビサヤとミンダナオ地区の駐留部隊を掌握指揮することを任されていた。その鈴木は、セブ島からミンダナオ島に向かっている途中の4月19日に戦死しており、この投降時にはすでにいない。

アメリカル師団とは、先述したタリサイという町の浜辺に上陸した部隊である。この少し変わった名前の師団は、ガダルカナル島の戦いで編成された混成師団であり、その後はニューギニア、ブーゲンビルでの戦いを経てレイテ島、そしてセブ島に進軍した。その名前（アメリカル）の由来は、アメリカとニューカレドニアを合わせた造語で命名したようである。

5ヶ月の戦闘の主戦場はゴーチャン・ヒル（丘）であり、そこへは明日行く予定である。ババッグ・リッジ（尾根）は、日本軍がゴーチャン・ヒルから退却して向かった先である。

セブ島にいる他の日本軍は、カトモン、アストリアス、バランバンで降伏したとこの碑にある。それらの位置関係について書くと、カトモンは、セブ島の東側でセブ市と同島北端の中間辺りにあり、、アストリアスはセブ市からやや北で同島の西側にあり、バランバンはアストリアスより少し南下したところにある。このように、セブ島にいた日本軍の投降はイリハンを皮切りに、その後の数日で3か所であったことになる。

この記念碑についても調べたところ、先のアメリカル師団の退役軍人（協会として）がこの土地の所有者から場所を提供してもらい、その協会のスポンサーとしての活動（プロジェクトと伝えている）により建てられたものであった。

2015年の3月に、同協会退役軍人のグループが出席してこの記念碑の除幕式を行っている。2015年は戦後70年の節目の年であり、おそらくその記念行事の一環としてのプロジェクトだったと思われる。

また、ネット上で見たのだが、近くに武装解除場所の跡を示す古い標識があった。それは野原の中にポツンとある、高さ2メートル位のポールに掛けられた道路標識のようなものであった。その表示には「ジャパニーズ・サレンダー・エリア」とだけあり、写真上ではあるが、それは錆びた看板で時代の経過を感じさせるものであり、哀愁をも感じさせるものであった。

この標識だけが当時の記録としたら、この地で、セブ島で初めての日本軍の投降式（武装解除）があった歴史は忘れ去られてしまうであろう。このような立派な記念碑が、アメリカル師団・退役軍人協会のプロジェクトによりでき上がっていることにより、その歴史は多くの人に伝えられてゆくことだろう。

ここでの目的は、実際のサレンダーの跡地を見ることであったので、そこをこの庭の所有者が知っていると考え、先の民家を窺った。そこでは何人かが忙しそうに庭の手入れをしており、私のようなただの見物人を相手にしていられない風であった。

しかし、このような場面には誰か現れるのがフィリピンの田舎である。案の定、近くから人の良さそうなオジサンがわれわれに近づいてきた。

彼はMさんと話し出したので私もそれに入り、武装解除場所の跡を示す古い標識のことを、Mさんを介して尋ねてみたところ、２００２年ごろに日本人が来て持っていってしまったという。どのような日本人かを尋ねたが、それについては知らなかった。

そんなことをするのは、いったい誰なのだろうかと思ったが仕方がない。大切なのはその場所であり、それを尋ねたところ、そこはすぐ先の野原であった。

私は彼にここに間違いないかを何度も確認したところ、サレンダーの儀式を行ったこの場所の敷地面積は１ヘクタールだと言い、武装解除で武器が積み上げられた場所に穴を掘り、全ての武器をそこに埋めたのだという。その場所は後に鉄分の影響で赤土になったともいう。何だか妙に説得力のあるものであった。

ユーチューブでのビデオから感じた野原は、もっと広いように思えたのだが、儀式だけの場所としたらこのくらいのスペースなのかもしれない。ビデオはその儀式の背景も映していたので、余計に広く感じたのかもしれない。

その野原に立った私は、ユーチューブで見た場面を思い出していた。ビデオで見るここでの日本将兵にはまだ活力があり、それは写真で見る〝バターン死の行進〟での米比将兵（捕虜）とは明らかに違っていた。その日本兵の数は２６６７人とされており、その中には日本軍野戦病院の女性看護師も含まれていた。それは、写真だけではあるがユーチューブにあった。その写真からは、男性兵士の中にいる８人の女性看護師が並んでいるのが確認できた。おそらく看護師用の軍服であろうものを着け、それぞれがリュックを背負い、腰のベルトにはアルミの水筒を下げ、そして脚絆（ゲートル）をつけていた。その姿は少し勇ましくもあるが清楚である。皆、下向きかげんでその表情には不安感が表れており、それを見ていると心の痛みを覚える。彼女らはおそらく、セブにあった陸軍病院の看護師だったのではと思われた。

そして、ビデオの後半に出てくる降伏したばかりの日本軍捕虜が、トラックに乗り込む姿などからも彼らの余力を感じた。それはおそらく、鈴木司令官の作戦展開のなかには北への転進準備があり、それに伴って食糧の移動があったのが影響しているのかもしれない。

その日本軍捕虜を乗せたトラックがセブに向かう途上では、道路沿いのフィリピン女性たちから「ハーポン（日本人）、バカヤロー、パタイ（死ね）！」などの罵声を浴び、石も投げられている。それは、3年に及ぶ日本軍占領中の、日本将兵の残忍な扱いへの怒りの表れであったろう。

その道は、今さっきわれわれが通ってきた道であろうなどと考えながら、私はしばらく当時の武装解除式に思いを馳せていた。（写真参照）

その場所での時間を堪能し、帰路につくこととし、情報をくれて案内してくれたオジサンに礼を伝えた。そして少しばかりのお金を渡したところ、彼は大いに喜んだので、私もその表情を見て何だか嬉しくなってしまった。

跡地を見終えたわれわれは同じ道でセブに戻る予定にしていたが、鈴木司令官がセブからミンダナオ島へ渡ろうとしたことを思い出し、その気が変わった。

鈴木はセブから第1師団がいたボゴに向かい、そこからメデリンに行き、さらにそこからバンカーボートでタニョン海峡を抜け、ミンダナオ島を目指した。しかし、4月19日の敵機の銃撃により亡くなった。鈴木はレイテ戦で多くの犠牲者を出したことにより、死に場所を求めてミンダナオに向かったように思える。享年53歳。

私は、鈴木のその時の心中を慮り、その海峡を見ながら走りたくなったのである。

ボゴはここから少し北に行ったところにあり、メデリンはさらに北で遠いが、タニョン海峡（図3参照）へ出るためとしたら、ここからはそれほど遠くない港町（ハグナヤ）がある。私はハグナヤへは、その近くにあるバンタヤン島（美しい浜辺がある）へ渡るために数回行ったことがある。

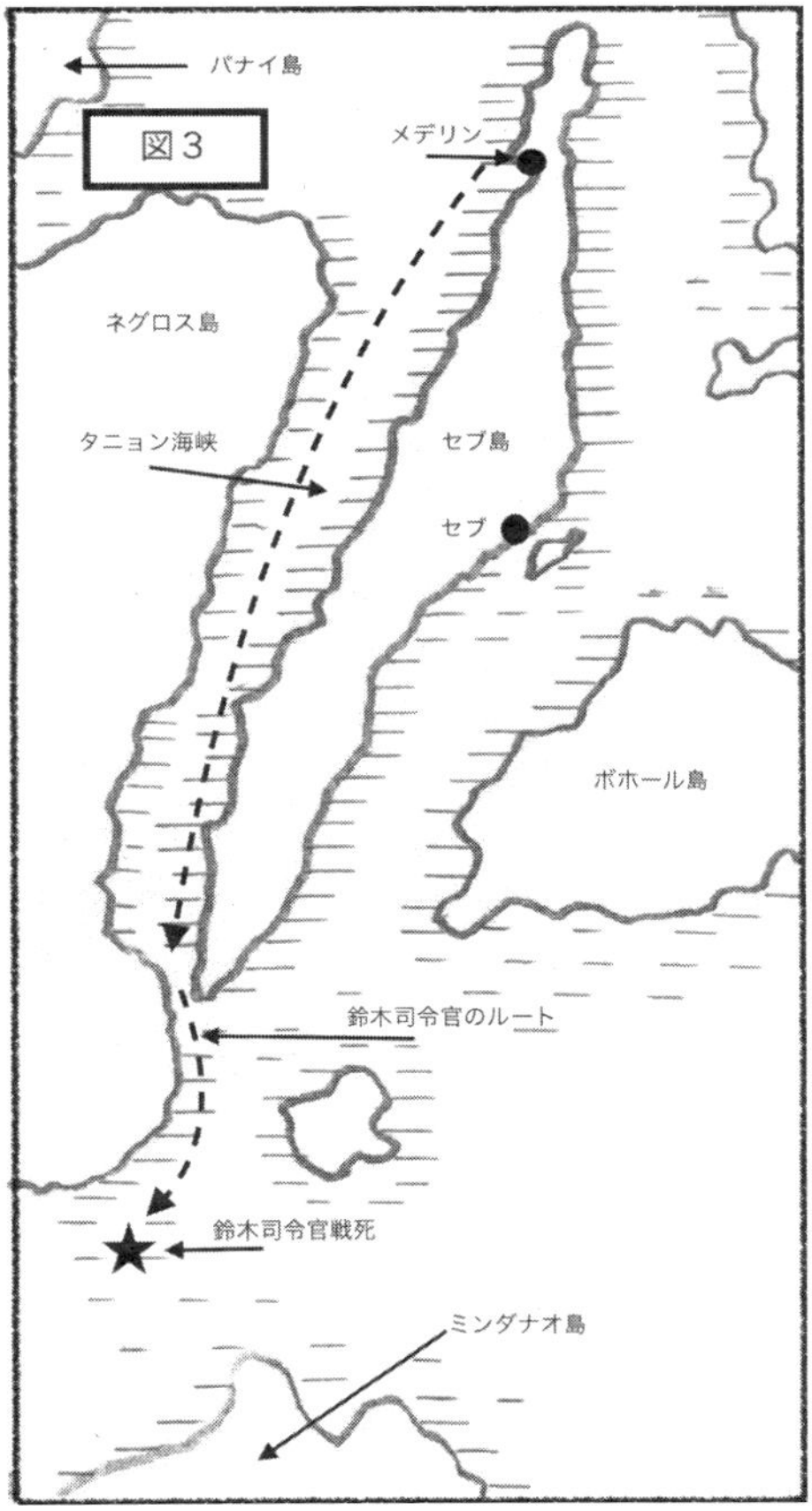

そこで私は急遽、これからの行き先をハグナヤの港とし、そこで新鮮な魚料理を食べ、そこからタニョン海峡沿

い の道を南下し、セブ島の中央辺りの町から左に折れて島の中央を山越えすることにした。そのルートも私は何度か通っている。

ルートを変更しても、タクシー運転手はご機嫌な顔で走ってくれ、予定通りハグナヤの港にある食堂で、運転手も含め皆で美味い焼き魚を食べ終え、タニョン海峡沿いの道を南下した。と、ここまでは順調だったのだが、その先の道が問題であった。

数日前の台風の影響で、道路が途中で遮断されていたのである。仕方なく来た道を少し戻り、別の道で山越えしてセブに戻った。こういうハプニングも旅の面白さである。

セブ市内の激戦地（ゴーチャンヒル）へ

サレンダーの地を見た翌日に、激戦地であるゴーチャンヒルを見に出かけようと思っていたが、前日の旅で思いのほか身体が疲れてしまい、その日は終日ホテルで休むことにし、翌日の15日（金）に出かけた。

この日はホーリーウイークのグッド・フライデー（聖金曜日）であり、フィリピンでは祭日である。そのためMさんの娘のDさんも加わり姪っ子のEさんも含め3人でホテルに迎えにきた。娘も姪っ子も私に同行すると色々なところに行け、そして美味しいものが食べられるので嬉しいのである。

フィリピンのグッドフライデーは、ほとんどのお店がクローズするので市街の道は驚くほど空いており、車での移動には都合がよいが、食事となると困ってしまう。

彼女らはそれほど広くないセブに住んでいても、そこでの移動の交通費がばかにならないことから、好きなところに行ける環境ではなく、セブの観光名所についてはほとんど行けていない。そのようなわけで、この日はゴーチャンヒルだけでなく、歴史観光コースを通ることにし、そのガイド役を私が担当した。そしてまずはサン・ペドロ要塞跡を見に行ったが、やはりクローズしており中に入ることはできなかった。それではとすぐ近くにあるマゼラン・クロスが置かれている八角堂に歩いて向かった。

そのお堂はちょっとした広場の中にある小さな建物で、その中に〝マゼラン・クロス〟が置かれているが、それは外から見る（拝む）だけである。

そこでは多くの人が写真撮影をしていた。われわれはそこでお祈り用のローソクを売っているオバサンからそれを購入して灯し、大きな十字架に向かって拝んだ。

その後はやはりすぐ近くの教会に移動し、そこにある〝サントニーニョ像〟を拝むことにした。私は20年以上も前に見ているが、マゼランの上陸時のことや、レガスピ上陸時のようすなどを知った今の目で再びご尊顔を拝したくなったのと、彼女たちにも見せてあげたかった。

しかし教会の中には入れたものの、サントニーニョを含む全ての〝神聖なる像〟はお休みであった。像の前にはカーテンが掛けられており、それらを拝むことはできなかったのである。

われわれは再びタクシーを拾い、マゼランのことや戦時中のことなどを若い彼女らに聞かせ、そしてこれから向かうゴーチャン・ヒルのことについても説明をしながら市街地を走った。

ゴロルド通りを進み、途中から左側して少し奥に入ると、地元のゴルファーから「カラバオ（水牛）ゴルフコース」と呼ばれている、9ホールのほとんどがパー3のゴルフ場（ウオーター・バッファロー・ゴルフクラブ）があった。

そのヒル（丘）の上にはタクシーでは行けず、途中から歩いて登ったところ、そこで数名がプレイしていた。

ゴルフ場の隣には長い壁で仕切られた、そこの所有者の家と思われる敷地があり、その中には大きく立派な家が見えた。Mさんの話では、ゴーチャンとは一族の名前で、セブでは有数のお金持ちファミリーなのだそうだ。

私は高いところに登って、周りの景色を眺めてみた。ここは日本軍の退避陣地を師団戦闘司令所としたもので、日本軍呼称が〝天山陣地〟であったように、なるほどここからは、東、北、そして西の街のようすが一望できた。眼下には現在ＩＴパークとなっている多くの高層ビルが見えた。このＩＴパークこそが、当時日本軍が使っていたラホーグ飛行場である。

そしてさらに高いところからは、南側のタリサイ方面から攻めてくる敵軍の動きもよく見えたはずである。

タリサイ上陸（3月26日午前8時30分）後の3月29日、アメリカル師団は地元のゲリラ部隊（カッシング中佐が率いた）と合流し、この丘で守る日本軍を攻撃した。この丘に日本軍は数多くのトーチカ（鉄筋コンクリート製の防御陣地）を構えており、彼ら米軍とゲリラ軍（８５００名とか）に応戦した。

同じ日には、アメリカル師団の1大隊がマクタン島を奪還し、その後にセブ島に上陸してラホーグ飛行場奪還のために進撃した。セブへの上陸地は位置関係からして、マンダウエ（現在のマクタン島からの橋を渡った町）だと思われるし、そうであれば日本軍を挟み撃ちする形で飛行場に向かったと思われる（図4参照）。

そのようなことを思い浮かべながらこの丘に立つと、米軍とゲリラ部隊の猛攻を防ぎながら、ラホーグ飛行場を守るため必死に戦ったのであろう、日本軍将兵のようすが見える気がした。しかし、残念ながらそこを守りきれず、北北西にある尾根（ババッグ・リッジ）に向かい敗走したこともここからはよくわかる。

ところでよく考えてみると9ホールとはいえ、ゴルフ場にもかかわらず、われわれがこのように好き勝手に歩いていてもそれを咎める人はだれもいない。また失礼ながらゴルフ場とは呼べないような整備の仕方である。

それは土地所有者の税金対策なのかどうかはわからないが、ゴルフ場としての美観とか機能、つまりゴルフ場経営にはあまり関心がないように感じる。

丘を下りながらの帰り際に、Mさんがゴルフ場の整備をしていた初老の男性と何やら話し込んでいた。ゴルフ・キャディの関係での知り合いであった。彼は私に片言の日本語で話しかけてきて「ヤマ

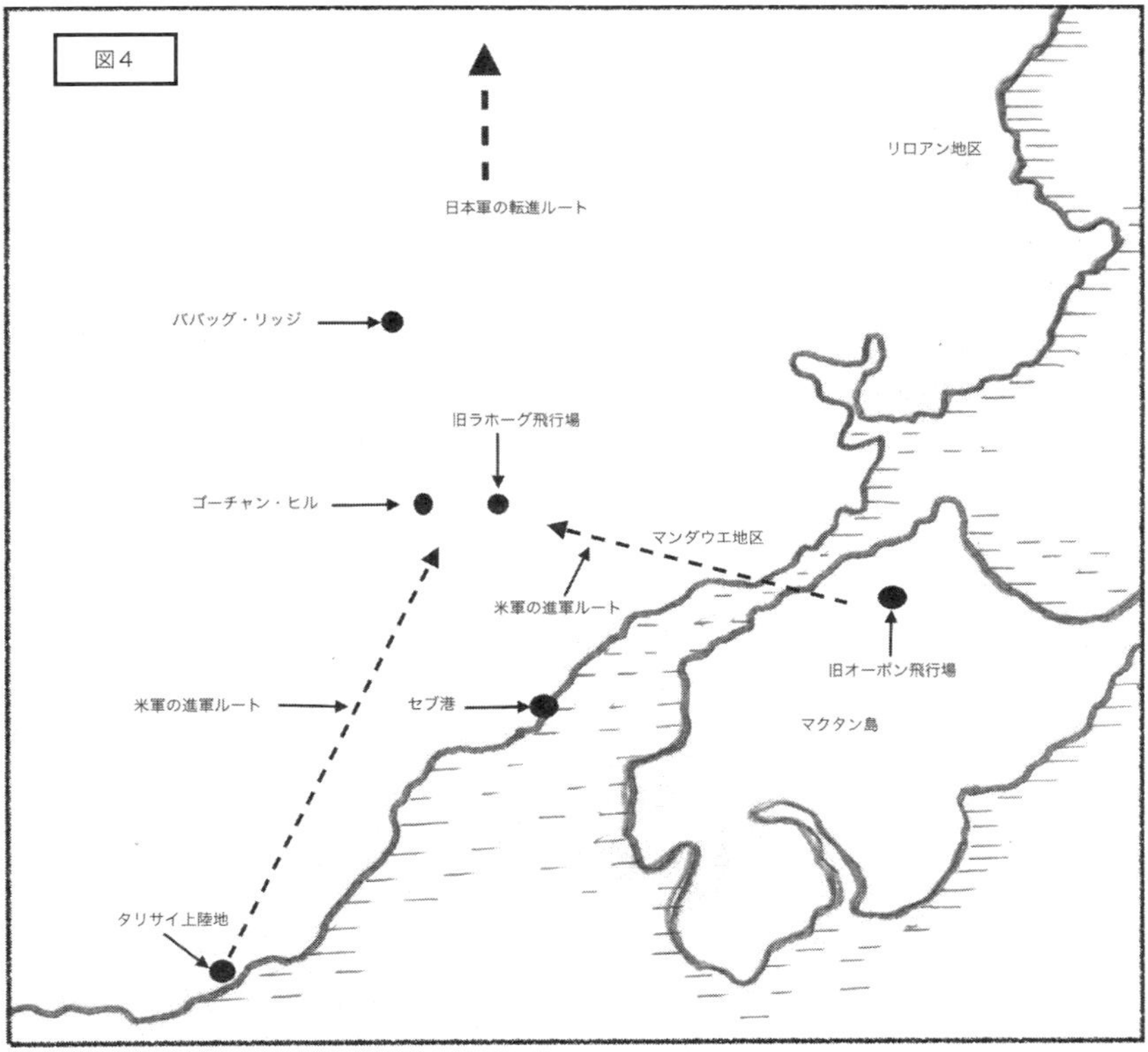

シタ、ココ」と言いながら指で下をさした。

山下大将はセブ島には来ていないので、この人が何を言わんとしているのかよくわからなかったが、私はそれに反応することは避けた。

彼は、すぐ近くにクラブ・ハウスがあるので、そこで冷たい飲みものでもどうかと誘った。ちょうどのどが渇いていたので、都合がよいとそこへ行ったが、そこは小屋風の建物で、その手前にオープンのテーブルがあった。われわれはそこで休憩し、Mさんは彼と話し込んでいた。

Mさんから帰りの道すがら聞いた話では、彼の言った「ヤマシタ、ココ」とは、山下財宝がこの下にあると私に言いたかったとのことであった。そしてこの丘の下にはトンネル（地下壕であろう）があるのだそうで、そこに財宝が隠されているのだとも言う。

そしてMさんは次の質問を私に投げかけた。「この土地の所有者で、お金持ちのゴーチャンさんは、どうしてこの地を土地開発に利用しないのだろうか？」と。

確かにここ数年前からのセブ周辺は土地開発が進んでいる。すでに金持ちなのだからその必要もないのだろうと私は思ったが、彼女には詮索があった。それは山下財宝と関係しているのではとのことであった。

先の章（「リンガエン湾へ」）で書いたが、堀参謀の著書にあるように「山下司令部がバギオに移動するとき、金貨の一部は将来の万一を慮って各拠点や守備隊に配分された・・・」とあるので、この地にもその金貨がある可能性は大いにある。しかし、それについての詳細はだれもわかっていないし謎が多い。だからこそ、今でも〝ヤマシタ・トレジャー（山下財宝）〟を探し求めている人が少なからずいるのであり、その話はフィリピンで絶えることはないのであろう。

第十四章　カンルーバン収容所跡地を探しに

友人のHさんの名代としてマンカヤンへの旅をしたのが2018年7月で、それからは自身の思いもよらぬほどに慰霊の旅は続き、その記録を綴ってきたが、この辺りで一応の終止符を打つつもりである。

戦中当時のことをほとんど知らないでマンカヤンへ行ったが、実際にその場を見て感じるなかで、当時のことを知らなければならないと思い始めた。その後は関係する書籍・文献などを読み調べ、そして他の場所にも興味を持ち始めて出かけた旅であった。

この旅の記録の終章として、カンルーバンにあったとされる、終戦で投降し、捕虜となった日本人の収容所について書くことにした。

カンルーバンはマニラ首都圏から南にある地区で、ラグナ州のカランバ市とカブヤオ市に渡っており、さらにカビテ州の一部にも重なっている。今この地区にはいくつかの工業団地があり、多くの日本人が利用する数か所のゴルフ場もある。1986年11月にはそこのカンルーバンゴルフ場で、三井物産の若王子支店長の誘拐事件が起きたことがあった。

慰霊の旅をしているなかで、ルソン島にいて終戦を知った多くの日本軍の将兵、軍属、そして軍について行った民間人が、隠れていた山々から投降した後、最終的に収容された場所の一つに、カンルーバン収容所があったことを知った。

その収容所がカンルーバンのどこなのかは、私が読み調べた書籍やネット情報では特定されていなかった。つまり、その場所は現在のどこなのか不明であった。

ある情報によれば、この地で亡くなられた将兵の遺族の方が、日本からカンルーバン収容所跡地の在処を知りたいと来比されたという。しかし、その場所が特定されていなかったのでわからず、残念な思いで帰国されたことを知った。


カンルーバンはこれまで何度も書いてきたマキリン山、山下大将と本間中将の刑場の地（ロスバニョス）、そして私の会社があるラグナ州にあり、この収容所跡地を特定することは、私の使命のような気がしてきていた。

そのきっかけとなったのが、何度か紹介したIさんとの会話であった。私が慰霊の旅の話をしているなかで、Iさんが以前、日本の某新聞社から依頼を受け、その新聞社の方と一緒にカンルーバン周辺にあるとされる収容所跡地を探しに行ったことを聞いた。

残念ながらその地を特定するまでには至らなかったものの、その辺りまでは達したはずであることも聞いた。そしてその達したはずとされる周辺も教えてもらった。

さらにIさんから私に、そのような旅をしているのであれば、あなたがその場所を探したらどうであろうかとの、要請ともとれるような提案をいただいたことが始まりであった。それは２０１９年だったと記憶している。私はその後すぐにその場所の捜索を開始したが、簡単には見つからず、加えてコロナ禍の影響で捜索活動はできないままであった。

前の章で書いたように、ようやくフィリピンに来ることができたのが２０２２年４月で、捜索活動を再開したのが同月９日（土）であり、その結果、私なりにその場所の特定に至った。しかしその確証はないが、いろいろな観点からかなりの精度があるものだと自身では思っている。その辺りの詳しいことは後述する。

この地について書くことを終章としたのは、そのような思いがあったことによる。

特定に役立った文献

彼の国に行けず日本にいた私は、その収容所のことをネットで調べているうちに『比島捕虜病院の記録　守屋正著』を知りすぐにそれを調達した。本の著者は、終戦までフィリピン戦に従軍した軍医で、ラグナ湖北側の山奥で終戦を知り投降した。ドクターであることにより、すぐにモンテンルパ（ニュー・ビリビット刑務所）の病院（米軍の）で重症患者の救命活動を行っている。

その後はカンルーバン収容所敷地内に新たな病院（米軍第１７４兵站病院、後にルソン捕虜病院と改称）が開設されたことにより、ニュー・ビリビット刑務所内の病院はカンルーバンに移転された。その新設された病院でドクターとして勤務し、そこでの体験を綴ったものがこの本であった。

この本には著者自身がスケッチした病院風景、捕虜が描いた捕虜キャンプの場景、そして関係する写真が多く載っており、その場所のようすを窺い知ることができた。その本の情報により、私のその後の捜索に大きく役立った。そのことにより、ここからはその本から知り得た情報を参考にして書く。

この本の他に、収容所生活を経験した旧日本兵が書いた文献が何冊かあることを知人から聞いており、もっと調べればより詳細で正確な情報を得ることができるのであろうが、今の私にはこのようにまとめるのが精一杯である。

終戦後に日本軍将兵が向かった先

フィリピン全島にいえると思うが、ルソン島についていえば、終戦を知るまでのほとんどの日本軍将兵は、すでに戦える状態ではないほどに疲弊していた。

そのため将兵だけでなく、軍属、そして彼らに同行した民間人（女性子供も含む）は北ルソン島の山奥やラグナ湖北などの山奥に隠れ潜んでいた。そのような山深くに逃げ込んだ日本人のなかには、終戦を遅くまで知らなかった人たちが多くいた。

そのような状況であり、8月15日の終戦をすぐに知った人たちは少なかったと思われる。終戦を知った方法は、米軍がまいたビラとか、日本軍上層部からの知らせであろうし、それにより投降の決断や投降日は人それぞれであった。

投降を決め、隠れ潜んでいた山々から下りてきた人たちの向かった先は、近くの米比軍キャンプだったようで、そこからいくつかの収容所に捕虜として移送されたようである。

それらの捕虜収容所のなかで、当時から大きな刑務所であったモンテンルパにあるニュー・ビリビット刑務所の一部も使われていた。しかし、投降する日本人が日々増加するなかでは到底賄いきれず、米軍はすぐに新たな収容所をカンルーバンに開設することを進めた。

カンルーバンはモンテンルパから南へ30キロほどのところにある。（図参照）

ニュー・ビリビット収容所にたどり着いた多くの日本人捕虜はひどい栄養失調症となっていた。その上多くがマラリヤと疥癬、そしてシラミを持っており、肺結核も、アメーバー赤痢も精神病もいたとある。

こうした、言わば幽霊のように痩せこけた病人のために、米軍はニュー・ビリビット刑務所（収容所）の中に病院（第174兵站病院）を開設しているが、〝時すでに遅し〟であろうか、多くの日本人がニュー・ビリビットの収容所で亡くなっている。彼らの遺体はトラックで着工中のカンルーバン収容所近くに作った墓地に運ばれ、そこに埋葬されたとある。

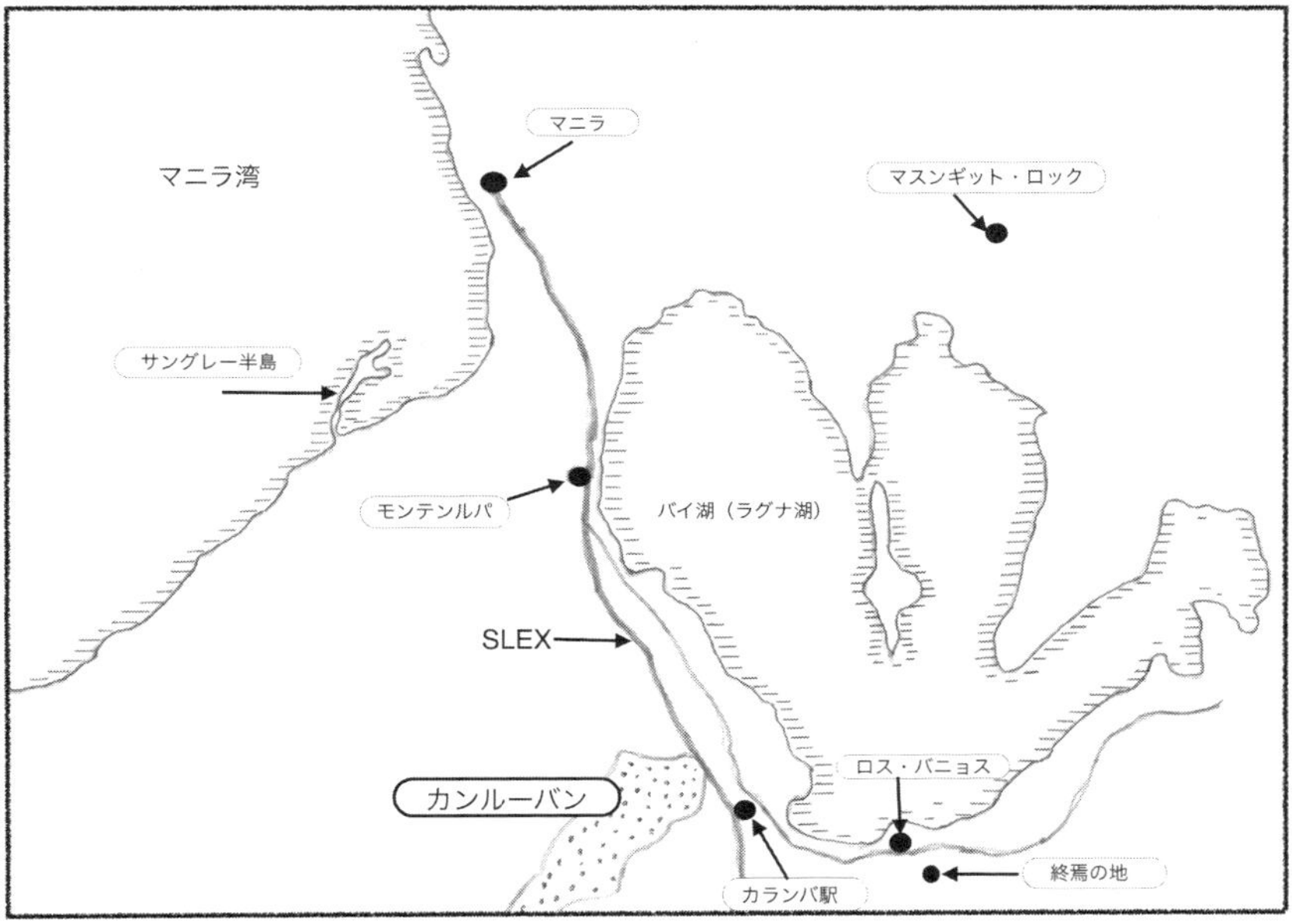

カンルーバン捕虜収容所

カンルーバン収容所ができてからは、ニュー・ビリビットの中にあった兵站病院は、カンルーバン収容所の敷地内に新設された病院に移転（１９４５年11月末）している。

この病院でのドクターたちの頑張りで、亡くなる日本人は大幅に減少していったとある。

その収容所の規模は広大である。著者の守屋さん自身でスケッチした収容所の大まかな全体図、そしてその中にある病院の構内面積（1万坪以上）から全体面積を想像すると、少なく見積もっても、縦横が７００メートルと１０００メートルで、面積が70ヘクタールの広さである。（著者守屋氏の本にあった収容所全体図参照）

別のある情報によれば、それは〝東洋一の規模〟であったという話もあるので、当時フィリピンにあったなかでは最大であった。

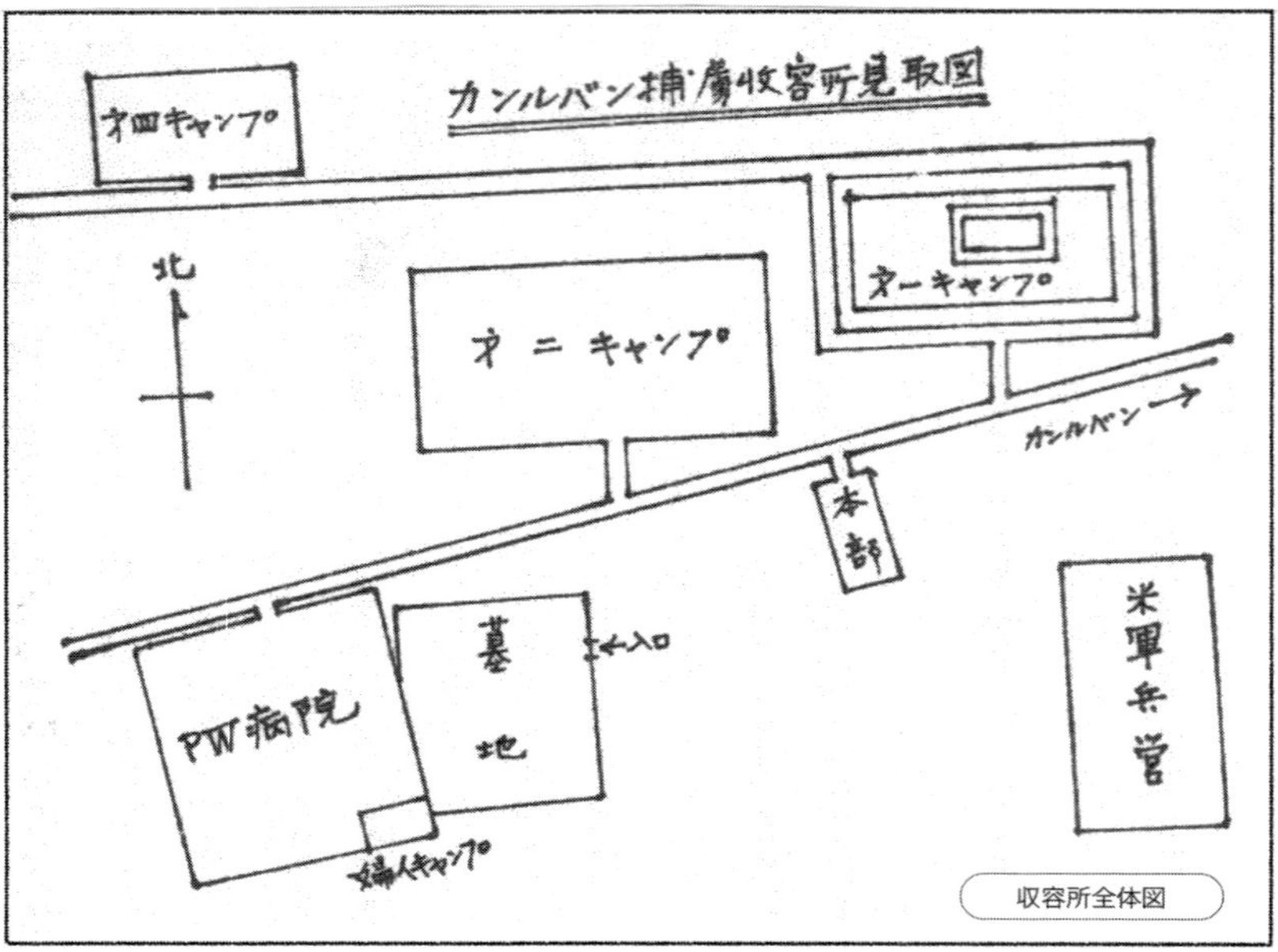

収容所全体図

その土地はもともとでこぼこの甘藷（サトウキビ）畑だったようで、米軍はそこを整地して完成させている。ニュー・ビリビットからこの新設された収容所に移ったある日本兵の記録によれば「着いたところは見渡す限りの原野で、鉄条網が張りめぐらされ……」とある。

この広大な敷地の中には、米軍本部、同兵舎、３つか４つの捕虜キャンプ（数は捕虜数の増減で変えていた）、捕虜病院（敷地内に婦人キャンプもあった）、そして日本人の墓地があった。そのうちの捕虜キャンプについての詳細を次に書いてみる。

まずは第1キャンプ（同全体図参照）だが、二重になっている内側部分には厳重な柵があり、そこは戦犯確定者が入るところとなっている。彼らはもはや捕虜（国際法に基づき捕虜としての権利が与えられている）ではなく罪人であり、ここは牢獄（独房）であった。

ここに入れられた人は緑色の囚人服を着せられ、ズボンと上衣の背中にP（プリゾナー）と書かれているだけで、ＰＷ（プリゾナー・オブ・ウオー）とは書かれていない。ここに山下大将、本間中将などの死刑判決を受けた人たちが入れられていた。

その外側と柵の間には南北にテントがあり、終戦を知って投降してきた新入りがまず入った。そこで服を全部脱ぎ、米軍が用意したＰＷの衣類に着替えて、さらにいろいろな調査をされるところであった。北のテントは下士官兵、南のテントは将校用となっていた。

つぎに第2キャンプ（同全体図参照）だが、戦犯容疑がなく、またはそれが晴れた捕虜が入るキャンプで、帰国の準備（体力的など）ができていて、日本へ帰る船を待っている人たち用である。従い、米軍の警備は比較的緩かったのではと思われる。

そこでの一般兵には敷地内整備などの使役があったが、将校は赤十字条約でノーデューティ（使役なし）があり、特に何をするでもなく毎日ぶらぶらしていたようである。

第3キャンプについては、守屋氏がスケッチした当時は既になくなっていたようである。第4キャンプ（同全体図参照）はディテイン（留置・勾留）と呼ばれて、戦犯容疑者を調査するところであり、それが晴れるまでは、ここにいなければならなかった。

その容疑者のなかには、フィリピン人から告訴があった佐藤とか田中などの同姓や、顔や居場所が似ているということだけで容疑者になった人もいた。

いったん帰国した人たちも戦犯の容疑者となれば再び収容所に呼び戻され、その数は多くいたとある。

なお、渡辺はま子の歌『ああモンテンルパの夜は更けて』が世に出たのは1952年9月で、彼女がモンテンルパの死刑囚を訪ねたのは1953年である。

カンルーバン収容所が閉鎖されたのは1946年なので、閉鎖された当時にも戦犯容疑が晴れない、もしくは戦犯確定となった人たちがモンテンルパに移されたのではないかと思える。

白い墓標

先述したように、私はすぐに捜索活動を開始したものの、その当時は全く見当はずれのところを何箇所も回っただけとなってしまっていた。それは例によってゴンザレスを伴ってのものである。彼は生まれも育ちもカランバであり、カンルーバンはその域内にあるので、彼のネットワークを使った聞き取り調査でなにがしかの情報を得られるのではと考えたのである。しかし、一向にこれはという情報には当たらず、その調査の方法では無理があると諦めることにした。

捕虜収容所が開設されたのは終戦の１９４５年8月以降だったであろうし、その後の捕虜の帰国による縮小などで、病院の閉鎖が翌年の１９４６年12月23日とある。このことから、収容所が最終的に閉鎖（更地に戻された）されたのは、病院の閉鎖から少し経った１９４７年の初め頃ではなかったろうか。

だとすれば、その開設期間は1年半くらいだったのではと思われる。つまりそれは、短期間であったことに加え、それから74年も経っているわけであり、当時のことを伝え聞いている地元の人を探すことには相当の時間と労力が要ると考えたのである。

そのようなわけで別のアプローチをとることにし、先の文献（『比島捕虜病院の記録』）の入手後は、本にあった数枚の写真からその場所を特定することを目論んだ。

その写真のなかでも、とりわけ私に大きなインパクトを与えたのが、明らかに〝長い髪のプレグナントウーマンが寝ている〟形の山、つまりマキリン山を背景にしたおびただしい白い墓標の数であった。（著者守屋氏の本にあった白黒写真参照）その墓標について、著者の守屋氏が、ニュー・

墓地の向こうのマキリン山

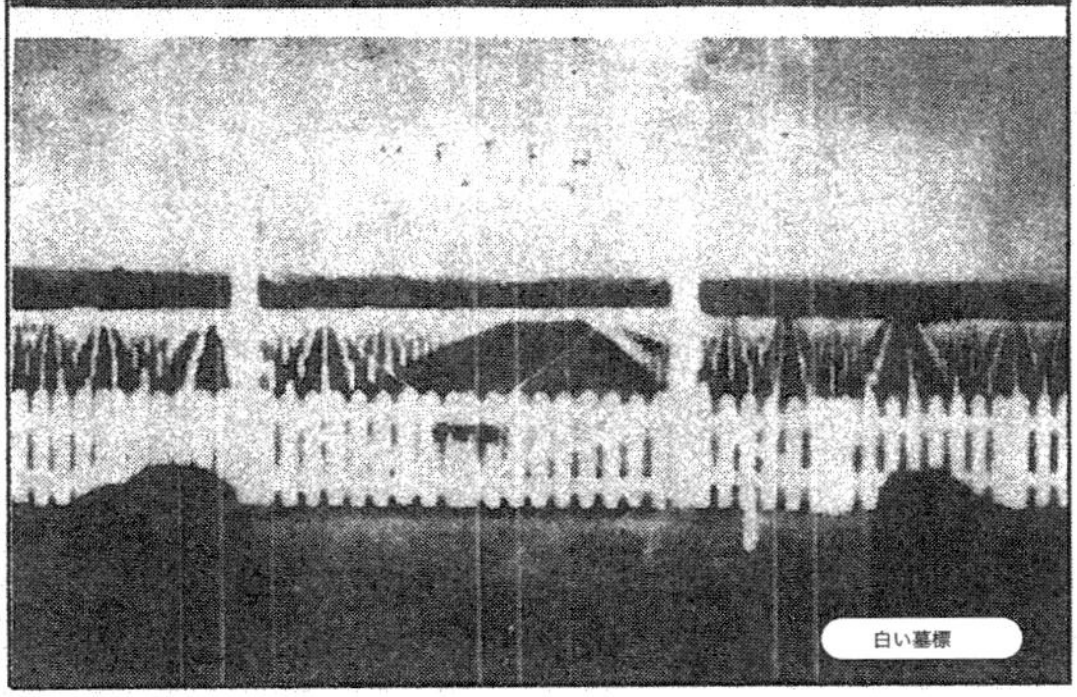
白い墓標

ビリビットの病院から新設されたカンルーバンの病院へ移転した時のようすを書いているので、次に原文のまま記載する。

「夜が明けて、私たちの職員幕舎のすぐ横に、有刺鉄線を隔てて、一望の白い墓標群を見つけた時、声をのんで、そのおびただしい数に驚いたのである。眼のとどく限りは白い墓標の林立であった。何千あるのか、万を超すのか、向こうの方は1本の白い線になっている。

この墓標はすべて終戦後、帰国の希望に胸をふくらませながらも、不幸にして病魔に倒れて、不帰の客となった人びとのものである。私たちがモンテンルパのニュービリビット刑務所の病院で無数の重症患者の救命に日夜悪戦苦闘し、ついに力及ばず、死んで行った多数の日本人はここへ埋められていたのである。死体は毛布に包まれて、まるで荷物のように、トラックに積み込まれては、毎日刑務所の門から外へ運び出されていた。どこへ運ばれるのかと、暗然として見送ったものである。この白い墓標の9割以上はニュービリビットの病院で9月から10月中（１９４５年の）にかけてなくなった人びとのものである」

先の章（「マンゴーの木を探して」）で山下大将と本間中将の処刑のことを書いた。処刑後は刑場からまっすぐにこの墓地に向かい、そこのどこかに埋葬されていたはずだが、その墓標には名前はなく、一般のＰＷと同様の捕虜番号だけが記されているとある。

そこで、収容所閉鎖後の墓地はどのようになったのか気になるところであるが、その記録を私はまだ目にしていない。しかし、終戦後の米軍（米国）の対応を諸情報のなかから知る範囲でいえば、日米両国の政府がきちんとした話し合いを行い、遺骨として丁重に帰還されたと考える。

候補地を決める

私にインパクトを与えた写真の背景にあるマキリン山は、今日の写真のようには鮮明ではないが、山の稜線ははっきりと見てとれた。そしてその山の形は以前私が住んでいたコンドミニアムの屋上から眺めていたものに近いものであった。（写真参照）

また、先の章（「マリア・マキリン」）で書いたように、その山や周辺の街には何度となく行ったこともあり、その写真の場所（墓地）はある程度の見当がついた。

そして、その場所を特定する精度を高めるために、コンドミニアムの屋上から撮った山（含む周辺の景色）の写真を拡大印刷した。さらに、コンドミニアムから山の方向近郊をグーグルマップから印刷した。それに、コンドミニアムがある地点とマキリン山頂上とに直線を引き、その線上近くの〝ここではと思われる〟場所をまずは候補とした。

そして実際にその候補地に出向き、コンドミニアムから見える山の稜線とその候補地で見る稜線を見比べることにし、同時に本の写真（山の稜線）とも見比べることにした。これでおおよその場所（墓地）の見当が付けられるはずだと考えたのである。

カンルーバン収容所跡地を特定する

前置きが長くなってしまったが、次に２０２２年4月9日（土）のことを書く。

前日まで曇りの日が続き、山の稜線が見てとれる晴れの日を待っていたところ、この日（9日）が何とかその稜線を確認できたので向かった。

定宿からＳＬＥＸを南下し、サン・ホアン川を渡りカランバのインターチェンジで一般道に出て、まずは最初の候補地がある通り（リアル・ロード）上にある大学校近くに向かった。この通りは何度も走っており、よく知っている道ではあったものの、実際にその候補地付近に着いてみると、建物や壁などに遮られ山は見えないことがわかった。

そこで、ファストフード店の2階に上がって窓から山を見たり、歩道橋の上からも眺めたりもしたが、稜線右側下の部分が一致しない。実際の山はその右側下が一気に下がっているのだが、写真の山の裾野はなだらかに長く尾を引いているのである。

この場所から見る山は近すぎると判断し、次の候補地に向かった。そこは、サン・ホアン川の北側すぐにある通りで、グーグルマップ上では、カランバ・タガイタイ・ロードとなっている。

その通りは狭く、周辺には工場が多く、その中に入って行くことはできないので、その通りの先にある地区に見当をつけていた。着いてみるとここの周辺も同じように、稜線の右側が一致しない。そこで考えを変えてみた。

私はSLEXからマキリン山を見て右側だと決めつけていたのだが、左側を探すことにした。同じ道を戻り、そしてSLEXの高架橋を越えてその左側の道（同じカランバ・タガイタイ・ロード）に出た。

やはり道幅は狭いがそのまま進み、道の両側は建物と壁で山は全く見えず、ほぼ諦め状態のなかで数か所の物流会社を左右に見ながらなおも進んだところ、右側に忽然と視界が広がった。

そこは広い空き地に見え、その中にはいくつかの海上コンテナが置かれていたので、物流会社の敷地（コンテナヤード）のようで、その向こうにマキリン山が見えたのである。

すぐに車を停めてもらい、降りて山の右側を見たところ、それはまさに写真のものと一致したのだ。（写真参照）

なぜ稜線右側下が一気に下がっていないのか、不思議に思いながら良く観察すると、山自体の稜線の右側はガクンと落ちているのであろうが、ここからみる山の右側すそ野には小高い山が2、3あり、それらがマキリン山の手前でなだらかな稜線を作っていたのであった。

本の写真は白黒であり、そこ（小高い山）は稜線の続きのように私には見えていたので、右側のなだらかな稜線もマキリン山の一部だと思い込んでしまったのだ。

そしてさらに、ここからの距離感も本の写真に近い。私は直感でここが写真の場所、つまり墓地だったところに違いないと判断し、そして私は興奮した。

そのコンテナヤードはフェンスで仕切られており、そこにいた一人のセキュリティーガードが近づいてきた。私の挙動に不審を感じてのことであろう。

興奮さめやらぬ私は、彼にその〝発見〟のことを伝えた。当然ながら彼は何のことかわからなかったであろうが、彼は戸惑いながらも私の喜んでいる姿を見て、彼も何だか喜んでいるようであった。すぐそばにいたゴンザレスもたいへんな喜びであった。

もしこの場所が写真と同じ場所の墓地跡だったとし、そして守屋氏のスケッチ図に基づけば、この場所は収容所全体から見れば南側になる。そして、山下と本間が入れられていた独房のある第1、日本へ帰る船を待っている人たちが入っていた第2、そして戦犯容疑者が入っていた第4キャンプは、今来た道の北側にあることになる。

そこでしばしの感激に浸った後は、来た道の延長上を行き、カランバの鉄道駅に向かいそこまでの距離を測ることにした。

守屋氏の本に帰国を許された人たちがマニラ港に向かうようすがあり、それによれば、「兵隊さんは駅まで行軍」とあったので、その駅とはカランバ駅だと私は判断していたからである。

カランバの駅へ

少し走ると幹線道路に出た。そこを右折し数百メートルほど行くと、先のサン・ホアン川の橋を渡った。この辺りはすでにカランバの街の中心地であり、そのまま進み今度は交差点で左折すると鉄道線路の踏切を渡った。

この線路は現役であり、線路沿いを見ると大型のパラソルやブルーシートなどを屋根とした小さなお店がたくさん並んでいた。

踏切を渡るとすぐに右折し、１００メートルほど先にカランバの駅があった。先の特定した墓地の跡地からは、ほぼ3キロメートルの距離であった。（地図参照）

先ほどの鉄道線路の踏切を渡る手前の交差点を左折しないでそのまま直進すると、山下大将と本間中将の終焉の地があるロスバニョス方面である。

その交差点から終焉の地近くのキャンプ・ゼネラル・マカリオ・サカイまではおおよそ8キロメートルある。ということは、特定した収容所の第1キャンプ（墓地よりも駅

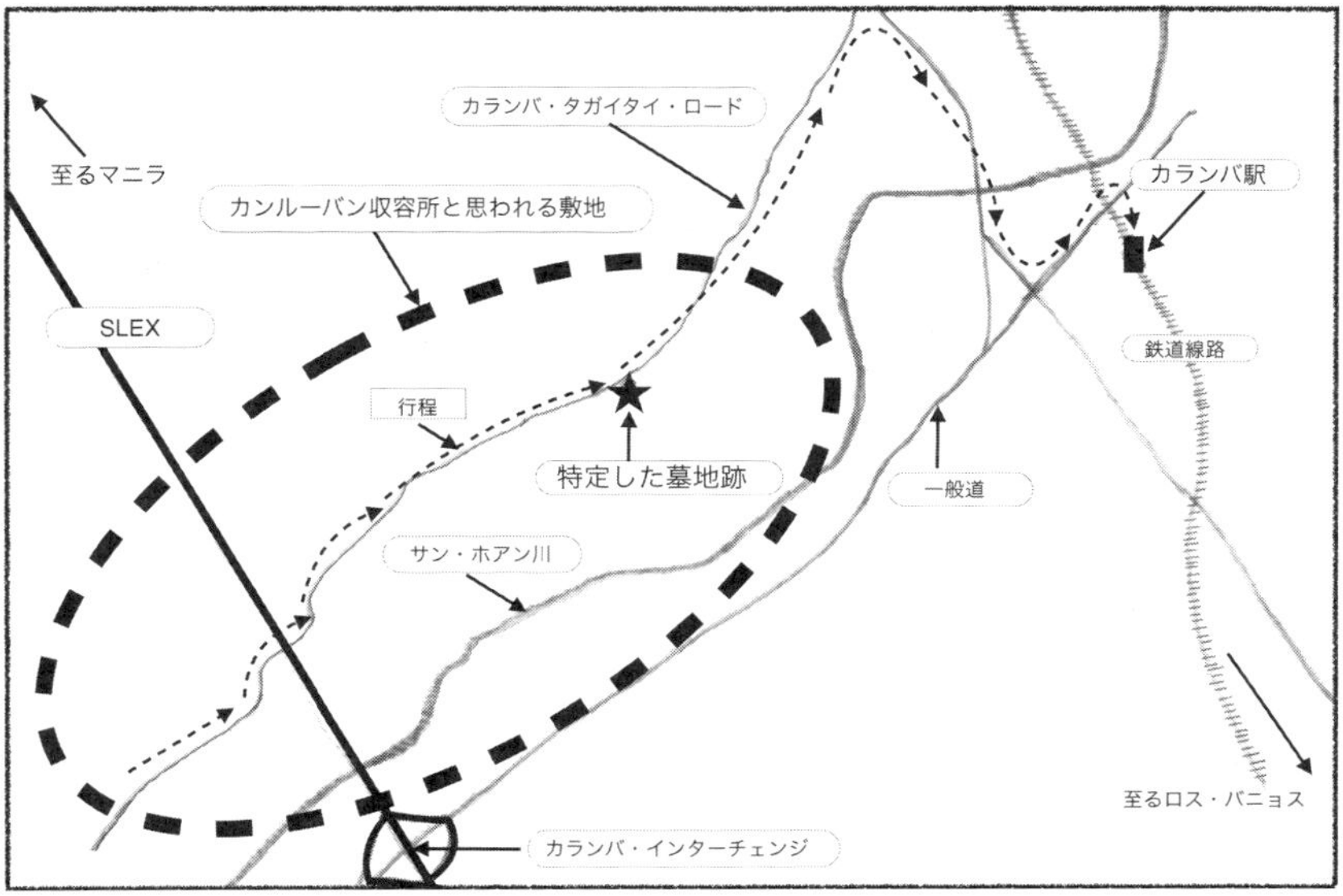

に近い）からそのキャンプ・サカイまでは11キロメートル弱となる。それに加え、キャンプ・サカイから刑場までを私は2キロとしているので、刑場から特定した墓地まではおおよそ13キロとなる。

両将軍の処刑時には、第1キャンプからの行きも、そして墓地までの帰りも、米軍の移送車はスピードを上げて走行しただろうから、共に10分前後であったと考えられる。

カランバ市はラグナ州の中心地のひとつである。先の章（「リンガエン湾へ」のアゴオへ）で書いたが、20世紀初頭には南へも鉄道が延伸され、バタンガス州のバタンガスとバウアンまで敷設されているので、この時代にカランバの駅ができたのであろう。

この町の歴史に少し触れると、スペイン人の入植以来、この地はアシエンダにより占領され、米国の占領時代になってからは、そのアシエンダから地元民へ分割・売却されている。このような背景により、カランバを鉄道が通った頃のこの地は、サトウキビ畑、ココヤシ、稲作といった一次産業の要衝として発展していた。

そのカランバの駅の今は、思いのほか小さなものであった。車を降りて人気のない駅舎に入ると、すぐに時刻表が目についたが、表示されている内容が少ない。どうもこの駅とマニラのトウトゥバン駅間の1日1運航（往復）だけのようであった。それによれば、列車はこの駅から朝の4時に出てトウトゥバン駅に向かい、トウトゥバン駅からこの駅に着くのは午後3時だったと記憶している。

このような運行であれば、先の線路沿いのお店も、あまり列車に気を遣うことなく商売ができているのであろう。補足すると、カランバ駅から南へは長期運行休止中のようである。

先の章でも紹介した『ルソン島敗残実記　矢野正美著』の著者の日記（1945年12月10日付）によれば、彼の一団はカンルーバン収容所からトラックでカランバ駅まで送られ、そこで貨物列車（10両編成の無蓋車）に乗せられ、日本へ帰るためにマニラ（マニラ港）に向かっている。その日記には次のようにある。

「12月10日　待ちに待った日が遂に来た。私達は朝から外に並ばされて、もう一度調べられた上、番号を呼ばれて別の列に並べ替えられて、まとまると、トラックで駅まで送られて貨物列車に乗せられる。久し振りに見る機関車もアメリカ製の古いものだが、十輛程の貨車を引いて勇ましい。貨車にはギッシリと日本兵が乗っている。MPと書いた白いヘルメットを被ったアメリカ兵が、貨車の前後に1名、カービン銃を持って護衛についている。

やがて汽車はサトウキビ畠を抜けて牧場の間を縫って走る。しばらくして小さな町に入ると、鉄道の沿線には黒山のように住民が並んでいる。列車が近づくと一斉に石を投げて来た。

MPが銃をかまえて威嚇するが、彼等はやめない。

小石がパラパラと頭上に飛んでくる。女達までが私達に向かって舌を出し、首をたたきながらわめいている。恐ろしく反感を示している。ドロボウとか、パタイ（死ね）という言葉が、コーラスのように聞こえて来る。MPが空に向かって空砲を撃つが、彼らは石を次々と投げてくる。MPは私たちに低い姿勢を取らせると、準備していたシートをかぶり、兵隊たちが手でそれを支えた」

このようなことは、セブ島での投降地からの移動でも書いたように、フィリピン人は日本人に対して同じように石を投げ罵倒している。このように当時の日本人に対するフィリピン人の恨みがどれほどのものであったかを強く感じる。

今フィリピンで彼ら彼女らと一緒に仲良く仕事をしている私のような日本人としては、このようなことがあったことを忘れてはならないし、そして知っておくべくことでもあろう。

特定した収容所跡地を検証する

このようにして、写真を基にした場所の特定に至ったが、次に観点をかえて写真からではなく、他の情報に基づきその精度を高めることを試みる。

まず、スケッチ上（同全体図参照）にある〝カンルーバン〟とは、カランバ市街のことだと判断する。グーグルマップで調べると、私が特定した場所（墓地）、その隣の病院、そして道路の北側のキャンプも含めてもカランバ市に属している。または、収容所の北西が一部カンルーバン地区にかかっていたのかもしれないが、当時の日本人捕虜たちはこの周辺一帯をカンルーバンと呼んでいるので、スケッチ上にそのように記載したのであろう。

つぎに、収容所跡地であると特定できる根拠を何点か述べてみる。

別のスケッチ図（柵外ワードのスケッチ参照、著者守屋氏の本にあった病院からラグナ湖方向を見たものと思われる）にはラグナ湖が近くにあり、その左遠方にはマスンギット・ロック山が描かれている。先の特定地からラグナ湖までの距離は直線で4キロメートル余りであり、大きな湖なので見える距離ではあるが、私がその場所から周りを見渡した限りでは、建物などが遮りラグナ湖は全く見えない。しかし、当時は今のような建物はなかったはずだし、さらに本の中には「中に一部小高い所があって、そこに登ると、東に美しいラグナ湖が見え、晴れた日には湖の対岸にタナイの北のマスンギットロックの山容が眺められた」とある。そのような情景を浮かべながら、特定した周辺からラグナ湖方向を見れば、それはこのスケッチの景色と一致する可能性は大いにある。

　スケッチ図上（同全体図参照）に、病院正門前のほぼ東西に道路があるが、これは先述したカランバ・タガイタイ・ロードと考えられる。本の中でこの道を「病院のすぐ北は一段高くなって道路が通っており、病院は少し窪んだところに建てられていた」とある。私が特定した場所のすぐ先（南）には川（サン・ホアン川）があり、そこは渓谷になっている。その渓谷の状況はＳＬＥＸを走っていてよく見えるのでわかる。〝窪んだところ〟とは、言わば渓谷の延

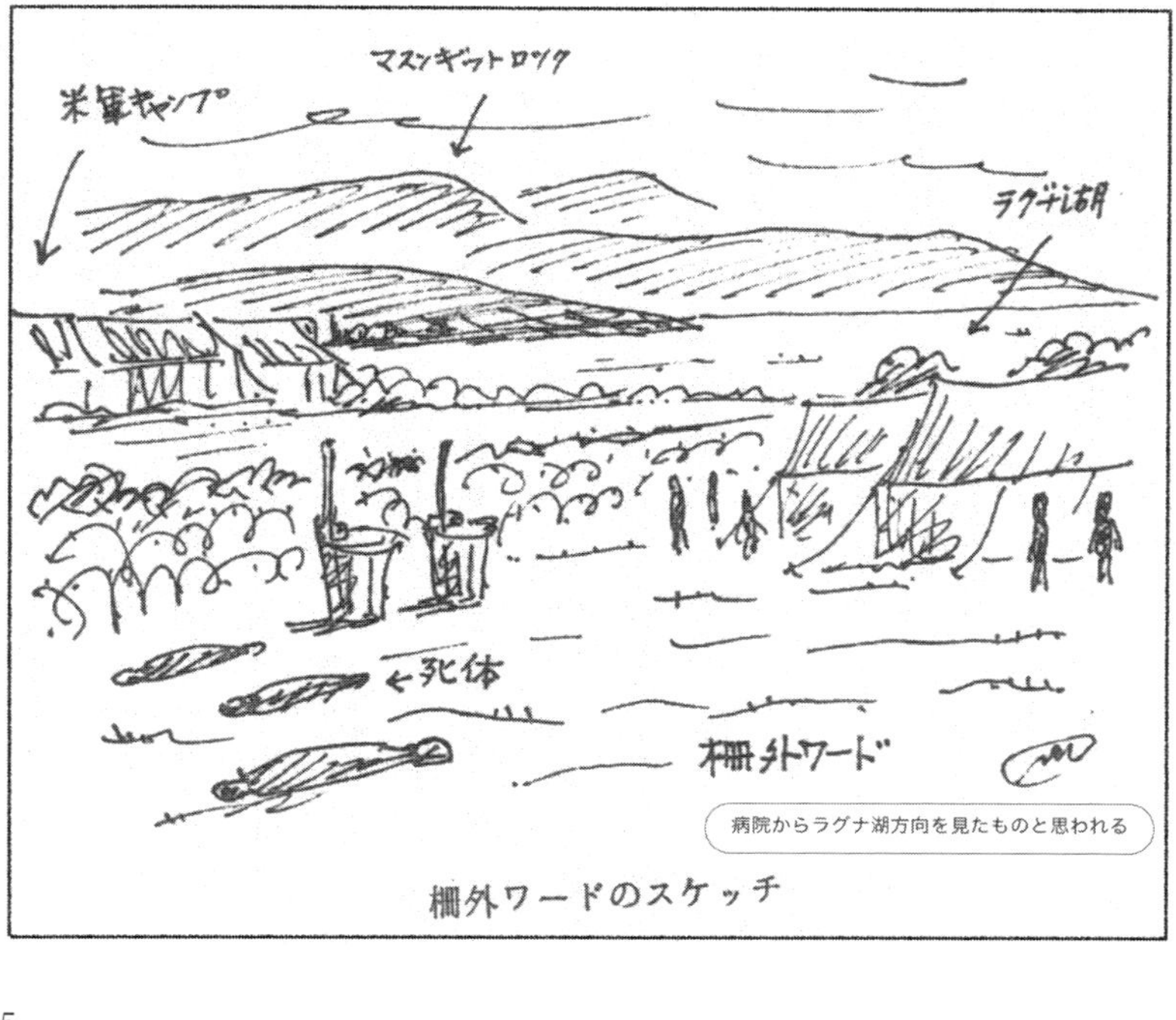

病院からラグナ湖方向を見たものと思われる

長のようなところなので、病院の立てられたところも窪んでいたのではと思われる。またそれゆえに、道路は一段高くなっていたのではとも考えられる。

収容所について書かれている他の文献によれば、捕虜のなかには近くにあった渓谷へ行き、そこで何かの生き物を捕まえ、それをキャンプに持ち込み料理している記述があった。そのキャンプとはおそらく米軍の警備が比較的緩い第2ではと思われるし、そこからサン・ホアン川の渓谷に行ったのではと考えられる。

諸書籍・情報で伝えられている、複数の工業団地とゴルフ場にも、この特定地（収容所）は近い。収容所の敷地は広大であり、その一部が今の工業団地にかかっている可能性は大いにある。

Iさんが〝達したはずとされる周辺〟の情報ともほぼ一致する。

このようにして私はその跡地を特定したが、それはラッキーであったと思っている。その道（カランバ・タガイタイ・ロード）はここに住んでいる人たちと、ここに事業所がある限られた人たちだけが利用するのだろうし、ラグナ州に住む日本人、まして日本人の旅行客などは絶対に通らないところである。

仮に通ったとしても、左右に壁や建物がありマキリン山を見ることはできない。今回はたまたま開けた土地があったので見られたと思っている。つまり、その開けた土地もその内に何かが建つ可能性があるからである。

そしてもちろん、ゴンザレスの大きなサポートがあったことは言うまでもない。

最後に

最後になるが、著者の守屋氏がとりわけ感銘を受けているのが、カンルーバンの捕虜病院の院長のことであり、次のように述べている。

「その人の名前は、テオドル・L・ブリス軍医中佐（当時）という、驚くべき高潔な人格者であり、高度のヒューマニズムの持ち主でもあったが故に、無数の死一歩手前の重症患者が助かっている」

さらに、モンテンルパからの病院移転時のことについても述べている。

「新しい病院への移転の日は、あいにく大雨の日であった。ブリス院長も外科のカワー少佐も雨合羽を着て、陣頭指揮で患者の移送に奮闘した。こうした真剣な態度で患者をいたわる姿に、私たちは深く感動させられた。何しろ1000人に及ぶ患者の大移動なので全く大仕事であった。カワー少佐は雨にぬれながら自分で担架をかついでいた。見渡す限り大きな赤十字のマークのついた米軍の患者輸送車がえんえんと連なるさまは壮観であった。物量豊富とはいえ、この患者自動車の行列には驚いたものである。日本軍では想像もつかない数で、ここにも米軍の人命尊重の方針がはっきり出ている」

先述しているように、カンルーバン収容所と病院は米軍が日本の捕虜のために開設したものであった。そしてその役割は、病人や栄養失調状態の人たちを早く帰国できるよう回復させること、そして戦犯容疑がかかっている人たちを判別するところであった。それはどこかの国と違い、体力の回復後に自国に連れ去り、そこで過酷な使役を強要するようなことではなかった。

それは、米英豪蘭連合軍の総司令官であったマッカーサーがそのように対応させたのかもしれないが、やはり米国の国力がそのようにしたのであろうと考える。

とすると、日本がこのような国と戦争を始めたのが、そもそもの間違いであったとつくづく思う。

バターン半島での〝死の行進〟で、日本軍の組織的な虐待はなかったと書いたが、置かれた状況は全く異なるものの、米軍のこのような対応を知ると、私は複雑な思いがする。


先の章（「レイテ島へ」）で書いたように、厚生労働省によると、２０２２年7月末現在でフィリピンの36万９千人の遺骨が収容できていないという。

墓標が立てられたり、埋めてもらえた戦死者・戦病死者はまだよいのかもしれない。フィリピンの戦地跡には今でも無数の戦士の骨が草陰に転がっているのである。

おわり

主要参考文献

「暁の宇品—陸軍船舶司令官たちのヒロシマ—堀川恵子著」
「悪魔的作戦参謀辻政信—稀代の風雲児の罪と罰—生出寿著」
「いっさい夢にござ候—本間雅晴中将伝—角田房子著」
「運命の山下兵団—ヒリピン作戦の真相—元参謀陸軍中佐栗原賀久著」
「Ｆ機関—アジア解放を夢みた特務機関長の手記—藤原岩市著」
「神本利男とマレーのハリマオ・土生良樹著」
「カンルーバン収容所物語・山中明著」
「ゴースト・ソルジャーズ・ハンプトン・サイズ著・山本光伸訳」
「砂糖アシエンダと貧困—フィリピン・ネグロス島小史—永野善子著」
「失敗の本質・戸部良一・寺本義也・鎌田伸一・杉之尾孝生・村井友秀・野中郁次郎著」
「戦艦武蔵・吉村昭著」
「戦争の近代史・保坂正康著」
「戦士の遺言—太平洋戦争に散った勇者たちの叫び—半藤一利著」
「潜行三千里・元大本営参謀辻政信著」
「大本営参謀の情報戦記・堀栄三著」
「太平洋の試練—レイテから終戦まで—イアン・トール著・村上和久訳」
「辻政信の真実・前田啓介著」
「テロルの昭和史・保坂正康著」

「ノモンハン責任なき戦い・田中雄一著」

「ハリマオ　マレーの虎60年後の真実・山本節著」

「比島従軍記・根元勝著」

「比島捕虜病院の記録・守屋正著」

「フィリピン少年が見たカミカゼ・ダニエル・H・ディソン著」

「フィリピンに生きる―在比五十余年の実録と思い出を語る―家田昌彦著」

「フィリピン農地改革における政府、ＮＧＯ、住民組織の対立と協調・堀芳枝著」

「スペインはなぜフィリピンを占領したのか?―群島占領・植民地支配・住民の抵抗―梅原弘光著」

「ホセＰ・ラウレル博士「戦争回顧録」日本語版刊行委員会編」

「マゼラン最初の世界一周航海―ピガフェッタ「最初世界周航・長南実訳」―」

「マッカーサー大戦回顧録・ダグラス・マッカーサー著・津島一夫訳」

「マッカーサーが探した男・香取俊介著」

「マッカーサー・リチャード・Ｂ・フランク著・ウオルシュあゆみ訳」

「マレーの虎ハリマオ伝説・中野不二男著」

「本居宣長「もののあはれ」と「日本」の発見　先崎彰容著」

「物語マニラの歴史・ニック・ホアキン著・宮本靖介・橋本信彦・澤田公伸訳」

「物語フィリピンの歴史―盗まれた楽園と抵抗の５００年―鈴木静夫著」

「山下奉文―昭和の悲劇―福田和也著」

「ルソン島敗残実記・矢野正美著」

「レイテ戦記・大岡昇平」

「ロスバニオス刑場の流星群―山下奉文・本間雅晴の最期―森田正覚著・佐藤喜徳編」

あとがき

最初の旅（２０１８年7月）から数えれば、執筆を終えた２０２４年4月まで6年近くもかかってしまった。文筆を業とするものでない、〝貨物屋のオヤジ〟がこのような記録を書き続けることは難儀であった。激戦地跡への慰霊の旅は決して楽しいものではなく、心が折れそうになることが多かった。そのような中で交戦に関係することを調べ、そして書き続けることは苦痛であり、何度も挫折しかけた。こうして書き終えることができたのは、山下と本間の両将軍が書き続けるようにと私の背中を押す力があったのかもしれないと感じている。

そして何といっても旅の相棒であったゴンザレスの存在である。彼なしにこのような旅を続けることはできなかった。しかし残念なことに、彼は２０２２年10月に急な病で亡くなってしまった。それは私の「最終確認の旅」のほぼ半年後であった。

彼は家族のことをとても大切にし、娘さんが優秀であることを自慢し、そして彼女の将来に期待していた。そのために良い大学に行かせてあげようと一生懸命働いた。

そのことを思うと私の胸は痛み、何かしてあげなければならないと思い、娘さんが大学に行く頃でもあったので、多くはない額であるが毎月の支援を続けている。

彼が亡くなった当時の私は日本にいたので、葬式に参列できなかったが、昨年（２０２３年）10月にフィリピンに行った時に彼の墓参りをした。そこは彼の生まれ育ったカランバにある新しく造成された墓地であり、ゴンザレスはその一画に眠っていた。そこからは、彼が教えてくれたあの〝長い髪のプレグナントウーマンが寝ている〟形の山、マリア・マキリンがよく見えた。

自身の年齢を考えると、フィリピンでの今の仕事からそろそろ引くころではあるにしても、ある程度の期間はゴンザレス家族への支援は続けるつもりであり、また、山下大将と本間中将の〝墓〟のケアーテーカーたちへの支援も続けるつもりでもある。

フィリピンには「ウータン・ナ・ロオブ」という言葉がある。ウータンというのは借金とか借りのことで、ロオブというのは「中」のことだが、ここでは「心の中・心情」を意味する。つまり「心の中での借り」という意味になる。日本でも「あの人には借りがある」と言うように、それに近いのかもしれない。

フィリピンの人たちは困った時に助けてくれた人やお世話になった人たちに「ウータン・ナ・ロオブ」があると言って、その恩を忘れないのだそうだ。

私は今では延べ15年余りもフィリピンでの仕事に関わっている。このように長きにわたり仕事ができたのはフィリピンの友人・知人、そして地元の企業と日系企業のおかげであり、その恩返しの意味でこの本を上梓することは、私なりの「ウータン・ナ・ロオブ」なのではと今では思っている。

最後に、2018年から書き始めた私の旅の記録の原稿を、辛抱強く読み続けてくれた多くの友人に感謝の意を表します。だれかが読んでくれているということで、書き続けられたと思っている。

そして上梓については、江川国際研究所代表で、著名な美術品コレクターであり、私が20代後半からの生涯の師として仰ぐ江川淑夫先生からの影響と指導がある。先生はミネベア（現ミネベアミツミ）、コニカ（現コニカミノルタ）の重役を歴任し、多くの事業指南書と美術品関係の著書を出版されており、先生からの叱叱激励によりここまで辿り着くことが出来たと思っている。心より感謝いたします。

二〇二四年六月十二日　　大場正行

Travelogue in the Philippines
-My journey to commemorate the spirits of former Japanese soldiers-

Preface

My travel was prompted by the fact that my friend's uncle died in battle in a place called Mankayan, an area located somewhere in the northern part of Luzon Island in the Philippines. My friend asked me to tell him facts about Mankayan. Thus, my interest to know about Mankayan and to possibly journey to the said place was then conceived in my thoughts.

My friend's uncle, a student, was drafted in October 1943 and joined the 19th Division in December of the same year. In December 1944, when the war worsened, the 19th Division was transferred to the 14th Army based in the Philippines. His division landed (in Lingayen Gulf, near Agoo) on the island of Luzon on the 27th of the same month. After landing, my friend's uncle was assigned to stand guard in the Agoo area, but later, he was moved into the mountainous region and fought with the American and Philippine forces along the way. He died in action in Mankayan on July 1, 1945, just a month and a half before the war ended.

My friend's mother (his uncle's sister) never stopped thinking about her brother, though it has been a long time since the latter died in the war. My friend's mother often told him about her thoughts, so my friend developed a special interest and feelings for Mankayan. Since I was working in Luzon, he asked if there was any information I could get about Mankayan.

Since May 2015, I have been in charge of managing a logistic company in Luzon, Philippines, and since then, I have been stationed there. However, around the spring of 2017, I stopped being stationed full-time there. Instead, I traveled back and forth between Japan and the Philippines several times a

year to fulfill my duties and responsibilities, but most of the time, I worked remotely in Japan for the said logistics company.

Under such circumstances, I was in Japan, and on May 20, 2017, I met the above-mentioned friend at a coffee shop in Tokyo after a long time. During our conversation, the place Mankayan was mentioned. But I had no idea about the area, and I was told that it is located further north of Baguio, a famous summer resort in the Philippines.

From how my friend talked about Mankayan, I could sense that he wanted to visit the place, so I decided to research it. When I returned to my house, I immediately emailed several local employees at my company and found that most of them either didn't know the place or only knew the name and did not really have in-depth knowledge about the place. So, I instructed my secretary to obtain any interesting information about Mankayan. Later, she sent me some information about the history of Mankayan and the town's current state. With the information I got, I exchanged information with my friend. My interest in Mankayan grew deeper, so I suggested to my friend that we should go to Mankayan together. However, due to his health condition, he could not possibly travel with me.

I thought of going to Mankayan as a scout, so I read several books about the Philippine War before setting out on my trip. This is how my journey ahead has begun.

As I organized records and details of my trip to Mankayan, which I planned to furnish to my friend, I realized that even though I had extensive time working in the Philippines for over ten years and even at my age, I knew very little of the battles that happened there. I thought to myself, I should not pursue my trip like this. I needed to investigate further, gather more information, and understand what I needed to know before embarking on a journey to other

battled places and to commemorate the spirits of former Japanese soldiers.

On the other hand, I planned to travel alone as a backpacker. This was my childhood dream, which I failed to achieve when I was younger. With this dream in mind, I planned to quit my role at the logistics company in order to start traveling as a backpacker in Southeast Asia. My goal was to be able to do this before reaching the age of 70. But life doesn't always go as planned. My age has passed 70 years, and I have continued to fulfill my role as head of a logistics company. Due to my age, my physical and mental capacity to travel became limited. Thus, I had no choice but to give up my backpacker dream.

In spite of my personal circumstances, my unexpected travels continued. While writing down the records of my travels, I began to feel that I needed to share the information I had gathered with the many Japanese people who were or have been involved in the Philippines. Somehow, I felt that this had become my role.

As described above, my travels in the Philippines began for such reasons. Although I cannot write all the details of my travels in English, I am writing the outline of each chapter and the places I visited in English.

Table of Contents

Chapter 1: Travel to Mankayan (Benguet, Northern Luzon)

Start of journey: July 6, 2018. I started from my Hotel in Laguna where I usually stay when I am in the Philippines as its location is close to my office. Gonzales was my driver throughout the whole trip.

The locations and places I went to were Balete mountain pass (fierce battle), Bayombong, Kiangan (General Yamashita came out for surrender), Bontoc, Mankayan (The place where my friend's uncle died), Yamashita Road (21K point), Camp John Hay (General Yamashita signed the official surrender) in

Baguio.

Chapter 2: Two men were called the "Malay Tigers."

This chapter describes two men, namely, General Tomoyuki Yamashita, a military man and Yutaka Tani who was a local bandit (Robin Hood) but later changed his mind and cooperated with the Japanese army. They were both active in the Malay Peninsula (Malay military operation) at the beginning of World War II. These two men were known as the "Malay Tigers."

Chapter 3: Two Generals

This chapter describes two Generals, namely, Masaharu Homma and Tomoyuki Yamashita.

Homma was the commander who led the 14th Army that landed in Lingayen Gulf, Luzon Island at the outbreak of war in 1941, capturing Manila and defeating the US Army (MacArthur's army). Homma was later sentenced to death for being responsible for the "Bataan Death March."

Yamashita, also a commander of the 14th army arrived in the Philippines in September 1944 as the war situation in Japan worsened. However, due to Japan's defeat in the war, he surrendered at Kiangan, Luzon, on September 2, 1945.

Chapter 4: To Caliraya

In this chapter, I wrote about attending the war memorial service held in Caliraya, Luzon Island. This memorial service is held every year on the 15th of August. After said memorial service, I went to the final resting place (execution site in Los Banos) of Yamashita and Homma and consoled the spirits of both generals.

Chapter 5: To Bataan Peninsula

Date of visit: October 13, 2018. In this chapter, I detailed my feeling about the "Bataan Death March." Here, I also wrote about whether or not the cruelties that were told to have happened during the said event really happen.

Chapter 6: To Lingayen Gulf

I went to Lingayen Gulf on the same day I went to Bataan Peninsula (October 13, 2018). This chapter describes my trip to Agoo (Lingayen Gulf), where my friend's uncle's troops landed. On our way there, I saw photos and related materials at the Lingayen Gulf Landing Shrine in Lingayen City. The main contents include photos of General Homma's landing in December 1941, MacArthur's landing in December 1944, and General Yamashita's surrender in September 1945.

Chapter 7: To Cebu Island, a place of many fond memories

Date of visit: December 2, 2018. I once worked on the island for more than six years and made many fond memories. On my way to Leyte Island (site of fierce battle), I decided to go to Cebu as a stopover. Then, I took a boat from Cebu to Ormoc Port. During the war, a Japanese military base was installed there which was used by the Japanese army as a supply-base. Being in Ormoc somehow made me feel the emotions of the Japanese soldiers of the past. In this chapter, I also wrote about the history of Cebu and details of my personal experiences during mt six years of stay in the island.

Chapter 8: To Leyte Island

This chapter is about two battles. The first battle that happened was the off the coast battle between the Japanese Navy and US Navy from October 24th to 26th, 1944. The other battle started with the landing of US forces (October 20th, 1944) on the east coast of Leyte Island. The Japanese army was defeated in both battles. After explaining the details of the said battles, I described my trip to various places in Leyte, namely, Ormoc, Limon Mountain pass, Palo, Dulag, Burauen, Tacloban, and Same Island.

Chapter 9: Visiting the site of Kamikaze attacks

Date my visit: December 9, 2018. In this chapter, I narrated the details of my visit to the monument honoring the units (Kamikaze) that flew from Mabalacat

Airfield (Pampanga Province) on Luzon Island in support of the Battle around the Philippines off the coast.

Chapter 10: The destination of the "Bataan Death March"

Date of visit: April 17, 2019. This chapter describes the prisoner of war camp (Camp O'Donnell) set up by the Japanese army as a prison camp for captured American soldiers, Filipino soldiers, and the Filipino civilians who followed them.

Chapter 11: Maria Makiling

This chapter contains a narrative about Mt. Makiling, a nearby mountain where a camp was set up as a prison camp for Japanese soldiers who were taken as prisoners of war after the war ended.

Chapter 12: Searching for the Mango Tree

Date of visit: February 23, 2020. This chapter tells about the current state of the places where General Yamashita and General Homma were executed (where monuments exist).

I also wrote the final moments (execution) of both generals. It is said that a mango tree was in the area at the time of the execution.

Chapter 13: Final confirmation travels

Start of travels: April 6, 2022. I made trips to several places which I felt I needed to check in order to confirm some information I have gathered. The places I visited include Calumpit Bridge, site of the San Fernando Station and Capas Station, Ilihan Tabogon Cebu, Gochan Hill (fierce battleground in Cebu, now Water Buffalo Golf Club).

Chapter 14: Searching for Canlubang camp

As mentioned in the previous chapter, this is the camp near Mount Makiling where the Japanese military officers and soldiers were held as prisoners of war after the war ended. The camp existed for about a year and a half and nearly 80 years have passed since its closure. Moreover, after

many years, the place's surroundings (camp area) had changed significantly, so the exact location of the camp could not be determined for a long time. Since the place is in Laguna and near my company, I felt it was my role to search for that. So, as usual, together with Gonzales, I went out to search for it on April 9, 2022. In the end, I was able to spot the exact location of the seemingly lost prison camp.

Afterword

If I count my first trip (July 2018), it took me nearly six years to finish writing this book, which I completed in April 2024. It was difficult for an old man who is working in the logistics industry and not a writer to keep writing such accounts of history. The travels I did to memorialize the remains of a fierce battle were never fun and often left me heartbroken. Under such circumstances, it was painful to continue researching and writing about war-related matters, and many times, I was tempted to give up. However, I feel that I could finish writing this book because of General Yamashita and General Homma's strength, which kept pushing me to continue writing.

Most importantly, there was Gonzales who was my driver and partner on all the travels I did for this book. I could not have continued this journey without him. Sadly, he passed away in November 2022, about seven months after my "final confirmation trip." Gonzales was such a family man. He deeply cared about his family. He was so proud of his daughter's excellence and looked forward to her bright future. He worked hard to get her into a good college. After Gonzales died, his daughter was still about to go to college. The thoughts of how much Gonzales wished for his daughter to succeed and his enthusiasm to work hard to support her daughter's dreams made my heart ache, and I felt that I had to do something to help. Since then, I have been providing monthly financial support to the family. The amount is not that much, but somehow,

I hope it will help them get by. I was in Japan when he passed away, so I couldn't attend his funeral. But I was able to visit his grave when I went to the Philippines in October last year (2023). Gonzales had been buried in a newly built cemetery in his hometown in Calamba, Laguna. From there, I could get a good view of Mt. Makiling. Gonzales told me that Mt. Makiling comes from the name "Maria Makiling," and its top is said to have the shape of a pregnant woman with long hair sleeping. In Philippine folklore, Maria Makiling is believed to be the guardian of Mt. Makiling, a mystical mountain.

Considering my age, it's almost time for me to leave my current job and no longer have anything to do with the Philippines. However, I intend to continue supporting the Gonzales family for a certain period of time. Similarly, I will continue supporting General Yamashita and General Homma's caretakers.

In the Philippines, they have a Filipino cultural trait called "Utang na loob." Utang means debt or borrowing and loob means "inside." So "utang na loob" is literally translated as "debt of the inside." Inside refers to the "heart" In other words, it means "debt in the heart" or "debt of gratitude." In Japan, perhaps it is similar to saying, "I owe that person." It is said that when Filipino people say "utang na loob," it means they never forget or always feel to repay someone who has done them favors or cared for them especially during their most difficult times.

By this time, I have been working in the Philippines for over 15 years. I have been able to do so, thanks to my friends and acquaintances there and as well as the local and Japanese companies who trusted me. I now think that publishing this book is my own version of "Utang na loob."

Finally, I would like to thank my friends who took the time to read the manuscript of my travel records, which I started writing in 2018. Knowing that someone is reading it has allowed me to keep writing.

With regard to publishing, I have been influenced and guided by Mr. Toshio

Egawa, a highly regarded Japanese entrepreneur who is well-known for his valuable art collection and for donating it to many museums and libraries worldwide. He has been my mentor since my late twenties. He has published many business guidebooks and art-related books, and I could write this book because of his encouragement.

Masayuki OBA

大場　正行　Masayuki OBA

TRI INTERNATIONAL PHILIPPINES INC. President
PEZA (Philippine Economic Zone Authority) Warehouse & Logistics Service Provider

TRI-HIGH LOGIHANDLING SERVICES INC. Chairman
Truck Transportation and Warehousing Operation Service Provider

1952年3月生　日本通運（株）在職中に30年余国際貨物業務につき、その間、オランダ・アムステルダム勤務を4年半、そしてフィリピン・セブ島勤務を6年余り経験。同社退職後、タイ・バンコクの物流会社で3年近く勤務して日本に戻ったが、すぐに旧知であったトライ（TRI）グループのオーナーから依頼を受け、2015年5月に着任し現在に至る。
タイ・バンコク勤務の間、カンボジア、ラオス、ミャンマーを見聞し、帰国後に『経済回廊を行く―貨物屋が見たメコン流域国の道―』を出版（私家版）。

マンゴーの木を探して
貨物屋のフィリピン激戦地慰霊紀行

二〇二四年十一月二十日　初版第一刷発行

著　者　大場正行
発行者　谷村勇輔
発行所　ブイツーソリューション
〒四六六・〇八四八
名古屋市昭和区長戸町四・四〇
電　話　〇五二・七九九・七三九一
FAX　〇五二・七九九・七九八四
発売元　星雲社（共同出版社・流通責任出版社）
〒一一二・〇〇〇五
東京都文京区水道一・三・三〇
電　話　〇三・三八六八・三二七五
FAX　〇三・三八六八・六五八八
印刷所　モリモト印刷

ISBN978-4-434-34452-7